긍정심리학이란 무엇인가

# 긍정심리학이란 무엇인가

한국긍정심리연구소 소장 **우문식** 지음

| 개인과 조직의 플로리시를 위한  팔마스 PERMAS |

도서출판 물푸레   KPPI 한국긍정심리연구소

**프롤로그**

## 긍정심리학은 인류의 희망이다

6월, 포스코 직원 교육장에서 한 교육 참가자가 질문을 했다. "교수님은 긍정심리학을 알기 전과 알고 난 후 가장 많이 바뀐 것이 무엇인가요?" "겸손이요." 자연스럽게 나온 대답이었다. 정말 내가 겸손해졌을까? 미국 경제전문지 『포브스(Forbes)』 조사에 의하면 CEO의 가장 중요한 덕목(강점)은 겸손과 판단력이었다. 이러한 겸손 덕목이 바뀐 것은 무척 고무적인 현상이다.

2003년 긍정심리학을 처음 만나 성격강점 검사를 한 결과 24가지 강점 중 최하위 강점은 겸손이었다. 그 당시까지만 해도 나는 누구에게 도움을 받은 적도, 누구와 상의한 적도 없이 대부분 혼자 생각하고 판단하고 행동했다. 그러다 보니 타고난 성격특성 탓도 있겠지만 환경의 영향을 받아 자기중심적인 사고와 행동이 굳어졌던 것이다. 긍정심리학은 나의 인생 최초의 멘토였고, 인생 최고의 선물이었다. 그때부터 나는 긍정심리학적 삶을 살려고 노력했다.

긍정심리학을 만나기 한참 전, 나는 담배를 많이 피우고 술도 제법 마셨다. 지금은 상상할 수 없는 일이지만 그때 담배를 많이 피우다 보니 겨울에는 가끔 실내에서 피울 때가 있었다. 그날 역시 방 안에서 담배를 피우고 있는데 아내가 짜증스러운 목소리로 "담배 좀 나가서 피워요!"라고 했다. 나는 갑자기 기분이 상해 인상을 쓰면서 "지금 뭐라고 했어?" 하고 소리 질렀다. 아내는 말꼬리를 살짝 내리면서 "담배 좀 나가서 피우라고요" 했다. 나는 이부자리를 펴던 아내를 향해 피우던 담배를 집어 던지면서 "에이, 담배 끊으면 될 거 아냐!" 하고 밖으로 나가버렸다. 그날로 홧김에 담배를 끊기는 했지만 이렇게 자기중심적이고 화를 잘 내며 성질 급한 모습이 그 당시 나의 모습이었다.

지난해 11월, 수년 동안 긍정심리학을 좀 더 전문적이고 체계적으로 학교, 기업, 공공기관, 일반인에게 교육하기 위해 교육장까지 갖춰 확장했던 연구소를 경제적 어려움으로 대폭 축소했다. 일부 업무는 집에서 처리해야 할 정도로 심각한 상태였다.

지금까지 15년 동안 오직 긍정심리학만을 연구하고, 출판하고, 교육하면서 수많은 역경을 이겨내고 여기까지 왔지만 그 당시 상황은 나 혼자 감당하기엔 너무 벅찼다. 갑자기 홀로 된 것처럼 무척 외로웠다. 그리고 불안하기까지 했다.

그때 떠오르는 노래가 있었다. '저기 떠나가는 배 거친 바다 외로이/ (중략) 언제 다시 오마는 허튼 맹세도 없이/ (중략) 가는 배여 가는

배여 언제 우리 다시 만날까.'

'떠나가는 배' 노랫말이 그 당시 내가 처한 상황과 무척이나 비슷했다. 이 노래를 부를 때마다 하염없이 눈물이 났다. 며칠 후 아내가 퇴근하면서 내 모습을 보더니 듣기 싫다는 어투로 "그런 우울한 노래, 그만 좀 불러요!"라고 했다. 나는 순간적으로 '주님 다시 오실 때까지'를 큰 소리로 불렀다. 순간 마음의 평화가 오며 에너지가 솟기 시작했다.

어쩌면 긍정심리학을 만나기 전 피우던 담배를 아내를 향해 집어 던졌던 그 순간보다 그때가 수십 배 더 심각하고 예민한 상황이었는지도 모른다. "당신은 내가 지금 얼마나 힘든지 알면서 위로는 못 해줄망정 그렇게 날 무시해!"라며 화를 낼 수도 있었을 것이다. 하지만 나는 아내의 그 말을 아무런 생각이나 판단, 감정 없이 받아들였다. 그동안 겸손 강점을 키우기 위해 나의 대표 강점을 발휘하고, 상대방을 배려하고 존중하고 공감하고 수용하며 사랑하는 방법을 키워왔기 때문인 것 같다. 그 결과 그날 이후로 대표 강점을 중심으로 새로운 계획을 세우고 실천하다 보니 지금은 그 전보다 훨씬 플로리시한 나를 만들어가고 있으며, 긍정심리학을 좀 더 체계적으로 확산시키고 있다. 이제 강점 검사를 해보면 겸손이 최하위 강점에서 중상위 강점으로 올라섰음을 확인할 수 있다. 그리고 화를 내는 일도 거의 없어졌다. 그만큼 긍정심리학이 나의 내면의 토양을 바꾸어준 것이다.

이 책을 쓰기 전 직장인들이 플로리시해질 수 있는 『행복은 경쟁력이다』와 긍정심리학을 쉽게 강의하고 배울 수 있는 『긍정심리학 팔마스』란 제목의 대학 교재, 부모가 행복을 먼저 배워 자녀들에게 코칭해줄 수 있는 『엄마의 행복 코칭』을 먼저 쓰려고 했다. 경제적으로 도움이 될 수 있다는 생각에서였다. 하지만 어느 날 내가 다니는 교회 담임목사님의 주일 설교에서 긍정심리학으로 개인, 가정, 조직, 사회를 플로리시하게 만드는 것이 나의 소명임을 깨닫게 됐다. 그 소명에 따라 누구나 쉽게 긍정심리학을 이해하고 배울 수 있도록 이 책부터 쓰게 됐다. 그래서인지 시간도 많이 들었고, 정성도 많이 기울였다. 이 책이 우리 사회 다양한 분야의 많은 사람에게 읽혀 긍정심리학이 확산되고 개인과 조직, 학교, 사회 모두가 더 플로리시해졌으면 좋겠다.

지금 전 세계는 4차 산업혁명 시대를 맞고 있다. 혁명이란 이전의 관습이나 제도, 방식 등을 단번에 깨뜨리고 새로운 것을 급격하게 세우는 것을 말한다. 이렇게 곧 세상이 바뀐다는 것이다. 우리는 지금까지 3차 산업혁명을 경험했다. 하지만 이번 4차 산업혁명은 우리가 상상할 수 없던 변형된 세상을 가져다 줄 것이다. 우리는 어떻게 준비해야 할까. 그 대안은 무엇일까. 바로 긍정심리학이다.

긍정심리학의 창시자 마틴 셀리그만은 많은 사람이 미래를 비관적으로 보지만 체계적으로 숙고하고 준비한다면 희망이 있다고 강조했다. 그것을 위해 먼저 측정 가능한 웰빙 요소인 긍정심리학의 팔마스(PERMAS·긍정정서, 몰입, 관계, 의미, 성취, 강점)를 제시한 다음, 그 각각의 요소를 어떻게 성취할 수 있는지 탐구하는 것으로 시작할 수 있다는 것이다. 4차 산업혁명의 핵심은 긍정성, 창의성, 수용성, 자발성, 도덕성, 상상력, 실행력, 기술력 등이 주도하는 '기술'과 '인성'이다. 긍정심리학이 대안이 될 수 있는 것은 4차 산업혁명 시대의 기술과 인성을 지원하고 키워줄 과학적으로 검증된 실용 학문이기 때문이다. 이제 긍정심리학은 인류의 희망이다.

마지막으로 15년 전 우리나라에 긍정심리학을 처음 소개하게 하시고, 그 어려운 여건 속에서도 긍정심리학을 지속적으로 연구하게 하시며, 긍정심리학을 소명으로 주신 하나님께 감사드린다. 또 언제나 사랑과 배려로 긍정심리학을 통해 플로리시한 나와 우리를 만들어갈 수 있게 도와주는 사랑하는 아내 화담 김기숙 씨와 두 아들 정현, 정훈에게 고맙다는 말을 전한다.

2017년 가을 백운산 왕곡로에서
한국긍정심리연구소 소장 우문식

차 례

프롤로그_ 긍정심리학은 인류의 희망이다 ······4

## 1부 긍정심리학이란 무엇인가

**01** 긍정심리학의 역사 ······15

**02** 긍정심리학의 탄생 ······21

**03** 하버드대는 왜 긍정심리학에 열광하는가 ······26

**04** 긍정심리학이란 ······30

**05** 긍정심리학의 2가지 이론 ······46

## 2부 긍정심리학의 팔마스(PERMAS)

06 긍정정서 ······61
07 과거의 긍정정서 ······104
08 현재의 긍정정서 ······141
09 미래의 긍정정서 ······162
10 몰입(관여) ······181
11 긍정관계 ······195
12 삶의 의미 ······214
13 성취 ······233
14 성격(인성)강점 ······251
15 대표(상위) 강점 찾기 ······285

## 3부 긍정심리학의 플로리시

16 긍정심리학의 플로리시 ······307

17 긍정심리학은 변형이 가능하다 ······310

18 행복 플로리시 ······317

19 인성 플로리시 ······332

20 교육 플로리시 ······338

21 긍정조직 플로리시 ······346

22 긍정심리 조직문화 플로리시 ······352

23 긍정심리 치료 플로리시 ······359

24 회복력 플로리시 ······372

참고문헌 ······392

1부

# 긍정심리학이란 무엇인가

# 01 긍정심리학의 역사

긍정심리학은 1998년 당시 미국심리협회 회장이던 마틴 셀리그만 (Martin Seligman) 펜실베이니아대 심리학 교수가 창시했다. 그는 1996년 미국심리협회 회장 선거 역사상 가장 큰 표 차이로 회장에 당선됐는데, 그는 이미 '무기력 학습'과 '낙관성 학습'을 발견해 심리학계의 폭넓은 신뢰와 지지를 받고 있었다. 긍정심리학이라는 명칭은 셀리그만에 의해 유명해지기 오래전 이미 한 책에서 소개됐다. 인본주의 심리학 대가인 에이브러햄 매슬로(Abraham Maslow)는 창의성과 자아실현을 강조하기 위해 그 명칭을 1954년 처음 사용했다. 그러나 1962년 '건강과 성장 심리학'이라는 명칭으로 변경했다.

"긍정심리학을 한마디로 정의하면 무엇인가?"라는 질문에 긍정심리학 탄생에 지대한 영향을 미친 크리스토퍼 피터슨(Christopher

Peterson)은 서슴없이 "타인"이라고 말했다. 긍정심리학은 인간 중심이며, 인간관계라는 것이다. 이러한 인간 중심의 긍정심리학은 서양에서는 아테네 철학자 소크라테스, 동양에서는 공자로 그 유래가 거슬러 올라간다. 이들의 글 속에는 현대의 긍정심리학자들이 던지는 것과 똑같은 질문이 들어 있다. 좋은 삶이란 무엇인가? 미덕은 그 자체로 보상이 될 수 있는가? 행복하다는 것의 의미는 무엇인가? 행복해지기로 결심하자마자 행복해질 수 있는가? 충만함이란 다른 일을 하는 도중에 느끼는 부수적인 감정인가? 다른 사람들과 사회는 내가 좋은 삶을 사는 데 어떤 역할을 하는가?

그 후에도 예수, 부처, 무함마드, 토머스 아퀴나스 같은 종교적 인물들이나 신학자들, 아리스토텔레스 같은 철학자들도 좋은 삶과 그런 삶을 사는 방법에 관해 동일한 질문을 던졌다. 이들이 발전시킨 다양한 세계관을 아우르는 공통된 주제는 그것이 무엇이라고 불리든지 타인, 인간 그리고 보다 초월적인 존재를 섬기는 것이다. 현대의 긍정심리학자들은 의미 있는 삶을 강조하고, 그런 삶은 종교적 목적과 현실적 목적 모두를 성취하는 과정에서 얻을 수 있다는 사실을 강조한다. 그럼으로써 긍정심리학은 그동안 지그문트 프로이트(Sigmund Freud) 이후 심리학에서 잘 다루지 않았던 종교심리학을 심리학 연구 분야의 중심으로 끌어왔다는 평가를 받는다.

긍정심리학은 이미 1998년 이전 심리학 영역에서 그 초석을 다지고 있었다. 심리학자들은 연구 초기에는 천재나 탁월한 사람뿐만 아니라 평범한 사람들의 자아실현에 지대한 관심을 가졌다. 긍정심리학의 토대는 무엇일까? 피터슨은 현재의 긍정심리학의 토대가 된 것은 칼 로저스(Carl Rogers)와 매슬로가 보급시킨 인본주의 심리학이라고 말한다.

하지만 셀리그만과 미하이 칙센트미하이(Mihaly Csikszentmihalyi)는 긍정심리학이 탄생한 초기에 논의되던 것들 중 하나로 긍정심리학을 인본주의 심리학으로부터 분리했다. 인본주의 심리학은 1960년대와 1970년대 위력을 떨쳤으며 지금도 많은 추종자가 있는 영향력이 상당한 심리학의 한 영역이다. 보편적인 의미의 인본주의는 인류의 요구와 가치가 물질보다 선행하며 인간은 물질의 한 부분으로 설명될 수 없다는 학설이다. 인본주의자들은 과학적 심리학자들이 행동을 예측하게 하는 원인에 초점을 맞춤으로써 인간에 대한 가장 중요한 것들을 빠뜨렸다며 그들을 비판한다.

잘 알려진 인본주의 심리학 학자로는 인간 중심 접근을 제시한 로저스와 자아실현 접근을 제시한 매슬로가 있다. 두 학자에 따르면 인간은 자아실현 과정을 거치는 동안 자신들의 잠재력을 최대한 발휘하기 위해 노력한다는 것이다. 자아실현은 환경요소에 의해 방해를 받는다. 그러나 환경이 변화되면 개인의 잠재력은 반드시 발현된다고 한다. 인본주의 심리학은 인간이 노력을 통해 얻으려는 목표, 이러한 노력에 대한 지각, 스스로 선택한다는 것의 중요성, 인간의 이성을 강조한다. 따라서 심리학은 초기에는 행동주의적 원인에 초점을 뒀다가 이후 존재와 의미에 대한 기초적 질문으로 옮겨갔다.

인본주의 심리학은 또 다른 주류의 관점인 실존주의와 겹치는 부분도 있다. 실존주의의 핵심 개념은 인간의 경험이 모든 것에 최우선한다는 것이다. 인간을 이해한다는 것은 그의 내면적인 입장에서부터 그를 이해한다는 것이다. 이것 외에 인간을 이해할 수 있는 다른 방법은 없다는 것이다. 실존주의자들은 인간을 자신의 주체적인 선택의 결과로 만들어진 산물이라 본다. 그리고 이러한 선택은 자신의 의지에 따라 자유롭게 할 수 있다. 실존주의자들의 말을 빌리자면 존재는 본질에 우선한다. 여기서 본질이란 인간마다의 특징을 의미한다. 실존주의자들은 인간의 본질은 고정돼 있지 않고, 자신의 모습은 자신이 선택한 대로 만들어진다는 점을 강조한다.

인본주의자들과 실존주의자들은 인간이 세상을 어떤 눈으로 바라보고 있는지에 심리학자들의 주의가 필요하다고 강조한다. 그들은 또 다른 지성적 움직임인 현상학과의 연계를 시도한다. 현상학은 인간에게 큰 의미로 다가왔던 경험을 연구문제로 다룬다.

이러한 관점에서 볼 때 셀리그만과 칙센트미하이는 긍정심리학과 위의 심리학이 왜 다르다고 말한 것일까? 셀리그만과 칙센트미하이는 2가지를 이야기한다. 첫째, 긍정심리학은 좋은 삶과 그렇지 못한 삶 모두 실제 생활에서 일어날 수 있다고 보는 데 반해 인본주의자들은 인간은 태어날 때부터 완전하다고 여긴다는 것이다. 둘째, 긍정심리학은 과학적 방식으로 연구하는 것을 중시하지만, 반면에 인본주의자들은 가끔 과학에 회의적이고, 또한 과학이 정말 중요한 것을 실제로 밝혀낼 수 있을지에 대해 의심하기도 한다는 것이다.

피터슨은 이 둘의 차이를 볼 때 셀리그만과 칙센트미하이의 의견에 동의하지만 한마디로 긍정심리학과 인본주의 심리학은 가까운 친척관계라고 말했다. 긍정심리학자인 스티븐 요셉(Stephen Joseph)과 알렉스 린리(Alex Linley)는 인본주의 심리학이 과학적이지 못했다는 것은 잘못된 것이라고 주장했다. 40~50년 전에는 로저스나 매슬로가 과학적 심리학의 최전방이나 다름없었으며, 그들의 이론을 충분히 검증할 수 있는 세련된 통계 기법도 없었다는 것이다.

인본주의 심리학 외 긍정심리학에 영향을 미친 것이 인지치료 심리학이다. 셀리그만이 임상심리학자로서 무기력 학습(Learned Helplessness)과 낙관성 학습(Learned Optimism)을 발견했기 때문이다. 무기력 학습은 1965년 셀리그만이 펜실베이니아대 대학원 재학 중 발견한 이론으로, 자신은 뭔가 여러 번 시도했음에도 실패했거나 변화시킬 수 없다고 여기고 스스로 포기하는 것을 말한다. 셀리그만은 개 실험을 통해 자신이 할 수 있는 것이 하나도 없는 개들이 전기충격을 처음 경험한 후 70%가 점차 수동적으로 변해 역경에 맞서는 것을 포기한다는 사실을 발견했다. 개들이 무기력을 학습한 것이다. 이후 사람을 대상으로 실험한 결과도 똑같이 나왔다.

낙관성 학습은 셀리그만이 1978년 발견한 이론으로, 개 실험을 통해 무기력 학습을 발견할 당시 70%는 무기력을 학습했지만 30%는 무기력해지지 않았다. 그들은 무기력이 학습되지 않은 것이다. 그것이 낙관성 학습으로 발전됐다. 낙관성 학습의 2가지 핵심 개념은 무기력 학습과 설명양식(Explanatory Style)이다. 설명양식은 어떠한 사건이 일어난 이유를 스스로에게 낙관적이든 비관적이든 습관적으로 설명하는 방식이다. 사람들은 원인을 해석하는 나름의 양식을 가지고 있으며 이런 습관을 바탕으로 세상을 이해하게 된다는 것이다. 그래서 설명양식이란 '마음속 세상'을 비추는 거울과도 같은 것이다. 이것은 무기력 학습을 크게 좌우하는 역할을 한다. 낙관적 설명양식은 무기력을 없애고 비관적 설명양식은 무기력을 키우기 때문이다. 이 둘은 서로 밀접한 관계를 맺고 있다. 우울증의 한 가지 특징인 무기력은 자살을 예측할 수 있는 가장 정확한 요소다. 자살할 가능성을 갖고 있는 사람들은 현재 자신들이 겪고 있는 불행은 영원히 지속될 것이며 어떤 일을 해도 불행하다고 확신한다. 그리고 그 고통을 끝낼 수 있는 방법은 죽는 길밖에 없다고 생각한다.

셀리그만은 긍정심리학 창시 이전에도 권위를 인정받는 유명한 임상심리학자로서 수많은 우울증, 공황장애 환자 등을 치료해왔지만 행복하지 않았다. 그에겐 누구도 갖고 있지 않던 '예방'이라는 사명이 있었기 때문이다. 낙관성 학습으로 그 가능성을 발견했고, 긍정심리학으로 사명을 이루어나가고 있는 것이다. 그래서 긍정심리학의 사명은 '예방'이라고 한다.

# 02 긍정심리학의 탄생

제2차 세계대전 이전의 심리학은 3가지 의무가 있었다. 첫째, 정신질환을 치료하는 것, 둘째, 모든 사람이 생산적이고 충만하게 살도록 돕는 것, 셋째, 재능을 찾아내고 기르는 것이다. 제2차 세계대전 이전까지만 해도 이러한 심리학의 의무가 긍정과 부정이 균형 있게 이루어지고 있었다. 하지만 제2차 세계대전 이후의 심리학은 균형이 깨지며 부정 쪽으로 급격히 기울고 말았다. 심리학이 제2차 세계대전 이후 인간이 가진 문제와 그 치료 방법에 중점을 뒀기 때문이다. 이런 병리학적 관점은 오랫동안 중요한 문제로 대두됐으며 심리질환을 이해하고, 치료하고, 예방하려는 많은 노력이 있어왔다.

세계적으로 인정받고 있는, 2004년부터 미국정신의학회가 출간한 정신장애진단 및 통계편람(DSM-5: Diagnostic and Statistical Manual of

Mental Disorders, 2016)은 각 질환의 정의와 신뢰할 만한 질환별 진단 전략을 망라하고 있다. 그 덕분에 최근까지 원인을 알 수 없었던 몇 가지 질환에 대한 심리학적·약리학적 치료법을 고안해낼 수 있었다. 그러나 질환 치료에만 관심을 두다 보니 문제가 발생했다. 대부분 기존 심리학은 인간에게 올바르고 긍정적인 것이 무엇인지에 대한 연구를 간과했고, 긍정적이고 좋은 삶에 대한 언급은 종교지도자들이나 정치인들이 하는 정도의 수준에서 벗어나지 못했다. 더욱이 기존 심리학에서 강조하는 가설은 질병모델을 표방하는 쪽으로 움직여왔다. 즉 인간이란 연약하고 혹독한 환경이나 나쁜 유전자 때문에 깨어지기 쉬운 존재로 봤으며, 기껏해야 이처럼 나쁜 상황에서 회복된 상태로 여길 뿐이었다. 이러한 세계관이 미국의 일반 문화에도 스며들면서 스스로를 희생자로 규정하는 셈이 돼버렸고, 영웅은 단지 생존자에 불과한 것으로 여겨졌다.

긍정심리학은 이러한 불균형을 바로잡고, 미국인들 사이에 만연한 질병모델 가설에 도전할 때임을 제안하고자 했으며, 인간의 긍정적 심리적 측면과 미덕, 강점을 과학적으로 연구하기 시작했다. 인간의 잠재력 향상에 관심을 가지는 심리학자들은 질병모델과는 구분되는 다른 가설을 구상할 필요가 있으며 질병모델만을 연구하는 학자들과는 다른 질문을 던져야 한다는 것이다.

긍정심리학이 탄생하게 된 데는 2가지 계기가 있었다. 첫째, 이러한 심리학이 제2차 세계대전 이후 인간이 가진 문제와 그 치료 중심으로 이루어지고 있다는 사실을 셀리그만이 자각하면서다.

둘째, 셀리그만의 딸 니키가 그의 사명인 '예방'을 깨닫게 해주면서다.

미국심리협회 회장에 취임한 지 6개월 뒤 그는 시카고에서 예방 교육을 위한 특별위원회 소집과 함께 기획회의를 열었다. 이 회의에 참석한 위원 12명과 권위 있는 몇몇 연구자는 이구동성으로 예방치료 교육에서 정신질환을 어떻게 규정할 것인지에 대한 의견을 쏟아냈다. 하지만 그에게는 지겨우리만큼 따분한 시간이었다. 그런 이야기라면 지금까지 귀가 따갑도록 들어왔기 때문이다. 셀리그만이 기대했던 기획회의는 성과 없이 끝났다.

그로부터 2주일 뒤 그는 만 5세인 딸 니키와 정원에서 잡초를 뽑으면서 니키를 통해 자신의 사명을 발견했다. 그는 아이들에 관한 책과 논문을 여러 편 썼지만, 정작 자신의 아이들에 대해서는 아는 게 별로 없었다. 그날도 정원을 가꾸면서 학회 수뇌부 구성에 몰두하고 있었다. 할 일은 많고 늘 시간에 쫓기다 보니 정원에서 잡초를 뽑을 때조차 여유 부릴 새가 없었다. 하지만 니키는 잡초를 뽑아 하늘 높이 던지고 노래하며 춤을 추기도 했다. 딸아이의 그런 모습이 하도 어수선해서 "니키, 조용히 좀 못 해!" 하고 냅다 고함을 지르자, 니키는 집 안으로 들어갔다. 조금 뒤 다시 정원으로 나온 딸이 그에게 다가와 말했다.

"아빠, 드릴 말씀이 있어요."

"무슨 말인데, 니키?"

"아빠는 제가 다섯 살이 되기 전까지 어땠는지 기억하세요? 그때 제가 굉장한 울보였잖아요. 날마다 징징거릴 정도로. 그래서 다섯 번째 생일날 결심했어요. 다시는 징징거리며 울지 않겠다고. 그런데 그건 지금까지 제가 한 그 어떤 일보다 훨씬 힘들었어요. 제가 이 일을 해냈다면 아빠도 신경질 부리는 일을 그만두실 수 있잖아요?"

고작 5세밖에 안 된 딸이 그도 미처 몰랐던 문제점을 정확히 짚어 낸 것이다. 그는 망치로 머리를 한 대 맞은 듯한 충격을 받았다고 했다. 아이를 키운다는 건 그 아이가 지닌 단점을 고치는 게 아니라는 큰 깨달음을 주었기 때문이다. 니키는 스스로 해나갈 능력이 있다. 아버지로서 그가 할 일은 니키의 조숙함을 강점으로 개발해주는 것이다. 성격강점의 사회성 지능이라고 하는 이런 강점이 딸아이 삶의 밑거름이 되게 도와주는 것이다. 자신의 강점을 완벽하게 개발한다면 그것은 자신의 약점이나 험난한 세상살이를 이겨낼 수 있는 힘이 될 것이다.

그는 비로소 아이를 키울 때 아이의 단점이나 약점을 고치는 것보다 훨씬 더 중요한 일이 있다는 사실을 깨달았다. 바로 자녀의 강점과 미덕을 간파하고 개발해줌으로써 아이가 자신에게 알맞은 일을 찾아 긍정 특성을 최대한 발휘하도록 이끌어주는 것이다.

사회구성원들이 자신에게 꼭 알맞은 자리를 찾아 저마다 강점을 최대한 발휘할 때 사회 전체의 이익을 이룰 수 있다고 한다면 심리학의 임무는 더없이 막중하다고 할 수 있다. 어린 딸 니키가 그의 사명이 무엇인지를 일깨워준 것이다.

셀리그만은 미국심리협회 회장에 당선된 지 2년 뒤인 1998년 신년사에서 "손쓸 도리 없이 망가진 삶은 이제 그만 연구하고 모든 일이 잘될 것 같은 사람에게 초점을 맞춰야 한다"고 선포했다. 그리고 1월 멕시코만 유카탄 아쿠말에서 미하이 칙센트미하이, 레이 파울러(Ray Fowler) 등 심리학자와 함께 긍정심리학의 기초 이론을 만들고 그 이론을 2000년 〈미국심리학회지(American Psychology)〉와 2002년 『마틴 셀리그만의 긍정심리학(Authentic Happiness)』을 통해 세상에 알렸다. 긍정심리학은 탄생한 지 이제 17년밖에 되지 않았지만 빠른 속도로 확산되고 있다.

## 03 하버드대는 왜 긍정심리학에 열광하는가

　탈 벤 샤하르(Tal Ben Shahar) 하버드대 교수는 2002년 학부 재학생을 위해 긍정심리학을 개설했다. 개설 첫해에는 수강생이 고작 8명이었고, 그마저도 2명은 중도 포기해 6명만이 학기를 마쳤다. 하지만 2004년에는 362명이 등록했고 2005년에는 800명이, 2006년에는 1200명이 강의실로 몰리면서 하버드대에서 가장 인기 있는 과목이 됐다. 세계 최고 수재인 하버드대 학생 5명 중 1명이 긍정심리학의 행복 강의를 들은 것이었다. 그러자 수백 개 신문과 TV 프로그램은 물론 심야 코미디 프로그램까지 나서 이 강의의 놀라운 성공에 대해 다루면서 하버드대 역사상 가장 인기 있는 과목이라고 소개했다.
　학생들은 기자들에게 이 수업은 자기가 지금껏 살면서 경험한 가장 실용적인 과목이며 자기 삶을 송두리째 바꿔놓았다고 인터뷰했다.

하버드대 학생들은 이상적인 목표를 추구하지만 이상적 모습을 창조하지 못하면 좌절하는데 이 과목은 자기 자신에게 초점을 맞춘다는 것이다. 그리고 기분이 다운되거나 안 좋은 일을 해결하는 방법과 기분이 고양된 좋은 일을 지속시키는 방법이 여러 가지 있다는 것이다.

세상에서 누가 가장 많은 압박과 스트레스를 받을까. 순위를 매긴다면 하버드대 학생들이 상위에 속할 것이다. 하버드대 학생 40% 이상이 우울증을 경험했다고 한다. 긍정심리학이 이들에게 10년 이상 가장 인기 있는 과목이라면, 지금껏 살면서 경험한 가장 실용적인 과목이며 자기 삶을 송두리째 바꿔주었다면 우리가 어떤 분야에 소속됐든 어떤 환경에 있든 자신의 삶과 조직에 적용시켜 성과를 낼 수 있을 것이다. 하버드대뿐만 아니라 긍정심리학을 강의하는 대학과 대학원은 일일이 수를 헤아리기 어려울 정도로 많다. 200개 이상 대학에서 강의가 이루어지고 있다.

긍정심리학의 인기는 대학에만 국한된 것이 아니다. 지금 긍정심리학은 기업은 물론 초·중·고교, 병원, 군대 등 각계각층에 빠른 속도로 확산되고 있는 추세다. 미국과 영국은 말할 것도 없고 유럽, 아시아에 이르기까지 오늘날 긍정심리학에 관심을 갖고 열광하는 사람이 점점 늘어나고 있다.

긍정심리학은 아직까지 누구도 부인할 수 없는 명명백백한 증거가 축적된 것은 결코 아니다. 셀리그만이 처음 긍정심리학을 연구할 때는 무기력 학습, 설명양식과 우울증, 심혈관질환과 비관성 연구비를 선뜻 지원해주겠다는 곳도 별로 없었다. 그런데 지금은 긍정심리학 강의를 듣고 아무 조건 없이 거액의 수표에 서명하는 사람이 많을 정도로 인기가 높다.

우리나라에서도 이렇게 긍정심리학이 인기가 있었으면 좋겠다. 나는 지난 15년 가까이 오직 긍정심리학만을 연구하고 확산시키면서 많은 심리적·신체적·사회적·물질적 어려움을 감수해야 했다. 언제 어디를 가나 긍정심리학에 '올인'하는 나에 대한 일부의 싸늘한 시선도 심리적으로 부담을 주지만 그중 가장 힘든 것이 물질적 부분이다. 긍정심리학을 우리나라에 제대로 정착시키고 확산시켜 플로리시한 사회를 만들기 위해선 긍정심리학을 일시적 비즈니스 목적이 아닌 체계적으로 연구·출판하고, 교육시켜야 한다. 그러기 위해선 자금이 필요하다. 하지만 혼자의 힘으론 한계에 부딪히곤 한다. 때로는 절망감에 빠지기도 한다. 하지만 긍정심리학이 미래의 대한민국을 어떻게 변화시켜줄지 나는 안다. 그러기에 긍정심리학에 대한 그릿(GRIT)을 갖는 것이다. 셀리그만이 임상심리학을 30년 동안 가르친 것보다 긍정심리학을 10년 동안 가르친 것이 더 행복하다고 고백한 것처럼 나 역시 긍정심리학을 연구하고 가르치고 확장시켜나가는 것이 참 행복하다.

긍정심리학이 언론과 대중에게 폭발적인 인기를 끌고 이들이 열광하는 이유는 무엇일까? 이유는 분명하다. 긍정심리학은 개인과 조직 모두 지속적으로 플로리시해질 수 있는 방법을 구체적으로 제시하고 있기 때문이다. 게다가 긍정심리학에서 제시하는 방법은 과학적이다. 대표 표본, 발전된 분석 기법, 통제된 실험실 연구 같은 과학적 방법에 의해 지속적으로 플로리시해질 수 있는 방법을 도출해냈기 때문에 신뢰도도 높고 효과도 뛰어나다. 실제적으로 심리적(우울증, 무기력, 회복력), 신체적(심장질환, 감염성질환, 암), 사회적(소통, 배려, 사랑), 지적(창의성,

수용성, 인성) 등 다양한 분야에서 검증된 연구 결과와 실천 사례가 이를 증명하고 있다.

긍정심리학에는 플로리시를 위한 연습도구들이 있다. 이 도구들을 이용하면 누구나 플로리시해질 수 있고 조직문화를 바꿔 플로리시한 조직을 만들 수 있다. 그렇기 때문에 앞으로도 긍정심리학에 대한 인기는 더 높아질 것이다.

# 04 긍정심리학이란

긍정심리학은 인간의 긍정적인 심리적 측면을 과학적으로 연구해 개인과 조직, 사회의 플로리시를 지원하는 학문이다. 그리고 개인과 조직, 사회에서 일어나는 기쁘고 좋은 일을 더 오랫동안 지속시킬 수 있는 방법과 힘들고 어려운 일을 극복하고 해결할 수 있는 과학적인 방법을 알려준다.

## 긍정의 진화

긍정도 진화한다. 긍정심리학(Positive Psychology)이 무엇인지 알아보기 전에 먼저 긍정의 진화 과정을 알아보자. 먼저 긍정적 사고다. 긍정적 사고 운동은 1880년대 종교계에서 시작됐다. 긍정적 사고는 하나님에게 더 가까이 다가가는 방식이며 하나님의 일을 하는 방식이라고 여겼다. 노먼 빈센트 필(Norman Vincent Peale) 목사도 자기계발서 분야의 고전으로 손꼽히는 그의 저서 『긍정적 사고의 힘』(1952)에 그렇게 쓰고 있다. 그다음이 긍정 마인드다. '긍정 마인드를 가져라' '긍정 마인드를 가져라'라고 주로 조직에서 많이 쓰인다. 긍정 마인드에는 하고자 하는, 변화하고자 하는 마음가짐, 즉 의지가 포함된다. 마지막으로 긍정심리다. 긍정심리는 사고와 의지뿐만 아니라 과학적으로 검증된 방법을 통해 행동으로 실천해 결과를 만들어내는 것이다. 이러한 긍정심리를 체계적으로 이론화한 것이 긍정심리학이다.

개인이나 조직은 항상 더 나은, 더 새로운 변화를 원한다. 그러기 위해 새로운 기술을 배우고, 새로운 행동을 시도하며, 낡은 습관을 버리려 한다. 하지만 이러한 변화는 대부분 실패로 끝난다. 왜 그럴까? 사고와 마인드에 의한 통제와 의지로만 하려고 하기 때문이다. 즉 긍정적 사고와 긍정적 마인드로 하려고 하는 것이다. 긍정적 사고는 개인적인 생각이라 일관성이 없고, 긍정적 마인드는 의지는 있지만 습관이나 변화는 의지만으로 이루어지는 것이 아니다. 의지는 한계가 있다. 시간이 지나감에 따라 고갈되기 때문이다. 변화를 성공적으로 이루기 위해선 검증된 과학적 방법을 연습과 실천으로 익숙해지도록 습관화시켜야 한다. 그렇게 만들어주는 것이 긍정심리학이다.

그렇다면 긍정심리학의 '긍정'의 실체는 무엇일까? 바로 좋은 것, 올바른 것, 선한 것, 최상의 것을 뜻한다. 좋은 것은 정서적 기쁨, 인지적 만족, 좋은 관계 등을, 올바른 것은 자신의 양심을 따르는 것, 남의 물건을 훔치지 않는 것, 거짓말하지 않는 것, 남을 흉보지 않는 것, 피해를 주지 않는 것 등을 가리키는 도덕적 개념이라 할 수 있다. 선한 것은 타인에게 호의를 베푸는 것, 착한 일을 하는 것, 기부하는 것, 봉사하는 것 등 선행을 말한다. 최상의 것은 긍정심리학의 목표인 플로리시를 의미하며, 플로리시란 인간의 모든 능력이나 잠재 능력까지 발휘하고 좋은 감정과 좋은 행동 모두를 포함하는 행복 이상의 것으로 인간이 누리고 이룰 수 있는 최상의 상태에 이르는 것을 말한다. 긍정심리학은 막연하고 일시적인 생각과 의지가 아닌 지속적으로 성장시켜 개인과 조직에 최상의 결과를 만들어내는 것이다.

## 긍정심리학이란 무엇일까

긍정심리학이 주장하는 가장 기본이 되는 가정은 인간에게는 질병, 질환, 고통이 발생하는 것처럼 강점과 미덕, 탁월함도 주어진다는 것이다. 그래서 긍정심리학은 약점만큼 강점에, 인생에서 최악의 것을 회복하는 것만큼 최고의 것을 설계하는 것에, 불행한 이들의 삶을 치유하는 것만큼 건강한 사람들의 삶을 충만하게 하는 것에 관심을 가지라고 말한다. 그렇다면 긍정심리학이란 무엇일까?

**첫째, 긍정심리학은 긍정적 사고와 다르다.** 아직도 많은 사람이 긍정심리학에 대해 편견을 갖고 있다. "긍정, 다 같은 거 아냐? 긍정적으로 생각하라, 긍정은 힘이다. 이런 거 말이야!" 긍정심리학 교육과정에 처음 참가하는 사람들 중에도 가끔 이런 선입견을 갖고 있는 경우가 있다. 하지만 한두 시간 지나고 나면 자신이 긍정심리학에 대해 편견이 있었음을 시인하면서 긍정심리학이 이렇게 심오하고, 실용적이며, 과학적으로 체계를 잘 갖춘 학문인 줄 몰랐다고 말한다.

우리는 '긍정(Positive)'이란 용어를 많이 사용한다. 그러다 보니 긍정이란 무조건 좋은 것으로 인식해 때, 장소, 대상과 상관없이 남용하기도 한다. 한때 '칭찬은 고래도 춤추게 한다'는 말이 유행하면서 칭찬의 홍수를 이룬 적이 있었다. 하지만 캐롤 드웩(Carol Dweck) 스탠퍼드대 교수가 '지나친 칭찬은 아이를 망친다'는 연구 결과를 발표하면서 교육계를 물론 기업 조직에까지 큰 충격을 주었다. 긍정도 마찬가지다. 부정적 노가 없다면 긍정적 돛은 목적 없이 펄럭이고 신뢰성을 상실한다. 지나친 긍정은 개인의 삶과 조직을 망칠 수도 있다는 것이다.

긍정심리학은 사람의 탄생에서 죽음까지 그 사이에서 일어나는 모든 사건과 경험에 있어 좋은 삶과 올바른 삶, 선한 삶, 최상의 삶이 무엇인지 과학적으로 연구하는 학문이다. 따라서 긍정심리학의 긍정은 어떤 현상을 엄격한 과학적 실험과 검증을 거쳐 그것이 신뢰할 만하고 또 반복적으로 입증이 가능하다는 것을 보여준다. 다시 말하면 어떤 것이 여러 차례 연구를 통해 입증됐고 또 동일한 상황에서 여러 번 반복해 입증할 수 있기 때문에 다음에도 그렇게 될 가능성이 높다는 것이다. 반면 긍정적 사고는 전부 지극히 사적인 생각과 개인 차원의 권장 방법으로 이루어져 있다. 일관성도 부족해 상황에 따라 이랬다저랬다 변하기도 한다. 효과가 없을 경우에는 당신이 긍정적이지 않았기 때문이라고 주장하는 것이다.

긍정심리학은 플로리시한 삶을 지속적으로 오랫동안 살고 싶어 하는 사람들이 과학적 근거에 의해 유용한 지식체계를 쌓은 것인 반면, 긍정적 사고는 사람들이 자신의 잘못으로 자신에게 어떤 일들이 일어났다고 생각하게 만든다. 무엇이 잘못됐을 때 긍정적으로 생각하지 않았기 때문이라고 여기는 것이다. 일반적으로 그들은 자신에게 일어나는 일들을 자기 마음대로 조종할 수 있다고 본다. 긍정적으로 생각하면 긍정적으로 된다는 것이다. 하지만 생각의 상당 부분은 자신이 미처 의식하기도 전에 일어나는 것이어서 긍정적으로 생각한다고 생각 자체가 모두 긍정적으로 변하는 데는 한계가 있다.

말로만 수없이 긍정을 외치고 긍정적으로 생각하는 것만으로는 부족하다. 의지만 갖는다고 이루어지는 것도 아니다. 의지는 시간이 흐르면 소멸되는 소모품과도 같은 것이다. 긍정이 어떻게 작용하고 어떤 결과를 만들어내는가를 과학적 근거에 의해 긍정의 지식체계를 구축하고 실천하는 것이 중요하다.

**둘째, 긍정심리학은 개인과 조직에 있어 최적의 기능과 작용에 대한 연구다.** 사랑, 감사, 즐거움, 자부심, 용서, 일의 만족도 같은 긍정 정서와 창의성, 용감성, 감상력, 호기심, 협동심, 열정 같은 강점이 삶이나 조직에서 어떻게 작용해 어떤 결과를 산출하는지 관찰하는 것이다.

예를 들어 심리상담사라면 대부분 제일 먼저 "당신의 인생에서 어떤 것이 잘못됐고, 어떤 것이 잘되지 않았나요?"라고 질문할 것이다. 반면 긍정심리학자는 제일 먼저 "당신의 인생에서 어떤 것이 잘 작용하고 있으며, 어떤 것이 잘되고 있나요?"라고 질문할 것이다. 조직에서도 마찬가지다. 컨설턴트는 대개 여러분의 조직에서 어떤 것이 문제인지, 개선하기 위해 무엇을 해야 하는지를 중점적으로 질문한다. 그러나 긍정심리학자는 제일 먼저 조직에서 어떤 것이 잘되고 있는지, 어떤 것이 회사의 강점과 장점인지 등 조직의 최적 기능에 대해 질문하고 그것들을 중심으로 지속적인 조직의 성과를 이룰 수 있게 한다. 이러한 최적의 기능과 작용에 대한 전문성과 이해가 부족하면 조직에서 개인의 행복도나 성과를 높이기 어렵다. 기업의 교육 담당자와 산업 강사들에게 긍정심리학이 조직에 적용시키기엔 임팩트가 약하다는 말을 자주 듣는다. 생존, 경쟁, 혁신, 도전, 성과를 위한 기업 교육에 약하다는 것이다. 이는 임팩트가 약한 것이 아니고 긍정심리학에 대한 이해와 전문성 부족에서 나오는 이야기다.

긍정심리학이 조직개발, 조직문화, 조직성과에 기여하는 바는 놀랍다. 긍정심리학에는 과학적으로 검증된 조직성과를 높여주는 도구와 조직성과를 측정하는 도구가 있기 때문이다. 최근 들어 상당수 기업에서 감사, 긍정 마인드 등 많은 긍정교육이 이루어졌고 또 이루어지고 있다. 어떤가? 성공했는가? 지속적인 성과를 내고 있는가? 교육의 성공 잣대는 무엇인가? 일시적 기분과 성과, 강의 평가 점수? 어떤 회사는 감사교육을 통해 실적이 몇% 오르고, 어떤 변화가 왔다며 요란을 떤다. 그러한 성과가 언제까지 가는가? 교육의 성공은 얼마나 지속적인 변화와 성과가 있느냐에 달려 있다. 기업의 존재 이유와 목표가 무엇인가? 일시적인 아닌 지속적인 성과와 성장이다. 무엇이 조직을 살리고 키우는가? 사람이다. 위기에 처한 조직을 살리고 자율적으로 문제를 해결하고, 실행력을 높여 성과를 많이 낼 수 있는 사람으로 변화시켜주는 것이 긍정심리학이다. 분노, 화, 불만, 불안, 압박 같은 부정성은 행동경향성이 강하지만 사고를 경직되게 만들고 위축시킨다.

반면 기쁨, 감사, 흥미, 낙관성, 자부심, 만족 같은 긍정성은 행동경향성은 약하지만 유쾌한 내면적 경험과 즐거운 생기로 사고를 유연하게 만들고 확장시킨다. 그래서 창의성, 수용성, 자발성, 회복력, 실행력을 높여 조직 구성원 스스로 생각과 마음의 문을 열게 하고, 문제를 해결하고 변화시켜 조직의 생존과 성과, 새로운 도전에 기여하게 한다. 부정성보다 격하게 강해 보이지 않지만 사실 더 강한 것이 긍정성이다.

지금 우리는 4차 산업혁명 시대를 맞고 있다. 우리 조직들은 어떻게 준비해야 할까? 클라우스 슈바프 세계경제포럼(다보스포럼) 회장은 "4차 산업혁명은 파괴적일 만큼 강렬한 기회이자 무거운 문제를 안고 있다. 우리는 모두 대비해야 하고 위협이 아닌 기회로 만들어야 한다. 개개인부터 사회 전반, 한 나라와 전 세계적으로 막대한 영향을 끼칠 수 있기에 정부와 기업의 역할과 정체성 재확립이 불가피하다"고 말했다.

우리 조직은 변화해야 한다. 변화하지 않고는 생존할 수 없기 때문이다. 어떻게 변화할 것인가? 변화를 위해선 변화를 위한 또 다른 변화가 필요하다. 인공지능(AI), 빅데이터, 사물인터넷(IoT) 등의 기술만 발달하면 무엇 하겠는가? 그 기술을 개발, 운영, 관리하는 사람과 조직이 함께 준비하고 변해야 한다. 4차 산업혁명을 주도할 대부분 기술은 급격하게 이루어지며, 그 과정에서 인간의 존엄성, 윤리의식, 인성적 요소가 소홀히 다뤄질 가능성이 농후하다. 또한 이러한 기술을 개발하고 경쟁력을 키우기 위해선 상상력, 창의력, 공감력, 소통력, 수용력, 실행력, 문제해결 능력, 자발성, 유연성 등이 요구된다. 긍정심리학은 개인과 조직의 최적 기능을 발견하고 발휘하게 해 이러한 시대적 문제의식과 요구 사항을 충족시켜줄 것이다.

**셋째, 긍정심리학은 +2에 있는 사람을 +6으로 끌어올려준다.** 셀리그만이 1967년부터 2000년 초까지 미국에서 발행된 주요 신문 기사에 나오는 단어를 분석한 결과 압도적인 비중으로 등장한 단어가 '화'다. '걱정' '불안'이 그 뒤를 이은 것으로 나타났다. 최근 들어 '우울'이란 단어도 많이 등장하는 추세라고 한다. 반면, '기쁨'이나 '즐거움'이란 단어는 고작 410번밖에 등장하지 않았고, '행복'은 좀 더 많은 1710번, '삶의 만족'은 2580번 나왔을 뿐이다. 전체적인 비율을 보면 부정적 단어 3개가 긍정적 단어 3개보다 21배나 많았다고 한다. 비단 미국만의 이야기가 아니다. 우리나라는 물론 전 세계 대부분 나라의 사정도 비슷하다. 그렇다 보니 지금까지 '실용주의' 창시자인 윌리엄 제임스부터 그 계보를 잇는 수많은 심리학자가 주로 '화' '걱정' '불안' '우울'을 '제로(0)' 상태로 만들기 위해 노력해왔다.

부정정서가 −(마이너스), 긍정정서가 +(플러스)라면 − 상태에서 벗어나 0이 되는 것도 큰 의미가 있다. 부정정서가 워낙 지배적이어서 0으로 만드는 것도 그리 쉬운 일이 아니다. 하지만 부정정서를 털고 '0' 상태가 됐다고 행복한 것은 아니다. 부정정서에서 벗어나 불행하지는 않더라도 그것이 곧 행복을 의미하지는 않는다는 이야기다. 0에서 +의 정서를 많이 느껴야 비로소 행복할 수 있다.

'화' '걱정' '우울' '불안' 등 부정적 정서를 0으로 만드는 데 그치지 않고 +로 만들어주는 것이 바로 '긍정심리학'이다. 긍정심리학의 목표는 −5에 있는 사람을 0으로 끌어올릴 뿐만 아니라 +2에 있는 사람을 +6으로 끌어올리는 데 있다. 즉 부정정서를 완화시켜 불행하지 않은 상태로 만드는 데 만족하지 않고 불행하지 않거나 조금밖에 행복하지 않은 사람을 더 행복하게 만들어주는 것이 긍정심리학이다.

**넷째, 긍정심리학의 사명은 '예방'이다.** 질병모델을 이용해 연구하는 심리학자 대부분은 치료에만 심혈을 기울여왔지만 셀리그만의 생각은 달랐다. 치료를 받을 정도면 이미 시기적으로 늦은 것이며, 건강하고 행복한 생활을 할 때 예방에 힘써야 나중에 닥칠지도 모를 고통의 나락에서 구할 수 있다는 것이다. 치료 결과는 불확실하지만 예방 효과는 굉장히 크다. 산파가 손을 깨끗이 씻으면 산모가 산욕열에 걸릴 가능성을 차단할 수 있고, 예방접종을 하면 소아마비를 퇴치할 수 있는 것과 같은 이치다.

과연 청소년기에 긍정심리학의 개입 활동을 실시하면 성인기의 우울증, 정신분열증, 약물중독 등을 예방할 수 있을까? 셀리그만은 지난 10년간 이에 대한 연구에 몰두했다. 그 결과 10세짜리 아이들에게 낙관적으로 생각하고 행동할 수 있는 방법을 가르치면 그들이 사춘기에 접어들었을 때 우울증에 걸릴 확률이 반으로 줄어든다는 사실을 밝혀냈다. 이에 따라 그는 예방에 대한 연구 및 임상실험이 자신이 해야 할 일이라고 생각했다. 긍정심리학은 불행, 분노, 비관성, 무기력, 우울증, 스트레스 등도 사전에 예방할 수 있으며, 아이들의 성격(인성)강점을 미리 발견하고 발휘하게 해 인성을 갖추고 행복한 삶과 건강한 미래를 스스로 만들어갈 수 있게 해준다. 셀리그만은 앞서 이야기한 딸 니키를 통해 '예방'이라는 긍정심리학의 사명을 발견했다.

**다섯째, 긍정심리학은 과거에 지배당하지 않고 미래를 지향한다.** 기존의 심리학은 흔히 어린 시절 기억이나 상처가 성인기에도 영향을 미친다고 한다. 하지만 셀리그만은 어린 시절 경험이 실제로는 성인기 삶에 거의 혹은 전혀 영향을 미치지 않는다는 것을 입증했다. 유아기에 받은 깊은 상처가 성인기의 성격 형성에 영향을 준다고 해도 그것은 감지하기 힘들 정도로 아주 작을 뿐이다. 셀리그만은 "성인기에 겪는 장애는 유년기의 불행한 경험 때문이 아니다. 그러므로 성인기에 나타나는 우울, 불안, 불행한 결혼생활이나 이혼, 약물중독, 성적장애, 자녀 학대, 알코올중독, 분노 등의 원인을 어린 시절의 불행에서 찾는다는 것은 타당성이 없다"고 말했다. 이 놀라운 사실을 깨닫는 것만으로도 과거에서 자신을 해방시킬 수 있으며, 더 행복한 삶을 만들 수 있다.

1950년대 말 인지치료 심리학의 창시자인 아론 벡(Aaron Beck)이 프로이트학파의 정신분석학 과정을 마치고 우울증 환자의 집단 치료를 담당할 때였다. 정신분석 이론대로라면 우울증 환자들이 자신의 과거를 솔직히 털어놓고 자신을 괴롭혔던 모든 상처와 상실감에 대해 상담하면 카타르시스를 느끼고, 따라서 우울증을 치료할 수 있다. 벡은 우울증 환자에게 과거의 상처를 표출하고 곰곰이 되짚어보게 하는 데까지는 아무런 문제가 없다는 것을 알았다. 그런데 문제는 우울증 환자가 과거의 고통스러운 경험을 드러내다 이따금 혼란을 일으켰으며, 벡은 그들의 혼란을 바로잡아줄 방법을 찾을 수 없었다. 이렇게 환자가 혼란을 일으키고 자살기도 같은 치명적인 위기에 빠진 사례가 발생했던 것이다. 그는 우울증 환자가 현재와 미래에 대한 생각을 바꿈으로써 자신의 불행한 과거에서 해방되도록 하는 데 목적을 두고 인지치료 심리학을 창시하게 됐다.

나는 강의가 없는 날은 심리상담(긍정심리 코칭)을 자주 한다. 내게 상담을 원하는 내담자 대부분은 이미 상담을 받아본 경험이 있는 사람들이다. 그중엔 상담을 2~3년 받아온 사람도 있고 자신의 심리적 증상을 치료하기 위해 상담 공부를 몇 년씩 한 사람도 있다. 이들을 상담(코칭)하다 보면 한결같이 과거에 얽매여 있으며 과거에서 문제를 찾고 해결하려 한다. 5월에 상담한 한 여성 내담자는 초등학교 때 겪은 사건 하나 때문에 50대 중반인 지금까지도 심리적 고통을 겪고 있었다. 문제를 해결하기 위해 과거의 원인을 찾는 것은 중요하다. 하지만 더 중요한 것은 문제를 어떻게 해결하고, 미래를 어떻게 플로리시하게 만들어주는가다. 이것이 긍정심리학이 하는 일이다.

인간은 과거에 지배당하기보다 더 자주 미래를 지향한다. 따라서 기대, 계획, 의식적 선택을 측정하고 구축하는 과학은 습관, 충동, 환경의 과학보다 더욱 강력하다. 우리가 과거에 지배당하지 않고 미래를 지향한다는 것은 극도로 중요하다는 것이다. 하지만 이는 사회과학의 유산과 심리학의 역사에 정면으로 배치된다. 그럼에도 그것은 긍정심리학의 기본적이고도 절대적인 전제다. 긍정심리학은 과거에 지배당하지 않고 미래를 지향하기 때문이다.

**여섯째, 긍정심리학의 목표는 플로리시다.** 플로리시란 좋은 생각이나 감정, 행동, 모든 능력이나 잠재 능력까지 발휘해 번성시켜 활짝 꽃피우게 하는 것이다. 개인의 지속적인 행복 증진, 기업의 지속적인 성장, 종교의 부흥, 나라의 번성도 플로리시다. 인간이 누리고 이룰 수 있는 최고의 삶과 결과를 말하는 것이다. 플로리시는 라틴어 'Florere(꽃이 피다)'에서 13세기 중세 프랑스어 'Florris(꽃)'로 쓰이다 14세기 중반부터 번성, 번영이라는 비유적인 단어로 사용되면서 오늘날에 이르게 됐다.

최근 들어 인간의 플로리시에 대한 관심이 커지는 가운데 셀리그만을 비롯한 주요 이론가인 펠리시아 후퍼트(Felicia Huppert), 티모시 소(Timothy So), 키이스(Keyes) 등은 플로리시에는 좋은 감정(쾌락 등)과 효율적 기능(행복, 웰빙 등)이 모두 포함되며, 그렇게 해야만 우울증, 불안증 같은 흔한 정신장애, 즉 부정적 혹은 평탄한 감정과 저하된 기능을 포함하는 상태의 정반대가 된다는 데 동의했다. 키이스와 동료들은 인간의 플로리시를 쾌락적 웰빙(Hedonic Well-being)과 자아실현적 웰빙(Eudaimonic Well-being)의 다차원적 결합이라고 개념화했다. 이를 기반으로 바버라 프레드릭슨(Barbara Fredrickson)은 인간의 플로리시를 좋은 감정(Feeling Good)과 좋은 행동(Doing Good) 모두를 포함하는 행복 이상의 것이라고 묘사하며 "플로리시란 인간 기능의 최상의 범위에 속하는 삶이며 그러한 삶은 선함, 후진 양성, 욕구, 성장, 회복력을 함축한다"고 말했다. 긍정심리학의 목표는 긍정심리학의 팔마스(PERMAS)인 긍정정서, 몰입, 관계, 의미, 성취, 강점을 통해 플로리시를 증가시키는 것이다.

**일곱째, 긍정심리학은 기존 심리학을 부정하지 않는다.** 긍정심리학은 새로운 학문 영역이지만 기존 다른 심리학 영역을 연구하는 학자들 역시 주목하고 있다. 특히 사회심리학, 성격심리학, 임상심리학, 조직심리학을 응용한 분야의 학자들이 관심을 가진다. 그러나 일부 심리학자는 긍정심리학에 대해 부정적 시각을 갖고 있다. 긍정심리학이라는 포괄적 의미를 지닌 단어 때문이다. 이들은 자신들이 평생 연구해 온 결과들이 부정심리학이라 평가절하됐다고 생각한다. 피터슨은 "일부 심리학자들이 이렇게 자동적으로 이분화시키는 것은 불행한 일이며 긍정심리학자들이 의도한 바도 아니다"라고 말했다. 셀리그만도 말했지만 긍정심리학자는 기존 심리학도 중요하고 필요하다고 생각한다. 긍정심리학을 이끌고 있는 긍정심리학자도 기존 심리학자였다. 긍정심리학자라는 명칭 역시 긍정심리학이라는 영역과 관련된 주제를 연구하는 사람이라는 것을 한 단어로 표현한 것일 뿐이다. 긍정심리학자라고 해서 행복하고, 재능 있고, 덕이 높은 것과 같이 모두 긍정적인 사람이라는 의미도 아니다. 또한 다른 심리학자들이 부정적인 사람이라는 의미도 아니다. 긍정심리학자는 현상에 대한 가장 객관적인 관점에서 사실을 전달해 사람들이 어떤 상황에서 어떤 목표를 수행해야 할지에 대한 균형 잡힌 정보를 제공해 결정을 내리게끔 도와준다. 원인보다 방법을 더 중요시한다는 것이다.

**여덟째, 긍정심리학은 이념적 활동이나 세속적 종교가 아니다.** 긍정심리학은 일확천금을 벌기 위한 책략도 아니며 주술사의 마법 같은 주문도 아니다. 이 세상에는 이런 것으로 가득 차 있다. 정말 많은 사람이 긍정심리학이 탐구해야 할 플로리시한 삶에 통찰력을 불어넣어준다. 그러나 긍정심리학이라 불리기 위해서는 통찰을 과학적인 심리학 도구를 통해 연구해 어떤 아이디어가 문제의 현실과 맞는지 혹은 맞지 않는지, 어떻게 작용하는지 탐구하는 것이어야 한다. 그만큼 긍정심리학이 과학적이라는 것이다. 피터슨은 이런 과정을 거치지 않는 이들은 긍정심리학의 연구 결과물을 무시하고, 이룰 수 없는 허황된 꿈을 심어주며, 많은 이가 겪고 있는 실질적인 문제들을 교묘히 숨김으로써 긍정심리학을 깎아내리거나 적어도 이 학문의 본질을 변질시킨다고 했다. 긍정심리학은 머리로 이해하는 것만도, 가슴으로 느끼는 것만도 아니다. 손과 발로 연습하고 실천하며 내 것으로 만드는 것이다. 그러기 위해선 기초 이론을 배우고 도구의 개입 방법을 배워 자신이 실천한 후 그 결과로 상대에게 동기부여를 해줘야 한다.

**아홉째, 긍정심리학의 핵심 연구 주제는 긍정경험, 긍정특성, 긍정제도다.** 긍정심리학의 기둥이라 할 수 있는 핵심 연구주제는 3가지로 압축할 수 있다. 첫째, 긍정경험인 기쁨, 평안, 감사, 만족, 자신감, 희망, 낙관성 같은 긍정정서(Positive Emotion)다. 둘째, 긍정특성(Positive Traits)으로 여기에는 긍정심리학의 핵심인 강점(Strenths)과 미덕(Virtues)은 물론 몰입, 재능, 관심사, 가치, 운동성 같은 개인의 '능력'까지 포함된다. 셋째, 긍정경험과 긍정특질을 독려하는 긍정제도(Positive Institutions)로 가족, 학교, 기업, 조직, 언론, 민주주의 사회를 말한다. 여기서 마지막으로 언급된 '긍정제도'란 이를 통해 긍정특질을 발달시키고 발현할 수 있도록 도와주고 촉진하며, 긍정경험을 유발시키고 촉진시키는 것을 말한다.

사람은 좋은 성격이 아니더라도 행복하고 만족할 수 있고, 긍정성을 가능케 만드는 기관에 속해 있지 않더라도 좋은 성격을 가질 수 있다. 남아프리카공화국에서 인종차별이 사라진 것은 억압적 폭군에 대항해 옳은 것을 주장할 수 있다는 것을 보여주는 예이며, 내부 고발자가 있는 것은 직원들이 직장 내 관례에 항상 순응하지 않는다는 사실을 보여주는 예다. 예산이 부족한 학교에도 똑똑한 학생이 있을 수 있다는 사실은 평범한 교육이 언제나 지적 호기심을 짓밟는 건 아니라는 사실을 나타낸다. 이는 위의 긍정심리학의 핵심 연구 주제인 긍정경험,

긍정특질, 긍정제도를 삶에 적용시켰을 때 플로리시하게 만들어줄 수 있다.

긍정심리학의 연구 주제를 구축하기 위해 초기 긍정경험 연구는 에드 디너(Ed Diener)가, 긍정특질 연구는 미하이 칙센트미하이, 크리스토퍼 피터슨, 조지 베일런트(George Vaillant)가, 긍정제도 연구는 캐슬린 제이미슨(Katheleen Jamieson)이, 총괄은 셀리그만이 맡았다. 긍정심리학의 연구 주제를 좀 더 세분화하면 다음과 같다.

잘산다는 것(웰빙)은 무엇을 의미하는가? 행복한 삶이란 어떤 것인가? 행복에 영향을 미치는 요소는 무엇이며 어떤 심리적 과정을 통해 행복감을 느끼는가? 지속적으로 행복을 증진시켜 플로리시하게 하려면 어떻게 해야 하는가? 뛰어난 성취를 이루거나 성숙한 인성을 지닌 사람들은 어떤 심리적 특성을 지녔는가, 그리고 어떤 심리적 과정을 통해 이런 상태에 이르는가? 인간은 어떤 상황에서 자신의 긍정적 품성과 능력을 가장 잘 발현하는가? 인간의 긍정적 품성과 미덕에는 어떤 것들이 있는가? 지독한 고난과 난관을 극복하게 만드는 인간의 특성은 무엇인가? 학교나 기업은 구성원들이 좀 더 행복하게 각자의 강점과 미덕을 더 잘 발휘하도록 어떻게 도울 수 있는가? 영리기업의 성과를 위해 어떻게 도울 수 있는가? 인류의 플로리시를 위해 무엇을 해야 하는가? 등이다.

긍정심리학의 초기 긍정제도를 연구할 당시 셀리그만은 민주주의, 강한 가족연대, 자유 언론 등을 긍정제도로 꼽았다. 그때까지만 해도 상업적 조직보다 비상업적 조직인 사회적 기관을 더 많이 염두에 두고 있었기 때문이다. 그러나 최근 긍정심리학이 인기를 얻으면서, 긍정심리학의 과학적 이론을 기반으로 하는 긍정조직학 연구가 급속히 성장하며 상업적 조직으로 빠르게 확산되고 있다.

최근 이렇게 긍정심리학이 인기를 얻으면서 사회 각 분야에서 개별적으로 연구하거나 응용하는 사람이 늘고 있다. 좋은 현상이다. 하지만 문제도 많다. 긍정심리학의 이론과 도구를 이용하면서도 교묘히 긍정심리학임을 밝히지 않거나 긍정심리학의 과학적 이론과 연구 결과물을 무시하고 긍정심리학화시키는 것이다. 팔마스가 없는 긍정심리학은 긍정심리학이 아니다. 피터슨은 이들을 "긍정심리학을 나쁘게 이용하는 사람들"이라고 했다. 이들은 긍정심리학을 발전시키고 대중화시키려는 사람들이 아니라는 것이다. 긍정심리학의 발전과 대중화와 달리 이들은 긍정심리학자들이 신중하게 연구해온 이론과 결과물을 토막 내 그것이 자기 것인 양, 진실인 양 변질시켜 간절히 원하는 대중에게 제시한다. 심리학, 자기계발, 행복 관련 서적이나 교육 프로그램, 강의를 들어보면 금방 알 수 있다. 이러한 행위는 긍정심리학의 발전을 저해한다.

# 05 긍정심리학의 2가지 이론

긍정심리학은 진화한다. 2002년 긍정심리학을 최초로 알린 『진정한 행복(Authentic Happiness)』을 통해 발표한 '진정한 행복 이론'에서 2011년 『마틴 셀리그만의 플로리시(Flourish)』를 통해 발표한 플로리시를 위한 '웰빙 이론'으로 진화한 것이다.

## 진정한 행복 이론

진정한 행복 이론에서는 긍정정서(즐거운 삶), 몰입(몰입하는 삶), 삶의 의미(의미 있는 삶)에 중점을 뒀고 주제는 행복이었으며 목표는 만족한 삶이었다. 행복도를 측정해 삶의 만족도를 키우는 것이다. 하지만 셀리그만은 최근 진정한 행복 이론이 완벽하지 않다고 고백했다. 우선 기존 행복 이론에서는 '행복'이라는 말에 내포된 의미가 유쾌한 기분과 밀접하게 연관될 수밖에 없다는 한계를 갖고 있었다. 행복은 즐거운 순간이나 초콜릿 혹은 애무가 주는 감각적 즐거움이 유발하는 일시적 감정 이상의 매우 폭넓은 개념이라는 것이다.

행복을 측정하는 기준도 문제가 있었다. 진정한 행복 이론에서는 삶의 만족도를 행복의 측정 기준으로 삼았는데, 이 방법이 정확도가 떨어질 수 있음을 인정했다. 이 기준은 광범위하게 조사된 자기보고식 측정 방법으로 자신의 삶에 얼마나 만족하는가를 1점부터 10점까지, 즉 끔찍하다(1점)부터 이상적이다(10점)까지 범위에서 대답할 것을 요구한다. 긍정심리학의 목표는 이 기준을 토대로 삶의 만족도를 높이는 것이었는데, 여기에 문제가 있었다. 사람들이 보고하는 삶의 만족도 수준은 그 질문을 받는 시점에서 그들의 기분이 어떠냐에 따라 결정된다는 사실이 드러났기 때문이다. 수많은 사람을 조사한 결과, 보고 시점의 기분(행복)에 따라 삶의 만족도 수준을 결정하는 비율이 70% 이상이고, 당시 기분과 상관없이 자신의 삶을 올바로 판단하는 비율은 30%도 채 안 됐다. 그래서 셀리그만은 일시적인 기분이 긍정심리학의 전부이자 목표가 돼서는 안 된다고 생각했다.

마지막으로 긍정정서, 몰입, 의미가 별다른 이유 없이 '그 자체가 좋아서' 선택하는 요소를 철저히 설명하지 못한다는 문제가 있었다. 긍정심리학은 강요가 아닌 자신이 좋아서 선택하는 학문이라는 것이다. 이런 문제점을 인정하고 셀리그만은 새로 발전된 이론을 발표하면서 긍정심리학의 목표도 행복 측정에 의한 삶의 만족에서 플로리시로 바꿀 것을 제안했다.

셀리그만이 긍정심리학의 새로운 이론을 만들면서 고민을 많이 했던 것이 행복에 관한 일원론이었다.

다음은 대표적 일원론이다.

그리스의 철학자 탈레스는 만물의 근원은 물이라고 했다.
아리스토텔레스는 인간의 모든 행위의 궁극적인 목적은 행복이라고 했다.
니체는 인간의 모든 행위의 궁극적인 목적은 권력이라고 했다.
프로이트는 인간의 모든 행위의 궁극적인 목적은 불안감 회피라고 했다.

이들이 똑같이 저지른 커다란 실수는 일원론이라는 것이다. 일원론에서는 인간의 모든 동기가 단 한 가지로 귀착된다. 일원론은 가장 적은 변수로부터 대부분 결과를 도출한다. 하지만 변수가 너무 적어 특정 현상의 다양하고 미묘한 차이를 설명할 수 없을 때는 어떤 것도 설명하지 못한다. 일원론은 치명적이다. 긍정심리학을 하나의 작은 변수로 설명하기에는 한계가 있다는 것이다.

셀리그만은 이 4가지 일원론 가운데 아리스토텔레스의 주장에 그나마 수긍했었다. 우리가 하는 모든 행위는 행복해지기 위해서라는 것이다. 하지만 셀리그만은 '행복'이라는 말을 좋아하지 않았다. 행복이란 말은 지나치게 남용돼 그 의미를 상실했기 때문이다. '행복'은 교육, 질병 치료, 공공정책, 개인 삶의 변화 같은 실용적인 목적이나 과학 영역에는 참으로 비실용적인 단어라는 것이다.

셀리그만은 긍정심리학의 첫 단계는 '행복에 관한 일원론을 보다 실용적인 단어로 풀어내는 것이었다. 이 일을 잘해내는 것이 단순히 단어 의미를 분석하는 것보다 훨씬 더 중요하다고 생각했다. 행복을 이해하기 위해서는 하나의 이론이 필요했던 것이다. 그것이 다원론적 플로리시를 위한 웰빙 이론이다.

## 웰빙 이론: 웰빙의 정의와 팔마(PERMA)

먼저 웰빙의 정의부터 알아보자. 독자들의 이해를 위해 2012년 마틴 셀리그만의 『플로리시』를 번역할 때 내가 셀리그만 교수에게 웰빙의 정의를 부탁하자 직접 이메일로 보내온 내용을 그대로 전한다.

'글로벌(Global) 웰빙이 가능할까? 많은 과학자는 핵전쟁, 인구과잉, 자원 부족, 열생학적 선택(Dysgenic Selection), 사운드 바이트(Sound Byte · 시간과 장소에 관계없이 원하는 사람과 언제든지 의사소통을 할 수 있는 환경)화되는 세상 등을 이야기하며 미래를 어둡게 본다. 인류의 미래는 밝다는 예상은 큰 관심을 끌지 못한다. 그러나 내 생각은 조금 다르다. 나는 인류의 긍정적 미래가 사실상 순식간에 펼쳐질 것이라고 보지는 않는다. 하지만 우리가 그러한 미래에 대해 체계적으로 숙고한다면 그 가능성이 더욱 높아질 것이다. 그것을 위해 우리는 먼저 측정 가능한 웰빙 요소를 제시한 다음, 그 각각의 요소를 어떻게 성취할 수 있는지 탐구하는 것으로 시작할 수 있다. 나는 웰빙 측정에 관해서만 설명하겠다. 자신을 위해 선택하는 것과 관계 있고 무관심과는 상반되는 개념이다. 배타적이고 각각 독립적으로 측정 가능하며, 이상적으로는 모든 요소를 총망라해야 한다. 내 생각에 그러한 웰빙 요소는 5가지이며, 각 요소의 머릿글자를 따 팔마(PERMA)라 부른다.

P 긍정정서(Positive Emotion)
E 몰입(Engagement)
R 긍정관계(Positive Relation)
M 의미와 목적(Meaning and Purpose)
A 성취(Accomplishment)

이 중 어느 한 가지가 웰빙을 만든다고 단정할 수 없지만 하나하나가 웰빙에 기여한다. 5가지 모두 배울 수도 있고 측정할 수도 있다. 자가보고를 통해 주관적으로 측정할 수 있는 항목이 있고 객관적으로 측정할 수 있는 항목이 있다.

지난 10년간 이 웰빙 요소를 측정하는 척도는 큰 발전을 이루었다. 팔마를 모두 합하면 '삶에 대한 만족'보다 더욱 포괄적인 웰빙지수를 얻게 되고 객관적 지표와 주관적 지표를 겸비할 수 있다. 팔마를 측정해 개인, 기업, 도시의 웰빙지수를 얻을 수 있다. 현재 영국은 공공정책의 성공 여부를 판단하는 한 가지 기준으로 국내총생산(GDP) 외에 자국의 웰빙 수준도 측정하고 있다. 팔마는 삶의 가능 조건을 약술한 추상적 개념이다. 우울, 침략, 무지 등 불가능 조건은 팔마와 어떤 관계가 있을까. 삶의 불가능 조건은 팔마를 방해하지만 제거하지는 못한다. 중요한 것은 행복과 우울의 상관관계가 −1.00도 아닌 고작 −0.35 정도라는 사실이다. 소득이 삶에 대한 만족에 미치는 영향은 뚜렷한 곡선 형태로 나타난다. 즉 경제적 안전망을 확보할 경우, 그 이상의 소득 증가는 오히려 삶에 대한 만족도를 더 낮춘다. 우리는 지금까지 불가능 조건을 개선하고 바로잡는 것에만 초점을 맞춰왔다.

하지만 팔마는 그것만으로는 충분하지 않다고 주장한다. 글로벌 웰빙을 원한다면 팔마를 측정하고 구축해야 한다. 개인의 삶도 마찬가지다. 개인적인 웰빙, 즉 플로리시한 삶을 원한다면 우울, 불안, 분노를 없애고 부유해지는 것만으로는 충분하지 않다. 그것과 함께 팔마도 구축해야 한다.'

지금까지 알려진 웰빙의 대표적 이론으로는 에드 디너(Ed Diener)의 주관적 웰빙(Subjective Well-being)과 캐럴 리프(Carol Ryff), 제니 후퍼(Jeni Hooper) 등 심리학자들의 심리적 웰빙(Psychological Well-being)이 있다. 주관적 웰빙은 개인이 처한 객관적 상황에 따라 어느 정도 좌우되지만, 직장, 건강, 관계 등 삶의 중요한 영역에 대해 개인이 스스로 내리는 주관적 인지적 평가, 삶에 대한 만족도가 모두 담겨 있고, 기쁨이나 몰입 등 긍정정서도 포함된다. 심리적 웰빙은 삶에 대한 활력과 호기심, 자제력, 가치 있는 목적을 추구하는 동기를 갖는 것을 말한다. 심리적 웰빙의 심리적 욕구를 정확히 설명한 연구자는 위스콘신대의 리프다. 그는 심리적 욕구를 충족시켜주는 것으로 자기수용, 개인적 성장, 인생의 목적, 자율성, 긍정적 인간관계, 환경에 대한 지배라고 말한다. 후퍼는 심리적 웰빙은 행복 이상의 것이며, 그 핵심은 우리가 어떻게 배우고, 무엇이 성장을 추동하는지에 대한 이해가 필요하다고 말하며, 심리적 웰빙의 5가지 구성 요소인 개인강점, 정서적 웰빙,

긍정적 의사소통, 강점학습, 회복력(Resilience)을 제시했다.

긍정심리학의 플로리시를 위한 웰빙은 주관적 웰빙과 정서적 웰빙을 모두 포함한다고 할 수 있다. 웰빙은 육체적, 정신(심리)적, 관계적, 성취적, 도덕적 삶의 유기적 조화라 할 수 있다.

다음은 셀리그만이 제시한 웰빙 이론에 대해 알아보자. 웰빙은 구조물이고, 행복은 실물이다. '실물'은 즉시 측정 가능한 완전한 개념이다. 그러한 개념은 조작될 수 있다. '조작될 수 있다'는 말은 대단히 구체적인 일련의 측정 도구로 정의된다는 뜻이다. 예를 들어 기상학에서 '체감온도'라는 개념은 물이 어는 온도와 바람의 조합으로 정의된다. 진정한 행복 이론은 하나의 실물인 행복을 삶의 만족도로 정의하는 개념으로 설명하려는 시도다. 이때 사람들은 자신의 삶에 대한 만족 수준을 1점부터 10점까지의 범위에서 평가한다. 삶에서 긍정정서를 가장 많이 느끼고 가장 많이 몰입하며 가장 많이 의미를 부여한 사람들이 가장 행복하다. 따라서 그들은 삶의 만족도가 가장 높다. 웰빙이론은 긍정심리학의 주제가 '실물'이라는 것을 거부한다. 실제 주제는 '구조물'인 웰빙이다. 웰빙은 측정 가능한 5가지 요소가 있으며, 그 요소들은 하나의 실물이고 각각 웰빙에 기여하지만 어떤 요소도 웰빙을 정의하지는 않는다.

기상학에서는 '날씨'가 그러한 구조물이다. 날씨 그 자체는 실물이 아니다. 각각 조작될 수 있고, 따라서 각각 하나의 실물인 여러 요소, 즉 기온, 습도, 풍속, 기압 등이 날씨의 형성에 기여한다. 우리의 연구 주제가 긍정심리학이 아니라 '자유'라고 생각해보자. 자유를 과학적으로 연구하려면 어떻게 해야 할까? 자유는 실물이 아니라 구조물이며,

다양한 요소가 이 구조물의 형성에 기여한다. 여기에는 국민이 감지하는 자유의 정도, 언론 검열 빈도, 선거 시행 빈도, 인구 대비 대표자 비율, 부패 공직자 수와 그 밖의 요소가 있다. 자유라는 구조물 자체와 달리, 이 요소들 각각은 측정 가능한 실물이다. 이 요소들을 측정하는 것만으로도 특정 지역에 어느 정도의 자유가 존재하는지에 대한 전체적인 그림을 얻을 수 있다.

웰빙은 그 구조상 날씨나 자유와 같다. 한 가지 요소만으로는 그것을 철저하게 정의하지 못하지만 몇 가지가 합쳐지면 그 구조물을 형성할 수 있다. 그 몇 가지가 바로 웰빙의 5가지 요소이며, 각각의 요소는 측정 가능한 실물이다. 이와 반대로 진정한 행복 이론에서는 삶의 만족도가 행복을 철저히 정의한다. 기온과 풍속이 체감온도를 정의하는 것과 똑같다. 중요한 점은 웰빙의 구성 요소들이 각각 별개의 실물이라는 것이다. 기존의 진정한 행복 이론에서와 달리 이 요소들은 긍정정서라는 감정 및 생각들, 삶에 몰입하는 정도, 삶에 부여하는 의미 수준에 대한 단순한 자기보고서가 결코 아니다.

따라서 삶의 만족도라는 실물이 아닌 웰빙이라는 구조물이 바로 긍정심리학의 핵심 주제다. 진정한 행복 이론은 아리스토텔레스의 일원론과 위험할 정도로 가깝다. 행복이 삶의 만족도에 의해 조작 가능하기, 즉 정의되기 때문이다. 웰빙은 몇 가지 구성 요소가 있어서 일원론과는 안전한 거리를 유지한다. 웰빙은 비강제적인 선택 이론이며, 웰빙의 5가지 구성 요소는 자유로운 사람들이 그 자체가 좋아서 선택하게 될 것들로 이루어진다.

셀리그만은 이제 긍정심리학의 새로운 주제는 웰빙이고 목표는 플로리시라고 말한다. 플로리시를 위한 새로운 웰빙 이론은 긍정정서(Positive Emotion), 몰입(Engagement), 관계(Relationship), 의미(Meaning), 성취(Accomplishment)의 5가지 핵심 요소로 구성되며, 이 핵심 요소의 머릿글자를 따 팔마(PERMA·영원, 영속)라고 한다. 성격(인성)강점(Character Strength)은 '진정한 행복 이론'에서는 몰입에 속해 있었으나 새로운 이론에서는 5가지 요소 전체의 기반이 될 만큼 긍정심리학에서 역할이 커졌다. 이 5가지 요소와 성격(인성)강점을 통해 플로리시를 증가시킨다는 것이다.

**진정한 행복 이론과 웰빙 이론**

| 진정한 행복 이론 | 웰빙 이론 |
| --- | --- |
| 주제: 행복 | 주제: 웰빙 |
| 측정 기준: 삶의 만족도 | 측정 기준: 긍정정서, 몰입, 의미, 긍정관계, 성취 |
| 목표: 삶의 만족도 증가 | 목표: 긍정정서, 몰입, 의미, 긍정관계, 성취에 의한 플로리시 증가 |

플로리시를 위한 웰빙 이론의 요소 5가지를 간단하게 살펴보면 다음과 같다.

첫째, 긍정정서는 우리가 느끼는 것, 즉 기쁨, 희열, 따뜻함, 자신감, 낙관성 등을 말한다. 지속적으로 이러한 정서들을 이끌어내는 삶을 '즐거운 삶'이라고 부른다. 둘째, 몰입(관여)은 음악과 하나 되기, 시간 가는 줄 모르는 것, 특정 활동에 깊이 빠져드는 동안 자각하지 못하는 것, 자발적으로 업무에 헌신하는 것을 의미하며, 이 요소를 지향하는 삶을 '몰입하는 삶'이라고 한다.

셋째, 관계는 타인과 함께하는 것을 말한다. 큰 소리로 웃었을 때, 말할 수 없이 기뻤던 순간, 자신의 성취에 엄청난 자긍심을 느꼈던 때를 생각해보면 대부분 타인과 함께할 때였을 것이다. 혼자가 아닌 타인과 함께하는 삶을 '좋은 삶'이라고 한다. 넷째, 의미는 자아보다 더 중요하다고 믿는 어떤 것에 소속되고 그곳에 기여하는 것에 기초한다. 인생의 의미와 목적을 추구하는 삶을 '의미 있는 삶'이라 한다. 다섯째, 성취도 플로리시를 위한 중요한 요소다. 사람들은 오직 이기기 위해서나 물질 추구만이 아닌 성공, 성취, 승리, 정복 그 자체가 좋아서 추구하기도 한다. 일시적인 상태로는 업적이며 확장된 형태로는 성취다. 성취를 위해 업적에 전념하는 '성취하는 삶'이다.

이 5가지의 기반인 성격강점은 개인의 성격적·심리적 특성을 말한다. 특성에는 긍정적·부정적 특성이 있으나 성격강점은 긍정적 특성이다.

## PERMA 프로필 검사

이 설문지는 셀리그만의 긍정심리학의 플로리시를 위한 웰빙의 5가지 요소인 팔마지수를 측정하는 것이다. 당신의 플로리시 레벨을 5가지 분야(P: 긍정정서, E: 몰입(관여), R: 관계, M: 의미, A: 성취)의 점수로 구분해 계산할 수 있다. 그 밖에도 행복, 부정정서, 외로움, 건강에 대한 점수는 당신의 웰빙의 정도를 찾는 것을 도와줄 것이다. 다음 질문을 읽은 후 자신에게 가장 적합한 숫자를 선택하면 된다. 이 PERMA 프로필 검사는 2014년 펜실베이니아대에서 셀리그만의 지도로 개발된 것이다.

1. 당신이 생각하기에 자신은 얼마나 의미 있는 삶을 살고 있는가?
**전혀** − 1 2 3 4 5 6 7 8 9 10 − **완전히**

2. 자신의 목표를 향해 얼마나 앞으로 나아가고 있다고 느끼는가?
**전혀** − 1 2 3 4 5 6 7 8 9 10 − **항상**

3. 얼마나 자주 자신이 하는 일에 빠져 있는가?
**전혀** − 1 2 3 4 5 6 7 8 9 10 − **항상**

4. 자신의 건강을 어떻게 평가하는가?
**전혀** − 1 2 3 4 5 6 7 8 9 10 − **매우**

5. 평소 어느 정도의 기쁨을 느끼는가?
**전혀** − 1 2 3 4 5 6 7 8 9 10 − **항상**

6. 자신이 필요로 할 때 주위에서 얼마나 많은 도움과 지지를 받는가?
**전혀** − 1 2 3 4 5 6 7 8 9 10 − **매우**

7. 얼마나 자주 초조한가?
**전혀** − 1 2 3 4 5 6 7 8 9 10 − **항상**

8. 얼마나 자주 자신이 세운 중요한 목표를 달성하는가?
**전혀** − 1 2 3 4 5 6 7 8 9 10 − **항상**

9. 자신의 삶이 얼마나 가치 있다고 느끼는가?
**전혀** − 1 2 3 4 5 6 7 8 9 10 − **매우**

10. 얼마나 자주 긍정적인 생각을 하는가?
**전혀** − 1 2 3 4 5 6 7 8 9 10 − **항상**

11. 얼마나 자주 일상에서 기대감에 벅차거나 무엇인가에 관심을 가지는가?
**전혀** − 1 2 3 4 5 6 7 8 9 10 − **매우**

12. 일상에서 외로움을 어느 정도 느끼는가?
**전혀** − 1 2 3 4 5 6 7 8 9 10 − **매우**

13. 자신의 신체 건강에 어느 정도 만족하는가?
**전혀** − 1 2 3 4 5 6 7 8 9 10 − **매우**

14. 얼마나 자주 화를 내는가?
**전혀** - 1 2 3 4 5 6 7 8 9 10 - **항상**

15. 얼마나 사랑받고 있다고 생각하는가?
**전혀** - 1 2 3 4 5 6 7 8 9 10 - **매우**

16. 얼마나 자주 자신의 일에 완벽히 책임을 지는가?
**전혀** - 1 2 3 4 5 6 7 8 9 10 - **항상**

17. 얼마나 자주 자신의 삶의 방향을 깨닫고 있다고 생각하는가?
**전혀** - 1 2 3 4 5 6 7 8 9 10 - **매우**

18. 자신과 같은 성별, 나이의 남들과 비교할 때 당신의 건강은 어떤가?
**전혀** - 1 2 3 4 5 6 7 8 9 10 - **매우**

19. 자신의 대인관계에 어느 정도 만족하는가?
**전혀** - 1 2 3 4 5 6 7 8 9 10 - **매우**

20. 얼마나 자주 슬픔에 빠지는가?
**전혀** - 1 2 3 4 5 6 7 8 9 10 - **항상**

21. 얼마나 자주 자신이 좋아하는 일을 하다가 시간이 가는 걸 잊는가?
**전혀** - 1 2 3 4 5 6 7 8 9 10 - **항상**

22. 자신의 삶에 얼마나 만족감을 느끼는가?
**전혀** - 1 2 3 4 5 6 7 8 9 10 - **매우**

23. 삶의 모든 것을 볼 때 얼마나 행복한가?
**전혀** - 1 2 3 4 5 6 7 8 9 10 - **매우**

* 10, 9는 매우 높음, 8, 7은 높음, 6 평균 이상, 5 평균, 4 평균 이하, 3,2 낮음, 1,0은 매우 낮음

## PERMA 점수

| | |
|---|---|
| P: 긍정정서 5, 10, 22. 합 ___ | E: 몰입(관여) 3, 11, 21. 합 ___ |
| R: 관계 6, 15, 19. 합 ___ | M: 의미 1, 9, 17. 합 ___ |
| A: 성취 2, 8, 16. 합 ___ | 부정정서: 7, 14, 20. 합 ___ |
| 건강: 4, 13, 18. 합 ___ | 행복: 23. 합 ___ |
| 외로움: 12. 합 ___ | |

2부

# 긍정심리학의 팔마스(PERMAS)

# 06 긍정정서

## 왜 긍정정서인가

　1930년 노트르담 수녀회에서 원장수녀가 종신서원을 하는 수녀들에게 그들의 어린 시절과 다녔던 학교, 종교적 경험 및 종신서원을 하게 된 이유에 대한 짤막한 글을 부탁했다. 그때 '참으로 행복하다'거나 '크나큰 기쁨' 등의 긍정적 표현을 많이 사용한 수녀들이 긍정정서가 전혀 들어 있지 않는 내용의 글을 쓴 수녀보다 훨씬 오래 살았다. 즉 수녀의 수명에 대한 사전 지식이 전혀 없는 연구자들이 긍정정서의 합계를 기준으로 조사한 결과, 긍정적 표현을 많이 한 수녀들은 90%가 85세까지 산 반면 무미건조하게 표현한 수녀들 중 85세까지 산 사람은 34%였다. 또 긍정적 표현을 많이 한 수녀들의 54%가 94세까지 살았지만 무미건조하게 표현한 수녀들 중 94세까지 산 사람은 11%에 불과했다.

긍정심리학의 중요한 연구 가운데 하나가 '뒤셴 미소'다. 이 미소를 처음 발견한 기욤 뒤셴(Guillaume Duchenne)의 이름을 딴 것으로, 마음에서 우러나오는 진짜 웃음을 뜻한다. 이 미소를 띨 때면 양 입꼬리가 올라가고 눈꼬리에는 까마귀나 매의 발 같은 주름살이 생긴다. 반면 '팬아메리칸 미소'는 지금은 없어진 팬아메리칸항공사의 TV 광고에 출연한 승무원들의 미소에 빗댄 것으로, 뒤셴 미소의 특징이 전혀 나타나지 않은 가짜 웃음이다. 전문가들은 이 미소를 보고 행복한 웃음이라기보다 공포에 질린 동물의 표정에 훨씬 더 가까워 보인다고 했다.

대커 켈트너(Dacher Keltner)와 리앤 하커(LeeAnne Harker) UC버클리대 교수가 밀스대의 1958년에서 1960년 졸업생 141명을 대상으로 실시한 연구가 있다. 졸업 앨범에서는 3명을 제외한 모든 여학생이 웃고 있었고, 그중 뒤셴 미소를 띤 여학생은 절반 정도였다. 이 여학생들이 27세, 43세, 52세가 될 때마다 이들을 모두 만나 결혼이나 생활만족도를 조사했다. 1990년 전임자로부터 이 연구를 이어받은 켈트너와 하커 교수는 졸업 앨범에서 뒤셴 미소를 짓고 있던 여학생들은 대개 30년 동안 행복한 결혼생활을 유지하고 있었고, 개인적인 건강 상태도 더 좋음을 확인했다. 눈가 주름이 행복을 예측하는 척도임을 확인한 셈이다. 이들은 졸업 앨범에 있는 여학생들의 외모를 살펴본 후 미모가 결혼이나 생활만족도와 무관하다는 결론을 얻었다. 결과적으로 진짜 웃음을 짓는 여성이 행복한 결혼생활을 할 가능성이 높다는 것을 재확인한 것이다.

뒤셴 미소의 연구는 1952년 메이저리그에서도 있었다. 연구자들은 시즌에 참가한 선수들의 사진을 무표정(42%), 엷은 미소(43%), 뒤셴 미소(15%)로 분류했다. 이후 2009년 6월 기준으로 사망한 150명 선수의 수명을 조사한 결과 무표정은 평균 72세, 엷은 미소는 평균 75세, 뒤셴 미소는 평균 80세를 살았다. 뒤셴 미소를 지은 사람이 무표정인 사람보다 평균 8년 더 산 셈이다. 셀리그만에 따르면 긍정정서가 높은 사람은 부정정서가 높은 사람보다 평균 8년 더 산다고 한다.

앞에서 소개한 3가지 연구는 놀랍게도 긍정정서가 드러나 있는 글과 사진 한 장만으로도 장수나 결혼 및 생활만족도를 예측할 수 있다는 사실을 보여준다.

그렇다면 당신의 긍정정서의 수준은 어느 정도인가? 어떤 사람은 긍정정서가 높고 그 상태를 평생 유지한다. 하지만 반대로 긍정정서가 무척 낮은 사람도 상당히 많다. 이런 사람들은 아무리 큰 성공을 해도 그저 무덤덤하게 반응한다. 대부분 사람이 이 둘 사이 어딘가에 속하게 된다.

렌은 20대에 증권사 최고경영자가 되며 백만장자가 됐고 어느 면으로 보나 대단히 성공한 사람이었다. 주변의 부러움을 한몸에 받았으며 외모도 출중하고 운동 실력도 뛰어나 그야말로 최고 신랑감으로 인정받았다. 그런데 희한하게도 제대로 된 연애를 해본 경험이 없다. 한마디로 렌은 내성적이고 긍정정서라고는 찾아보기 힘든 사람이었다. 그래서 그와 데이트를 한 여자들은 하나같이 그를 싫어했다. 그는 다정하지도 않고 재미도 없으며 잘 웃을 줄도 몰랐다. 그와 데이트를 한 여자들은 모두 똑같이 렌은 어딘가 문제가 있다고 말했다. 결국 그는 셀리그만의 조언에 따라 밝고 활동적이며 열정적인 남자를 좋아하는 미국 여성과 결혼하지 않고 겉으로 드러난 성격에 별로 개의치 않고 실용성을 중시하는 유럽 여성과 결혼해 현재 프랑스에서 살고 있다. 렌은 미국 여성과 결혼하고 싶었지만 미국 여성들은 렌같이 긍정정서가 낮은 남성들을 좋아하지 않는 것이다. 우리나라 여성들은 어떨까? 겉으로 드러난 배경도 중요하지만 긍정정서까지 갖춘 남성이라면 더 선호할 것이다.

## 긍정정서란

긍정정서를 알아보기 전에 먼저 정서(Emotion)에 대해 살펴보자. 정서는 개인이 어떤 일을 경험하거나 추구하는 목표와 관련된 사건에 대한 의식적·무의식적 평가에 의해 유발된다. 좋은 감정이나 생각, 나쁜 감정이나 생각이 나타난다는 것이다. 대부분 정서는 감정, 감각, 생각, 행동이라는 4가지 요소로 구성돼 있다. 감정에는 기쁨, 쾌락, 만족, 희망, 사랑, 혐오감, 공포, 분노, 불안, 불쾌감, 증오심 등이 있으며, 감각에는 시각, 청각, 후각, 미각, 촉각이 있다. 생각에는 사고의 유연성과 확장, 사고의 경직성과 위축에 생리적 반응이 있다. 슬픔을 느끼면 눈물이 나고 기쁨을 느끼면 웃음이 난다. 행동에는 불안과 공포를 느낄 때 나타나는 도피 행동, 분노와 혐오를 느낄 때 나타나는 공격이나 회피 행동, 사랑과 수용을 느낄 때 나타나는 애착과 보호 행동이 있다. 이처럼 정서는 삶 깊숙한 곳에서 감정이나 감각에 국한되지 않고 생각과 행동에도 큰 영향을 미친다. 그만큼 정서는 삶을 행복하게도, 불행하게도 만들 수 있는 중요한 요소다.

이러한 정서는 크게 긍정정서와 부정정서로 구분된다. 셀리그만은 긍정정서를 만족, 자부심, 성취감, 평안함, 감사, 용서 같은 과거의 긍정정서, 즐거움, 기쁨, 환희, 쾌락, 몰입 같은 현재의 긍정정서, 자신감, 신뢰, 신념, 낙관성, 기대감 같은 미래의 긍정정서 3가지로 구분했다. 굳이 과거, 현재, 미래로 긍정정서를 구분하는 것은 각각의 의미가 다를 뿐만 아니라 꼭 밀접하게 연결돼 있는 것도 아니기 때문이다. 예를 들어 과거의 신혼 시절을 떠올리면 즐겁고 행복했던 긍정정서를 많이 느끼는데, 이혼 후에는 외롭고, 억울하고, 화가 나는 등의 부정정서를 많이 느낀다.

프레드릭슨이 말하는 10가지 긍정정서 형태는 기쁨, 감사, 평온, 흥미, 희망, 자부심, 재미, 영감, 경이, 사랑이다. 그는 오랜 기간에 걸쳐 대학생에서 중년 이상의 근로자에 이르기까지 연구 참가자 수백 명을 대상으로 정서 경험을 조사한 결과, 긍정정서 가운데 이 10가지 형태가 일상생활에서 가장 지배적으로 나타난다는 것을 확인했다. 정서는 외부 환경보다 내면적인 해석에 더 의존하는, 매우 개인화된 것이다. 그래서 어떤 사람에게는 무한한 영감을 주는 것이 다른 사람에게는 아무런 감흥을 못 일으키기도 하고, 또 어떤 사람에게는 즐거운 것이 다른 사람에게는 불쾌감을 불러일으키기도 한다. 이는 플로리시로 가는 길이 사람마다 제각기 다르다는 것을 뜻한다. 따라서 플로리시를 위한 긍정정서를 함양시키기 위해서는 자신에 대한 연구도 필요하다. 긍정정서의 10가지 형태가 어떻게 나타나는지 알아보자.

**기쁨** 기쁨은 주변 환경이 안전하고 친숙할 때, 만사가 순조롭게 이루어질 때, 자신의 노력은 크게 필요하지 않을 때 유발될 수 있다. 기쁨의 원천은 다양하다. 동료가 준비한 깜짝 생일파티나 뜻밖에 발견한 비상금 혹은 새로 사귄 친구들과의 유쾌한 저녁 식사가 기쁨을 줄 수 있다. 기쁨은 밝고 가벼운 느낌이다. 기쁠 때는 세상이 생기 있어 보이고 계단을 오르는 발걸음이 가벼워진다. 머리가 맑아지고 기억력도 좋아져 새로운 아이디어가 많이 떠오른다. 그리고 내면에서 뿜어져 나오는 광채와 미소로 얼굴이 환해진다. 또 무엇이든 받아들이고 싶은 기분이 들고 신이 나서 어디든 뛰어들어 어울리고 싶어진다.

**감사** 누군가가 수고로움을 마다하지 않고 당신을 도왔다는 사실을 알게 됐다고 가정해보자. 그것은 멘토가 당신을 올바른 길로 이끌어준 일, 당신이 물질적·정신적으로 힘들 때 도움을 준 일일 수도 있다. 혹은 가게 점원이 까다로운 교환 건을 친절하고 능숙하게 처리해준 일, 옆집 아이가 눈이 많이 온 날 당신의 집 앞까지 쓸어준 일일 수도 있다. 아니면 당신에게 크나큰 은혜를 베푼 것이 사람이 아닐 수도 있다. 깨끗한 공기를 마실 수 있고, 건강한 신체를 갖고 있으며, 지친 몸을 쉴 수 있는 안전하고 편안한 보금자리가 있는 것에 고마움을 느낄 수도 있다. 어떤 경우든 소중한 선물로 여겨지는 것들을 돌아볼 때 감사하는 마음이 든다. 감사는 우리의 마음을 열어주며 보답을 하고픈 생각이 들게 한다.

**평온** 기쁨처럼 평온도 주변 환경이 안전하고 친숙하며 별다른 노력이 요구되지 않을 때 찾아온다. 그러나 기쁨에 비해 평온은 훨씬 더 차분하다. 이를테면 당신이 속한 상황이 지극히 편안하고 무탈해 기분 좋은 한숨이 저절로 길게 나올 때가 바로 평온한 순간이다. 고되지만 보람찬 하루를 보내고 나서 거실 소파에 기대 있을 때, 어느 화창한 날 아침

살갗을 간질이는 시원한 바람이 불고 귓전에 울리는 파도 소리를 들으며 해변의 모래사장을 거닐때, 좋아하는 찻잔에 따뜻한 차를 담아 곁에 두고 평소 읽고 싶었던 책을 읽을 때도 평온한 느낌이 든다. 평온은 현재의 상황을 음미하고자 하는, 또 그런 상황을 우리 삶에 보다 완전히, 더 자주 통합할 방식을 찾고자 하는 욕구를 일으키는 마음 상태다.

**흥미** 뭔가 새롭거나 색다른 것에 관심이 이끌려 어떤 가능성에 대한 기대감이나 신비감으로 가슴이 벅차오를 때가 있다. 기쁨이나 평온과 달리 이런 상황은 노력과 관심을 요한다. 뭔가에 완전히 매료돼 거기에 몰입해 탐구하게 만드는 것이 흥미다. 숲 속에서 새로운 길을 만나 그 길이 어디로 이어졌는지 알고 싶을 때, 요리나 카드 게임, 춤 등을 배우며 새로운 기술을 연마하는 도전에 들어갈 때, 새로운 아이디어에 눈 뜨게 해주는 근사한 책을 만날 때 우리는 흥미가 샘솟는다. 흥미가 생기면 개방감과 생기가 느껴진다. 말 그대로 지평이 확장되고 그와 함께 가능성도 열리는 것을 느낄 수 있다. 흥미의 강한 끌어당김은 낯선 것을 탐구하고 새로운 아이디어를 받아들이며 더 많이 배우도록 유혹한다.

**희망** 대부분 긍정정서는 안전하고 만족스러운 상황에서 발생하지만 희망만은 예외다. 만사가 이미 순조롭다면 별달리 소망할 것이 없는 까닭이다. 희망은 상황이 갑갑할 때, 즉 상황이 좋지 않게 돌아갈 때, 앞으로 어떻게 전개될지 매우 불확실할 때, 가망이 없거나 절망적으로 보일 때 활동한다. 예를 들어 중요한 시험에서 떨어졌거나 직장을 잃었을 때, 사업에 실패했을 때, 가슴에 혹이 만져지거나 자전거 사고를 당한 피투성이 아이를 안았을 때 꿈틀대기 시작한다. 이런 절망적인 상황에서 희망은 '최악의 상황에서 오는 두려움 속에서 최상의 상황을 열망'한다. 희망의 저 깊은 밑바닥에는 상황이 바뀔 수 있다는 믿음이 깃들어 있다.

**자부심** 자부심은 공로를 인정받을 수 있는 업적을 세웠을 때, 노력과 재능을 투자해 성공을 거뒀을 때, 가치를 지켜나갈 때 솟아난다. 예를 들어 세탁기를 고치거나 정원에 나무를 심는 일, 침실을 개조하는 일 등으로 집을 단장하면서 마무리 손길을 가할 때 드는 좋은 느낌이 자부심이다. A학점을 받았을 때, 경주에서 우승했을 때, 계약을 성사시켰을 때, 힘겨운 목표를 이루었을 때, 자신의 아이디어를 담은 책을 출간했을 때 등 학업이나 직업에서 소기 성과를 거뒀을 때, 자신의 도움이나 친절, 지도로 다른 사람이 변화된 것을 알았을 때, 자신의 소중한 가치를 지켰을 때도 자부심이 샘솟는다. 이러한 일들은 단지 개인의 업적에 그치는 것이 아니라 사회적으로도 가치 있는 일들이다.

**재미** 간혹 예기치 못한 일로 웃음이 터질 때가 있다. 친구가 당신이 만들어준 요리를 먹고 익살맞은 표정을 지을 때, 당신이 실수로 어린 자녀를 욕조에 오줌 누였을 때, 누군가가 뒤에서 당신을 깜짝 놀라게 했을 때, 직장동료가 군대에서 있었던 고통스러운 경험담을 아무렇지도 않게 떠벌릴 때 우리는 재미있어 한다. 사회과학자들은 이런 상황을 '심각하지 않은 사회적 부조화'라고 설명한다. 정의상 재미는 심각하지 않은 것이다. 진정한 재미는 웃고 싶은 억누를 수 없는 충동과 그 유쾌함을 다른 사람들과 나누고픈 욕구를 불러일으킨다. 웃음을 나눈다는 것은 현재의 상황을 안전하고 편안하게 받아들이고 있으며 그 축복된 시간을 타인과의 유대 강화에 이용하고 싶다는 신호다.

**영감** 우리는 번번이 인간의 탁월성과 마주친다. 그럴 때 평소의 범상함을 뛰어넘어 더 큰 가능성을 바라보게 된다. 지고한 인품을 목격

할 때는 사기가 진작되고 정신적으로 고무된다. 영감을 받으면 주의가 집중되고 마음이 따뜻해지며 이끌림을 받는다. 인간의 타락을 목격하고 흠칫 물러나게 될 때 드는 역겨움과 영감은 정반대 느낌이다. 영감은 단지 기분을 좋아지게 하는 데 그치지 않고 스스로 그 좋은 마음을 표현하고 좋은 행동을 하고 싶게끔 만든다. 또 더 높은 곳에 도달할 수 있도록 최선을 다하려는 욕구를 불러일으킨다. 감사나 경이와 더불어 영감은 자기 초월적 정서 가운데 하나로 우리를 자아도취라는 껍질에서 이끌어낸다.

**경이** 경이는 우리가 뭔가 좋은 것과 장대한 규모로 마주칠 때 생겨난다. 그럴 때 말 그대로 위대함에 압도당하는 듯하고 그에 비해 자신은 한없이 작고 초라하게 느껴진다. 경이는 가던 길을 멈추고 그 자리에 서게 만든다. 사방의 경계가 무너져내리고 스스로가 더 큰 무언가의 일부라는 느낌에 사로잡힌다. 입이 떡 벌어지게 만드는 그랜드캐니언의 저녁 노을이나 태평양 연안의 험준한 바위 절벽에 부딪히는 파도의 위력을 볼 때 우리는 자연에 대한 경이에 휩싸인다. 닐 암스트롱이 달에 첫발을 내딛는 것을 TV에서 보았을 때, 파리 노트르담대성당에서 거대한 스테인드글라스를 통해 쏟아져 들어오는 햇살을 보았을 때는 인간의 위대함에 경이를 느낀다.

**사랑** 사랑이 각종 화려한 수식어로 장식되는 데는 그만한 이유가 있다. 사랑은 긍정정서의 여러 형태 가운데 하나에 국한되지 않고 앞에서 설명한 기쁨과 감사, 평온, 흥미, 희망, 자부심, 재미, 영감, 경이를 모두 아우른다. 이 여러 형태의 긍정정서는 정황에 따라 사랑으로 변화할 수 있다. 이 좋은 정서들이 안전한 환경과 친밀한 관계 속에서 마음을 움직일 때 그것을 사랑이라 부른다. 이렇게 다양한 면모 외 사랑에는 우리가 사랑하는 이들을 향해 긍정의 의미로 고개를 끄덕이거나 그들에게 몸을 기대는 것과 같은 특유의 비언어적 표현이 있다. 사랑은 신체 내부의 화학적 작용을 변화시켜 평생의 유대감 및 신뢰감, 친밀감과 연계된 생물학적 반응인 옥시토신 수치의 증가를 가져온다.

지금까지 긍정정서의 10가지 형태에 대해 살펴봤다. 긍정정서는 이렇게 다양한 모습으로 찾아온다. 사랑하는 사람이 집으로 돌아왔을 때 꼭 안아주고 싶은 마음, 아이들의 우스꽝스러운 행동에 터지는 웃음, 지친 다리를 편안히 쉴 수 있는 의자를 찾았을 때의 안도감, 타닥거리며 타들어가는 모닥불이나 대양의 거대한 파도 혹은 인간의 탁월성을 바라볼 때 느껴지는 매혹, 자신의 앞날이나 지역사회의 미래에 대해 품은 꿈 등 긍정정서는 어디에서나 찾아볼 수 있다. 하지만 깨지기 쉬운 것 또한 긍정정서다. 기쁨이나 평온, 영감을 느낄 수도 있었을 순간에 시선이 한번 어긋나거나 신경세포 몇 개의 연결이 불발돼 좌절될 수도 있다. 긍정정서를 지속적으로 유지시키고 함양시켜 플로리시하기 위해선 의식적으로 연습을 통해 긍정정서를 경험하고 키워야 한다.

### 긍정정서와 부정정서는 반대 개념이 아니다

긍정정서에는 기쁨, 쾌락, 만족, 열정, 자부심, 희망, 감사, 사랑 같은 감정이 있다면, 부정정서에는 공포, 불안, 분노, 증오심, 혐오감 같은 요소가 있다. 이러한 정서들은 시각, 소리, 냄새처럼 사람의 의식 속으로 파고들어간다.

**긍정정서와 부정정서**

| 구분 | 감정 요소 |
| --- | --- |
| 긍정정서 | 만족, 안도감, 성취감, 자부심, 경이, 감사, 용서, 인내, 사랑, 친절, 기쁨, 쾌감, 흥미, 평온함, 열정, 재미, 영감, 몰입, 낙관성, 희망, 회복력, 자신감, 신념, 신뢰(24개) |
| 부정정서 | 공포, 불안, 분노, 증오심, 압박감, 비난, 불만, 무기력, 질투, 탐욕, 이기심, 포기, 원망, 한, 적개심, 좌절, 근심, 고통, 혐오감, 낙담, 열등감, 비관성, 우울, 슬픔(24개) |

흔히 긍정정서는 좋은 것, 부정정서는 나쁜 것으로 이해하고 부정정서를 무조건 배척하려는 경향이 많다. 그도 그럴 것이 우리는 보통 상대에게 긍정감정을 느낄 때는 다가가지만 부정감정을 느낄 때는 피한다. 오븐에서 고소한 냄새를 풍기며 초콜릿 쿠키가 구워질 때는 오븐에 가까이 가고, 누군가 길거리에 토해놓은 오물로 역겨운 냄새가 진동할 때는 다른 길로 돌아간다.

하지만 부정정서가 꼭 나쁘기만 한 것일까? 그렇지 않다. 공포, 비애, 분노 같은 부정정서는 외부 위협에 대한 1차 방어선으로 우리에게 전투 자세를 취하게 한다. 공포는 위험이 잠복해 있다는 신호이고, 비애는 무엇인가를 잃고 있다는 신호이며, 분노는 누군가 침범하고 있다는 신호다. 진화 과정에서 보면 위험, 상실, 침범은 하나같이 생존을 위협하는 것이다. 더욱 심각한 문제는 이런 외부 위협은 한 사람이 이기는 그만큼 상대방은 지게 돼 있고, 반드시 승자와 패자를 가려야 하는 승패게임이 제로섬(Zero-sum)이라는 데 있다. 말하자면 이런 게임의 최종 결과는 제로라는 이야기다. 테니스가 바로 그런 게임이다. 한 선수가 점수를 딸 때마다 상대 선수는 잃을 수밖에 없다. 세 살배기 아이들이 초콜릿 하나를 두고 승강이를 하는 것도 마찬가지다.

부정정서는 제로섬 게임에서 지배적 역할을 하므로 결과가 심각할수록 격렬해지고 절박해진다. 진화에서 사활을 건 싸움은 전형적인 제로섬 게임이기 때문에 아주 극단적인 부정정서로 단단히 무장하게 된다. 따라서 자연 선택은 부정정서가 발달하는 쪽을 택했을 것이다. 생명이 위태로울 때 부정정서를 강렬하게 느낀 우리 조상들은 맞서 싸우거나 피했고, 그와 관련된 유전자를 후세에게 물려주었다. 이처럼 부정정서는 특정 행동경향성을 유발하고, 특정 방식으로 행동하게 하며, 위험과 위협에 대응하게 하는 적응적 기능을 한다. 이런 부정정서 덕에 지금껏 인류가 생존할 수 있었다고 해도 과언이 아니다. 따라서 부정정서가 해롭기만 한 나쁜 정서는 아니다.

부정정서를 단순히 긍정정서의 반대 개념으로 이해해서는 안 된다. 인간의 긍정정서와 부정정서는 서로 독립적이기 때문에 부정정서를 없앤다고 긍정정서가 자동으로 유발되지는 않는다. 긍정정서와 부정정서는 서로 뿌리가 다르기 때문이다. 화, 불안, 긴장 같은 부정정서 상태에서 기쁨, 평안, 만족감 같은 긍정정서를 개입시키면 부정정서가 상쇄된다. 긴장과 압박을 받으면 교감신경이 활성화되고 근육이 경직된다. 이 상태가 지속되면 신체의 손상이 따른다. 이때 긍정정서를 개입시키면 부지불식간에 부정정서가 상쇄된다.

부정정서의 감소와 긍정정서의 증진은 독립적인 과정이기 때문에 비관성을 약화시키면 부정정서는 감소하지만 긍정정서가 증가하지는 않는다. 따라서 행복을 증진시키려면 비관성을 약화시켜 부정정서를 감소시킬 뿐만 아니라 낙관성을 강화해 긍정정서를 배양시켜야 한다.

긍정심리학에서 긍정정서를 어떻게 보는지에 대해서는 컴튼이 잘 설명하고 있다. 그는 "우리 삶에 다양한 부정 측면이 존재함을 부인하지 않는다. 또한 부정 측면을 제거하고 개선하려는 노력의 소중함도 부인하지 않는다. 부정정서가 적절한 수준에서는 적응적인 기능을 하기 때문에 부정정서를 완전히 제거하는 것이 바람직하다고 보지도 않는다. 다만 인간에게는 행복하고 만족스러운 삶을 추구하는 욕구가 더 보편적이며 중요하다고 보는 것이다"고 말했다.

긍정심리학은 불필요한 부정정서를 줄이려는 것이지 완전히 없애려는 것이 아니다.

노먼 브래드번(Norman Bradburn) 시카고대 명예교수는 오랫동안 미국인 수천 명의 생활만족도를 조사하면서, 긍정정서와 부정정서가 일어나는 빈도 수는 어떨지 궁금했다. 그는 두 정서의 발생 빈도가 완전히 반비례할 것으로 짐작했다. 부정정서를 많이 경험한 사람이 긍정정서를 그만큼 적게 느낄 것이라고 생각했던 것이다. 하지만 여러 차례의 연구 결과 반드시 그렇지는 않다는 것이 밝혀졌다. 긍정정서와 부정정서는 완만한 반비례를 이룬다. 이것은 곧 부정정서가 많을 때 긍정정서는 보통보다 조금 적을 수 있다는 것을 뜻한다.

남성과 여성의 정서 차이는 어떨까? 지금까지 확인된 바에 따르면 우울증 경험은 여성이 남성의 두 배이며, 일반적으로 여성이 남성보다 부정정서가 더 많다. 그런데 최근 긍정정서의 남녀 차이를 조사한 연구자들은 여성이 남성보다 긍정정서를 훨씬 더 많이 경험한다는 뜻밖의 사실을 발견했다. 이뿐만 아니라 여성이 훨씬 더 자주, 더 강렬하게 긍정정서를 경험한다는 것도 밝혀냈다. 결국 여성이 남성보다 훨씬 더 극단적인 정서생활을 한다는 것이다.

### 정서와 감정의 차이

많은 사람이 정서와 감정을 동일시한다. 그래서 긍정정서 하면 기쁨, 행복감, 만족, 즐거움 같은 감정을 떠올리기 쉽다. 물론 앞에서 이야기했듯 '감정'은 정서를 구성하는 4가지 요소 가운데 하나이며, 때론 같은 의미로 쓰이기도 한다. 하지만 감정이 곧 정서라고 이해하면 곤란하다.

감정은 기쁘다, 화가 난다 같은 순간적으로 일어나는 마음의 상태이며, 정서는 밝고 활기차다, 어둡고 침울하다 같은 지속적으로 일관되게 나타나는 마음의 상태를 말한다. 그래도 감정과 정서를 구분하기 쉽지 않다면 다음 예를 살펴보자. 당신이 지금까지 살아오면서 가장 행복했던 순간을 한 번 떠올려보자. 어린 시절 크리스마스이브에 선물 받았을 때, 친구랑 떡볶이 먹다 마지막 하나 남은 것을 쟁취했을 때, 아빠랑 야구장이나 축구장에 갔을 때, 대학 입학시험에 합격했을 때, 이성 친구를 처음 만났을 때, 결혼하던 날, 첫아이가 태어났을 때 등을 떠올리며 생생하게 음미해보자. 아주 기분이 좋아질 것이다. 행복은 대단하고 거창한 것이 아니다. 사소한 일상 속에서 자신이 찾고 만들어가는 것이다.

나의 가장 행복했던 순간은 군 입대하던 날, 아버지와 함께했던 시간이다. 나는 초등학교만 졸업하고 14세 때부터 우리 집 농사일을 맡아 했다. 지게질, 괭이질, 쟁기질, 과수원 소독까지 했다. 아버지 입장에서 보면 한편으론 어린 나이에 고된 일을 하는 것이 애처롭게 느껴질 수 있었겠지만 얼마나 대견했을까? 하지만 아버지는 나에게 한 번도 따뜻한 말 한마디, 격려 혹은 칭찬 한 번 없었다. 아주 엄격했다. 하지만 동네 친구들에게는 무척 친절하게 대했다. 그래서 동네 아이들은 아버지를 무척 좋아했다.

1975년 12월 15일 군 입대를 위해 충청북도 충주 역전에서 집결했는데 이날 아버지께서 나를 근처 삼겹살집으로 데리고 갔다. 삼겹살을 시키더니 직접 구웠다. 평소에는 그런 일이 한 번도 없었다. 삼겹살 이 익어가는 모습을 보면서 군침을 삼키고 있는데 아버지께서 잘 익은 것을 한 점 집고 "문식이 많이 먹고 가! 군대 가면 고생할 텐데……" 하며 내 숟가락에 올려주었다. 나는 그 순간 가슴이 뭉클하면서 눈물이 주르륵 흘렀다. 아버지에게서 그런 따뜻한 모습을 난생처음 발견한 것이다. 밥을 다 먹을 때까지 그 감동이 이어졌다. 처음으로 아버지가 나를 사랑한다는 사실을 알았다. 그때부터 아버지에게 가까이 다가가게 됐고, 아버지와 편안하게 이야기를 할 수 있게 됐다. 지금도 그때를 생각하면 눈시울이 뜨거워진다. 아버지와 식사할 때 느꼈던 마음의 상태가 긍정감정이고, 오랜 시간이 지나도 아버지와의 그때 그 감정이 그대로 남아 있는 마음의 상태가 긍정정서인 것이다.

## 긍정정서의 확장 및 구축 이론

긍정정서가 무엇인지 살펴봤다면 이번에는 긍정정서의 대표적 이론과 지금까지 긍정정서의 과학적인 성과에 대해 알아보자. 긍정심리학이 등장하기 전까지만 해도 심리학에서는 주로 부정정서만 연구하고 긍정정서에 대한 연구는 거의 없었다.

그러던 중 2001년 긍정심리학의 대가 프레드릭슨이 '긍정정서의 확장 및 구축 이론(The Broaden and Build of Positive Emotion Theory)'을 발표하며 수많은 심리학자에게 호응을 얻었다. 이 이론을 만들기 전까지 프레드릭슨도 학문 연구에 대해 많은 고민을 했다. 그녀의 멘토까지 긍정정서 연구를 반대할 정도였다. 그렇다고 긍정정서에 대한 연구가 전혀 없었던 것은 아니다. 일부 연구자가 긍정정서에 대한 연구를 시도했다. 이들은 긍정정서도 부정정서만큼 행동경향성이 있을 것이라는 가설을 세웠다. 하지만 긍정정서는 불안과 공포를 느낄 때 도피하고자 하는 행동, 분노와 혐오를 느낄 때 공격하거나 회피하는 행동경향성이 보이지 않았다. 기쁨이나 즐거움, 만족 등은 모호하고 미미한 반응만 나타난 것이다. 그래서 과학자들은 긍정정서는 연구할 가치가 없다고 포기한 것이다.

**긍정정서의 확장 및 구축 이론**

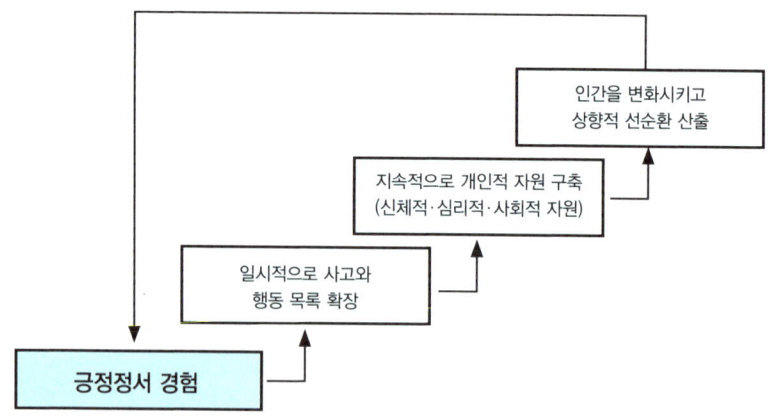

프레드릭슨의 긍정정서의 확장 및 구축 이론에 대해 알아보자. 프레드릭슨에 따르면 부정정서가 사고를 경직시키고 위축시켜 실행 가능한 행위에 대한 사람들의 아이디어를 축소시키는 반면, 긍정정서는 평소보다 유연하고 폭넓은 사고와 행동 범위로 인식을 개방해 실행 가능한 행위에 대한 사람들의 아이디어를 확장시킨다는 것이다. 가장 행복했던 순간을 떠올리고 이야기하기 같은 긍정경험을 하게 되면 기쁨, 흥미, 평온 등의 긍정정서를 느끼는데, 기쁨은 놀이와 창작 욕구를, 흥미는 탐구와 학습 욕구를, 평온은 과거와 현재의 상황을 음미하고 그것을 새로운 관점에 통합하고픈 욕구를 불러일으킨다. 이러한 긍정정서 경험은 기분을 좋게 만든다. 기분이 좋아지면 머리가 맑아지고 아이디어가 많이 떠올라 창의성이 증진되고, 수용성과 자발성이 향상되며, 기억력과 언변력까지 좋아진다. 이렇게 기분이 좋아지면 일시적으로 사고와 행동 목록을 확장시킨다. 생각과 행동 목록이 늘어난다는 것이다. 지속적으로는 질병에 대처하는 신체적 자원, 스트레스나 우울증에 대처하는 심리적 자원, 모든 삶의 도전들을 다루는 사회적 자원이 구축된다.

이 이론의 핵심 원리는 2가지다. 첫째, 긍정정서는 일시적으로 우리의 사고와 행동 목록을 확장시켜 마음과 생각의 문을 열어준다. 이 첫 번째 핵심 원리는 그것이 우리의 마음과 생각을 열어주어 보다 수용적이고 창의적이며 자발적이 되도록 한다.

둘째, 긍정정서는 지속적으로 개인적 자원을 구축해 우리를 보다 나은 모습으로 변화시킨다. 이것이 두 번째 핵심 원리다. 긍정정서는 우리의 마음과 생각을 스스로 열어줌으로써 새로운 기술과 인맥, 지식

및 존재 방식을 발견하고 구축할 수 있도록 허락한다.

긍정정서의 확장 및 구축 이론은 개인과 조직을 변화시키고 상향적 선순환을 일으킨다. 프레드릭슨은 이를 나선형 상승(Upward Spirals)이라 불렀다. 부부 중 한 사람이 걷기나 달리기를 한 후 활기를 느끼면 기억력이 증진되고 창의성이 향상돼 배우자를 기쁘게 해줄 수 있는 새로운 아이디어가 잘 떠오른다. 그러면 결혼생활이 더욱 원만해지고 만족도도 높아져 서로에게 헌신하고 감사하며 설령 상대방이 잘못해도 용서하고 싶은 마음이 생겨난다. 조직에서 한 임원이 긍정경험을 하면 그 긍정정서가 부서장들에게, 부서장들은 팀장들에게, 팀장들은 팀원들에게까지 이어져 조직 전체로 확산된다.

이렇게 긍정정서의 확장 및 구축 이론은 일상에서 더 행복하게 만들어주고 조직생활의 만족도를 높여준다. 조직 내에서 구성원들이 긍정정서를 경험하면 조직에서 가장 버리고 싶어 하는 정서인 분노, 불안, 좌절, 무기력 같은 부정정서를 줄여주며, 역경을 극복할 수 있는 회복력과 자부심을 키울 수 있다. 프레드릭슨은 조직의 리더들이 보여주는 긍정정서는 확장성이 매우 높다고 했다. 리더의 긍정정서는 조직 전체의 성과를 예측할 수 있기 때문이다.

### 긍정정서는 창의성과 문제해결 능력을 키운다

긍정 경험을 하게 되면 기분이 좋아진다. 긍정정서를 느낄 때 도파민과 세로토닌이 분비되기 때문이다. 그로 인해 머리가 맑아지고 기억력이 증진되며 사고가 유연해져 사고력과 창의성이 높아지고 까다로운 문제들을 효율적으로 처리하는 문제해결 능력이 향상된다.

심리학자 카를 던커(Karl Duncker)의 '기능적 고착' 실험을 예로 들어보자. 던커는 기능적 고착이 문제해결을 방해하는 원인임을 보여주었다. 그는 압정 한 통, 성냥 몇 개비, 양초 한 자루를 이용해 촛농이 바닥에 떨어지지 않게 초를 벽에 붙이는 실험을 했다. 이 과제의 해결 방법은 압정으로 압정 상자를 벽에 부착시킨 후 그 상자를 양초 받침대로 쓰는 것이다. 실험 결과 대부분의 사람은 압정이나 촛농을 이용해 양초를 벽에 고정시키려고 했다. 즉 피실험자들은 압정 상자를 양초 받침대가 아닌 압정 상자 그 자체로만 보는 고정관념 때문에 다른 용도로 사용할 생각을 하지 못했던 것이다.

기능적 고착을 갖고 있는 사람은 어떤 대상을 볼 때 기능적 측면만 고려해 다른 활용 방법을 유연하게 생각하지 못한다. 상자는 압정을 담는 용기, 성냥은 불을 붙이는 도구, 양초는 주위를 밝히는 도구로 기능적으로만 생각하는 것이다. 반면 창의적인 사람은 압정 상자를 양초 받침대로 생각하는 발상의 전환을 통해 문제를 풀 수 있다. 던커의 실험은 유연한 사고력과 창의성이 요구된다.

던커는 두 집단으로 나누어 실험을 실시했다. 한 집단에는 실험을 시작하기 전 피실험자의 긍정정서를 이끌어내도록 하기 위해 작은 사탕봉지 하나를 주거나, 재미있는 만화책을 읽게 하거나, 감정을 실어 긍정 단어들을 큰 소리로 읽게 했다. 그러면 분명 잠깐이나마 기분 좋은 상태가 된다. 다른 집단은 아무런 사전 조치 없이 실험을 실시했다. 어느 집단이 성공했을까? 실험 전 긍정정서를 배양시키고 확장시킨 집단이었다. 그들은 먼저 압정을 모두 쏟아낸 상자를 벽에 압정으로 고정시킨 다음 초를 세우고 성냥으로 불을 붙여 촛농이 바닥이 아닌 상자 위에 떨어지도록 했다. 긍정정서는 과제를 완수하는 데 필요한 창의력을 유발할 가능성을 높여주었음을 입증한 셈이다.

아이센(Isen) 코넬대 심리학 교수의 '기능적 고착' 실험에서도 10분간 재미있는 영화를 본 학생들은 75%가 10분 이내 문제를 풀었다. 하지만 수학 문제를 푸는 영상을 본 학생들은 25%만 10분 이내 풀었다. 아이센이 의사들을 대상으로 실험했을 때도 긍정경험을 한 의사들은 정확하고 신속하며 창의적으로 환자를 진단한 것으로 나타났으며, 진료 과정에서 오진 등에 대해 스스로 태도를 신속히 바꾸는 능력도 뛰어난 것을 발견했다. 브라이언(Bryan)은 수학시험을 앞둔 학생들에게 지금까지 살아오면서 가장 행복했던 순간을 떠올리고 긍정경험을 하게 했을 때 성적이 더욱 향상됐음을 확인했다.

이와 같은 긍정정서의 놀라운 효과는 기업에서도 예외가 아니다. 오늘날 급변하는 글로벌 경쟁 속에서 창조적이고 독창적인 아이디어와 전략 수립 능력이 기업의 성패를 좌우한다는 사실을 인지한 많은 기업은 직원들의 창의성과 자발적 문제해결 능력, 기회포착 능력을 향상시키기 위해 직원들의 근무환경을 바꾸어주는 등 심혈을 기울이고 있다. 한 예로 구글 본사를 보면 마치 하나의 커다란 놀이동산처럼 보인다. 직원들은 누구나 반려견을 데리고 출근할 수 있다. 각 부서에 칸막이가 없고 미끄럼틀이나 침대, 당구장, 명상실, 수면실 등 스트레스를 해소할 수 있는 공간도 있다. 직원 식당 또한 전 세계에서 오는 구글 직원들을 위해 각 나라의 어떤 요리라도 무료로 먹을 수 있는 시설을 갖추고 있다. 이러한 환경은 모든 직원이 기쁨, 즐거움, 흥미, 자부심, 만족, 감사, 존중, 희망 같은 긍정정서를 유발시키고 함양하게 해준다.

구글이 단기간에 세계 최고 기업이 된 비결을 생각해보자. 직원들이 원하는 근무환경을 만들어주고 그들이 가장 행복하게 일할 수 있도록 격려하고 배려하며 존중하는 긍정환경을 갖추고 있기 때문이다. 창의적인 생각은 긍정환경에서 나오며 그 속에서 혁신적인 제품이 생산될 수 있다.

## 긍정정서의 황금 비율

기업의 긍정정서를 높이면 업무 효율성이 증가하고 그만큼 성과가 향상된다는 것이 입증됐다. 프레드릭슨과 로사다는 기업을 방문해 3가지 모델에 따라 그들이 각종 업무회의에서 주고받는 단어를 모조리 기록했다. 3가지 모델은 첫째, 사람들이 얼마나 긍정적으로 말했는지 혹은 부정적으로 말했는지. 둘째, 사람들이 얼마나 타인중심적이었는지 혹은 자기중심적이었는지, 셋째, 사람들이 얼마나 탐구하고 질문했는지 혹은 변호와 관점을 옹호했는지다.

이 연구는 60개 기업에서 수행됐는데 그중 20개 기업은 플로리시하고 있었고, 20개 기업은 현상유지 수준이었으며, 20개 기업은 쇠퇴하고 있었다. 그들은 각 단어를 긍정적 단어 혹은 부정적 단어로 구분한 후 긍정성 대 부정성 비율을 얻었다. 뚜렷한 경계선이 있었다. 긍정성 대 부정성 비율이 3 대 1보다 높은 기업은 플로리시하고 있었고, 3

대 1 기업은 현상유지하고 있었으며, 3 대 1 이하 기업은 쇠퇴하고 있었다. 그래서 기업의 황금률은 3 대 1이라고 한다. 긍정정서가 3 대 1이 넘으면 번성하고 이보다 낮으면 쇠퇴한다는 것이다. 가장 크게 플로리시하는 기업의 비율은 6 대 1이었다. 그들은 이를 '로사다 비율'이라 한다. 이 사실을 처음 발견한 칠레 출신의 수학자 마셜 로사다(Marcial Losada)의 이름을 딴 것이다. 이처럼 긍정정서는 인생의 건강과 행복뿐만 아니라 기업의 성패에도 아주 큰 영향을 끼친다.

하지만 최근 브라운(Brown)과 그의 동료들은 긍정정서 비율에 대한 중요한 티핑 포인트(Tipping Point·한순간에 변화되는 극적인 순간)를 주장할 만한 수학적 근거가 발견되지 않았다는 논문을 발표했다. 이에 대해 프레드릭슨은 지엽적인 수학적 연구의 오류는 인정하지만 본질인 긍정성 비율의 가치는 존중돼야 한다고 강조했다. 다음이 이를 증명해준다.

존 가트맨(John Gottman) 박사가 500쌍 이상의 부부를 대상으로 실험한 결과에 따르면 기업의 황금률인 3 대 1은 가정에선 이혼에 이르는 것으로 나타났다. 만족하고 행복한 부부생활을 위해선 5 대 1이 돼야 하고 1 대 3은 재앙을 낳는다고 한다.

3 대 1 긍정성 비율의 중요성을 뒷받침해주는 더 명확한 증거는 스워츠(Swartz)와 그 외 학자들이 밝혀냈다. 그들은 우울증 치료를 받고 있는 남자 66명의 결과를 살펴보고 치료를 받은 후 긍정성 비율을 측정했다. 치료를 받기 전에는 긍정성 비율이 0.5로 매우 낮았다. 스워츠와 그의 동료들은 자기보고와 치료 등급을 기준으로 구분했는데 환자들 중 낙관적인 차도를 보인 것은 치료 후 긍정성 비율이 4.3이라는 것

을, 동일한 기준으로 일반적인 차도를 보였다는 것은 치료 후 긍정성 비율이 2.3이라는 것을 의미한다. 이와는 대조적으로 전혀 차도를 보이지 않는 것은 치료 후 긍정성 비율이 0.7이라는 것을 의미한다. 이렇게 긍정정서는 개인의 수명과 성취, 행복뿐만 아니라 조직의 성과에도 큰 역할을 한다.

플로리시를 원한다면 긍정정서를 키우자. 긍정정서는 자신의 노력으로 키울 수 있다. 다음의 프레드릭슨이 개발한 긍정정서 자가진단을 통해 긍정정서 비율이 3 대 1이 되는지 확인해보자.

### 긍정정서 자가진단 테스트

지난 24시간 동안 어떤 기분이었는가? 전날을 돌이켜보며 각 문항의 느낌들 중 가장 강하게 경험한 것을 0~4등급을 이용해 표시해보자.

0 = 전혀 그렇지 않았다.
1 = 약간 그랬다.
2 = 보통이었다.
3 = 꽤 그랬다.
4 = 매우 그랬다.

1. **웃기거나, 재미나거나, 우스꽝스러운** 느낌을 어느 정도나 받았는가? _____
2. **화나거나, 신경질 나거나, 약 오른** 느낌을 어느 정도나 받았는가? _____

3. 수치스럽거나, 모욕적이거나, 망신스러운 느낌을 어느 정도나 받았는가? _____

4. 경이롭거나, 놀랍거나, 경탄스러운 느낌을 어느 정도나 받았는가? _____

5. 경멸적이거나, 조소당하거나, 무시당한 느낌을 어느 정도나 받았는가? _____

6. 역겹거나, 불쾌하거나, 혐오스러운 느낌을 어느 정도나 받았는가? _____

7. 무안하거나, 겸연쩍거나, 부끄러운 느낌을 어느 정도나 받았는가? _____

8. 은혜롭거나, 감사하거나, 고마운 느낌을 어느 정도나 받았는가? _____

9. 죄책감이 들거나, 후회스럽거나, 비난받아 마땅하다는 느낌을 어느 정도나 받았는가? _____

10. 밉거나, 증오스럽거나, 수상쩍은 느낌을 어느 정도나 받았는가? _____

11. 희망적이거나, 낙관적이거나, 기운 나는 느낌을 어느 정도나 받았는가? _____

12. 고무되거나, 사기충천하거나, 의기양양한 느낌을 어느 정도나 받았는가? _____

13. 흥미롭거나, 관심이 가거나, 호기심이 생기는 느낌을 어느 정도나 받았는가? _____

14. 즐겁거나, 기쁘거나, 행복한 느낌을 어느 정도나 받았는가? _____

15. 사랑스럽거나, 친밀하거나, 신뢰감이 드는 느낌을 어느 정도나 받았는가? _____

16. 자랑스럽거나, 자신감이 들거나, 자부심에 찬 느낌을 어느 정도나 받았는가? _____

17. 슬프거나, 우울하거나, 불행한 느낌을 어느 정도나 받았는가? _____

18. 두렵거나, 무섭거나, 겁나는 느낌을 어느 정도나 받았는가? _____

19. 평온하거나, 만족스럽거나, 평화로운 느낌을 어느 정도나 받았는가? _____

20. 스트레스 받거나, 긴장되거나, 부담스러운 느낌을 어느 정도나 받았는가? _____

## 긍정정서 비율 계산하기

당신은 위의 '긍정정서 자가진단 테스트'에서 각 문항의 범위가 꽤 넓다는 것을 눈치챘을 것이다. 각 문항에는 서로 연관성은 있지만 완전히 동일하지는 않은 3가지의 감정이 포함돼 있다. 이와 같이 핵심적인 유사성을 공유하는 정서들을 한 문항에 담음으로써, 짧은 테스트의 정확도를 더욱 높이고자 했다. 그리고 유념해둘 점은 사람들이 대체로 부정정서 상태와 긍정정서 상태를 서로 다른 강도와 빈도로 경험한다는 사실이다. 부정정서가 더 강렬하게 느껴지는 것은 '부정 편향'이라 불리는 불균형 때문이며, 긍정정서가 더 자주 나타나는 것은 '긍정 편향'이라 불리는 불균형 때문이다. 긍정정서와 부정정서를 비교할 때는 반드시 이 중요한 차이점을 고려할 필요가 있다. 전날의 긍정정서 비율을 계산하기 위해서는 다음의 5가지 단계를 밟으면 된다.

1. 앞의 질문지로 돌아가서 긍정정서를 나타내는 10개 항목에 동그라미를 쳐보자. **웃기거나, 경이롭거나, 은혜롭거나, 희망적이거나, 고무되거나, 흥미롭거나, 즐겁거나, 사랑스럽거나, 자랑스럽거나, 평온하거나**로 시작되는 항목들이 그것이다.

2. 앞의 질문지로 돌아가서 부정정서를 나타내는 10개 항목에 밑줄을 쳐보자. **화나거나, 창피하거나, 경멸적이거나, 역겹거나, 당혹스럽거나, 죄책감이 들거나, 밉거나, 슬프거나, 두렵거나, 스트레스를 받거나**로 시작되는 항목들이 그것이다.

3. 동그라미 친 긍정정서 항목 중 2점 이상으로 등급을 매긴 것의 수를 세어보라.

4. 밑줄 친 부정정서 항목 중 1점 이상으로 등급을 매긴 것의 수를 세어보라.

5. 긍정정서 항목의 합계를 부정정서 항목의 합계로 나누어 긍정정서

비율을 계산해보자. 이날의 부정정서 점수가 0점이었다면, 0으로 나눌 수 없는 문제를 해결하기 위해 대신 1로 나누라. 여기서 나온 결과치가 해당 일의 긍정정서 비율을 나타낸다.

긍정심리학 교육과정을 진행하면서 긍정정서 자가진단 테스트를 하기 전 참가자들에게 비율이 어느 정도 될 것 같으냐고 물어본다. 그러면 많은 사람이 3 대 1은 될 거라고 말한다. 하지만 테스트를 해보면 대부분 3 대 1이 되지 않는다. 하지만 걱정할 필요는 없다. 긍정정서는 키울 수 있기 때문이다.

## 진심 어린 긍정정서

나는 긍정심리 강의나 행복 강의를 시작하기 전 항상 옆사람과 "오늘 꼭 행복 만들어가세요!"라며 인사를 나누라고 한다. 특별히 강조하는 것은 형식적으로 입으로만 하는 인사가 아닌 마음속에서 우러나오는 진심 어린 마음(Heart Felt)으로 하라는 것이다. 많은 사람이 행복해서 웃는 것이 아니고 웃어서 행복하니까 웃는다고 말한다.

긍정심리학자 프레드릭슨은 이런 웃음을 가짜 웃음이라고 했다. 내가 행복해서 마음에서 진심으로 우러나와 웃는 것이 진짜 웃음이라는 것이다. 이것이 행복을 만들고 건강에도 도움이 된다. 셀리그만도 『긍정의 배신』에서 "나는 희망을 증오한다"라고 말한 저자 바버라 에런라이크(Barbara Ehrenreich)에게 보낸 이메일에서 다음과 같이 긍정심리학을 놓친 요점을 지적했다.

"당신의 분석은 그릇된 이론에 기초하며 증거를 무시하고 있습니다. 그것만큼이나 그릇된 이론에 기초하고 증거를 무시하는 주장이 바로 가짜 웃음이 심혈관질환, 암, 전체 사망률을 낮추는 효과가 있다는 겁니다. 그것은 가짜 웃음이 아닌 긍정심리학의 팔마 효과입니다. 그러니까 긍정정서에 의미를 더하고 긍정관계를 더하고 긍정성취를 더한, 이 요소들의 배열이 야기한 효과이지요."

프레드릭슨은 거짓 진술이나 억지로 웃는 웃음은 화나 분노를 느낄 때와 같이 심혈관에 치명적인 코르티솔 호르몬을 생성시킨다고 이야기했다.

38세 여성인 젠에겐 세 자녀가 있고 그중 막내가 자폐증을 앓고 있다. 그녀는 최근 한 대학에서 실시하는 연구에 지원한 적이 있었다. 만성질환이 있는 자녀를 보살피는 어머니들이 그로 인해 발생되는 스트레스에 어떻게 대처하고 있으며, 그 대처 방식이 그들의 건강에 어떤 영향을 미치는지 알아보는 연구였다. 그녀는 설문조사에서 막내를 키우는 것이 고생스럽긴 하지만 좋은 점도 있다고 답했다. 어려움을 헤쳐나가면서 전에는 미처 깨닫지 못했던 자신의 강점들을 발견했고, 신앙심도 깊어졌다는 것이다.

젠은 '이점 발견'이라는 항목에서 다른 참가자들보다 높은 점수를 기록했다. 이 검사 결과만 봤을 땐 젠이 다른 엄마들에 비해 더 건강하고 행복한 사람으로 분류될 수 있겠지만 사실은 그렇지 않았다. 젠은 긍정정서를 표현하는 데는 능숙했지만 그 긍정정서를 진정으로 느끼지는 못했기 때문이다. 평범한 일상생활에서 행복하거나 흥분되거나 만족스러운지 묻는 질문들에서 젠은 '전혀 그렇지 않다'에 가장 많이 응답했다. 젠의 진심 어린 긍정정서 수준은 다른 사람들에 비해 훨씬 낮았던 것이다. 힘겨운 경험 속에서 이점을 발견하는 동시에 일상생활 속에서도 긍정정서를 느낀다고 보고했던 다른 엄마들의 경우, 스트레스 호르몬인 코르티솔 수치가 정상 범위에 있다는 것을 연구진이 발견했다. 그러나 젠의 코르티솔 수치는 하루 종일 높았으며 건강에 해로운 수준이었다. 그녀의 긍정정서는 진심에서 우러나온 것이 아닌 거짓이었기 때문이다.

또 다른 연구 결과도 흥미롭다. 노스캐롤라이나 주에서 세일즈 매니저로 일하는 빅터는 59세 남성으로 1년 전 심장마비를 겪었다. 그는 듀크대 의료센터에서 실시하는 연구에 참가했다. 행동과 관상동맥성 심장질환의 상관관계를 알아보는 연구였다. 질문자가 빅터에게 몇 가지 질문을 하는 동안 연구자들은 영상 기법을 사용해 빅터의 심장에 나타나는 변화를 관찰했다. 면담 장면도 녹화했다. 빅터는 여러 질문 가운데 특히 한 가지 질문이 바보 같다고 생각했다. "당신이 화가 나거나 언짢으면, 주변 사람들이 그 사실을 알아차립니까?"라는 질문이었다. "당연하죠! 그들이 절 화나게 만든 장본인들이니까요"라고 빅터는 지체 없이 대답했다. 빅터는 한심한 질문 때문에 점점 짜증이 났지만 질문자에게 예의를 지키기 위해 간간이 억지 미소를 지어 보이며 애써 정서를 감췄다.

그런데 빅터가 분노에 대해 질문을 받았던 2분 동안 무증상 허혈이 발생했음을 영상 기록을 통해 알 수 있었다. 이는 빅터의 심장질환이 다시 심장마비로 이어지거나 생명을 앗아갈 수도 있음을 뜻하는 심각한 징후였다. 연구진은 이후 몇 개월 동안 빅터를 비롯한 다른 참가자들의 면담 녹화 내용을 상세히 분석했다. 그리고 면담 도중 심장에 변화가 나타났던 순간의 얼굴 표정을 다른 표정들과 일일이 비교했다. 참가자들은 약 2~3초 간격으로 계속해서 새로운 정서를 표현했다. 분석 결과 분노와 웃음, 이 2가지 표정만이 심근허혈과 관련 있다는 것을 밝혀냈다. 본래 이 연구를 수행한 목적은 분노를 나타내는 표정이 허혈과 관련 있을 것이라는 가설을 확인하는 데 있었다.

그 예상은 적중했고 뜻밖이지만 웃음도 허혈과 관련 있다는 것을 알게 된 것이다. 모든 웃음이 다 그런 것이 아니라 '가짜 웃음'만이 거기에 해당됐다. 이는 가짜 웃음이 본질적으로 진실한 긍정정서가 아님을 의미한다. 거짓 웃음이 분노만큼이나 연구 대상자들의 관상동맥 질환의 위험을 야기한다는 것을 발견한 것이다. 가짜 웃음과 거짓말로 "나는 행복하다"고 백날 말한들 그 사람은 행복한 사람이 될 수 없다. 마음 깊은 곳에서 우러나오는 진심 어린 긍정정서만이 행복을 지속시켜 플로리시하게 만들어준다는 것이다.

## 긍정정서의 진실

프레드릭슨은 긍정정서의 진실을 이야기한다. '긍정정서의 확장 및 구축 이론'을 적용시켜 검증된 긍정정서의 진실은 무엇일까? 긍정정서의 진실에 대해 알아보자.

**첫째, 긍정정서는 기분을 좋아지게 한다.** 긍정정서가 기분을 좋아지게 해준다는 사실이 너무나도 명약관화하기에 별로 설명할 것이 없어 보이지만 실은 그렇지 않다. 긍정정서는 유쾌한 내면적 경험과 즐거운 생기로 반짝인다. 과거에 경험한 긍정적 순간의 반짝임을 기억하면서 새로운 긍정적 순간을 기쁘게 맞이한다. 우리는 타고난 본능으로 긍정정서를 갈구한다. 하지만 반짝이는 것이라고 다 금은 아니듯 긍정정서에도 유사품과 먼 친척들이 넘쳐난다. 유사품은 마약이나 도박, 게임, 갖가지 중독이 그에 해당한다. 먼 친척들은 폭식이나 성적 흥분 같은 육체적 쾌락이 속한다. 이런 가짜 긍정정서는 기분을 좋게 하는 효과가 일시적이며 결과적으로는 악영향을 미치기 때문에 진정한 긍정정서와 혼동하지 않도록 주의를 기울여야 한다.

**둘째, 긍정정서는 사고를 확장시킨다.** 긍정정서는 우리의 사고를 열어주고 시야를 넓혀준다. 비록 일시적인 사고의 확장일지라도 우리 정신에 필요한 공간을 만들어주는 것이다. 그것을 통해 꽉 막힌 부정정서에서 탈출해 보다 융통성 있게 큰 그림을 보게 된다. 또한 더 많은 사람과 일체감을 느낄 수 있게 된다. 긍정정서에 관한 이 근본적이면서도 잘 알려지지 않은 사실은 '긍정정서의 확장 및 구축 이론'의 첫 번째 핵심 진리다. 생각과 마음의 문을 열어준다는 것이다.

**셋째, 긍정정서는 자원을 구축해준다.** 긍정정서는 개인과 조직을 보다 나은 모습으로 변모시켜준다. 아무리 가볍게 스쳐 지나간다 할지라도 긍정적 순간은 장기간에 걸쳐 차곡차곡 쌓이고 합쳐져 우리 인생을 위한 영속적 자원인 신체적·심리적·사회적 자원과 좋은 사고의 습관을 구축해준다. 그럼으로써 우리는 더욱 강인해지고, 현명해지며, 회복력이 강해지고, 사회적인 통합성도 더 커지게 된다. 긍정정서는 성장을 유발하며 발전의 길로 나아가게 한다. '긍정정서의 확장 및 구축 이론'의 두 번째이자 마지막 핵심 진리다. 우리를 더 나은 모습으로 변화시켜준다는 것이다.

**넷째, 긍정정서는 회복력을 키운다.** 긍정정서는 역경에 처한 우리의 회복력을 키우는 신비한 유효성분으로 작용한다. 역경이 우리를 부정정서의 나락으로 떨어뜨리려고 위협할 때 긍정정서는 그 추락에 제동을 걸고 원래 자리로 되돌아올 수 있게 해준다. 말하자면 긍정정서는 리셋 버튼 같은 구실을 한다. 그러므로 아무리 긍정정서가 부정정서에 비해 미약하게 보인다 할지라도 긍정정서에는 스스로를 지탱하는 힘이 있다. 역경 속에서도 긍정정서는 지속적으로 우리의 사고를 확장시키고 자산을 구축해주기 때문이다.

**다섯째, 긍정정서는 부정정서를 상쇄시킨다.** 불안, 압박감 같은 부정정서는 교감신경을 활성화시켜 근육을 긴장시키고 신체기관을 흥분시킨다. 이러한 흥분 상태가 지속되면 우리 몸에 손상이 초래될 뿐만 아니라 사고 폭을 위축시키고 기억력이나 언어력, 판단력까지 떨어뜨린다. 예를 들어 한 기업의 영업직원이 입찰 프레젠테이션을 하는 장소에서 열심히 준비하고 있는데 상사가 다가와 한마디한다. "이번 건은 아주 중요하네. 수단과 방법을 가리지 않고 따야 해. 실수하지 말고 잘해!" 이 직원은 자기가 실수를 해 수주를 못 하는 장면을 상상하며 발표 자료만 뒤적인다. 부정적 생각을 계속하면 긴장감은 더욱 고조된다. 이때 긍정정서를 개입시켜라. 자신이 전에 프레젠테이션을 잘했던 일, 아주 기쁘고 만족스러운 결과를 만들었던 일을 떠올리거나 노트북에서 재미있는 영상이나 글을 찾아보거나 읽어도 좋다. 이렇게 긍정정서를 경험하면 긴장 상태가 신속하게 해소되면서 부정정서가 상쇄될 것이다.

나는 강의할 때 이 방법을 가끔 활용한다. 아직도 인원과 대상에 따라 약간의 긴장과 압박을 받을 때가 있다. 그러면 빌 클린턴 전 미국 대통령과 김영삼, 김대중 전 대통령을 모시고 우리나라 정계·재계·학계 등 각 사회계층 지도자, 외교사절단까지 포함해 800여 명 앞에서 당당하게 연설했던 장면을 떠올린다. 그러면 긴장과 압박은 순식간에 사라지고 정상적으로 돌아와 강의에 집중할 수 있다.

긍정정서와 부정정서는 동시에 경험하기 어렵다. 아주 행복하고 아주 화가 난 적이 있는가. 즐겁고 슬플 수 있는가. 정서적인 느낌의 조합은 가능할 수 있지만 강한 긍정정서와 강한 부정정서를 동시에 경험하는 것은 생각하기 어렵다. 이처럼 2가지 독립적인 정서가 양립할 수 없기 때문에 긍정정서를 개입시키면 부정정서를 상쇄시킬 수 있다.

**여섯째, 긍정정서 비율이 플로리시를 예고한다.** 인생에서 긍정정서가 발현되는 상대적인 빈도가 티핑 포인트에 좌우된다는 것이다. 대체로 사람들은 긍정정서를 부정정서에 비해 2배 정도 더 많이 경험한다. 그러나 이런 긍정정서 비율로는 그럭저럭 살아가기는 하지만 거의 성장하지 못한다. 그것은 쇠퇴나 다름없다. 긍정정서 비율이 3 대 1은 넘어야 비로소 발전을 기대할 수 있다. 이 범주에 속하는 사람들은 생기와 창의력, 회복력을 느끼며 개인적인 성장과 긍정적 변화를 확실히 감지한다. 이것이 바로 플로리시이며 이로써 전혀 새로운 인생의 경지에 올라서게 된다.

**일곱째, 긍정정서 비율은 높일 수 있다.** 이는 우리에게 찬란한 희망을 선사한다. 우리는 노력을 통해 긍정정서 비율을 높일 수 있으며 쇠퇴에서 플로리시의 길로 경로를 수정할 수 있다. 자신의 긍정정서 비율을 생각보다 잘 통제할 수 있기 때문이다.

프레드릭슨은 단순히 긍정정서에 관한 진실들을 차례로 나열하는 것만으로는 긍정정서란 그림을 제대로 완성할 수 없다고 했다. 그 그림을 제대로 구성하고 감상하기 위해서는 뒤로 물러서서 긍정정서에 관한 모든 진실이 한데 어우러지도록 할 필요가 있다는 것이다. 위 7가지 긍정정서의 진실이 서로서로 대화하고 연결되도록 해보자. 서로 손을 맞잡고 빙그르르 돌게 해보자. 그렇게 할 때 그 진실들은 서로서로 영향을 주고받는 춤을 통해 활력을 불러일으키고 확산시킬 것이다. 춤을 추면 기분이 좋아진다. 앞에서도 말했듯 그것은 상생의 게임이다. 내 기분이 좋아지면 조직에도 세상에도 유익한 일을 하게 되기 때문이다.

## 긍정정서 키우기

한 늙은 인디언 추장이 어린 손자에게 말했다. "얘야, 우리 모두의 마음속에는 늑대 두 마리가 싸우고 있단다. 한 마리는 분노, 불안, 슬픔, 이기심, 질투, 탐욕을 가지고 있고, 다른 한 마리는 기쁨, 겸손, 사랑, 인내, 친절, 평안을 가지고 있단다."
손자가 물었다. "어떤 늑대가 이기나요?"
추장은 간단하게 대답했다. "네가 먹이를 주는 녀석이 이긴단다."
우리는 매일 의식적이든 무의식적이든 선택을 한다. 어떤 것을 선택하는가는 당신의 몫이다. 추장의 말처럼 우리 마음에는 부정 마음과 긍정 마음이 공존하며 매 순간 경합한다. 긍정 마음을 지닌다는 것은 우리를 행복한 삶으로 인도하는 마음속 늑대에게 먹이를 주는 것이다. 긍정 마음을 갖고 긍정정서를 확장하고 구축하려고 노력하면 얼마든지 긍정정서를 키울 수 있다. 다음은 긍정심리학자들에 의해 과학적으로 검증된 긍정정서를 키우는 행복 연습도구다.

### 긍정정서 키우기: 식초와 꿀

오늘날 놀라운 변화는 이사, 이직, 이전 같은 이동이 증가하고 자동차, 휴대전화, 전자기기같이 소유한 품목이 많으며 이를 사용하는 방법이 복잡하다는 것이다. 그래서 행정적으로 처리해야 할 일도 많고, 사용 시 발생하는 문제를 해결해야 할 것도 많다. 인터넷이 발달되기는 했지만 아직도 많은 부분을 전화나 상담, 창구를 통해 직접 처리해야 한다. 이때 담당 직원과 통화하기도 만나기도 어렵고 설령 통화가 되거나 만난다 하더라도 아직도 관료적이고 형식적인 사람들이 있다. 이런 사람들을 만나면 답답하고 짜증이 나며 화가 치밀어 오르기도 한다. 이럴 때 부정정서 대신 긍정정서를 키우는 데 도움을 받을 만한, 셀리그만이 고안한 긍정심리학의 연습도구가 있다.

다음번에 당신이 관료주의나 형식주의와 싸우러 갈 때는 심호흡을 크게 한 번 하고 명랑해지기로 결심하자. 당신이 직접 얼굴을 마주 보거나 자동응답시스템(ARS)을 통해 20분 이상 혼자 업무를 처리한 후 겨우 통화하게 되는 직원과 상대할 때는 "그곳의 날씨는 어땠습니까?" 하고 하루 동안 어떻게 지냈는지 먼저 물어보자. 그의 인내심에 경의를 표하라. 다른 사람들을 돕는 위치에 있는 상대방이 정말 훌륭하다고 말하자. 그리고 그 사람에게서 좋은 점을 하나 찾아내 칭찬해주자. 영화 〈로드 하우스(Road House)〉에서 패트릭 스웨이지(Patrick Swayze)가 연기한 캐릭터는 자신이 감독하고 있는 식당 경비원에게 늘 "친절하고, 친절하고, 친절하라"고 충고한다.

당신이 상대하는 직원을 하나의 인격체로 대해보자. 그러면 호의가 되돌아올 것이다. 이렇게 식초 대신 꿀을 사용한다면 당신이 원하는 것을 보다 성공적으로 얻게 될 것이다. 결국 '직원'도 사람이다. 그리고 그들이 끊임없이 고객의 불만사항을 접수하고 처리하다 보면 실수할 수도 있을 것이다. 만약 당신이 친절하게 대한다면 상대방을 기분 좋게 할 수 있고 그런 좋은 분위기가 당신에게 이점으로 다가올 것이다. 설령 아무런 도움도 못 받았다 해도 최소한 당신의 기분은 더 좋아질 것이다. 상대에게 친절을 베풀면서 마음에서 우러나오는 진심 어린 긍정 정서를 경험했기 때문이다. 이러한 연습활동은 실제 실험을 통해 효과를 확인할 수 있다. 누군가를 만나기 전에 동전을 던져서 앞면이 나오면 친절하게, 뒷면이 나오면 관료적이나 형식적으로 대해보자. 수십 번 시도해본 후 결과를 모두 취합해 결론을 도출해보자.

서비스 분야에서 근무하는 직원들이나 공무원들도 꿀과 식초 가운데 꿀을 사용하는 것이 좋다. 상담을 하거나 민원창구를 찾는 것은 다소 불만이 있기 때문이다. 이들은 조그만 일에도 목소리를 높이거나 화를 낸다. 진정으로 플로리시한 삶을 원한다면 이들을 위해 꿀단지를 준비하자.

## 긍정정서 키우기: 감정노동과 사회적 약속

조직에서 친절을 베푸는 데 몇 가지 어려움이 있을 수 있다. 첫째, 특히 전화통화를 하면서 부탁을 받거나 논쟁을 해결하느라 너무 많은 시간을 할애하면 업무에 지장을 초래할 수 있다. 둘째, 어떤 사람들은 당신의 친절함에 너무나 잘 반응해 두 사람 모두 대화의 접점과 원래의 용건에서 벗어날 수 있다. 셋째, 당신은 속과 겉이 다른 위선자인가 라는 질문에서, 사람들은 의도적인 것보다 자연스럽게 일어난 행복을 얻기를 바란다는 것이다. 우리는 본모습에 솔직하기를 바라지만 어느 순간 화가 날 때 갈등이 생긴다. 이러한 감정을 억누르고 '친절하게 대하는 것은 솔직한 것인가, 아닌가. 위선인가, 아닌가. 확실히 이에 대한 명쾌한 해답은 없다. 하지만 사전에 스스로 갈등을 조율하고 화를 줄이는 방법은 있다.

조직생활을 하는 사람들의 감정에는 2가지가 있다. 하나는 자신이 있는 그대로 느끼는 실제적 감정이고, 또 다른 하나는 겉으로 드러낸 전시적 감정이다. 전시적 감정은 본능적 감정이라기보다 조직에서 업무를 수행하는 데 필요한 학습된 감정이다. 문제는 조직생활에서 이 두 감정이 충돌할 때가 많다는 것이다. 이들이 충돌할 때 스트레스를 받고 분노나 화, 불평 등 부정정서가 유발된다. 얼마 전 텔레비전에서 하루 종일 의무적으로 미소를 지어야 하는 서비스 분야의 일을 마치고 집에 와서 억눌렸던 감정을 폭발하는 여성을 본 적이 있다. 실제적 감정을 속이고 전시적 감정으로 상대를 대하는 일을 감정노동이라 하고 그런 곳에서 일하는 사람들을 감정노동자라고 한다. 이들은 고객 혹은 상사와의 관계나 조직에서 원하는 감정을 어쩔 수 없이 표현해야 한다. 특히 최근 서비스 산업의 비중이 커지면서 사람들과의 관계가 중요시되다 보니 항공사, 호텔, 백화점뿐만 아니라 시청, 구청, 군청, 세무서 등 관공서 공무원까지도 감정노동을 해야 한다.

친절은 이런 갈등 상황에서 감정적인 인식이나 표현보다 사회적 약속의 한 부분이 돼야 한다. 즉 운전하면서 방향지시등이나 경적을 신중하게 사용하는 것이 당신을 위선자로 만드는 것이 아닌 것처럼 이 약속이 당신을 위선자로 만드는 것은 아니다. 긴 비행시간을 마치면 스튜어디스는 비행기에서 내리는 손님들에게 일일이 밝게 인사를 한다. 물론 그들도 손님만큼이나 피곤할 것이다. 하지만 그들은 이것이 직업이다. 직업상 웃어야 한다. 백화점 고객에게 밝고 환하게 인사하는 것도, 민원창구 민원인에게 친절하고 따뜻하게 인사하는 것도 마찬가지다. 이것은 위선자가 아닌 고객에게 친절해야 한다는 사회적 약속이기 때문이다. 결혼식장에서 신랑, 신부가 결혼 선서를 하는 것도 사회적 약속이다.

최근 우리 사회 일부에서 감정노동, 감정노동자란 표현을 많이 쓰는데 대부분 부정적 이미지를 주고 있는 것 같아 우려스럽다. 그로 인해 감정노동이나 감정노동자 하면 왠지 해당 분야에 근무하는 사람들은 자신에 대해 피해의식을 갖는 경향이 있다. 호텔, 백화점 등 서비스 분야뿐만 아니라 공무원, 가정주부에 이르기까지 모두가 이러한 피해의식을 갖는다면 우리 사회는 어떻게 될까? 피해자가 아니라 수혜자로 생각해보자. 상대방에게 도움을 주고 기분 좋게 해주며 더 행복하게 해주는 역할을 하고 있기 때문이다. 그래서 개인이든 조직이든 긍정정서를 키우는 것이 필요한 것이다. 긍정정서는 부정정서를 상쇄하기 때문이다.

## 긍정정서 키우기: 좋은 하루 만들기

우리는 누군가와 헤어질 때 대부분 "좋은 하루 보내세요"라는 말을 많이 한다. 특별한 의미를 부여하지 않고 의례적으로 하는 말이지만 기분은 좋다. 이 '좋은 하루 보내기'는 피터슨이 착안하고 많은 사람이 실험을 통해 입증한 행복 연습도구다.

좋은 하루를 보내려면 실제로 무엇을 해야 하는가? 사람들마다 서로 다른 답을 내놓기 때문에 이 연습활동은 두 단계로 나누어 할 수 있다. 1단계는 당신이 좋은 하루를 보낸다는 것이 무엇인지를 정해야 한다. 우선 하루 중 좋은 것과 좋지 않은 것이 무엇인지를 주의 깊게 관찰하는 것이 필요하며, 관련된 특성이 무엇이고 규정할 수 있는지 살펴보아야 한다. 2단계는 만약 이런 것을 확인할 수 있다면 기분을 좋게 하는 요인을 극대화하고 불쾌하게 하는 요인들을 최소화함으로써 어떻게 앞으로 변화시킬 수 있는가를 탐색해야 한다.

'좋은 하루 만들기'에 대한 간단한 전제들이 여기 있다. 좋은 삶은 어떠한 상태나 기질, 습관들이 보다 쉽게 표출될 수 있는 사회적·제도적 환경뿐만 아니라 종종 그것을 가능하게 하는 심리학적 상태와 기질 그리고 습관의 관점에서 논의된다. 하지만 좋은 삶에 이르는 또 다른 방법이 있다. 그것은 우리의 평범하고 일상적인 활동, 즉 우리의 상태나 기질, 습관 그리고 보다 광범위한 환경과 관련이 없는 행위들이다. 물론 이런 모든 것들이 우리의 행위뿐 아니라 행복에도 영향을 미칠 것이다. 그러나 피터슨은 당신이 연습 활동을 통해 구체적인 행동을 실천할 것을 제안한다. 예를 들어 만약 당신이 부모님과 통화를 했다거나 운동을 하거나 일기를 썼다거나 봉사를 1시간 한 것이 좋은 하루였다고 말할 수 있다면 이런 일들을 하는 시간을 늘리고 그렇지 않은 날들을 줄이자.

이런 연습이 어쩌면 진부해 보일 수도 있으나 기분 좋은 하루를 보내기 위해 무엇을 해야 하는지를 생각해볼 수 있는 좋은 방법이다. 만약 이런 것을 추상적인 것으로만 여겼다면 구체적인 수준에서 이것이 적절한 해답은 아닐 수도 있다. 따라서 공책이나 연습장을 구하거나 혹은 엑셀 워크시트를 만들어 당신이 하루 동안에 무엇을 했는지를 추적해보라. 어떤 사람들은 시간대별로 일지 형식으로 쓰는 것을 쉽게 생각하는 사람이 있는 반면, 어떤 사람들은 자신들의 하루를 두드러지게 드러난 행동의 관점에서 분석하는 것이 더 낫다. 즉 하루를 마무리하는 시점에서 총체적인 평가를 해보는 것이다.

10: 인생에서 가장 훌륭했던 하루
9: 굉장했던 하루
8: 훌륭했던 하루
7: 아주 좋았던 하루
6: 좋았던 하루
5: 평균적이거나 평범했던 하루
4: 평균 이하였던 하루

3: 나빴던 하루

2: 끔찍했던 하루

1: 인생에서 최악이었던 하루

적어도 2주, 가능하면 3주 동안 이런 식으로 해보자. 모두 마칠 때까지는 당신의 기록을 되돌아보지 말고, 그런 다음에 되돌아가서 하루하루의 패턴과 주간 패턴을 살펴보라. 좋았던 날들에 무엇을 했는지의 관점에서 좋지 않았던 날들과 비교해보라. 이러한 훈련을 한 모든 사람은 하나의 양상이 명백히 드러난다고 말했으며, 때론 이것이 그들을 놀라게 했다.

아주 좋은 하루를 보내는 자신만의 특별한 방식이 있다면 그것을 활용할 수 있다. 이 연습 활동의 핵심은 다음과 같다. 즉 자신만의 방식을 찾아 그것을 기초로 자신만의 전략을 개발하는 것이다. 그런 다음 그 전략에 의해 평범한 날들을 좋은 날들로 바꾸어보자

### 긍정정서 키우기: 행복 워밍업

오늘 하루 동안 당신에게 일어난 사소하지만 좋은 일을 잠깐 생각해보자. 누구나 일상생활에서 수시로 경험하는 사소한 것이 긍정정서를 키우고 행복을 만들어준다.

- 아침식사를 만들어 쟁반에 올린 다음 사랑하는 사람에게 직접 가져다준다.

- 길을 건너는 노인이 있으면 그분과 똑같은 속도로 걸어 그분이 불안하지 않게 서두르지 않고 편안히 건널 수 있게 해준다.
- 오후 시간에 동료들에게 따뜻한 차나 커피 한잔을 갖다 준다.
- 관심 있는 책을 읽고 중요하다고 생각하는 문장 10개를 옮겨 적어본다.
- 경비원 아저씨나 청소원 아주머니에게 "안녕하세요. 좋은 아침입니다. 감사합니다. 행복한 하루 되세요"라고 인사를 한다.
- 집 안 청소나 설거지를 돕는다.

이런 긍정경험은 누구나 대부분 하고 있지만 경험이나 실천을 통해 긍정정서를 함양시키는 사람은 별로 없다. 이제부터 그냥 의례적으로 하지 말고 당신이 경험하고 실천하는 과정에서 긍정정서를 함양하는 방법을 배워보라. 위의 행복 워밍업 방법 가운데 두 번째 방법을 연습해보자. 평소 횡단보도에서 길을 건너는 어르신을 만나면 어떻게 하는가. 어르신의 느린 걸음을 답답해하면서 빨리 지나쳐 갔는가, 아니면 무언가 도움을 드릴 수 있는 역할을 하려고 했는가.

다음부터는 이렇게 해보라. 어르신들은 걸음이 느리기 때문에 횡단보도를 건너면서 불안해하신다. 당신은 어르신과 같은 속도로 약간 뒤에서 따라 걸어가라. 그러면 어르신은 편안하게 생각하고 건너갈 것이다. 당신은 어르신이 편안하게 건너갈 수 있도록 무언가 역할을 했다는 것을 뿌듯하게 생각하라. 이렇게 스스로 의식적으로 내면의 기쁨이나 만족감 등 긍정정서를 키우는 것이다. 위의 다른 방법뿐만 아니라 새로운 경험도 마찬가지다.

나는 행복도구 가운데 이 행복 워밍업을 매일 한두 가지 실천한다. 한 가지는 매일 출근하는 아내에게 아침을 챙겨주는 것이고, 또 다른 한 가지는 출근할 때 고속도로 톨게이트 요금 수납 직원에게 인사하는 것이다. 아내는 나보다 출근을 먼저 한다. 그래서 아침 준비는 내가 매일 한다. 아침 식사 메뉴는 계절에 따라 차이 있지만 고구마 한 개, 달걀 한 개, 토마토 한 개, 사과 반 개, 우유 한 잔, 마늘 한 통(나만 먹음)은 변함이 없다. 이 식재료를 삶을 때나 깔 때, 자를 때, 담을 때 언제나 아내를 생각하며 가장 좋은 부분, 가장 맛있는 부분, 가장 잘생긴 부분을 아내 접시에 담는다. 먹는 모습을 상상하면서도 사랑의 마음으로 바라보며 뿌듯한 느낌을 받는다. 출근하는 아내를 위해 엘리베이터 버튼을 눌러주고 뽀뽀와 함께 "사랑해요! 좋은 하루 되고요, 밥도 잘 챙겨먹고, 운전 조심하세요"라는 인사를 하며 매일 행복한 하루를 시작한다.

나는 주로 의왕~과천 간 외곽고속도로를 통해 출퇴근한다. 출퇴근하면서 외곽고속도로에 진입하거나 빠져나갈 때는 톨게이트 요금을 수납하는 직원을 만난다. 아침에 최대한 직원들이 편안하게 앉아서 요금을 받을 수 있도록 차를 가까이 붙이고 "안녕하세요, 좋은 아침입니다"라고 밝게 인사한다. 거스름돈을 받고도 공손히 "행복한 하루 되세요!"라고 인사한다. 여직원의 반응은 어떨 거 같은가? 반응이 거의 없다. 80% 이상. 정말 내가 민망할 정도로, 화가 날 정도로 무뚝뚝하다. 이럴 때 어떤 기분이 들겠는가? 대부분 기분이 좋지 않을 것이다. 하지만 나는 상대방 반응에 개의치 않고 매일 인사를 이렇게 한다. 그러면 오늘도 내가 누군가에게 무언가 도움을 주었다는 생각에 기분이 좋아진다. 선행은 대가를 받기 위해 하는 것이 아니다. 대가 없이 무조건 주는 것이다. 그래서 선행이 긍정정서를 키우고 행복에 영향을 많이 주는 것이다.

놀라운 사실은 몇 개월이 지난 후부터 밝은 표정으로 "감사합니다"란 반응이 조금씩 나오기 시작했다는 것이다. 진심은 상대의 마음을 움직인다. 행복을 크고 대단한 것에서만 찾으려고 하지 마라. 행복은 크고 대단한 것에서 찾는 것이 아니다. 이러한 사소한 일상에서 진심 어린 마음으로 실천을 통해 긍정정서를 키워 만들어가는 것이다.

이제 내면을 행복한 토양으로 바꾸어주고 긍정정서를 확장시키고 구축시켜주는 마틴 셀리그만의 과거, 현재, 미래의 긍정정서에 대해 알아보자.

## 07 과거의 긍정정서

### 과거를 더 행복하게 만들기

　당신은 과거가 만족스럽고 행복한 편인가, 아니면 고통스럽거나 괴로워한 편인가. 과거를 더 행복하게 만들고 싶다면 상처와 원망으로 얼룩진 과거를 내팽개쳐둬선 안 된다. 흘러가버린 물처럼 이미 지나가버린 과거를 바꿀 수 있다고 생각하는가. 물론 당신이 경험했던 일이나 과거 자체를 바꿀 순 없다. 어린 시절 부모의 이혼 때문에 받은 상처, 충분히 사랑을 느끼지 못했던 학창 시절, 매사에 소심하고 부끄러워 회상할 때마다 자신감을 떨어뜨리는 일까지 과거가 온통 만족스럽지 못한 경험으로 가득할 수도 있다. 그런 경험을 바꾸거나 없던 일로 만들 수는 없다. 하지만 그 과거를 바라보는 관점은 바꿀 수 있다. 많은 사람이 어른이 된 후에도 어린 시절 겪었던 사건과 상처 때문에 고통을 겪으며 살아간다. 이제 자신을 아파만 하던 과거에서 해방시켜주자. 아픈 경험이 있더라도 과거의 상처가 성인기에 영향을 주지 않는다는 사실만 받아들여도 고통스러운 과거에서 해방되고 더 행복해질 수 있다.

어린 시절의 사건들이 훗날의 성격 형성에 결정적 영향을 미친다는 주장을 뒷받침하는 설득력 있는 증거가 전혀 없다는 사실이 밝혀진 것이다. 어린 시절의 경험이 성인기 발달에 커다란 영향을 미친다는 확신을 얻고 몹시 감격한 연구자들은 50년 전부터 자신들의 학설을 뒷받침해줄 만한 증거를 찾기 시작했다. 그들은 부모의 사망이나 이혼, 질병, 체벌, 무시, 성적 학대 같은 어린 시절의 나쁜 경험이 성인기에 파괴적인 영향을 미친다는 증거가 대단히 많을 것으로 기대했다. 성인기의 정신건강과 유년기의 상실감에 관한 대대적인 연구를 수행하면서 향후 전망 연구까지 병행했다. 그러나 결과는 그들의 기대에 미치지 못했다. 증거로 삼을 만한 연구가 있긴 해도 신빙성은 낮았다.

예컨대 자녀가 11세가 되기 전 어머니가 사망한 경우, 그 아이가 성인이 됐을 때 우울증을 보일 확률은 조금 높을 뿐 심각한 상태는 아닌 데다 그것도 여성과 연구 대상 중 절반에만 해당되는 것으로 나타났기 때문이다. 아버지의 조기 사망은 자녀에게 별다른 영향을 미치지 않은 것으로 드러났다. 부모가 이혼한 경우에도 10대 초반이나 사춘기에 한정적으로 파괴적 영향을 미치는 정도였다. 더욱이 이 결과라는 것도 정상적인 부모를 가진 통제집단과 비교 연구도 하지 않은 채 도출한 것이다. 그러나 부모의 이혼으로 상처를 입은 아이들도 성장하면서 점차 문제가 해소되기 때문에 성인기에는 그런 상처를 거의 찾아보기 힘들다.

셀리그만은 유아기에 받은 깊은 상처가 성인기의 성격 형성에 영향을 미친다고 해도 그것은 감지하기 힘들 정도로 아주 작을 뿐이며, 성인기에 겪는 장애는 유년기의 불행한 경험 때문이 아니라고 말했다. 그러므로 성인기에 나타나는 우울, 불안, 불행한 결혼생활이나 이혼, 약물중독, 성적장애, 실직, 자녀 학대, 알코올중독, 분노 등의 원인을 어린 시절의 불행에서 찾는 것은 타당성이 없다는 것이다.

과거에서 해방되려면 우선 과거의 삶을 있는 그대로 수용하고 과거의 긍정경험에서 긍정정서를 찾는 것이 중요하다. 그러면 만족감과 성취감, 자부심, 안도감, 평정, 감사, 용서 등 긍정정서를 배양할 수 있다.

과거의 긍정경험 속에서 긍정정서를 배양하는 방법은 여러 가지가 있다. 그중 가장 효과가 뛰어난 방법이 '자부심 키우기'와 '감사하기' '용서하기'다. 자부심은 개인과 조직생활에서 늘 뿌듯하고 당당하게 행동하게 만드는 에너지를 공급해준다. 감사하기는 과거에 있었던 좋은 일을 제대로 음미하고 올바로 평가할 수 있는 마음을 넓혀준다. 용서하기는 과거를 다시 쓰게 하고 당신을 괴롭히는 과거의 나쁜 영향력을 약화시키며, 나쁜 기억을 좋은 기억으로 전환시켜준다.

## 자부심

늘 자신을 돌아보고 회사를 생각하면 뿌듯하고 당당한 마음이 드는가. 그렇다면 플로리시한 삶을 살고 있는 것이다. 자부심이란 자신이나 자신이 속한 조직에 대해 스스로 그 가치나 능력을 믿고 가슴에서 느끼는 뿌듯한 마음을 갖는 것이다. 우리는 아직도 이러한 자부심을 배양하기 위해 외적 가치, 즉 겉으로 보이는 행동적인 면을 중시하는 경향이 있다. 그래서 지나친 칭찬이나 격려, 과장법으로 자신과 상대의 감정을 북돋우려 한다. 기분을 좋게 만들어준다는 것이다. 이런 방법은 잠깐 도움이 되지만 지속적으로 유지하기엔 한계가 있다. 일시적으로 기분만 좋게 해주는 것보다 더 중요한 것은 우수한 실행을 하게 하는 것이다. 내적으론 자신의 핵심 가치를 정해 삶의 현장에서 적용시키고, 외적으론 말이 아닌 실제 행동을 통해 성취경험을 하게 하는 것이다.

## 자부심을 갉아먹는 열등감

개인이든 조직이든 누구나 강한 자부심을 갖길 원한다. 하지만 자부심을 유지하고 배양하기 위해선 열등감이라는 자부심을 갉아먹는 방해 요소를 이해하고 극복하는 방법을 아는 것이 중요하다. 당신은 열등감을 느껴본 적이 있는가, 아니면 지금도 열등감을 느끼고 있는가. 있다면 어떤 부분에서 열등감을 느끼는가. 외모? 부? 학력? 기술? 직업? 실력? 각자 나름대로 열등감이 있을 수 있다. 열등감이란 자신이 다른 사람들에 비해 못하거나 뒤떨어진다는 만성적인 의식이나 감정을 말한다. 심리학 용어로는 콤플렉스라고도 한다.

얼마 전 EBS에서 1년 동안 은둔생활을 하는 30대 초반의 여성에 대한 이야기가 방송된 적이 있다. 이 여성은 신체적 열등감으로 밖에 나가길 거부하고 있었다. 1년 전 가장 친한 친구랑 심한 다툼이 있은 후 집 안에서 은둔생활을 시작했다고 한다. 바깥출입은 물론 휴대전화 전화번호까지 모두 삭제하고 외부 세계와 완전히 단절된 생활을 하고 있었다. 그사이 체중은 늘어 100㎏이 넘었다. 혼자 있으면서도 초조하고 불안해하는 모습과 스스로 자신이 혐오스럽다며 우는 모습이 너무 안타까웠다. 나 역시 한때는 학력에 대한 열등감을 심하게 느꼈던 적이 있었기 때문이다.

왜 이 여성은 스스로 외부세계와 단절한 것일까. 자신의 그런 모습을 보여주기 싫은 것이다. 그냥 비교하고 싶지 않아 피하고 싶은 것이다. 비교하면 자신만 비참해질 수 있다고 생각한다. 사람들 앞에 나서는 것이 두렵고 불안하며 공포감마저 느낀다. 과장된 열등감 때문이다. 열등감에는 과장된 열등감과 정상적인 열등감이 있다. 과장된 열등감은 비관적이고, 부적응적이며, 파괴적인 행동을 하지만 정상적인 열등감은 자기성장의 원동력이 된다. 가난한 것이 가난을 극복하게 하는 원동력이 되고, 공부를 못 한 것이 공부하게 하는 원동력이 되고, 외모가 부족한 것이 실력을 쌓는 원동력이 되고, 몸이 약한 것이 자신의 몸을 더욱 돌보게 하는 원동력이 된다. 자신의 현재 처한 환경에서 더 나은 것을 추구하게 하는 원동력이 되는 것이다.

앞의 여성에 반해 열등감을 기회로 삼은 사람이 있다. 서민 단국대 의과대학 교수다. 그는 학창 시절 자신의 외모에 대한 열등감이 무척 컸다. 그는 이를 극복하기 위해 공부에 도전했다. 공부를 열심히 해 의대를 갔더니 자기만 못생긴 것이 아니고 못생긴 학생이 많더란 것이다. 그는 자신의 열등감을 완전히 극복하기 위해 자신이 가장 잘하는 강점을 찾았다. 바로 글쓰기였다. 수많은 실패에도 포기하지 않고 도전한 결과 오늘날 학자로서 전문가로서 성공적인 삶을 살고 있다. 정상적인 열등감의 대표적 사례라 할 수 있다. 비교하지 않고 자신을 인정하고, 목표를 설정해 실천하며, 자신의 약점보다 강점을 찾아 자신이 원하는 성취를 이룬 것이다.

나는 집안 사정으로 중학교 진학을 포기하고부터 45세, 독학으로 검정고시를 시작할 때까지 학력에 대한 극심한 열등감을 갖고 살았다. 나에게 학력은 열등감이었고, 가슴에 맺힌 한이었으며, 도전 대상이었다. 한때는 사람들을 학교 다니는 사람과 학교를 다니지 않는 사람으로, 교복을 입은 사람과 교복을 입지 않는 사람으로 분류하기도 했다. 학교 다니는 친구를 만나는 것이 두려웠고 그래서 회피하곤 했다.

교복과 교모는 늘 나의 동경 대상이고 희망이었다. 중학교 교복과 교모 쓴 사진이 얼마나 갖고 싶었던지 당시 근무하던 서울지하철 1호선 제기역 입구 사진관에 전화로 교복 입고 사진 찍을 수 있는지 문의했다. 다행히 가능하단 소리를 듣고 열 번 가까이 2층 사진관 계단을 오르락내리락했다. 성인기엔 어디를 가나 학력 이야기만 나오면 누가 물어볼까 봐 두려움과 불안감 갖고 있어야만 했다. 초등학교밖에 나오지 않았지만 정치, 사회, 문화, 체육 등 다양한 사회단체나 모임에 가면 항상 리더로 뽑히다 보니 내 의도와는 상관없이 당연히 대학은 나왔을 것으로 사람들이 믿었기 때문이다.

30대 후반 내 꿈은 국회의원이 되는 것이었다. 정치 경력을 쌓을 절호의 기회가 1990년 찾아왔다. 그 당시 제1 야당인 통일민주당에서 미래 지방자치시대의 청년지도자를 육성하기 위해 지구당별로 1명씩

전국 80명의 청년 리더를 선발해 5주 동안 민주청년정치학교를 개최했다. 나는 2기 대표로 당시 김영삼 총재 앞에서 당당히 대표 선서까지 하고 입교했다. 그때 민주청년정치학교 회장은 김덕룡 전 의원이었다. 리더 역할을 하며 3주를 마무리할 때쯤 공지사항에 마지막 주 2기 회장을 뽑는다고 나와 있었다. 많은 사람이 입후보하라고 했다. 회장에 뽑힌 사람은 다음 국회의원 공천 우선권을 준다는 것이었다. 얼마나 좋은 기회이고 가슴 설레는 일인가. 하지만 나는 고통스러웠다. 회장에 당선되면 신원조회를 한다는 것이었다. 나는 눈물을 머금고 주변의 강력한 출마 권유에도 포기했다. 이때 나에겐 학력이 한이 됐다. 그로부터 10년 후 나는 2000년 45세 나이로 독학으로 검정고시에 도전해 2001년 고입, 2002년 대입 검정고시에 합격하고, 2003년 대학 입학, 2007년 대학원 입학, 2010년 석사학위, 2013년 박사학위를 받고 지금은 대학교수에 베스트셀러 작가가 돼 학력에 대한 열등감을 완전히 극복했다.

## 내적 가치로 자부심 키우기

당신의 삶의 중심을 잡아주고 주도적으로 살아가도록 만들어주는 내면의 핵심 가치는 무엇이고 언제나 자부심을 함양시켜주는 성취경험은 무엇인가. 나의 핵심 가치는 가족의 소중함, 배움과 성장, 정직, 행복, 일에 대한 사명의식이다. 내 가치는 어떤 상황 속에서도 나를 지켜주고 내가 흔들림 없이 주도적으로 나를 끌고 갈 수 있도록 만들어준다. 나는 이 가치가 없었다면, 이 가치를 찾지 못했다면 지금 내 삶의 모습은 어땠을까를 가끔 상상해본다. 이 가치들이 없었다면 격한 내 삶의 풍랑을 이겨낼 수 있었을까? 확신은 할 수 없다. 분명한 사실은 지금과 같이 늘 자부심이 넘치고 플로리시한 삶을 살아가기란 쉽지 않았을 것이라는 것이다. 특히 일에 대한 사명의식 가치가 없었다면 긍정심리학만을 15년 동안 연구하고 가르치려 하지 않았을 것이다.

내적가치의 중요성을 알려주는 한 사례를 살펴보자. 중견기업 홍보부에 근무하는 김병찬 부장은 광고 전문가다. 그는 늘 자신의 일에 자부심을 느끼고 있었다. 하지만 새로 부임한 상사로 인해 자부심이 떨어지기 시작했다. 새로운 상사는 김 부장에게 끊임없이 요구만 했다. 김 부장이 하는 일에 만족하지 못했기 때문이다. 김 부장은 시간이 갈수록 업무에 흥미를 잃었고 일도 대충대충 했다. 생산성은 당연히 떨어졌다. 자신이 기울인 노력에 대한 보상이나 인정도 못 받는데 열정을 투자할 필요를 느끼지 못했던 것이다. 상사에 대한 실망감은 나날이 커지고 자신에게까지 실망하게 됐다. 그렇게 자신의 일과 조직에 당당하게 자부심을 가졌던 김 부장은 일에 대한 열정이 점점 식고 있었다.

김 부장은 왜 자부심이 떨어졌을까? 외적 가치에 너무 치중했기 때문이다. 그가 자신의 일을 상사를 위해서나 인정을 받기 위해서만 한다면 항상 실망과 좌절을 맛볼 것이다. 다행히 김 부장은 자신의 내적 가치를 발견했다. 김 부장이 찾은 내적 가치는 광고 업무에 대한 탁월한 능력과 조직에 대한 헌신이었다. 그 이후 그는 상사를 위해서도, 인정받기 위해서도 아닌 자신의 능력을 최대한 발휘하고 조직에 최선을 다해 헌신함으로써 내적·외적 보상도 받고 지속적으로 자부심을 유지하고 키울 수 있었다.

## 성취경험으로 자부심 키우기

『공장자동화(FA) 시리즈』 전 20권, 1989년부터 1992년까지 3년 동안 내가 심혈을 기울여 출간한 책이다. 나는 1986년부터 기술 분야 중심의 출판을 시작했다. 그 당시는 1980년대 초부터 컴퓨터가 도입되던 시기라 컴퓨터 관련 책이 많이 팔리던 때였다. 출판사가 수익을 내려면 잘 팔리는 책을 만들어야 하는데 나는 잘 팔리는 책도 중요하지만 출판인으로서 의무도 중요하게 생각했다. 내가 갖고 있는 의무란 '이 시대 우리나라의 기술 발전을 위해서는 어떤 책이 필요한가?'였다. 그 당시 산업 쪽에선 일본이 공장자동화 혁명을 기반으로 미국을 추월하려고 하고 있었다. 나는 공장자동화(FA) 책을 출판하기로 했다. 남들은 다 미쳤다고 했다. 컴퓨터 책을 내놓으면 잘 팔릴 텐데 그 어렵고 팔리지도 않을 공장자동화 책을 왜 내냐고……. 하지만 나는 무엇을 하든 항상 책임감과 목적의식을 갖고 하는 스타일이다. 출판을 하면 출판인으로서 사회적인 책임을 가져야 한다는 것이다. 컴퓨터 책은 남들이 다 내니까 나는 앞으로 다가올 공장자동화 시대를 대비해 자동화에 대한 책을 출판하는 게 맞다고 생각했다.

그 당시 우리나라 산업구조가 일본을 많이 따라가는 경향이 있기에 곧 우리나라에도 공장자동화와 물류 바람이 불 것으로 예상했다. 그래서 일본어를 배우고 일본으로 직접 가 관련 분야 전시회에 참석해 정보를 수집하고, 대형 서점을 다니면서 원서를 구입해 번역 출판을 하고 해당 업체에 정보를 제공했다. 자본도 없이 내 영업 능력만 믿고 2억 원 이상 출판 비용이 들어가는 『공장자동화(FA) 시리즈』를 만든다는 것은 쉽진 않았다. 그렇지만 나는 이 시리즈가 우리나라 공장자동화 발전을 위해 꼭 나와야 한다는 확신을 가졌다.

그 당시 공장자동화를 시작하거나 관심을 갖고 있는 우리나라 기업들은 관련 전문 업체를 제외하곤 삼성전자나 금성사(현 LG전자) 같은 대기업이었다. 그곳의 전문가, 대학교수, 연구소 전문가를 찾아다니며 공장자동화 관련 책이 나와야 한다는 당위성을 설명하고 동참과 협조를 요청했다. 다행히 대부분 바쁜 업무 속에서도 협력해줘 3년 만에 시리즈가 완성됐다. 내 예상대로 공장자동화 바람은 일본에서 우리나라로 거세게 몰려왔다. 코엑스를 비롯한 전국 곳곳에서 공장자동화 관련 전시회가 열렸고 언론도 부추겼다. 나는 드디어 기회가 왔다고 쾌재를 불렀다.

하지만 소문난 잔치에 먹을 것 없다고 했던가. 겉으론 요란했지만 실제 책 판매와는 거리가 멀었다. 책이 팔리려면 기업에서 기술을 연구해 우리 것으로 개발해야 하는데 그렇게 하기보다 필요한 것만 일괄적 수입하고 숙련된 기술자를 같이 불러온다. 처음엔 잘 돌아가는 듯하지만 막상 우리 기술자들이 맡아 하면 잘 안 된다. 그러면 어떻게 할까? 그냥 버리는 식이었다. 우리나라 기업 대부분의 기술과 기법 도입 방식이 그랬다. 이 시리즈가 내 기대에 못 미치고, 수익적으로도 별로 기여하지 못하며 부도로 이어져 많은 고통을 겪기도 했다. 하지만 우리나라 대부분 생산기업과 공과계열 대학의 공장자동화 발전에 큰 역할을 했고, 컴퓨터와 인터넷 기반의 지식정보혁명을 이끈 3차 산업혁명에 기여했다는 데 지금도 큰 보람과 자부심을 느낀다. 대부분 공장과 대학에서 실무용이나 연구용 혹은 교재로 활용했기 때문이다. 지금도 그때

출판인으로서 내 내면의 가치인 직업에 대한 사명감을 갖고 열정을 쏟던 모습을 떠올리면 뿌듯함이 느껴진다.

이러한 성취경험은 자부심을 함양시켜준다. 당신도 과거 긍정경험이나 소중한 가치를 지킨 일들을 생각해보라. 크고 대단한 경험만이 최고가 아니다. 작은 것이라도 소중하고 자랑스럽게 생각하는 것이면 된다.

당신의 과거에서 뿌듯하고 기분이 좋고 당당한 느낌이 드는 일들을 떠올려보자. 역경을 극복하고 성취한 것, 고된 노력 끝에 대학 입시에 합격했을 때, 프레젠테이션을 성공적으로 끝마쳤을 때, 대회에 참가해 입상했을 때, 누군가에게 도움을 주었을 때, 해결하기 힘든 문제를 해결했을 때, 남다른 능력을 발휘했을 때 등이 있을 것이다. 이런 경험들을 그냥 과거 속에 묻어두지 말고 자주 떠올리고 음미해보자. 자부심과 함께 성취감, 만족감, 감사 같은 과거의 긍정정서가 함께 배양되고 항상 유지될 수 있을 것이다. 그리고 힘들고 어려운 일을 당할 때, 부정정서가 나타나고 비관적일 때 이러한 긍정정서를 개입시키면 부정정서는 상쇄된다.


## 감사하기

평소 지난 시간을 반추할 때 주로 무슨 생각을 하는지 떠올려보자. 친구와 기뻐했던 일, 잘 해결된 일, 감사했던 일, 성공했던 일인가, 아니면 친구와 다투고 마음 상했던 일, 엉망으로 꼬이고 잘못된 일, 실패했던 일인가? 대부분 실수했거나 실패했던 일을 두고두고 생각한다. 사람들이 이렇게 부정적 일을 많이 생각하는 이유는 왜일까? 잘된 일보다는 잘 안 됐던 일을 먼저 떠올리고 생각하는 데 익숙하기 때문이다.

실패했거나 잘되지 않았던 일을 분석하고 교훈을 얻어 개선하는 것은 바람직한 일이다. 하지만 많은 사람이 실패나 결과가 좋지 않은 일을 떠올리면서 교훈을 얻기보다 아쉬워하고 후회하며 기분이 가라앉는다. 그러다 보면 삶이 침체되는 것이다. 작은 걱정에서 시작했을 뿐인데 그것이 눈덩이처럼 불어난 적이 있는가? 그것이 정서의 특징이다. 부정정서는 더 많은 부정성을, 긍정정서는 더 많은 긍정성을 불러온다.

과거에 일어난 좋은 일들을 제대로 평가하지 않고 음미하지 않는 것과 나쁜 일들을 지나치게 강조하는 것은 마음의 평화, 안정, 만족을 해치는 주요 원인이다. 과거에 대한 이런 정서들을 안정과 만족으로 바꿀 수 있는 방법이 있다. 바로 감사하기다. 감사는 행복과 가장 밀접하게 관련된 정서적 특성을 갖고 있다.

### 왜 감사인가

심리학자인 로버트 에먼스(Robert Emmons)와 마이클 맥컬로프(Michael McCullough)는 사람들에게 감사하게 생각하는 일을 하루에 5가지씩 쓰게 하는 실험을 했다. 그 결과 감사를 표현한 사람이 그렇지 않은 사람보다 삶을 훨씬 더 긍정적으로 수용하고 행복해진 것을 확인할 수 있었다. 또 잠도 더 잘 자고 운동도 많이 하고 육체적인 질병도 거의 발생하지 않았다. 이들의 또 다른 연구는 '우리는 평소 얼마나 감사한 마음을 갖고 살아갈까?' '감사가 어떤 이점을 가져다줄까?'다. 에먼스와 맥컬로프는 사람들을 네 그룹으로 나눠 실험했다. 첫 번째 그룹은 감사하는 사람들이다. 이들은 기쁠 때나 슬플 때나 감사하는 습관을 가졌다. 두 번째 그룹은 괴롭히는 사람들이다. 이들은 밤낮으로 시비를 걸고 부정적으로 생각한다. 세 번째 그룹은 잘난 체하는 사람들이다. 다른 사람들보다 뭔가 더 낫게 행동하려고 한다. 마지막 네 번째 그룹은 통제하는 사람들이다. 하루 동안 어떤 일이든 제어하는 그룹이다. 6개월 동안 그들을 관찰하면서 다음의 5가지를 측정했다. 첫째, 그들은 얼마나 많이 병원을 갔는가?(신체적 건강) 둘째, 그들은 얼마나 긍정적이고 낙관적인가? 셋째, 그들은 얼마나 행복해하고 있는가?(행복) 넷째, 그들은 얼마나 다른 사람에게 관대한가?(관계) 다섯째, 그들은 얼마나 그들의 목표를 좋아하는가?(목표)

이렇게 5가지 척도로 이 네 그룹을 평가했을 때 각각 판이한 결과를 보였다. 가장 안 좋았던 그룹은 당연히 괴롭히는 사람들이었고, 그 다음으로 세 번째, 네 번째 그룹이었다. 그리고 가장 건강하고 낙관적이고 행복하고 관대하며 목표에 대한 희망이 확실하고 성공적인 그룹은 바로 '감사하는 그룹'이었다. 감사하는 그룹의 사람들은 늘 감사한 마음으로 과거 경험들을 음미하며 가족들이나 주변 환경에 대해 깊이 성찰하고 반영한다. 여기서 주목할 점은 감사하는 마음이 심리적인 것뿐만 아니라 육체적 건강까지 가져다준다는 것이다. 이처럼 감사는 심리와 건강, 수면은 물론 인간관계와 업무 능력까지 향상시킬 수 있는 힘을 갖고 있다. 피터슨은 감사하기는 자신 외 사람들과 친밀과 관계를 만들고 연결을 강화해준다고 말했다.

## 감사란

감사란 누군가가 준 혜택이나 아름다운 자연 앞에서 평온함을 느끼는 순간과 같은 선물을 받고 마음속으로 고마워하고 즐거워하는 태도다. 이러한 감사의 실천은 과거에 대한 좋은 기억을 강화시켜 좋은 일에 대한 기억을 자주 떠올리게 하며 그 당시의 긍정정서를 되살리게 한다. 감사의 실천은 부정정서와 공존하기 어렵기 때문이다. '행복은 감사의 문으로 들어왔다 불평의 문으로 나간다'는 미국 속담이 있다. 그만큼 감사는 정서적으로 행복과 밀접한 관계가 있다는 것이다.

에먼스는 심리학 용어로 감사는 받은 이익에 대한 긍정적 인식이며, 감사에는 이익 제공자, 선물과 이익, 수혜자가 존재한다고 했다. 수혜자는 선물의 가치와 이익 제공자의 의도를 파악하고 감사에 대한 긍정정서를 경험하게 된다는 것이다.

베일런트 하버드대 교수는 성인 남성 발달에 대한 종단 연구에서 삶에 효과적으로 적응하기 위한 핵심은 슬픔이나 아픔, 가해자에 대한 분노를 감사와 포용으로 바꿀 수 있는 능력이라고 했다. 삶에서 성공하기 위해서라도 감사하는 태도가 중요하다는 것이다.

감사의 종류에는 다음 3가지가 있다.

**첫 번째** …… 덕분에(때문에) 감사한 일(일을 할 수 있고, 사랑할 수 있고, 즐길 수 있고 등)

**두 번째** …… 그럼에도 감사한 일(무언가 아쉽고, 서운하고, 부족한 점이 있지만 등)

**세 번째** 무조건 감사한 일(하나님, 부모, 스승 등)

첫 번째 감사는 개인적으로 어떤 이유에 의해 자발적으로 일어나는 것이고, 두 번째 감사는 만족스럽지 않거나 직장이나 단체에 소속돼 통제받는 다소 강제성이 포함되거나 만족스럽지 못한 것이며, 세 번째 감사는 종교적이고 순종적인 것이라 할 수 있다. 감사의 소중함을 이해하기 위해선 자신에 대한 감사가 중요하다. 자신에게 감사해본 적이 있는가? 위 3가지 감사의 종류를 참고해 자신에게 감사한 이유 3가지를 적어보라. 너무 크고 거창한 것을 찾으려고 하지 마라. "네 자신을 알라"고 외친 소크라테스도 평생 살면서 남자로 태어난 것, 그리스인으로 태어난 것, 그 당시 태어난 것 3가지에 감사했다고 한다. 어떤 대단한 것이 있어야 감사할 수 있을 것 같지만 찾아보면 의외로 지극히 평범한 것들이다.

자신에게 감사한 것을 썼다면 다음은 부모, 배우자, 자녀, 직장 상사, 사장, 회사에 감사한 것을 적어보라. 처음에는 감사할 거리를 찾기 쉽지 않을 것이다. 하지만 잠시 마음의 문을 열고 찾아보면 끝도 없이 많이 나온다. '…… 덕분에 감사한 일' '…… 그럼에도 감사한 일' '무조건 감사한 일'을 찾다 보면 평소 다소 소원한 관계에 있던 사람들도 긍정적으로 바뀐다. 일상에서 긍정관계를 증진시키고 긍정정서를 함양하기 위해선 그럼에도 감사하기 연습을 자주 하는 것이 중요하다.

감사편지, 감사일기, 감사노트 등 감사하기 종류는 참 많다. 중요한 것은 무조건 감사하기나 과학적으로 검증되지 않은 개인적 아이디어 차원의 감사하기는 그 성과가 입증되지 않았거나 일시적이라는 점이다. 긍정정서는 일시적인 것이 아닌 지속적인 감정이라야 한다. 가능하면 과학적으로 검증된 감사 방법을 권한다. 셀리그만은 감사일기(하루에 감사한 일 3가지를 쓰고 왜 감사한지 이유를 쓴다)와 감사방문(감사편지를 써서 방문해 읽어준다)을 적극적으로 권한다.

긍정심리학자들은 분노와 우울을 감소시키고 행복을 증진시키기 위해 석가모니부터 심리학자인 토니 로빈스(Tony Robbins)에 이르는 모든 훈련 방법을 수집했다. 그리고 이것들을 실제로 활용 가능하고 가르칠 수 있는 형식으로 바꿨다. 무엇이 실제로 효과가 있는지, 효과가 가장 큰 것은 무엇인지, 효과에 대한 참가자의 기대를 확인하고자 했던 것이다.

최종적으로 일주일 동안 행복 훈련을 위한 5가지 활동, 즉 첫째, 감사방문(감사편지를 쓰고 방문하라), 둘째, 감사일기(일주일간 매일 감사한 일 3가지를 쓰고 그 이유를 설명하라), 셋째, 최선을 다한 나(내가 최선을 다했던 사건에 대해 쓰고, 일주일간 매일 그 이야기를 다시 읽어라), 넷째, 대표 강점 찾기(온라인 혹은 책으로 성격강점 검사를 받고 가장 높은 점수를 기록하라. 이 강점을 한 주 동안 더 많이 사용하라), 다섯째, 대표 강점을 새로운 방식으로 사용하기(성격강점을 일주일 동안 '새로운 방식'으로 활용하라)를 선택했다.

'행복 훈련' 참가자들을 대상으로 훈련 전과 후, 그리고 훈련이 끝난 6개월 후 행복과 우울을 측정한 결과 감사방문, 대표 강점을 새로운 방식으로 사용하기, 감사일기 순으로 분노와 우울을 감소시키고 행복을 증진시킨 것으로 나타났다. 감사방문과 감사일기가 행복에 가장 큰 영향을 미친 것이다.

## 감사방문

감사방문은 감사의 마음을 담아 쓴 편지를 들고 상대방에게 직접 방문하는 것이다. 그만큼 진심으로 감사를 표현하는 게 어떤 건지 알게 해준다.

먼저 가만히 눈을 감고 이제껏 살아오면서 고마움을 느꼈던 사람을 떠올려보자. 밀린 업무를 도와주거나 퇴근길에 차를 태워준 정도의 고마움이 아니라 당신 인생에서 그 사람이 존재한다는 것만으로도 고마운, 소중한 사람을 생각해보자. 어렵고 힘든 시기에 다시 일어설 수 있도록 용기를 준 친구, 방황할 때나 조언이 필요할 때 도움을 준 멘토나 스승, 당신이 공부할 수 있도록 궂은일 마다하지 않고 뒷바라지를 해준 부모님……. 고맙지만 지금껏 감사함을 표현하지 못했던 사람을 떠올려보자. 고마운 사람의 얼굴을 떠올리는 것만으로도 마음이 뭉클해지면서 자신의 인생이 불행했던 것만은 아니라는 생각이 들 것이다.

그 마음 그대로 이제 감사편지를 써보자. 편지는 가능한 한 A4용지 3분의 2 분량인 700자 정도로 그 사람이 어떤 말을 했는지, 어떤 행동을 했는지 그리고 그게 자신의 인생에 어떤 영향을 끼쳤는지 등 자세히 쓰자. 그리고 자신이 지금 그 일에 감사하고 있다는 걸 알리고 그 사람이 해준 걸 얼마나 자주 고맙게 생각하는지도 언급하는 게 좋다. 그러려면 충분한 시간을 두고 생각해야 한다.

편지를 다 썼는가. 이제 완성된 편지를 품고 그 사람에게 가보자. 단, 감사편지에 대한 이야기는 하지 말 것. 그 사람과 마주 앉아 편지를 쓰던 마음 그대로 편지를 읽어나간다. 감사방문에서 중요한 건 편지를 쓸 때도, 읽을 때도 진심을 담아 감사를 표현하는 것이다.

편지를 읽으면서 어떤 느낌이 드는가? 또 듣고 있는 상대방의 표정과 반응은 어떤가? 그 느낌에 주목하면서 편지를 다 읽은 다음 그 내용과 두 사람이 느낀 감정을 서로 나누자. 어떤 변화가 있는가?

피터슨에 따르면 감사방문은 100% 편지 받은 사람을 감동시키고 눈물 흘리게 만들며, 편지를 쓴 사람도 만족감을 느낀다고 한다. 셀리그만도 이 감사방문만을 통해 6개월 동안 더 행복해진다고 한다. 감사방문은 한글을 터득한 유치원생부터 노인까지 누구나 할 수 있다. 특히 부모님께 해보자. 용돈보다 더 큰 행복을 주고받을 것이다.

집안 행사 때 활용해도 좋다. '긍정심리학 전문가 과정'에 참가한 한 고등학교 선생님은 어머니 칠순잔치 때 5남매가 모두 어머니께 감사편지를 써서 읽어드렸다고 한다. 어땠을 것 같은가?

## 감사일기 (잘됐던 일 3가지)

이제부터는 하루 중 잘 안 됐던 일보다 잘됐던 일을 의식적으로 생각해보자. 꼭 거창한 것이 아니더라도 찾아보면 감사할 일은 얼마든지 많이 있다. 혹시 잊고 있던 친구에게서 문자메시지나 전화를 받진 않았는가? 며칠 동안 밤을 새워가며 준비한 프레젠테이션을 성공적으로 끝마치진 않았는가? 친구가 무사히 건강한 아이를 출산하지는 않았는가? 남편(아내)과 멋진 데이트를 하지는 않았는가? 아마 한두 가지 정도는 좋은 일이 분명 있을 것이다. 그동안 당연하게 생각해왔던 일들이 실은 좋은 일이고 축복이다. 감사할 일인 것이다. 이런 감사할 일, 즉 잘됐던 일, 축복받은 일을 매일 3가지씩 적고 왜 잘됐는지, 왜 축복받은 것인지 그 이유를 쓰면 그 자체로 훌륭한 감사일기가 된다.

예를 들어 회사에서 상사한테 칭찬을 받았다면, '이사님한테 칭찬을 받았다. 밤을 꼬박 새워 발표 준비를 열심히 한 것을 인정해주었기 때문에'라고 적을 수 있다. 오늘 남편이 퇴근길에 아이스크림을 사 왔다면, '남편이 아이스크림을 사 왔다. 내가 퇴근길에 아이스크림을 사 오라는 말을 잊지 않았기 때문에'라고 쓰면 된다. 회사에서 팀장님과 점심을 함께했다면, '팀장님과 점심식사를 함께했다. 이번 달 영업 실적이 많이 올랐기 때문에'라고, 강의를 들었다면 '오늘 긍정심리학의 행복 강의를 들었다. 행복 만드는 방법을 배웠기 때문에'라고 쓸 수 있다.

처음엔 다소 어색할 수도 있다. 하지만 2주 정도만 쓰면 익숙해지고 6개월 정도 되면 중독될 것이다. 꾸준히 감사일기를 쓰면 설령 긍정정서를 적게 타고난 사람이라도 얼마든지 긍정정서를 높일 수 있다.

긍정심리학 전문 강사 과정을 마치고 수도권의 모 병원 정신병동에서 간호사로 근무하며 긍정심리학을 가르치고 있는 수녀님의 사례는 감사일기가 환자들에게 얼마나 큰 영향을 주는지 알 수 있다.

한 40대 초반의 여성은 2년 전까지만 해도 사랑하는 남편과 부족함을 모르고 행복하게 살아왔다. 하지만 어느 날 교통사고로 남편이 사망했다. 그 충격으로 이 여성은 '이제 내 인생은 남편과 함께 끝'이라고 생각하면서 우울증에 빠지고 말았다. 2년여 동안 다양한 방법으로 치료를 시도했지만 차도가 없었다. 중증 우울증까지 가면 치료하기 쉽지 않다.

이에 수녀님은 이 여성에게 감사일기를 권했다. 처음에는 주변의 따가운 시선도 의식됐고, 본인도 잘 따라주지 않아 어려움이 있었지만 시간이 지나면서 변화가 생겼다. 세상이 온통 무의미하고 비관적으로만 보이고 혼자 살아갈 자신이 없었는데 매일 감사한 일 3가지와 그 이유를 쓰다 보니 자신이 살아 있음을 느끼게 되고 희망을 보게 된 것이다. 꾸준히 감사일기를 쓴 이 여성은 얼마 후 퇴원과 동시에 새로운 생활을 활기차게 시작하게 됐다.

셀리그만은 이 감사일기 활동을 연구하면서 축복받은 기억을 기록하는 활동이 향후 6개월까지 행복을 증진시키고 좌절감의 징후를 감소시킨다는 것을 발견했다. 또한 연구 결과 일주일 이상 훈련을 지속한 참가자들에게 장기간의 효과가 나타남을 알 수 있었다. 연구에 참여했던 참가자의 60%가 6개월 이후에도 여전히 자신들이 축복받은 일을 적고 있다고 보고했던 것이다. 참가자들 가운데 일부는 이 활동을 결혼생활에 적용해 하루를 마무리하면서 자신들의 축복을 배우자와 공유한다고 말했다. 기분 좋게 잠자리에 든다면 아마도 기분 좋게 잠자리에서 일어날 수 있을 것이다. 그리고 당신이 행복한 사람 옆에서 잠든다면 그것 역시 좋은 일이다.

## 관점 바꾸기

　감사하기도 익숙한 사람이 있는가 하면 어색한 사람도 있다. 긍정심리 교육시간에 보면 어떤 사람은 5분 만에 감사목록 20개를 쓴다. 감사편지도 주어진 시간 안에 쉽게 쓴다. 반면 어떤 사람은 5분 동안 한두 개 정도밖에 못 쓰거나 볼펜만 돌리다 백지로 남기곤 한다. 감사할 것이 없다는 것이다. 감사할 것이 없어서가 아니라 익숙하지 않아서 그렇다. 감사할 일이 없을 때 관점을 바꿔보자. 지금 일어나는 일, 지금 나타나는 현상만 바라보고 관찰하면 감사하기 어렵다. 오히려 짜증스럽고 불평, 불만이 생길 수 있다.

　지난해 여름방학 때 긍정심리 교육과정에 참가한 정현아(33) 초등학교 선생님의 이야기다. 정 선생님은 태어날 때부터 결혼하기 전까지 서울에서 살았다. 4년 전 충청도 한 유지급 집안의 외동아들과 결혼했다. 이 집안은 대대로 명성을 이어왔지만 손이 귀한 편이었다. 정 선생님은 행복했지만 결혼한 지 3년이 지나도 아이가 없자 시부모 눈치가 보이고 은근히 스트레스를 받았다. 다행히 결혼 4년 차에 아기가 생겨 건강한 아들을 낳았다. 온 집안이 축제 분위기였다. 학교에 1년간 육아휴직서를 내고 육아에 전념했다. 시간이 흘러 복직 날짜가 다가오자 고민이 생겼다. 아이를 맡길 데가 마땅치 않은 것이다. 안타깝게도 친정어머니는 몇 년 전 암으로 돌아가셨다.

　그러던 어느 날 시골에 계시는 시어머니에게 전화가 왔다. "잘 지내지? 손주는 누가 돌보냐?" "글쎄요, 아직요." "걱정하지 말거라. 내가 올라가서 봐줄게!" 정 선생님은 정신이 번쩍 들었다. "아니에요, 어머니, 걱정하지 마세요. 제가 알아서 할게요. 곧 결정될 거예요." "지금 무슨 소리 하고 있는 거냐? 내 손주가 어떤 아이인데 남의 손에 맡긴다는 거냐? 내가 가서 봐줄 테니까 그런 줄 알아라!" 괜찮다고 괜찮다고 했지만 시어머니는 막무가내였다. 손엔 진땀이 났다. 할 수 없이 남편에게 이야기했다. "당신, 통화하는 거 들었어? 만약 어머니 올라오시면 당신 알아서 해! 절대 어머니 못 올라오시게 해. 알았지?" 남편에게 압력을 가했지만 완고하신 시어머니를 이길 수 없었다.

며칠 후 복직 날짜에 맞춰 시어머니가 올라오셨다. 어떻게 됐을까? 그날부터 화목했던 집 안 분위기는 180도 달라졌다. 웃음도 사라지고 냉기가 감돌았다. 시어머니와는 가치관과 문화, 습관이 너무 달랐다. 아이를 돌보는 방법 역시 마찬가지였다. 이유식을 맨손으로 먹이는 경우도 있었고 자신이 한 입 먼저 먹어보고 먹이는 때도 있었다. 정 선생님은 그런 모습을 볼 때마다 속에서 화가 치밀어 올랐다. 아이가 좀 아파도 시어머니가 위생관리를 잘못한 탓이라며 모든 원인을 시어머니에게서 찾았다. 시간이 지나감에 따라 무기력해지고 우울증까지 왔다. 그러다 보니 그 전엔 그렇게 빨리 가고 싶었던 집이었지만 이젠 퇴근해도 가기 싫었다. 특별한 일도 없이 교실에서 시간을 보내다 늦게 퇴근하곤 했다.

그러던 어느 날, 정 선생님은 수업을 마치고 교실에서 비 내리는 창밖을 보면서 시어머니를 생각했다. 시어머니 입장에서 생각해본 것이다. 일주일 내내 아이 돌보고 청소에 살림하다 토요일 아침 시골로 내려가 시아버지 수발하고 다시 일요일 오후에 올라오는 시어머니를 떠올리니 무척 힘들 것 같았다. 그 순간 그렇게 밉게 보이고, 보기만 해도 화가 치밀어 오르던 시어머니였건만 이날은 안쓰럽게 느껴졌다. 매일 쌀쌀맞게

군 자신이 죄스럽고 자신도 모르게 눈물이 났다. 일찍 퇴근해 시어머니에게 사과를 해야지 하며 집으로 달려갔다.

집 안에 들어서자마자 "어머니!" 하면서 시어머니 손을 잡았다. "어머니, 힘드시죠? 아이 봐주시고 살림까지 해주시느라 힘드실 텐데 고맙다는 말씀 한 번 못 드리고 매일 쌀쌀맞게 대해 죄송해요. 어머니, 이렇게 많이 도와주셔서 감사해요" 하며 시어머니를 꼭 안았다. 정 선생님 눈에서는 눈물이 펑펑 쏟아졌다.

어쩔 줄 몰라 하던 시어머니가 한 말씀 하셨다. "나도 하고 싶었던 이야기를 해야겠다. 고맙다. 손 귀한 우리 집안에 시집와 떡두꺼비 같은 아들 낳아주고, 돈도 벌고, 우리 아들과 잘 살아줘서 고맙다. 사랑한다" 하며 며느리를 꼭 안아주었다. 두 사람은 한동안 서로를 사랑하고 감사한 마음을 마음 깊이 나누었다. 그 이후부터 집 안 분위기는 과거보다 더 행복하게 바뀌었다.

참 감동적인 이야기였다. 우리는 가정에서든, 직장에서든, 사회생활에서든 정 선생님과 같은 환경에 자주 처할 수 있다. 이럴 때 그 일어나는 현상만 보지 말고 관점을 바꿔보자. 그 자리에 감사가 보이고 행복이 보인다.

### 조직에서 감사하기

2013년 소냐 류보머스키(Sonja Lyubomirsky)와 최인철 교수 연구팀이 공동으로 한국과 미국 참가자들을 대상으로 감사표현과 친절행동, 노력이 웰빙(Well-being·WB)에 미치는 영향에 대한 문화적 비교연구를 실시한 적이 있다. 그 결과 놀라운 사실이 발견됐다. 미국 250명과 한국 270명의 참가자를 대상으로 무작위로 6주간 배정해 감사표현과 친절한 행동을 하도록 했다. 미국 참가자들은 2가지 활동 모두에서 웰빙이 증가했지만, 한국 참가자들은 친절한 행동을 할 때 미국 참가자들과 마찬가지로 웰빙이 비슷한 증가를 보였지만 감사표현에서는 효과가 현저히 낮았다. 감사표현은 시간이 지남에 따라 웰빙이 낮아지는 것이었다. 연구자들은 한국인은 전통적으로 미국인보다 감사일기 활동에 참여하면서 혼합된 감정(예: 부채 및 감사)을 느낄 가능성이 더 많았을 수도 있다고 했다. 도움을 받은 것에 대해 감사한 마음과 갚아야 한다는 부담을 동시에 안고 있다는 것이다.

노력에 대한 조사도 함께 이루어졌는데, 미국 참가자들은 친절과 감사행동을 위해 노력을 많이 할수록 웰빙이 크게 증가했지만 한국 참가자들에게는 그다지 효과적이지 않았다. 미국 참가자들은 한국 참가자들보다 긍정활동을 수행하는 데 더 많은 노력을 기울였으며, 웰빙 증가에 대한 노력이 상대적으로 더 컸다고 보고했다. 류보머스키는 오이시(Oishi) 등을 인용해 이 발견에 대해 개인의 행복이 그들 자신의 손안에 있고 의지나 노력의 힘으로 바뀔 수 있다는 미국인의 믿음에 뿌리를 두고 있다고 말한다.

나는 류보머스키의 의견에 전적으로 동의한다. 이것이 긍정심리학의 행복이기 때문이다. 한국과 미국의 문화적 차이를 인정하지만 이것보다 더 중요한 이유 가운데 하나는 감사와 긍정정서, 행복에 대한 인식이라고 생각한다. 이는 학생이나 일반인뿐만 아니라 조직에서도 마찬가지다. 감사와 긍정정서, 행복에 대한 올바른 인식과 인식의 전환이 필요한 것이다.

기업에서 강연을 하다 보면 왜 조직에서 감사활동이 필요한지 제대로 이해하지 못하는 사람을 많이 만난다. 심지어 이미 감사활동을 했거나 하고 있으면서도 어떤 이점이 있는지 모르는 사람도 있다. 그러다 보니 감사활동이 지속적으로 유지되지 못하고 일시적으로 끝나거나 시간이 지나면 피로감으로 오히려 역효과가 나타나기도 한다. 이는 감사를 제대로 이해하지 못하고 강요나 의무적으로 하기 때문이다.

감사는 자발적으로 고마운 마음에서 우러나오는 진정한 기쁨이 있어야 한다. 그것이 긍정정서 경험이다. 그리고 이 긍정정서 경험이 나와 조직에 어떤 이점을 주는지 알아야 한다.

감사의 이점을 제대로 알기 위해선 긍정정서를 이해하는 것이 중요하다. 감사일기를 쓰면 긍정정서를 구축하고 배양하며 확장시킬 수 있다. 이러한 긍정정서는 스스로의 노력으로 의도적으로 만드는 것이다. 긍정정서는 타인에게도 영향을 미쳐 긍정정서를 갖는 조직원이 많으면 많을수록 그 조직은 건강하고 행복하며 조직성과를 높일 수 있다.

조직에서는 감사일기, 감사편지, 감사메모, 감사의 말, 감사 문자메시지 전달 등의 다양한 감사활동이 있다. 이러한 감사활동은 구성원들의 자부심을 키워주고 기분을 좋게 해 조직 분위기를 긍정적으로 증진시켜주는 직접적인 효과뿐만 아니라 구성원들이 인지적으로 만족감을 느끼게 해 행복지수를 높여준다. 또한 분노나 화, 질시, 불만, 불안, 무기력 같은 부정정서를 줄일 수 있게 해준다. 조직에서 긍정정서가 가진 이점은 조직에서 버리고 싶은 부정정서나 태도를 상쇄시킬 수 있기 때문이다. 감사에 의해 배양되는 긍정정서는 조직에서 최적의 기능을 수행하게 하고 정서적으로 행복을 키워주는 나선형 상승효과를 만든다.

감사활동으로 개인이 경험한 긍정정서는 타인을 통해 퍼져 조직과 공동체까지 변화를 일으킬 수 있기 때문이다.

조직에서 감사활동은 스트레스나 심리적 외상에 대처하는 데, 기존의 관계를 강화하고 새로운 관계를 맺는 데 도움이 된다. 리더가 이러한 감사일기 또는 기타 감사행동의 이점을 알고 조직에서 실행한다면 조직성과를 지속적으로 증진시킬 수 있는 플로리시한 조직으로 만들 수 있을 것이다.

## 분노와 용서하기

분노, 화, 경멸 같은 정서는 개인이나 조직에서 가장 버리고 싶은 부정정서다. 이 정서는 너무 강력해 잇고 버리기 위해 많은 노력을 하지만 쉽게 되지 않는다. 하지만 개인의 건강과 행복, 조직의 팀워크와 성과를 위해선 반드시 버려야 할 부정정서다.

### 분노와 건강, 관계

누군가에게 모욕, 무시, 배신, 사기, 폭행을 당하거나 피해를 입으면 마음속에서 분노, 화, 적대감 같은 부정정서가 솟구칠 것이다. 다른 사람의 잘못으로 고통을 겪는다면 분노가 치밀고 화가 나는 것은 당연하다. 하지만 이런 부정정서는 일차적으로는 자신을 더욱 힘들게 만들고, 나아가 주변 사람과 자신이 포함된 조직에도 해를 끼치기 때문에 가능한 한 빨리 해소하는 것이 좋다. 당신은 모욕, 무시, 배신, 사기, 폭행, 상처 등으로 유발된 분노에 어떻게 대응하는가? 현장에서 분노조절 방법으로 열다섯까지 숫자 세기, 진정 후 분노 표현하기, 생각한 후 말하기, 구체적으로 표현하기 등을 사용하지만 이러한 방법은 일시적인 효과일 뿐 근본적인 해결 방법은 되지 못한다.

딕 티비츠(Dick Tibbits)에 의하면 우리는 대부분 분노가 유발됐을 때 아무 일도 없는 척하거나 무시하기, 제3자에게 화풀이하거나 마음속으로 복수하는 장면 생각하기, 약물, 술, 음식을 이용하기, 삶을 냉소적으로 대하기 같은 잘못된 대응 방법을 쓰고 있다고 한다. 이러한 잘못된 분노 대처 방법은 상처의 반복과 원한 품기로 이어진다. 앤서니 그랜트(Anthony Grant)에 의하면 상처를 받고 치유되지 않는 분노의 씨앗이 자라기 시작하면 그 상처가 반복되는 경향이 있다고 한다. 그러면 분노가 원한이 되는데 원한을 품는다는 것은 마음속에 분노의 자리를 마련해놓는 것이며, 그곳에서 분노가 점점 크게 자라나는 것이다.

분노는 사고의 폭을 축소시켜 행동반경에 제한을 준다. 그리고 건강과 관계에도 악영향을 미친다. 분노가 건강에 어떤 영향을 주는지 알아보자.

레드퍼드 윌리엄스 듀크대 행동의학연구센터 교수는 분노와 질병을 연결해주는 생물학적 경로가 무척 다양하다고 말했다. 최근 한 연구에 따르면 분노 수준이 높은 사람들은 대사증후군에 걸릴 가능성이 크며, 혈당이 높아지고 인슐린 저항이 생긴다고 한다. 혈액에 지방이 많아지고 체중이 증가해 당뇨병 발생 확률도 높다는 것이다.

또한 분노는 심혈관질환의 주요 원인이 된다고 한다. 분노를 하면 교감신경계가 활성화되고 심혈관 반응이 격렬해진다. 그래서 자주 분노하면 혈압이 상승하고 동맥벽이 손상을 입는다. 이것이 손상되면 인트로킨6가 분비되고 이는 간으로 가 C반응세포를 분비시킨다. C반응세포는 심장질환의 주요 위험 요소다. 따라서 오랫동안 자주 화를 내면 심장마비에 걸릴 가능성이 매우 커진다.

분노를 표출하지 않고 속으로 참아도 몸이 망가진다. 만성적으로 화를 참으면 암세포를 죽이는 NK세포의 활동이 억제된다. 화를 낼 때와 마찬가지로 동맥벽도 손상된다. 또한 지방을 많이 분비해 콜레스테롤 수치가 높아지고, 혈액 안 혈소판을 더 많이 응고시켜 동맥혈관이 막힐 위험이 크다. 결국 분노를 내부에 꼭꼭 가둬두면 그 감정이 자신을 서서히 병들어 죽게 만든다는 것이다.

분노가 건강에 악영향을 미친다는 연구 결과는 수없이 많다. 의과대학생 255명을 대상으로 노골적인 적대감을 측정하는 성격 검사를 실시한 결과 가장 화를 잘 내는 사람은 가장 적게 화를 내는 사람보다 의사생활을 한 지 25년 후 심장질환에 걸릴 확률이 거의 5배나 높은 것으로 나타났다. 또한 나이 들어 심장마비에 걸릴 위험이 가장 높은 사람들은 고함을 잘 치는 사람, 참을성 없는 사람, 쉽게 분노를 터트리는 사람인 것으로 밝혀졌다.

분노, 화, 적대감은 대인관계에도 치명적이다. 늘 상대에게 불만을 갖고 보복의 기회를 노리고 있기 때문에 조직에서 친밀한 협업 상호작용의 동기를 저하시킨다. 협업 상호작용 시 소통의 질을 저하시켜 팀워크를 저해하고 조직성과 향상에 악영향을 불러일으킨다.

이처럼 분노는 건강과 관계를 해친다. 그렇다면 어떻게 해야 분노를 가라앉힐 수 있을까? 시간이 가고 세월이 흐른다고 분노가 가라앉지는 않는다. 분노를 해결하는 유일한 방법은 '용서'뿐이다.

하지만 자신에게 깊은 상처를 준 사람을 용서하기란 쉽지 않다. 그럼에도 용서는 꼭 필요하다. 용서는 개인의 내적 변화뿐만 아니라 관계 변화를 불러오기 때문이다. 그래서 용서는 가까운 사람들과의 관계를 회복시키고, 억울함과 화 같은 부정정서의 소용돌이에 휘말리는 것을 피할 수 있게 한다. 또한 용서는 부정정서를 긍정정서로 바꿔주기 때문에 조직 내에서 긍정정서를 확장하고 구축하는 효과를 얻을 수 있다.

일터에서 회사나 팀, 상사, 동료에게 갖고 있는 분노, 화, 적대감, 보복, 불만 같은 부정정서를 털어내지 못하면 개인의 행복은 물론 화목한 조직문화를 만들고 조직성과를 내기 힘들다는 것이다. 이러한 부정정서는 사람을 죽음으로 몰고 가기도 하지만 일터 역시 죽음의 일터로 몰고 갈 수 있다. 앞으로 행복한 직장생활을 위한 조직문화를 활성화하려면 일터에서도 용서라는 미덕이 필요하다. 용서는 자애와 자비다. 그래서 모든 종교에서도 용서를 강조한다.

## 용서

우리는 분노, 화, 적대감, 보복, 불만 같은 너무 무거운 과거 부정정서의 짐을 지고 간다. 용서란 과거는 과거대로 인정하는 한편 현재를 보듬고 미래를 향해 나아가는 것이다. 따라서 용서는 스스로 마음의 짐을 벗어버리는 방법이다. 증오, 분노, 앙갚음, 책망 따위에서 자유로워지지 못하면 자신을 스스로 괴롭히는 격이다. 해묵은 상처는 자기 자신을 과거에 얽어매는 쇠사슬이 돼 발길을 붙잡고 늘어진다.

용서를 베풀려면 마음이 너그러워져야 한다는 것은 잘못된 생각이다. 용서는 이를테면 마음의 경제학이다. 단 한 번만 지불함으로써 몇 해에 걸쳐 쌓이고 쌓인 마음의 고통을 말끔히 씻어낼 수 있는 비용이 바로 용서다. 이것은 금융투자에서 딱 한 번의 손실을 감수하는 것과 같다. 용서하기를 거부하는 행위는 이제껏 자신이 받은 수없이 많은 상처에 대한 피해를 고스란히 감내하겠다는 뜻이나 다름없다. 나아가 이자처럼 불어나는 부정적 마음을 끝까지 지니고 살겠다는 태도다.

누군가가 무심결에 저지른 일은 용서하기 쉽다. 특히 함께 지내온 가까운 사람이라면 선뜻 용서할 수 있다. 하지만 작정하고 자신에게 피해를 입힌 사람을 과연 용서할 수 있을까? 사랑하고 아끼는 부모나 형제가 무심코 저지른 실수 때문에 입은 상처는 '옥에 티' 정도로 생각할 수 있지만, 의도적으로 되풀이해 상처를 준 사람을 정녕 용서할 수 있을까? 때론 정말 용서하기 힘든 것들이 있다. 굳게 믿었던 사람이 깊은 상처를 입혀 도저히 용서할 수 없다고 느껴질 때는 어떻게 해야 할까?

긍정심리학의 플로리시 과정 가운데 용서를 실습해보는 시간이 있다. 대부분 처음부터 참여하지만 그중에는 참여를 안 하는 사람도 있다. 상처가 너무 깊어 가해자를 생각하면 분노가 폭발해 참여하지 못하는 것이다. 이들은 우리 아이를 죽이고, 우리 가정을 파탄내고, 내 인생을 망쳐놓은 사람을 어떻게 용서할 수 있겠느냐며 울분을 터뜨린다.

충분히 이해할 수 있다. 도저히 용서할 수 없는 사람을 용서하기란 정말 쉽지 않다. 그럼에도 용서를 해야 할 이유는 분명하다. 용서는 가해자를 위한 것이 아니라 자기 자신을 위한 것이기 때문이다. 용서하는 것이 자신을 해코지한 사람을 이롭게 하든 아니든 그것은 둘째 문제다. 중요한 것은 자신의 삶을 가르는 문제라는 것이다. 용서는 자기 자신을 확신하는 데서 비롯된다. 묵은 상처에서 벗어날 때 비로소 자기 삶의 무게가 가벼워진다.

분노하고 미워하는 마음을 10년, 20년 끌고 간다면 얼마나 고통스럽겠는가? 게다가 분노와 미움이란 쌓일수록 커지는 법이다. 용서하지 못하는 건 은행에 갚아야 할 이자가 늘어나는 것과 같다. 그래서 용서는 마음의 경제학이다. 이뿐만 아니라 쓰라린 과거의 기억을 떠올리면서 얼마나 많은 시간을 허비하고 있는가? 당신이 현재를 느끼고 미래를 기대하며 준비해야 할 시간을 빼앗기고 있는 것이다. 감정이라는 게 영원히 지속될 것 같지만 일정 기간이 지나면 되돌아간다. 어느 기간이 지나면 분명 평온함을 되찾을 수 있다. 중요한 건 당신이 절대 용서할 수 없다는 생각을 버리고 어렵겠지만 그래도 용서할 수 있다고 마음을 누그러뜨리는 것이다.

일반적으로 쉽게 용서하지 못하는 이유를 몇 가지 꼽아보면 다음과 같다.

첫째, 용서는 불공평하다고 생각하기 때문이다. 가해자에게 앙갚음을 할 동기를 약화시키고 또 다른 희생자를 예방하는 데 필요한 정당한 분노를 억제시킨다는 것이다. 둘째, 용서는 가해자에게 사랑을 베푸는 행위인데 피해자가 사랑의 결핍으로 사랑을 바라는 것으로 비쳐지기 때문이다. 셋째, 복수는 정당하고 당연한 일인 데도 용서는 그런 복수를 방해한다는 생각하기 때문이다.

그러나 용서는 고통을 완화시키거나 심지어 긍정적 기억으로 전환시키기도 해서 마침내 훨씬 더 큰 생활만족도를 얻게 한다. 용서하지 않는다고 해서 그 자체가 가해자에게 복수를 하는 것도 아니며, 용서할 경우에는 자기 자신을 과거의 고통에서 해방시키기 때문이다. 용서하는 사람이 그렇지 못한 사람보다 건강하고, 특히 혈압이 낮아지고, 심장질환에 걸릴 가능성이 훨씬 적어지며, 긍정 호르몬인 세로토닌이 생성되고, 인간관계가 좋아진다는 것이 밝혀졌다. 오엔 위트블리엣(van Oyen Witvliet)과 그의 동료들은 70명에게 상처입은 기억을 떠올리게 하는 실험을 했다. 그들은 분노와 원한을 다시 느낀 다음 감정이입을 통해 상대방을 용서하는 상상을 했다. 용서할 수 없다는 사람들은 한동안 근육이 긴장되고, 심박수가 빨라졌으며, 혈압이 상승했다. 반면, 용서를 하겠다는 사람들은 전반적으로 압박 반응이 약해졌다. 이들은 가까운 시일 내 용서가 뇌 신경계에 미치는 놀라운 생리효과를 규명할 수 있을 것으로 예상했다.

그렇다면 용서를 어떻게 할까? 세계적으로 검증된 유명한 리치(REACH) 방법을 통해 알아보자.

## 용서에 이르는 길(REACH)

"어머니가 살해됐어요. 카펫도, 벽도 온통 피범벅이었어요."

1996년 새해 아침 '용서란 무엇인가?'에 대해 써온 심리학자 워딩턴(Worthington) 박사는 동생 마이크에게 이런 전화를 받고 얼굴이 새파랗게 질렸다. 허둥지둥 녹스빌 본가에 도착한 박사는 자신의 노모가 쇠막대기와 야구방망이에 맞아 돌아가셨다는 걸 알았다. 어머니의 음부에는 술병이 꽂혀 있었고 집 안은 난장판이 돼 있었다. 그가 그토록 용서라는 화두에 매달렸던 것이 근원을 알 수 없는 영감 때문이었던가. 셀리그만은 이 용서의 대가가 갈고닦아 정립한 '용서에 이르는 길'은 마치 숭고한 도덕 교육의 본향에서 캐낸 토산물 같다고 말했다.

정말 용서하고 싶은데 뜻대로 되지 않는 사람도 있을 것이다. 정말 잊기 힘든 기억을 잊거나 용서하기 힘든 누군가를 용서하고 싶다면 다음 방법이 도움이 될 것이다. 워딩턴 박사는 쉽지도 않고 단숨에 하기도 힘들지만 용서에 이르는 길을 5단계로 나눠 설명했는데, 그는 이것을 '리치(REACH)'라고 했다.

● **R(Recall): 받은 상처를 돌이켜 생각하기** 상처를 치유하고 용서하기 위해선 먼저 당신이 받은 상처를 현실로 불러내야 한다. 아프고 쓰라리겠지만 가능한 한 객관적인 자세를 취해야 한다. 당신에게 상처를 준 사람을 나쁜 사람이라거나 악한으로 생각해서도, 자기연민에 휩싸여서도 안 된다. 천천히 마음을 가라앉히고 그때의 사건을 되짚어보자.

● **E(Empathize): 감정이입 하기** 당신에게 상처를 준 그 사람은 대체 왜 그랬다고 생각하는가? 그 이유가 무엇인지 상대방 입장을 헤아리려고 노력해보자. 상대방에게도 나름 이유가 있었을 것이다. 쉽진 않겠지만 해명할 기회를 주었을 때 상대방이 했을 법한 이야기를 생각해보자. 어쩌면 공포에 질려 있었거나 심각한 불안에 휩싸여 스스로 통

제하지 못했을 수도 있다. 다음의 설명을 참고하면 도움이 될 것이다.

- 가해자는 자신의 생존이 위협당한다고 느낄 때 무고한 사람을 해칠 것이다.
- 남을 공격하는 사람은 대개 그 자신이 공포, 불안, 고통에 휩싸여 있기 십상이다.
- 사람들은 자신의 본성 때문이 아니라 어쩔 수 없는 상황에서 남을 해치는 경우가 있다.
- 사람들은 대개 다른 사람을 해칠 때는 제 정신이 아니다. 그 때문에 마구잡이로 폭력을 휘두른다.

- **A(Altruistic Gift): 용서는 이타적 선물임을 기억하기** 다른 누군가에게 용서를 받은 경험이 있는가? 그때를 떠올려보자. 용서를 받았을 때 어떤 기분이 들었는가? 용서를 받지 못했다면 평생 괴로워했을 수도 있지 않았겠는가? 그래서 용서는 당신이 그 사람에게 받은 일종의 선물이나 마찬가지다. 그런 마음으로 상처와 모욕을 준 그 사람을 용서해보자. 당신에게 줄 수 있는 최고의 선물이기도 하다. 그러나 용서하는 것은 이기심의 발로가 아니다. 오히려 용서라는 선물은 피해자가 가해자에게 베푸는 것이다. 용서가 진정한 선물이 되려면 스스로 마음의 상처와 원한을 극복할 수 있다고 다짐해야 한다. 선물을 주면서도 원망을 떨쳐내지 못하면 자유를 얻지 못할 테니 말이다.

- **C(Commit): 공개적으로 용서하기** 당신이 용서했다는 사실을 다

른 사람에게 알려보자. 상대방에게 용서하는 편지를 쓰거나 일기, 시, 외침으로 용서를 표현할 수도 있다. 아니면 당신이 친한 친구에게 한 용서에 대해 털어놓자. 이렇게 하면 당신의 마음을 지키는 데 도움을 받을 수 있을 것이다.

나는 실습 시간에 주로 내면에 깊이 자리 잡고 있는 용서할 대상에 대한 분노, 원망, 저주의 감정을 진솔하게 끄집어내 이야기하도록 한다. 그다음 용서편지를 쓰게 한다. 용서편지는 머리가 아닌 가슴으로 쓰는 것이 좋다. 편지는 가해자에게 보내지 말고 일정 기간 보관해두면서 가끔 읽어보라. 그리고 가해자에 대한 부정적 정서가 일어나지 않는다고 생각할 때 촛불에 태워버려라.

- **H(Hold): 용서하는 마음을 굳게 지키기** 용서가 어려운 것이 용서를 했다가도 그 사건에 대한 기억이 어느 순간 불쑥 되살아나곤 하기 때문이다. 용서란 원한을 말끔히 지워 없애는 게 아니라 기억 끝에 달려 있는 꼬리말을 긍정적으로 바꾸는 것이다. 거듭 말하지만 용서하지 않는다는 사실만으로 가해자에게 보복하는 것은 아니다. 원한을 곱씹으며 기억에 얽매이기보다 헤어나오기 위해 노력해야 한다. 직접 작성한 '용서편지'를 읽으며 "나는 용서했다"는 말을 되뇌면 이 단계를 극복하기가 한결 쉬울 것이다.

### 용서에 이르는 길(REACH) 사례: 감정이입

긍정심리학 전문가 교육과정에 참가했던 간호학 박사과정에 있는

30대 중반 차수연(가명) 씨의 이야기다. 집은 경기도 소도시 외곽 시골 마을이다. 같은 동네 세 살 위 오빠가 있었는데 서로 사랑을 하는 관계였다. 그 오빠가 더 적극적이었다. 결혼까지 생각했다고 한다. 그렇게 몇 년이 흘러 수연 씨 집안에서 혼사 이야기가 나왔다. 대상은 그 오빠가 아닌 훨씬 조건이 좋은 인천에 사는 남자였다. 수연 씨는 고민을 많이 했다. 조건은 별로 안 좋지만 동네 오빠를 사랑하고 있었기 때문이다. 동네 오빠의 간절한 애원과 설득이 있었지만 오랜 고민 끝에 인천에 사는 남자와 결혼하기로 결정했다. 결혼 날짜를 며칠 남겨두고 미안한 마음에 마지막 인사를 하고 싶어 연락해 둘이 만났다. 그런데 문제가 생겼다. 집으로 돌아오는 길에 오빠가 수연 씨를 강제로 성폭행을 한 것이다.

수연 씨에겐 씻을 수 없는 상처가 됐고 원한이 됐다. 수연 씨는 어쩔 수 없이 결혼하고 아이를 낳아 기르면서도 그때 그 기억을 지울 수 없었고 분노도 조절할 수 없었다. 그를 용서할 수 없었던 것이다. 남편에 대한 죄책감도 점점 더 깊어만 갔다. 급기야 수연 씨는 정신병동에 입원하고 말았다. 분노를 넘어 정신분열 증세에까지 이른 것이다. 몇 년 동안 정신, 심리치료를 시도했지만 큰 효과가 없었다. 이러한 모습을 가슴 아프게 지켜보던 동료 간호사가 자신이 교육과정에서 배운 용서에 이르는 길 리치 방법을 수연 씨에게 시도했다. 어떻게 됐을 것 같은가? 리치 방법은 효과가 있었다. 감정이입에서 오빠를 상당부분 이해할 수 있었다. 몇 개월 후 수연 씨는 건강한 모습으로 퇴원했다.

### 바버라 프레드릭슨의 경험 이야기

과거의 긍정정서를 마무리하면서 감사와 용서가 얼마나 플로리시에 효과적인지 『내 안의 긍정을 춤추게 하라』 저자인 바버라 프레드릭슨의 사례를 알아보자.

"학자들을 위한 일주일간 명상 과정에 참여했을 때, 나는 커다란 교훈을 얻었다. 스승들은 참가자들에게 명상 장소에 제시간에 와서 공식적으로 집단 수행이 끝날 때까지 자리를 뜨지 않도록 해 다른 사람을 방해하는 일이 없도록 하라고 거듭 당부했다. 그런데도 내 옆자리 남자는 명상 시간마다 매번 10분 정도 늦게 올 뿐만 아니라 제멋대로 중간에 나가버리는 바람에 내 달콤한 수행을 방해하곤 했다. 주 중반에 스승 한 분이 정확히 이 문제를 직접적으로 거론했다. 그분은 먼저 우리가 느끼는 분노를 마음으로 받아들이라고 했다. '분노는 상대방에게 그렇게 행동하지 말라고 고함치고 싶은 충동을 일으킵니다. 욕을 해대고 싶게 만듭니다.' 하지만 스승은 그러는 대신, 화가 나는 상황에서 아무 판단도 하지 않고 아무 반응도 보이지 않는 연습을 할 기회를 준 것에 대해 늦게 온 사람에게 속으로 감사하라고 권유했다. 감사하는 마음이 연민을 일으키고 평온을 되찾아줄 거라는 말이었다. 나는 이 단순한 방법이 얼마나 효과적인지 깨닫고 크게 놀랐다. 매번 시도할 때마다 그 방법은 짜증스러움을 잠재우고 미소를 떠올려주었다. 당신도 몸소 이 방법을 시도해보기 바란다. 이것은 누구에게도 해를 입히지 않고 부정정서를 해제시키는 사회적 합기도와 같다."

# 08 현재의 긍정정서

## 쾌락과 만족

현재의 긍정정서에는 쾌락(Pleasure)과 만족(Satisfaction)이 포함된다. 쾌락은 짜릿한 감각적 요소와 격렬한 정서적 요소를 지닌 기쁨으로, 철학자들은 이를 가리켜 '원초적 감정'이라고 한다. 황홀경, 전율, 오르가슴, 희열, 환희, 안락함이 여기에 속한다. 이런 감정들은 생각할 겨를도 없이 순식간에 일었다 덧없이 사라진다.

만족은 자신이 몹시 좋아서 하는 활동이지만 반드시 원초적인 감정을 자아내지는 않는다. 그보다 자신이 하는 일에 푹 빠져 자신의 존재마저 잃어버릴 정도로 몰입하게 한다. 토론에 참가하기, 암벽 타기, 좋아하는 책 읽기, 춤추기, 농구하기 등은 시간 가는 줄 모를 정도로 빠질 뿐만 아니라 남다른 기량을 연마하기 위해 노력하고, 자신의 강점으로 개발하고 싶은 활동을 통해 얻게 된다. 만족감은 쾌감보다 오래 지속되고, 진지한 사고 작용과 해석 과정이 따르며 습관화되지도 않는다.

쾌락에는 육체적 쾌락과 정신적 쾌락이 있다. 육체적 쾌락은 감각기관을 통해 즉각적으로 느꼈다 이내 사라진다. 그런 만큼 사고 작용이 거의 혹은 전혀 개입하지 않는다. 감각기관이 진화한 것도 긍정정서와 밀접하게 관련돼 있기 때문이다. 만지거나 맛을 보는 것, 냄새를 맡는 것, 몸을 움직이는 것, 보는 것, 듣는 것은 직접적으로 쾌락을 유발한다.

정신적 쾌락은 육체적 쾌락과 공통점이 많다. 원초적인 긍정감정이라는 점, 순간적으로 일었다 이내 사라진다는 점, 쉽사리 습관화된다는 점에서 그렇다. 그러나 외부로 발산하는 방식이 훨씬 더 복잡하고 인지적이며 다양하다는 점에서는 육체적 쾌락과 다르다.

정신적 쾌락은 강도에 따라 다시 3가지로 나눌 수 있다. 강렬한 정신적 쾌락으로는 도취, 무아지경, 황홀경, 전율, 환희, 열광, 희열, 흥분 등이, 보통의 정신적 쾌락으로는 기쁨, 반가움, 유쾌함, 즐거움, 재미, 활기, 감격 등이, 낮은 정신적 쾌락으로는 편안함, 포만감, 안도감, 여유, 일체감, 위안 등이 있다.

쾌락을 증가시키면 긍정정서를 키울 수 있다. 쾌락(Pleasure)이란 용어에는 즐거움이 포함돼 있다는 것을 이해하면 된다. 쾌락과 만족을 증가시키는 방법으로는 습관화와 중독, 마음챙김, 음미하기, 만족자

되기가 있다. 이 4가지를 잘 활용하면 현대의 긍정정서를 증가시키는 데 도움이 된다.

## 습관화와 중독

당신이 전율, 환희를 느끼는 어떤 일을 오랫동안 하지 않는다면 어떻겠는가? 전율, 환희 같은 쾌락을 느끼는 일을 멈췄을 때 그 일을 하고 싶다는 열망이 생기면 중독의 위기에 처한 것이다. 쾌락은 분명 어느 정도는 긍정정서를 높여준다. 그런데 문제는 이것이 반복되다 보면 자극에 무뎌지면서 더 강한 자극이 필요해지고 나중에는 마치 약물중독처럼 돼버린다는 것이다. 부자와 가난한 사람의 행복도가 크게 차이 나지 않는 것도 그 때문이다. 어느 순간 아주 당연한 것처럼 여기면서 적응해버린다. 행복을 가로막는 장벽인 셈이다.

쾌락은 외부 자극이 없어지면 그 자극이 자아내는 긍정정서는 아무런 흔적도 남기지 않은 채 사라진다. 물론 이러한 현상에도 예외는 있다. 멋진 영화를 본 다음 날에도 당시 감동이 되살아난다거나 평생 네댓 번이나 맛볼까 말까 한 고급 와인처럼 여운이 오래 남는 것들도 있다.

하지만 똑같은 쾌락에 탐닉하면 이런 효과를 얻지 못한다. 맛있는 아이스크림을 두 번째 먹을 때의 쾌감은 맨 처음 맛볼 때보다 덜하고, 네 번째 먹을 때는 그저 칼로리 높은 간식일 뿐이다. 이때쯤 되면 그 아이스크림은 밍밍한 물이나 다름없다. 습관화 혹은 적응이라 부르는 이 과정은 엄연한 신경학적 현상이다.

신경세포는 새로운 사건에는 서로 연합해 반응하지만 새로운 정보를 얻을 수 없는 사건에는 대응하지 않는다. 신경세포를 기준으로 보면 똑같은 자극에 대해 잠시 동안 반응을 보이지 않는, 이른바 불응기(不應期)에 해당하며 뇌 전체를 기준으로 보면 새로운 사건은 받아들이고 그렇지 않은 사건은 무시하는 것이다. 이런 사건이 많을수록 반응할 필요가 없는 사건은 폐기 처분해버린다.

쾌락은 아주 빨리 사라지기도 하지만 부정적 영향을 남기는 경우도 많다. 습관화나 중독이 되기 때문이다. 등이 가려울 때 긁으면 시원해지지만 긁기를 멈추는 순간 가려움증은 견디기 힘들 정도로 심해진다. 이를 악물고 참으면 가려움증은 사라지지만 긁고 싶은 갈망이 워낙 큰 탓에 웬만한 의지로는 떨쳐내기 힘들다. 흡연, 연거푸 터지는 기침, 일단 먹기 시작하면 계속 손이 가는 땅콩, 먹어도 또 먹고 싶은 아이스크림 등이 그런 경우다. 더욱 심각한 문제는 이것이 약물중독의 과정과 같다는 사실이다. 당신의 쾌락을 향상시킬 필요성이 바로 여기에 있다. 중독을 피하고 쾌락의 늪에 빠지지 않을 방법이 있기 때문이다.

어떤 일에 쾌락을 느낄 때가 있다면 얼마나 자주 그 일을 하는지 떠올려보자. 초콜릿을 좋아하는 사람은 손에서 초콜릿이 떠나지 않고, 커피를 좋아하는 사람은 입에 달고 살 것이다. 그래서 전율이나 환희 등 쾌락을 누릴 수 있는 일들을 최대한 누리되, 시간 간격을 넓혀 틈틈이 경험하는 것이다. 커피를 하루에 6~7잔 마신다면 1~2잔으로 줄이거나 하루를 건너뛰는 등 간격을 넓혀보자. 그러면 다음번에 커피를 마실 때 그 맛이 더욱 좋을 수밖에 없다. 조금만 현명해지면 커피 한

잔을 통해서도 이전보다 더 많은 여유와 평안함을 누릴 수 있다. 쾌락의 질을 향상시키는 것이다. 또한 시간 간격을 넓히다 보면 신경학 현상에 의해 신경세포의 반응이 줄어들게 돼 충동도 줄어들게 된다.

만약 금단현상처럼 그 일이 몹시 하고 싶어지면 바로 그 순간 스스로 재미와 흥미를 느낄 수 있는 깜짝 놀랄 다른 일을 해보라. 혹은 가족이나 친지끼리 서로 뜻밖의 기쁨을 주고받을 수 있도록 쾌락이라는 '선물'을 나눠보라. 애인과 배우자, 동료에게 본인이 마시고 싶은 커피를 대신 건넨다든가, 퇴근길에 매일 술을 마시고 갔다면 장미꽃 한 송이를 사들고 가보자. 동료의 책상이 허전하거나 삭막해 보이진 않는가? 그렇다면 내일 아침 작은 화병 하나를 놓아보자. 처음에는 어리둥절해하다 기뻐할 동료의 얼굴이 상상이 되는가? 이것이 습관과 중독 없이 쾌락을 잘 사용하는 방법이다. 본인도 기쁨을 누리면서 다른 사람에게 기쁨을 선사하다 보면 어느 순간 더 플로리시하고 있는 자신을 발견할 것이다.

## 마음챙김

3년간의 수행을 마친 승려가 스승의 암자에 도착했다. 문을 열고 안으로 들어서는 그 승려는 깊고 오묘한 부처의 가르침을 모두 깨달았다는 자신감에 차 있다. 스승이 어떤 질문을 하든 문제없다는 듯한 자세다.

"꼭 하나만 묻겠다."

스승의 나직한 말에 승려가 대답했다.

"네, 스승님."

"꽃이 문간에 세워둔 우산 오른쪽에 있더냐, 왼쪽에 있더냐?"

이 질문에 입도 벙긋 못 하고 얼굴만 붉히던 승려는 그대로 물러나 3년간 수행을 다시 시작했다.

'마음챙김(Mindfulness)'은 무심함이 우리 삶에 만연해 있다는 사실을 깨닫는 데서 시작된다. 현재의 자신을 찾으라는 것이다. 우리는 숱한 경험을 눈여겨보지 못한다. 무심코 행동하고 무심하게 반응할 뿐 깊이 생각하지 않는다.

마음챙김에 대한 연구의 대가로 꼽히는 엘렌 랭거(Ellen Langer) 하버드대 교수는 자료를 복사하기 위해 줄서 있는 사무실 직원들 사이에 끼어드는 실험을 했다. 짐짓 새치기를 하려고 밑도 끝도 없이 "제가 당신 앞에 끼어들어도 되겠습니까?"라고 물었을 땐 거절당했다. 그런데 "중요한 자료를 급히 복사해야 하는데 제가 당신 앞에 끼어들어도 되겠습니까?"라고 물었을 때는 허락을 받았다.

좀 더 세심하게 관심을 기울이는 방법을 개발한 랭거 교수 덕분에 우리는 현재의 순간을 새롭게 인식할 수 있게 됐다. 이 방법의 핵심은 진부한 상황을 새롭게 인식하게 하는 관점 전환의 원칙이다.

앞만 보고 정신없이 달리기보다 느긋하고 여유 있는 자세를 취하면 우리는 현재라는 시간에 훨씬 더 마음을 쏟게 된다. 동양의 명상법은 여러 가지가 있지만 대부분 날마다 규칙적으로 수행하는 것이어서 속도를 중시하는 서양인들의 조급한 마음을 차분히 가라앉히는 데 더없이 좋다. 명상은 불안을 다스리는 데도 효과가 있다. 차분하고 여유가 있을 때야 비로소 현재에 관심을 기울일 수 있기 때문에 꽃이 문간에 세워둔 우산의 오른쪽에 있는지 왼쪽에 있는지 기억할 가능성이 훨씬 큰 것이다.

## 마음챙김 명상

명상은 한때 동양에서만 전해지던 영적 비법이었지만 리처드 데이비드슨(Richard Davidson) 위스콘신주립대 교수와 다른 연구원들의 선구적인 노력 덕분에 명상이 우리 뇌의 체계를 바꿔 행복과 건강, 관계의 질, 공감, 회복력 등에 큰 변화를 안겨줄 수 있다는 사실이 밝혀짐으로써 긍정심리학계에서도 확실한 거점을 차지하게 됐다. 프레드릭슨도 매일 20분씩 '사랑과 친절의 명상' 수련을 할 경우 얻을 수 있는 결과와 관련해 흥미로운 연구를 실시했다. 그녀의 연구 결과 8주 동안 명상 수련을 한 IBM 직원들의 경우 위에서 언급한 효과를 모두 체험했는데, 특히 꾸준히 명상을 한 지 6주가 지나자 그 결과가 눈에 띄게 나타났다. 프레드릭슨은 6주 이후부터는 이들이 명상을 할 때마다 다른 사람들과의 보람 있는 상호 교류, 스트레스 감소, 자기 자신이나 타인과의 공감 능력 확대 등 그 전까지 경험했던 모든 효과가 3배로 커지는 느낌을 받았다는 사실을 발견했다.

린지는 심리상담사의 권유로 명상을 시작했다. 상담사는 린지가 조용히 자리에 앉아 머릿속을 스쳐가는 모든 욕구나 생각에 일일이 충동적으로 반응하지 않는 법을 배운다면 강박성 과식 문제가 개선될 것이라고 생각했던 것이다. 처음에는 2분도 채 앉아 있기 힘들었지만 린지는 명상 훈련을 열심히 할수록 점점 기분이 차분하게 가라앉고 행복도와 집중력이 높아진다는 사실을 깨달았다. 결국 린지는 용기를 내 하루 종일 명상과 요가를 할 수 있는 수련원에 들어갔다. 그리고 꾸준한 연습을 통해 스트레스를 받을 때 본능적으로 음식에 의존하지 않고 대신 몇 차례의 중심 잡기 심호흡으로 스트레스를 물리칠 수 있게 됐다. 이 방법은 집중력을 높이고 불안감을 크게 줄여줬기 때문에 그녀 인생의 다른 부분에도 도움이 됐다.

마음챙김 명상의 가장 이상적인 수행 시간은 20~25분이라고 알려져 있는데, 처음 하는 사람들은 5분, 10분에서 시작해 점점 늘리면 된다. 명상은 누구에게도 방해받지 않고 편안히 앉아 있을 수 있는 장소에서 하는 것이 좋다. 적절한 장소를 찾았다면 조용히 눈을 감고 편안한 자세로 심호흡을 한다. 천천히 크게 숨을 들이쉬고 내쉬면서 숨결을 느껴본다. 숨을 들이쉬고 내쉴 때마다 감각이 어떻게 변해가는지 살핀 다음 다시 보통 때처럼 숨을 쉬어보자. 자연스럽게 호흡하면 된다. 들숨은 어떤 느낌이고, 날숨은 어떤 느낌인가? 호흡에 주의를 기울인다고 해서 호흡 그 자체가 목적은 아니다. 지금 이 순간, 이곳에 있는 연습을 하기 위해서다. 명상을 처음 하는 사람이라면 가만히 앉아 있는 것도 힘들고 머릿속은 온갖 생각으로 어지러울 것이다. 스스로에게 괜찮다고 말해주자. 자연스러운 현상이다. 자신을 나무라는 대신 주의가 흐트러졌다는 걸 깨달았다면 다시 호흡으로 돌아오면 된다.

떠오르는 생각이나 느낌을 억지로 억압해서는 안 된다. 오히려 역효과를 일으킬 수도 있다. 그저 생각이 흐르는 대로 내버려두고 있는 그대로의 사실을 받아들이자. 다시 자각하고 시작하면 된다.

헤이스(Hayes. s. c)는 3가지 기본적인 마음챙김 기술이 있다고 했다. 첫째는 연결이다. 오감 모두를 활용해 재미가 없거나 지루하거나 기분이 상하더라도 지금 이 순간의 경험과 이어지게 한다. 둘째는 분리다. 어떤 생각이라도 생각에 휘말리지 말고 있는 그대로 나타났다가 사라지도록 바라만 본다. 셋째는 확장이다. 기분 좋은 감정이든 나쁜 감정이든 자유스럽게 흘러들어올 수 있도록 마음을 열어 공간을 만들어놓는다.

마음챙김 명상의 목적은 무엇을 얻으려는 것도 분석하려는 것도 아니다. 온전히 현재에 있기 위함이고 자각하기 위함이다. 현재 당신이 있는 바로 그곳에 존재하는 연습을 하는 것이다. 마음챙김 명상인 MBSR(Mindfulness Based Stress Reduction) 창시자이며 『존 카밧진의 마음챙김 명상』의 저자인 존 카밧진(Jon Kabat-Zinn) 매사추세츠의대 박사는 당신이 어디에 가든 당신은 거기에 있다고 했다.

## 음미하기

잠깐 시간을 멈추고 현재 자신이 그릴 수 있는 모든 풍경을 음미(Savoring)해보자. 자신의 과거를 음미해보고, 자신의 현재를 음미해보고, 자신의 미래를 음미해보자. 옛 친구를 만나 즐겁게 그 시절을 돌아보며 대화를 나눠본 게 언제였는가? 뜨거운 온천물에 몸을 담그고 편안하고 여유롭게 현재를 즐겨본 게 언제였는가? 마지막으로 여행을 준비하거나 즐거운 모임을 기다리면서 흥분되고 설레는 기분을 느껴본 게 언제였는가? 기억이 까마득하다면 그만큼 숨 가쁘게 살아왔다는 이야기다. 당신이 충분히 느낄 수 있는 행복을 놓치고 살아왔다는 것이다.

지금껏 살아오면서 가장 행복했던 순간을 떠올려보자. 열심히 노력해 대학 입시에서 합격자 발표를 듣던 순간? 첫 월급을 타서 당당히 부모님께 용돈을 드렸던 순간? 사랑하는 사람과 결혼식을 올리던 순간? 아이가 처음 걸음마를 배우던 순간? 학부모가 되던 순간? 가장 가치 있게 성취한 순간, 이렇게 행복했던 순간을 평소 얼마나 자주 회상하는가? 만약 신혼여행의 추억이 담긴 앨범을 자주 들춰보는 사람이라면 행복한 사람일 가능성이 높다. 인생의 소중한 장면이 담긴 사진을 냉장고에 붙여놓거나 스크랩북을 만들어 자주 회상하는 사람이라면 행복한 사람일 가능성이 높다. 행복한 사람들은 자신에게 처한 부정정서를 잘 다스릴 뿐만 아니라 긍정경험을 충분히 음미하면서 행복을 키워나간다.

브라이언트(Bryant)와 베로프(Beroff) 로욜라대 교수가 음미하기와 관련해 실험을 한 적이 있다. 가장 행복했던 순간이나 좋은 경험을 음미하는 사람, 가장 행복했던 순간이나 좋은 경험을 떠올리되 그 기억과 관련된 기념품을 보면서 음미하는 사람, 아무 기억도 음미하지 않는 사람, 이렇게 세 집단으로 나눠 실험한 것이다.

어떤 집단의 행복도가 가장 높았을 것이라고 생각하는가? 실험에서는 기념품을 보면서 그때의 좋은 기억을 음미한 사람들이 가장 행복했다고 한다. 아무 기억도 음미하지 않은 사람들에 비하면 월등한 행복을 느꼈다는 것이다. 지금 사무실 책상이나 집 안을 둘러보자. 책상에 친구들과의 졸업여행 사진이 놓여 있거나 지난 휴가지에서 사온 물건이나 바닷가에서 주워 온 돌멩이 같은 기념품이 보이는가? 그렇다면 좋은 경험을 충분히 음미하면서 행복을 느끼고 있다는 것이다.

과도한 물질주의, 치열한 경쟁, 과정보다 결과만을 중시하는 사회, 속도와 미래지향성만을 중시하는 가치관이 우리 삶에 속속들이 스며들어 우리의 정신적 현재를 빈곤하게 한다. 휴대전화에서 인공지능, 우주선에 이르기까지 현대의 첨단기술은 대부분 더 빨리, 더 고급스럽게, 더 많은 일을 해내게 하는 것들이다. 끊임없는 시간 절약과 미래에 대한 설계 요구 때문에 우리는 현재라는 광대한 터전을 잃고 있다.

브라이언트와 베로프는 작은 농원을 만들고 현재라는 터전을 잃어버린 현대인들이 현재를 발견하고 즐길 수 있도록 '음미하는 곳(Savoring)'이라 이름 지었다. 이렇게 음미하기란 자신이 살면서 겪은 여러 가지 긍정경험에 관심을 기울이고 그것을 한층 더 키우는 걸 의미한다. 긍정경험을 충분히 느껴 행복감을 증폭시키고 그 감정이 지속되도록 노력하는 것이다.

음미하기는 과거의 좋은 경험만 떠올리는 건 아니다. 평소 밥을 먹을 때 허겁지겁 먹는가, 아니면 충분히 맛을 느끼면서 천천히 먹는가? 길을 걸을 때 무심히 걷는가, 아니면 주변을 자세히 살피면서 걷는가?

산을 오를 때 오직 정상에 올라가는 게 목표인가, 아니면 나무와 계곡, 바람을 바라보고 느끼면서 올라가는가? 멀리 떨어져 있는 부모나 자식의 편지를 대충 읽는가, 아니면 함께 있는 것처럼 다정하고 따스하게 읽는가? 저녁에 친구들과 모임이 있을 때 아무 느낌 없이 약속 장소에 나가는가, 아니면 설레고 흥분되는 기분으로 그 시간을 기다리는가?

만약 후자를 택했다면 이미 생활 속에서 충분히 음미하면서 살아가고 있는 사람이다. 이렇게 음미하기는 과거를 긍정적으로 돌아보고, 현재를 충분히 즐기며, 미래를 기대하는 모든 걸 말한다. 당신의 과거, 현재, 미래의 긍정정서를 모두 높여줄 수 있는 방법이다. 이렇게 했을 때 당신의 인생이 얼마나 풍요롭고 풍부해지겠는가? 당신이 음미하는 순간 하찮고 보잘것없게 여기던 모든 게 의미 있는 것으로 다가오게 된다.

나는 '음미하는 곳'에서 브라이언트와 베로프 그리고 학생들이 오감을 총동원해 걷고 있는 모습을 떠올리는 것만으로도 행복해진다. 눈으로 보고, 귀로 듣고, 입으로 맛보고, 코로 냄새 맡고, 피부로 감촉을 느낀다는 건 그 자체로 살아 있음을 아는 일이다. 음미하기란 지금껏 당신이 무관심하게 스쳐갔던 모든 것에 관심을 기울이는 것이다. 행복은 자신에게만 모든 관심을 쏟는 게 아니다. 세상에 관심을 갖고 더 깊은 눈을 지니게 될 때 자신의 행복도 더욱 커지는 것이다.

브라이언트와 베로프에게 음미한다는 것은 곧 즐거움을 발견하고 만족을 느끼는 찰나를 포착하려는 의식적인 노력이다. 브라이언트와 베로프가 산을 오르다 틈틈이 쉬면서 음미하는 예와 아이들의 편지를 읽으며 음미하는 예를 살펴보자

"나는 차가운 공기를 깊이 들이마셨다 천천히 내쉰다. 그때 어디선가 코를 찌르는 냄새가 풍겨 이리저리 둘러보니 내가 딛고 선 바위 틈새에서 자라고 있는, 하늘거리는 라벤더 한 송이가 눈에 들어온다. 눈을 지그시 감고 저 아래 골짜기에서 불어오는 바람 소리를 듣는다. 높다란 바위에 걸터앉아 온몸으로 따뜻한 햇살을 받으며 황홀경에 빠져도 본다. 그리고 이 순간을 영원히 추억할 작은 돌멩이 하나를 주워 온다. 까칠까칠한 것이 사포 같다. 문득 돌멩이 냄새를 맡아보고 싶은 이상한 충동에 사로잡혀 코를 킁킁거린다. 케케묵은 냄새가 물씬 풍기는 것이 아득히 먼 옛날을 떠올리게 한다. 아마도 이 땅이 생긴 이래 그 자리를 죽 지켜왔으리라." –브라이언트

"내 아이들이 쓴 편지를 좀 더 찬찬히 볼 수 있는 조용한 시간을 내 차례차례 읽어간다. 따뜻하고 부드럽게 내 몸을 어루만져주는 샤워 물줄기처럼 편지 속 글들이 느릿느릿 굴러와 내 몸을 감싸도록 나는 한 줄 한 줄 천천히 읽어나간다. 눈물이 날 만큼 정겨운 대목도 있고, 자신의 주변에서 일어나는 일을 날카롭게 꿰뚫은 자못 놀라운 대목도 있다. 마치 내가 편지를 읽고 있는 이 방에 함께 있기라도 하듯 아이들 모습이 생생하게 떠오른다." – 베로프

　　음미하는 능력은 배워서 구축할 수 있는 자원이다. 단순히 좋은 일을 받아들이는 것을 넘어 그것의 풍미를 느끼고 그 즐거움의 면면을 깊이 감상할 수 있다. 이런 음미에 대해 그동안 알지 못했다면 그 방법을 배움으로써 기분 좋은 일들이 일어나기 전과 도중과 후에 그 좋은

일의 진수를 이끌어내 긍정정서를 세 배는 더 증가시킬 수 있다. 음미한다는 것은 단순히 진정한 즐거움을 의도적으로 발생시키고, 강화하며, 연장시키는 방식으로 좋은 사건에 대한 좋은 면을 충분한 여유를 가지고 일일이 감상하는 것이다. 하지만 음미는 분석이 아니라는 점을 명심하자. 긍정정서를 제고하는 일에는 지나치게 정신적 개입을 하면 안 된다. 경험을 전체적으로 받아들이고 그것이 전하는 느낌을 감상하되 해부하거나 분석하지 말라는 것이다. 과도한 분석이 긍정정서를 위축시키기 때문이다. 음미는 브라이언트와 베로프의 예에서 보듯 상황을 변경함으로써 가능해지기도 한다.

프레드릭슨이 개최한 긍정심리학 세미나에 참석했던 대학원생 존은 자신의 삶에 음미를 더하는 실험을 해보았다. 그때 그는 대학원 첫 학기였고, 그로 인해 사랑하는 가족과 여자친구와 떨어져 지내며 전화 통화로만 안부를 묻곤 했다. 전화 통화가 그에게 그토록 중요한 의미를 지녔던 적은 평생 처음이었다. 하지만 그는 자신이 10대 시절부터 나쁜 통화 습관을 갖고 있음을 깨닫게 됐다. 전화 통화를 하면서 인터넷 검색을 하거나, 통화에 집중할 수 있는 적당한 장소를 찾지 않았다.

음미에 관한 학문적 결과에 고무된 존은 자신에게 뭔가 문제가 있다는 생각이 들었다. 중요한 사람들과의 전화 통화에서 그에 합당한 대우를 하지 않았던 것이다. 그래서 그는 이전과는 다르게 행동하기로 결심했다. 여자친구나 부모님에게 전화를 걸거나 받을 때는 컴퓨터를 끄고 편안한 의자가 있는 조용한 곳을 찾아갔다. 그러자 그들이 자신에게 하는 말과 거기에서 오는 느낌에 더욱 주의를 기울일 수 있게 됐고 한결 거리낌 없이 대화할 수 있게 됐다. 긍정정서가 높아졌으며 특히 사랑과 희망이 샘솟았다. 자신의 인생에서 중요한 사람들과 전화 통화하는 환경을 변화시킴으로써 존은 그들과 나누는 순간을 음미할 수 있었다. 그 느낌이 얼마나 기분 좋고 큰 유대감을 주는지 놀라울 따름이었다.

### 심미적 정서 함양

음미란 의미를 부여하지 않았던 주변의 사물이나 사람 등을 되새기고, 새로운 의미를 부여해 즐기는 것이다. 이 음미하기는 내면을 아름답고 정결케 하는 심미적 정서를 함양시켜준다. 심미적 정서는 사람이나 사물에 대한 미적 체험이나 표현, 감상을 하는 동안 느낄 수 있는 감정을 말한다. 심리적 정서는 우리의 마음을 보다 깊고 풍부하게 만들어주며, 심리적 정화를 통해 우리를 보다 고결하고 품격 있는 삶으로 안내해 행복과 인성을 키워준다.

당신은 봄, 여름, 가을 , 겨울 사계절의 상징적 풍경이 담긴 아름다운 사진을 보다면 어떤 느낌이 들겠는가? 당신이 가장 먹고 싶었던 맛있는 음식이 나오면 어떤 맛을 음미하며 먹는가? 멋진 한 편의 시를 보면 어떤 감정이 일어나는가? 이제 음미하기와 미적 체험, 감상을 통해 고상하고 품위 있는 당신만의 삶을 만들어보자.

다음은 송나라 종경 선사의 시다.

> 푸른 산, 붓질 없어도 천년 넘는 옛 그림이요
> 맑은 물, 맨 줄 없어도 만년 넘는 거문고라

어떤가? 어떤 느낌이 오는가?

나는 이 시를 강의 시간에 자주 활용한다. 처음에는 별다른 반응이 없다. 하지만 푸른 산은 붓으로 그리지 않아도 천년 넘는 그림 같고, 맑은 물은 줄로 연주하지 않아도 만년 넘는 거문고 같다는 의미를 설명하고 내 사례를 이야기하면 대부분 심미적 정서를 만끽한다.

지난해 11월 용평리조트에서 국내 중견 그룹 임원들을 대상으로 '긍정심리 리더십'이란 주제로 특강이 있었다. 마침 금요일이어서 아내한테 업무 끝나고 올 수 있으면 오라고 했다. 아내는 좋다고 했다. 오후 7시에 강의를 마치고 한식당의 가장 경치 좋은 창가에 자리를 잡고 아내를 기다렸다. 리조트 주변의 자작나무 단풍이 무척 아름다웠다. 가을비까지 내리니 분위기 또한 최고였다. 8시가 넘어서 아내가 왔다. 기대에 부풀어 밝은 표정의 아내를 상상했던 나는 다소 당황했다. 아내가 짜증을 내며 피곤해하는 것이었다. 요즈음 대기업 팀장 역할이 쉽지 않은 터였다. 아내는 글쓰기와 시를 좋아한다. 일단 식사 나오기 전에 안정을 시키고 가을밤 분위기를 띄우며 한 편의 시를 읊었다.

> 푸른 산, 붓질 없어도 천년 넘는 옛 그림이요
> 맑은 물, 맨 줄 없어도 만년 넘는 거문고라

순간 아내는 놀란 표정으로 탄성을 지른다. "당신 어쩜, 어떻게 이런 시를 떠올릴 수 있어요?" "당신 위해 준비했지!" "너무 멋져요!" 아내는 몇 초 사이에 완전히 새로운 사람으로 변했다. 아내가 무척 행복해 보였다. 나도 행복했다. 우리는 저녁을 맛있게 먹고 행복한 1박 2일 여행을 즐겁게 마무리했다.

## 음미의 5가지 방법

　평소 음미하기가 익숙하지 않은 사람이라면 다음 방법을 시도해보자. 이 5가지는 브라이언트와 베로프가 대학생 수천 명을 대상으로 실험한 결과 알아낸, 음미하기를 증진시키는 것들이다. 이 방법을 이용해 당신에게 일어난 좋은 일을 더 자주 음미해보자. 그러면 이전보다 한층 행복하고 풍요로운 인생이 느껴질 것이다.

　● **첫째, 공유하기** 경험을 함께 나눌 수 있는 사람을 찾아 그 순간을 얼마나 소중하게 여기는지 들려주자. 기쁨은 나누면 배가된다. 친구와 만나면 텔레비전 프로그램 이야기만 하는가? 이제 당신의 좋은 경험을 들려주자. 그러면 당신은 더 행복해지고 친구와의 관계도 친밀해질 것이다. 이렇게 공유하기는 다른 사람의 사회적 지지를 통해 자신의 긍정정서를 높이는 것이다.

　● **둘째, 추억 만들기** 등산길에 작은 돌멩이를 주워 오거나, 휴대전화나 컴퓨터 바탕화면에 행복한 순간의 사진을 띄워놓거나, 책상에 친

구들과 찍은 사진을 놓아두자. 휴대전화나 스크랩북, 앨범을 뒤적이면서 행복했던 순간을 떠올리는 것도 좋다. 기념품을 볼 때마다 행복했던 그때의 느낌이 되살아날 것이다. 추억 만들기는 긍정경험을 나중에 잘 회상할 수 있도록 노력을 기울이는 것이다.

● **셋째, 자축하기** 당신에게 좋은 일이 생기면 수줍어하거나 기쁨을 억제하지 말고 마음껏 누리자. 실적이 좋다거나 발표를 훌륭하게 해냈다면 그 일에 다른 사람들이 얼마나 깊은 인상을 받았는지 되새기고 결과를 위해 기울인 노력을 칭찬하고 격려해주자. 자축하기는 자신에게 생긴 긍정적 사건을 스스로 기뻐하고 축하해주는 것이다.

● **넷째, 집중하기** 자신이 하는 일에만 집중하고 나머지는 완전히 차단한다. 수프를 만들어 먹을 때를 생각해보자. 잠시 정신을 파는 사이 수프가 눌어붙는다. 실내음악을 들을 때도 오로지 음악에만 집중하기 위해 눈을 지그시 감아보자. 온전히 집중하지 못하면 다른 일에도 지장을 준다. 집중하기는 지금 하는 일에만 몰입하고 나머지는 완전히 차단해 몰입하는 것이다.

● **다섯째, 심취하기** 자신이 하고 있는 일에 전념한 채 다른 것은 생각하지 말고 오로지 느끼기만 한다. 다른 일을 떠올리거나, 현재 자신의 일이 어떻게 진척될지 궁금해하거나, 더 좋은 방법을 궁리하느라 마음을 흩트리지 않도록 한다. 음미하기는 분석하기가 아니라 느끼는 것이다. 심취하기는 어떤 일을 하든 거기에만 전념해 기쁨을 최대화하

는 것이다.

## 만족자 되기

　가치는 분명 만족도를 높이는 데 큰 도움을 준다. 하지만 가치를 추구하는 과정은 마냥 만족도를 높이지는 않을 수 있다. 가치를 추구할 때는 치러야 할 대가와 이득이 동시에 있기 때문이다.

　가치의 양면성에 주목한 사람은 스와츠모어대의 심리학자인 베리 슈워츠(Barry Schwartz)다. 그는 옷 가게에 들르는 것을 좋아해 수십 년 동안 청바지를 구매해왔다. 자신의 사이즈를 기억하고, 몸에 맞는 청바지를 사서 길들이고, 좀 늘어났다 싶을 때까지 입다 새 청바지를 사기를 반복하면서 그는 만족했다. 그런데 언제부터인가 청바지 종류가 점점 많아지면서 상황은 달라졌다. 브랜드도 다양해지고 청바지의 재질과 색상도 여러 가지여서 청바지를 고르기가 무척 어려워졌다. 오랜 시간을 투자해 겨우 청바지를 골라도 제대로 선택한 것인지 자신이 없었다.

　선택할 수 있는 자유는 가장 근본적인 가치 중 하나다. 개인의 권리와 자율성을 중요하게 여기는 민주주의 국가에서는 특히 더 그렇다고 할 수 있다. 종교, 직업, 거주지, 친구, 배우자 등을 선택하는 자유는 가장 소중한 가치다. 따라서 이론적으로는 선택의 자유가 많으면 많을수록 만족스러워야 하는데, 슈워츠가 겪은 일화에서도 알 수 있듯 종종 선택의 자유는 만족도를 떨어뜨린다.

　슈워츠는 연구를 통해 사람들이 선택을 하는 유형은 크게 2가지라는 것을 알아냈다. 하나는 여러 대안 중 가장 좋은 선택을 내리길 원하는 유형이고, 다른 하나는 이만하면 좋은 선택이라고 만족하는 유형이다. 슈워츠는 전자를 '최대주의자', 후자를 '만족자'라고 부른다.

온전히 최대주의자의 특징을 가지거나 반대로 전적으로 만족자의 특징을 가진 사람은 극히 드물다. 하지만 다음 세 문장을 읽고 동의한다면 최대주의자일 가능성이 크다.

- 나는 두 번째로 좋은 것에 만족하지 못한다.
- 내가 내 직업에 얼마나 만족하고 있느냐에 상관없이 더 좋은 기회를 찾아 나서는 것이 옳다.
- 쇼핑할 때 딱 마음에 드는 옷을 고르느라 너무 힘들다.

사람들의 반응을 보면 그들이 실질적으로 어떻게 결정을 내리는지 그리고 그것이 미친 심리적인 영향을 알 수 있다. 만족자의 경우 선택의 자유라는 가치는 만족에 방해가 되지 않는다. 자신의 선택을 좋은 선택이라 생각하고 만족하기 때문이다. 하지만 최대주의자는 다르다. 그들은 만족자보다 선택하는 데 더 많은 시간을 투자하면서도 자신의 선택에 만족하지 못한다. 심지어 만족자보다 객관적으로 더 나은 선택을 했을 때조차 그렇다.

슈워츠는 대학을 졸업하는 학생들을 대상으로 그들이 첫 번째 직장을 선택하는 것에 대해 연구했다. 최대주의자는 안정적으로 직장에 정착하기까지 만족자보다 더 오랜 기간이 걸렸으나 평균봉급은 더 많았다. 직장에서 자리 잡는 데 시간이 더 걸려도 봉급을 더 많이 준다면 할 만한 일이라고 판단했기 때문이다. 그렇지만 최대주의자는 많은 봉급에도 만족자보다 직업 만족도가 낮았다. 직업뿐만 아니라 전반적인 삶에 대한 만족도도 만족자보다 낮은 것으로 나타났다.

이는 선택의 역설이라고 할 수 있다. 분명 선택의 폭이 넓어지기를 원했고, 선택할 수 있는 여지가 많을수록 더 좋지만 선택권이 증가했다는 것이 반드시 만족을 보장해주지는 않는다. 그렇다고 가치가 만족도를 높이는 데 큰 도움이 되지 않는다는 것은 아니다. 최대주의자가 선택의 폭이 넓어지면서 만족도가 떨어진 것은 선택의 자유라는 가치에 문제가 있어서라기보다 가치를 추구하는 방법에 문제가 있다고 봐야 한다.

가치에는 치러야 할 대가와 이득이 동시에 있지만 대가는 치르지 않고 이득만 얻을 수도 있다. 최대주의자와 만족자 중 만족자가 되면 된다. 어떤 가치를 추구할 때 그 가치를 최대한 달성하려는 최대주의자가 되면 가치가 버겁게 느껴질 수 있다. 스스로 삶의 가치를 찾고 추구한다는 자체로 만족한다면 삶에 만족도를 높이기가 더 쉽다.

# 09 미래의 긍정정서

　당신은 미래에 대한 기대나 희망을 갖고 있는가? 혹은 미래를 낙관적으로 바라보는가? 미래를 생각하다 보면 언제나 희망으로 부풀어 오르는 건 아니다. 어쩌면 지금 이 순간에도 돈, 노화, 직업, 자녀 등 미래에 대해 걱정하는 사람이 있을 것이다. 모든 게 불확실하기 때문이다. 그래서 많은 사람이 미래를 대비하고자 지금 열심히 일하고 돈을 많이 벌려고 애를 쓴다. 내일의 행복을 위해 오늘의 행복을 미루는 것이다. 그렇게 한다고 해서 미래를 생각할 때마다 희망적이고 기대가 되는가? 오히려 불안하고 초조해질 때가 많을 것이다. 당신이 평소 불안한 감정을 많이 느낀다면 미래의 긍정정서를 높여야 한다.

　미래의 긍정정서의 핵심은 낙관성과 자신감이다. 낙관성과 자신감은 키울 수 있다. 자신감을 찾고 낙관성을 키우는 방법을 알아보자.

## 자신감 키우기

자신감이란 어떠한 것을 할 수 있다는 자신의 능력에 대한 믿음과 목표를 성공적으로 수행할 수 있다는 확신이다. 따라서 자신감이 강한 사람은 단순히 목표를 세우는 데서 끝나는 것이 아니라 자신에게는 그 목표를 이루는 데 필요한 능력이 있고 달성하는 방법을 배울 수 있다고 믿는다. 또한 본인의 의지대로 인생을 살아가면서 스스로의 행동을 제어하고 자신의 운명을 개척할 능력이 있다고 생각한다. 자신감이 강한 사람은 어려움이 닥쳐도 의연하게 대처한다. 어려움을 어떻게든 피해야 하는 불가능하고 무시무시한 위협이 아니라 정복해야 할 도전 과제로 받아들인다. 설령 실패를 겪어도 신속한 회복력과 건전한 시각을 지니고 있기 때문에 금방 일어서고 자신에게 문제가 있다며 스스로를 탓하지 않는다. 이런 사람들에게 미래는 늘 설레고 긍정적 모습일 수밖에 없다.

자신감은 대부분 타고나는 것보다 자신이 성취한 크고 작은 성공의 경험을 통해 나타난다. 자신감을 잃는 것도 마찬가지로 크고 작은 실패의 경험이나 사건을 통해 나타난다.

자신감을 잃거나 무기력해질 때가 언제인가? 대부분 겪게 되는 예를 몇 가지 들어보자. 먼저 누군가에게 제안하거나 요구했는데 거절당할 때다. 프러포즈, 좋은 아이디어, 어려운 상황에서 한 부탁 등을 상대방이 들어주지 않으면 무기력해진다. 둘째, 불인정이다. 상사에게든, 친구에게든, 가족에게든 능력이나 신뢰, 인격 등을 인정받지 못할 때다. 셋째, 상대적 빈곤이다. 외모, 실력, 부(富) 같은 조건을 비교하며 상대적으로 빈곤함을 느낄 때다. 넷째, 기대나 확신을 갖고 시도하고 도전했는데 연속적으로 실패했을 때다. 이럴 때 나타나는 현상을 긍정심리학에선 무기력 학습이라고 한다. 실패하면서 무기력이 학습된다는 것이다. 마지막으로 수명 연장과 환경 변화에 따른 미래에 대한 불확실이다.

대부분 사람은 위 내용 중 한두 가지는 경험했을 것이다. 그 경험을 통해 아직도 무력감에 빠진 사람들도 있을 수 있다. 하지만 현재 자신감이 없고 무기력하다고 걱정하지 않아도 된다. 방법을 터득하고 노력하면 누구나 얼마든지 자신감을 키울 수 있기 때문이다. 다만 자신감을 키우려면 결단력과 집중력, 성실한 태도, 끈기, 스스로의 믿음에 대한 확신이 필요하다. 자신감을 키우는 것은 이해하기는 쉽지만 실행하기가 쉽지 않기 때문이다. 다음에 소개하는 방법을 이용하면 자신감을 키울 수 있을 것이다.

**첫째, 역할모델을 만든다.** 성취형인 사람 대부분은 성공한 이들의 전기를 열심히 읽는 것으로 알려졌다. 사회적으로 크게 성공한 사람들도 훌륭한 역할모델이 될 수 있지만 주변 사람들 가운데 역할모델을 찾는 것도 중요하다. 멀리 있는 역할모델보다 늘 가까이서 보고 배울 수 있는 사람이 더 많은 도움이 되기 때문이다. 실제로 운동선수들 가운데 자신과 같은 목표를 이룬 다른 운동선수와 함께 훈련해 놀라울 정도로 발전하고 성공한 예가 많다.

**둘째, 치어리더를 곁에 둔다.** 자신을 믿어주고 항상 격려와 적절한 조언을 해줄 수 있는 사람, 신뢰해주는 사람이 곁에 있다면 스스로의 능력에 대한 믿음이 커지고 다른 상황에서라면 감히 시도하지 않았을 일에 위험을 무릅쓰고 도전하게 된다. 멘토나 코치, 경험 많은 연장자가 우리의 정서 발달에 영향을 끼치고 적절한 치어리더가 곁에 있을 때 큰 힘을 얻는 것도 바로 이런 이유에서다.

**셋째, 스트레스를 적절히 관리한다.** 자신감이 높지 않은 사람들은 우울한 기분과 신체적 고통을 이유로 최선을 다하지 않는 경우가 많다. 스트레스나 신체 증상을 적절히 관리하는 법을 배우면 좀 더 긍정적 마음으로 목표를 달성할 때까지 끈기 있게 노력할 수 있다. 평소에 긍정경험을 많이 하고 감사일기 쓰기, 좋은 하루 만들기, 음미하기 같은 행복 연습도구를 일상에서 실천해보면 큰 도움이 될 것이다. 긍정정서는 면역력을 강화시켜주고 회복력을 키워주기 때문에 심리적 고통을 완화시켜주고 활력을 되찾을 수 있게 해준다.

**넷째, 성취경험을 해본다.** 자신감을 키우는 데 성공경험만큼 효과적인 것도 드물다. 자신을 진정으로 믿을 수 있도록 하기 위해 직접 성취경험을 해보는 것이다. 성취는 꼭 큰 것이 아니어도 괜찮다. 작더라도 성취했다는 그 자체의 경험이 중요하다. 하나의 큰 목표를 세운 후 여러 개의 작은 조각으로 나눠 그것을 하나씩 달성해나가면서 성취경험을 하는 것이 중요하다.

**다섯째, 지속적으로 학습한다.** '앎'만큼 자신감을 키워주는 것도 없다. 앎이란 책이나 교육을 통한 지속적인 학습으로 이루어진다. 2005년 나는 개인 자격으로 우리나라 최초로 빌 클린턴 전 미국 대통령을 초청해 김영삼, 김대중 전 대통령과 정계·재계·학계 인사, 외교 사절 등 800여 명과 함께 『빌 클린턴의 마이 라이프』 출판기념회를 열었다. 큰 행사를 성공적으로 치른 후 바오로 2세(Paulus II) 등 세계 유명 인사들의 책을 많은 계약금을 주고 출판했다. 그런데 기대한 만큼 성과를 내지 못했다. 연이은 실패에 출판사는 위기를 겪게 됐다. 나 또한 그로 인해 자신감을 잃고 무기력증에 빠졌다. 이때 고향 후배가 오랜 역사를 갖고 있는 카네기 교육 프로그램을 추천했다. 교육비용도 부담됐지만 늘 쫓기는 상태라서 마음의 여유가 없었기에 썩 내키지 않았다. 그렇지만 신뢰하는 후배였기에 큰 마음먹고 교육에 참여했다. 약 3개월 동안 진행됐는데 그 교육이 무기력한 나를 자신감 넘치는 나로 만들어주었다. 배움은 정직하다. 절대로 배신하지 않기 때문이다.

**여섯째, 성격강점을 찾는다.** 성격강점은 성격적·심리적으로 나타나는 긍정적 특성이다. 성격강점 검사를 책으로 해보면 9~10점인 강점이 대부분 3~7가지 나온다. 이것이 대표 강점이다. 인터넷으로 검사할 때는 상위 7개가 대표 강점이다. 이 대표 강점들이 자신의 정체성이다.

참고로 나의 대표 강점은 창의성, 학구열, 정직, 열정, 감사, 끈기, 자기통제력, 감사, 희망, 영성이다. 당신은 자신에 대해 무엇을, 얼마나 알고 있는가? 자신에 대해 모르고 확신이 없기에 미래가 불안하고 초조해지는 것이다. 이 대표 강점은 당신의 소유물이다. 시간과 환경이 바뀌어도 지속적으로 나타내려는 특성이 있기 때문에 대부분 평생 함께 있어준다. 이러한 대표 강점을 소유한다고 했을 때 미래에 대한 두려움보다 자신감이 솟아나게 된다.

**일곱째, 낙관적 설명양식을 사용한다.** 낙관성 학습의 설명양식은 사건이 일어난 이유를 스스로에게 습관적으로 설명하는 방식이다. 설명양식에는 비관적 설명양식과 낙관적 설명양식이 있다. 낙관적 설명양식은 비관적 사람을 낙관적으로, 무기력한 사람을 자신감 넘치는 사람으로 만들어준다. 대부분 사람이 자신을 낙관적이라고 생각한다. 낙관성은 무조건 긍정이나 막연한 낙관이 아니다. 사고의 정확한 원인을 찾는 것이다. 낙관성 학습의 설명양식이 그 역할을 통해 비관적 습관을 낙관적으로 바꿔 자신감을 키워준다.

## 낙관성 키우기

비관적 사람과 낙관적 사람은 무엇이 다를까? 비관적 사람은 뭔가 안 좋은 일이 생기면 먼저 최악의 것을 상상한다. 파산해 감옥에 가는 것은 아닐지, 이혼이나 해고로 이어지는 것은 아닐지 노심초사한다. 쉽게 우울해지고 한동안 매사가 귀찮아지며 건강까지 영향을 받는다. 이와 반대로 낙관적 사람은 나쁜 일이 닥쳐도 안 좋은 쪽으로는 거의 생각하지 않는다. 그저 일시적일 뿐이며 이겨낼 수 있는 것 혹은 극복해야 할 도전이라고 생각한다. 뜻밖의 일을 당해도 금세 털어버리고 원기를 회복한다.

비관적 사람의 특징은 안 좋은 일이 오랫동안 지속돼 자신의 모든 일을 위태롭게 하고 나아가 이런 것들이 모두 자기 탓이라고 쉽게 생각한다. 낙관적 사람들은 세상을 살면서 똑같이 어려운 일에 부딪혀도 비관적 사람과 정반대로 생각한다. 낙관적인 사람은 실패를 겪어도 그저 일시적인 후퇴로 여기며 그것의 원인도 이 한 경우에 한정된 것으로 보는 경향이 있다. 실패가 자기 탓이 아니라 주변 여건이나 불운 혹은 다른 사람 때문에 생긴 것이라고 생각한다. 이런 사람들은 실패에 주눅 들지 않는다. 안 좋은 상황에 처하면 이것을 오히려 도전으로 간주해 더 열심히 노력한다.

### 낙관성의 2가지 개념(무기력 학습, 설명양식)

왜 이런 차이가 생기는 것일까? 낙관적인 사람과 비관적인 사람의 차이를 이해하기 위해선 낙관성의 개인적 통제에 대한 중요한 2가지 개념부터 알아야 한다. 그 2가지 개념은 바로 '무기력 학습(Learned Helplessness)'과 '설명양식(Explanatory Style)'으로 이 둘은 서로 밀접한 관계가 있다. 우울증의 한 가지 특징인 무기력은 자살을 예측할 수 있는 가장 정확한 요소이기도 하다.

셀리그만은 자신이 할 수 있는 게 하나도 없는 충격적 사건을 처음 경험한 개는 점차 수동적으로 변해 역경에 맞서는 것을 포기한다는 사실을 발견했다. 처음에 강한 전기충격을 무기력하게 경험하고 나면, 그 후부터 경미한 전기충격에도 그저 가만히 앉아 고통을 고스란히 겪으며 도망치려는 시도도 하지 않고 충격이 사라지기만을 기다린다는 것이다. 이것이 바로 무기력 학습으로 포기반응, 어떻게 해도 안 된다는 생각에 단념하는 반응을 말한다. 즉 자신이 뭔가를 변화시키려고 시도했지만 변화시킬 수 없다고 여기고 스스로 포기하는 것이다.

하지만 똑같은 충격을 받았더라도 모두 무기력 학습 반응을 나타내는 것은 아니다. 첫 번째 경험에서 똑같은 강도의 전기충격을 받았지만 도망칠 수 있었던 동물들은 그 후에 무기력해지지 않았다. 무기력 학습에 대한 면역이 생긴 것이다.

사람을 대상으로 한 실험에서도 같은 결과가 나타났다. 폐쇄된 공간에 갇힌 채 견디기 힘든 소음을 본인 힘으로 제거할 방법이 없어 고스란히 듣고 있어야 했던 사람들에게 이후 똑같은 소음을 가하고 이번에는 버튼을 눌러 소음을 제거할 수 있는 환경을 만들어주었다. 그런데 70%가 버튼을 누르지 않았다. 무기력을 학습해버렸기 때문이다. 그동안 무기력은 충격에 의해 나타나는 증상으로 알려졌지만, 셀리그만의 연구 결과 무기력은 학습에 의해 나타나는 증상임이 밝혀졌다. 당신이 어떤 어려움에 부딪힐 때마다 불가능하다고 지레 좌절하고 포기해버린다면 그 70% 가운데 한 명이란 말이 된다. 나머지 30%는 자기가 통제할 수 없는 상황에서도 무기력을 학습하지 않았다. 왜 어떤 사람은 무기력 학습을 하고, 또 어떤 사람은 무기력해지지 않았는지를 연구한 결과가 낙관성이다.

셀리그만은 무기력해지지 않은 사람들의 부정적 사건을 해석하는 설명양식을 체계적으로 조사했다. 그 결과, 자신이 겪은 좌절의 원인이 일시적이고 변할 수 있으며 일부라고 믿는 사람은 쉽게 무기력해지지 않는다는 사실을 발견했다. 실험실에서 피할 수 없는 소음을 듣거나 실연당해서 괴로울 때 그들은 "금방 지나갈 거야. 나는 이것을 어떻게든 다룰 수 있어. 이건 그저 스쳐가는 한 가지 일일 뿐이야"라며 금방 털어내고 회사에서 겪은 좌절을 집으로 가져가지 않는다. 그들을 낙관적인 사람이라고 부른다. 반대로 "이건 절대로 끝나지 않을 거야. 모든 것을 망쳐버릴 거야. 내가 할 수 있는 건 아무것도 없어"라며 습관적으로 이렇게 생각하는 사람들은 실험실에서 쉽게 무기력해진다. 그들은 좌절을 떨쳐내지 못하고 부부 문제를 직장으로 가져간다. 그들을 비관적인 사람이라고 부른다.

설명양식은 사건이 일어난 이유를 스스로에게 습관적으로 설명하는 방식이다. 이것은 무기력 학습을 크게 좌우하는 역할을 한다. 실험 결과에서도 알 수 있듯 낙관적인 설명양식은 무기력을 없애고 비관적인 설명양식은 무기력을 퍼뜨린다. 일상 속에서 실패나 중대한 패배에 직면했을 때 과연 얼마나 무기력에 빠져들지 혹은 다시 기운을 차릴지는 스스로에게 사태를 설명하는 방식에 달렸다. 설명양식이란 '마음속 세상'을 비추는 거울과도 같은 것이다. 사람들은 저마다 "아니야" 혹은 "그래"라는 말을 품고 산다. 둘 가운데 어떤 말이 자기 마음속에 있는지 검사를 통해 자신의 낙관성 혹은 비관성 수준을 정확하게 알 수 있다.

### 낙관적인 사람과 비관적인 사람 차이

낙관적인 사람과 비관적인 사람은 똑같은 사건을 두고도 설명양식이 다르다. 설명양식이란 개인이 사건에 대응하는 습관적인 방식으로 그 사건의 원인을 미리 규정하는 태도다. 설명양식은 크게 3가지 차원에서 살펴볼 수 있다. 3가지 차원은 내재성 차원(내 탓 vs 남 탓), 영속성 차원(항상 vs 가끔), 만연성 차원(전부 vs 일부)이다. 이 설명양식을 바꾸면 당신이 비관적인 사람이라고 해도 얼마든지 낙관적인 사람이 될 수 있다. 당신은 낙관적인 사람인가, 아니면 비관적인 사람인가? 낙관적인 사람과 비관적인 사람의 차이를 알아보고 만약 비관적인 사람이라면 설명양식을 바꿔보자.

**비관적인 사람과 낙관적인 사람의 설명양식 차이**

| 구분 | 내재성 차원(책임의 주체) | 영속성 차원(시간적) | 만연성 차원(공간적) |
|---|---|---|---|
| 비관적인 사람 | 내 탓(내부) | 항상(지속적) | 전부 |
| 낙관적인 사람 | 남 탓(외부) | 가끔(일시적) | 일부 |

### 무조건 내 탓이라는 습관을 버리자(내재성 차원)

길을 가다 깨진 보도블록 틈에 구두굽이 끼었을 때 당신은 어떤 반응을 보이는가?

1. 내가 그럼 그렇지. 나는 어딜 가나 운이 없다니까.
2. 보도블록이 깨졌네? 관리를 잘 안 하는 모양이야. 구청에 전화를 해 보수하라고 해야겠어.

1번을 골랐다면 기분이 가라앉았을 것이고, 2번을 골랐다면 기분이 나빠질 이유는 없을 것이다. 그런데 몇 번을 골랐든 돌이켜보면 평소 일이 잘못됐거나 나쁜 일이 생길 때마다 비슷하게 생각했을 것이다. 당신은 일이 잘못되거나 틀어지면 주로 누구 잘못이라고 생각하는가? 내 탓, 아니면 남 탓? 그럴 수밖에 없었던 주변 환경 탓? 비관적인 사람들은 습관적으로 내 탓이라고 생각한다. 특히 이런 사람들은 전면적인 자기 비난으로 이어지는 경우가 많다. 비관적인 사람이나 우울증 환자는 내 탓일 때 "내가 잘했더라면 실패는 없었을 거야" 같은 자신에 대한 자책감, 죄책감, "역시 나는 그것을 감당할 능력이 안 돼" 같은 무능감, "내 성격이 이 모양인데 뭘 하겠어" 같은 체념을 유발할 수 있다.

1번처럼 보도블록 틈에 구두굽이 낀 것조차 자신이 운이 없어서라고, C학점을 받으면 자신이 멍청해서라고 생각하는 것이다. 하지만 2번처럼 생각한다면 어떻게 달라질까? 적어도 문제의 원인이 다른 데 있다고 여기기 때문에 비관적인 사람들처럼 우울해하고 자기비하를 하지 않는다. 물론 무조건적인 내 탓이 문제인 것처럼 무조건적인 남 탓도 위험하다. 중요한 건 습관적으로 내 탓이라고 생각하는 것을 버리는 일이다.

### 나쁜 일이 지속될 것이란 생각은 금물(영속적 차원)

이번 달 실적이 좋지 않았을 때 당신 반응은 다음 2가지 중 어느 쪽인가?

1. 나는 항상 이 모양이야. 상사 눈 밖에 났을 거야. 이제 완전히 끝장이야.
2. 열심히 했는데 기대만큼 안 나왔네. 그래도 저번 달에는 잘했으니까 다음에도 잘할 수 있을 거야.

1번을 골랐다면 절망했을 것이고, 2번을 골랐다면 실망은 했겠지만 그래도 다음번에는 더 노력할 것이다. 낙관적인 사람은 나쁜 일이 생겼을 때 일시적이고 '가끔'으로 보기 때문에 어쩌다 한 번 나쁜 일이 생겼고 금방 지나갈 것이라고 생각한다. 이에 비해 비관적인 사람은 나쁜 일에 대해서는 영속적이고 '항상'이라고 생각하기 때문에 자신에게 나쁜 일은 항상 일어나고 앞으로도 나쁜 상태가 지속될 것이라고 받아들인다.

반대로 좋은 일에 대해 낙관적인 사람은 자신에게는 항상 좋은 일이 생기고 지속될 것이라고, 비관적인 사람은 가끔 생기는 것이라고 받아들인다. 좋은 일과 나쁜 일을 정반대로 여기는 것이다. 낙관성을 키우려면 나쁜 일이 생겼을 때 지속되는 것이 아니라 금방 지나갈 것이라고 생각하는 습관을 가져야 한다. 처음엔 오랫동안 굳은 사고방식을 바꾸기가 어렵겠지만 자꾸 노력하다 보면 바꿀 수 있을 것이다.

### 한 번의 실패가 삶 전부의 실패는 아님을 인정하기 (만연성 차원)

면접에서 떨어졌을 때의 당신의 반응은 다음 2가지 중 어느 쪽일까?

1. 나는 정말 쓸모없는 사람이야. 면접도 떨어졌는데 운동은 해서 뭐 하겠어? 잠이나 자자.
2. 꼭 들어가고 싶었는데 실망스럽네. 할 수 없지, 뭐. 운동으로 기분이나 풀어야겠다.

1번을 골랐다면 비관적인 사람이고, 2번을 골랐다면 낙관적인 사람이다. 면접에서 떨어졌다면 대부분 실망한다. 낙관적인 사람도 마찬가지다. 다만 낙관적인 사람은 다른 일자리를 찾으려 다시 이력서를 쓰고 노력을 기울이면서 일상생활을 평소처럼 지속해나간다. 친구도 만나고 운동도 하면서 실패를 그 문제에만 국한시키는 것이다. 자신감은 좀 떨어지겠지만 다른 일에 도전하기도 한다. 하지만 비관적인 사람은 모든 일에서 자신감을 잃어버리고 만다. 하던 운동도 그만두고 친구들도 안 만나고 삶 전체를 포기해버리는 것이다.

이렇게 절망감을 한 가지 영역에만 국한시키는지, 아니면 다른 영역에까지 확산시키는지 결정하는 게 만연성이다. 낙관적인 사람은 만연성의 측면에서 볼 때 어떤 실패를 겪어도 그 실패를 일부로 생각하지만, 비관적인 사람은 자신의 실패를 삶 전체로 해석한다. 낙관성을 키우려면 쓸데없이 실패를 확대 해석해서는 안 된다. 반대로 좋은 일이라면 전체로 확대해 생각하면 낙관성을 키울 수 있다.

## ABC 확인하기

사람들은 불행한 사건을 겪으면 그것에 대해 여러 가지 생각을 하게 된다. 그리고 그 생각들은 금세 믿음으로 굳어진다. 이런 믿음이 습관처럼 굳어지면, 의식적으로 주의를 집중하지 않으면 자신이 그런 믿음을 갖고 있다는 사실조차 깨닫기 어렵다. 게다가 이런 믿음은 어떤 감정을 느끼게 하고 어떤 행동을 할지 결정하게 한다. 따라서 믿음의 성격에 따라 결과도 크게 달라진다. 그 믿음이 올바른 것이라면 큰 문제가 없지만 대부분 왜곡된 믿음을 갖는다. 믿음 자체가 왜곡된 것이니 결론 또한 제대로 내리기 어렵다. 마치 도미노처럼 불행한 사건(A)이 왜곡된 믿음(B)을 낳고 이는 다시 잘못된 결론(C)으로 연결된다. 불행한 사건보다 왜곡된 믿음이 잘못된 결론으로 감정과 행동을 결정하는 것이다. 이 악순환의 고리를 끊지 않고서는 낙관성을 키우기 어렵다. 세상은 A-C가 아닌 A-B-C로 작동하기 때문이다. 다음은 ABC 사례다.

**불행한 사건(A)** 아이가 생긴 뒤 남편과 모처럼 첫 외식을 하면서 그만 말다툼이 벌어졌다. 처음에는 종업원 말투가 상냥하다, 아니다 하며 사소한 말다툼으로 시작했는데, 나중에는 아이가 외가 쪽을 닮아 눈이 작다느니, 친가 쪽을 닮아 고집이 세다느니 하며 싸움이 커졌다.

**왜곡된 믿음(B)** 아이 때문에 좋았던 부부 관계가 금이 갔다고 생각한다. 이혼밖에 길이 없다고 생각하면서도 과연 혼자서 아이를 키울 수 있을까, 걱정된다.

**잘못된 결론(C)** 너무나 슬프고 절망적이고 두렵다. 도저히 식사를 할 수가 없고 남편을 바라보는 것조차 끔찍하다.

## ABCDE 반박하기

ABC 확인하기를 통해 나쁜 일이 생겼을 때 어떻게 생각하고 믿는가에 따라 결과가 달라진다는 것을 깨달으면 비관적인 생각을 바꿔 낙관성을 키울 수 있다. 그러려면 기존의 자신의 생각과 행동을 지배하던 ABC에 반박하는 방법을 알아야 한다.

어떻게 반박해야 하는지 걱정하지 않아도 된다. 사람은 누구나 반박할 수 있는 능력이 있다. 그 능력은 특히 자신이 무심코 저지른 실수를 비난하는 사람과 맞설 때 잘 발휘된다. 예를 들어 직장에서 경쟁자가 "당신은 직원들을 위해서도 부서장이 되면 안 돼. 그럴 자격이 없어. 당신은 몰인정한 데다 이기적이어서 누구도 당신을 지지하지 않을 거야"라고 비난하면 당신은 그 사람이 지적한 사항에 대한 반증을 구체적으로 제시하며 낱낱이 반박할 수 있다.

### 반박하는 방법

일단 타당한 근거가 없다고 생각되는 자신의 비관적인 생각을 파악했다면 아래의 ABCDE 방법으로 반박하는 연습을 하자. 불행한 사건에 뒤따른 왜곡된 믿음을 효과적으로 반박하면 낙담과 포기라는 습관적인 반응을 없애고 활기와 유쾌한 기분을 되찾을 수 있다. 따라서 불행한 일을 겪은 후 이를 당연시하는 자신의 믿음을 효과적으로 반박하면, 다양한 기회와 행복을 지레 포기하는 절망적인 태도를 바꿀 수 있다.

A(Adversity): 당신에게 생긴 불행한 사건.
B(Belief): 그 불행한 사건을 당연하게 여기는 왜곡된 믿음.
C(Consequence): 그 왜곡된 믿음을 바탕으로 내린 잘못된 결론.
D(Disputation): 자신의 왜곡된 믿음에 대한 반박.

E(Energization): 자신의 왜곡된 믿음을 정확하게 반박한 후 얻은 활력을 뜻함.

왜곡된 믿음과 그에 따른 결과를 반박하면 활력을 얻을 수 있다. 하지만 오랫동안 왜곡된 믿음을 갖고 있었다면 스스로 그 믿음에 반박하기가 쉽지만은 않다. 반박이 잘 안 될 때 자신을 효과적으로 설득할 수 있는 방법이 있다. '그게 사실인가?'의 명백한 증거 제시하기, '다르게 볼 여지는 없는가?'의 대안 찾기, '그래서 어떻다는 것인가?'의 숨은 진실 찾기, '그것이 어디에 쓸모 있는가?'의 실질적인 접근 등 4가지 방법을 이용해 반박하면 된다.

명백한 증거 제시하기는 그 믿음이 사실과 전혀 다르다는 것을 밝히는 것이다. 충분한 시간을 두고 유리한 증거를 확보하는 것이 좋다. 파국을 부르는 왜곡된 믿음을 뒤집을 수 있는 명백한 증거를 찾으면 반박하기가 쉬워진다.

대안 찾기는 부정적 믿음을 갖게 한 원인을 알아내고 그중 덜 파괴적인 원인에서 대안을 찾는 것이다. 그러려면 자신의 왜곡된 믿음이 생기게 한 모든 가능성을 샅샅이 조사해 바꿀 수 있는 원인에 먼저 초점을 맞추는 것이 바람직하다.

숨은 진실 찾기는 부정적 믿음이 불리하게 작용할 때 그 불행의 구렁텅이에서 해방시킬 수 있는 방법이다. 설령 부정적 믿음이 사실일지라도 그 믿음 안에 내재돼 있는 의미가 무엇인지 따져보는 것이 중요하다. 다시 부정적 믿음을 반박할 '증거'를 찾아봐야 한다.

마지막으로 실질적인 접근은 말 그대로 효과적으로 반박할 수 있는 방법을 찾아보는 것이다. 공평한 세상이라는 믿음을 얻으려면 어떤 마음가짐으로 살아야 할지를 생각해보고 공평한 미래가 되게끔 세상을 바꿀 수 있는 방법을 모색한다. 자신의 삶을 어떻게 바꿀 것인지 생각해보는 것도 중요하다.

## 반박 연습하기

실제로 반박하는 연습을 돕기 위해 2가지 예를 제시한다. 첫 번째는 나쁜 일에 관한 것이고, 두 번째는 좋은 일에 관한 것이다. 일상생활에서 겪게 되는 사건에 대해 자신에게 생기는 믿음이 어떤 것인지 생각하고 그 결과를 관찰해 자신의 믿음을 철저하게 반박한다. 그런 다음 반박에 성공했을 때 어떤 활력이 생기는지 살펴보고 그 결과를 적어보는 것이다. 자신의 부정적 믿음을 반박하는 위의 4가지 방법을 활용하면 큰 도움이 될 것이다.

## 나쁜 일에 관한 반박 예

**불행한 사건** 아이가 생긴 뒤 남편과 모처럼 첫 외식을 하면서 그만 말다툼이 벌어졌다. 처음에는 종업원 말투가 상냥하다, 아니다 하며 사소한 말다툼으로 시작했는데, 나중에는 아이가 외가 쪽을 닮아 눈이 작다느니, 친가 쪽을 닮아 고집이 세다느니 하며 싸움이 커졌.

**왜곡된 믿음** 아이 때문에 좋았던 부부 관계가 금이 갔다고 생각한다. 이혼밖에는 길이 없다고 생각하면서도 과연 혼자 아이를 키울 수 있을까, 걱정된다.

**잘못된 결론** 너무나 슬프고 절망적이고 두렵다. 도저히 식사를 할 수 없고 남편을 바라보는 것조차 끔찍하다.

**반박** 환상 속에서 살고 있는 자신을 발견한다. 지난 두 달 동안 단 3시간도 편안하게 못 잤다. 낭만적인 생각을 한다는 건 무리였다(명백한 증거). 지금도 젖이 불어 흘러내릴까 봐 걱정이다. 이번 외식을 망쳤다고 그게 이혼 사유가 될 수는 없다(대안 찾기). 우리 부부는 이보다 훨씬 더 힘든 시련도 이제껏 잘 이겨내지 않았던가(숨은 진실 찾기). 좀 더 여유를 갖고 우리 부부만의 오붓한 시간을 보낼 수 있도록 노력하기로 마음먹는다. 다음에는 훨씬 더 좋은 시간이 될 거야(실질적 접근).

**활력 얻기** 기분이 한결 좋아지고 오로지 남편만 생각하기 시작했다. 젖이 흘러내릴까 봐 걱정된다는 말도 남편에게 솔직하게 털어놓았다. 종업원의 태도에 대해서도 웃어넘길 수 있는 여유가 생겼다. 이번 실수를 교훈 삼아 다음 주 근사한 저녁 데이트도 약속했다. 솔직히 털어놓으니까 남편도 나도 훨씬 더 즐겁고 사랑이 더욱 깊어졌다.

## 좋은 일에 관한 반박 예

좋은 일을 비관적으로 해석하는 태도는 나쁜 일을 비관적으로 해석하는 태도와 정반대다. 비관적인 사람은 좋은 일이 생기면 일시적이고 일부라 생각하기 때문에 자신은 그 좋은 일과 아무런 관계가 없는 것으로 여긴다. 이처럼 좋은 일을 비관적인 태도로 받아들이면 자기에게 굴러들어온 복을 걷어차는 격이다.

**불행한 사건** 상사는 내가 제시한 아이디어가 마음에 든다고 말했다. 그러면서 중역 회의에 참석해 그들 앞에서 프레젠테이션을 해보라고 했다.

**왜곡된 믿음** 아냐, 그럴 리 없어. 상사가 내게 그렇게 중요한 회의에 참석해달라고 하다니 도무지 믿기지 않아. 난 비웃음만 살 거야. 나는 직속 상사에게 칭찬받은 것으로 충분해. 내 운은 거기까지야. 내가 결정적인 의견을 내놓긴 했지만 솔직히 난 회사 중역들의 질문에 명쾌하게 답변할 만한 전문 지식도 없어. 그러니 결국 창피만 당하고 말 거야.

**잘못된 결론** 나는 극도로 불안감을 느껴 아무것에도 집중하지 못했어. 최종 기획회의에 참석해 최선을 다했어야 했는데 마음의 갈피를 잡지 못하고 갈등하다 일만 밀리고 말았어.

**반박** 아냐, 잠깐 생각 좀 해보자. 이건 좋은 일이지 결코 나쁜 일이 아니잖아? 다른 사람들과 토론하긴 했지만 최종 아이디어를 얻기까지 내가 결정적인 공을 세운 게 사실이야. 그러니 그게 내 아이디어라고 해도 틀리진 않아(명백한 증거). 심지어 내가 적어놓은 아이디어를 부서원들이 돌려가며 읽기도 했지(대안 찾기). 직속 상사가 나를 선택한 건 내가 적임자라고 판단했기 때문이야. 그는 내가 잘할 수 있다고 확신한 거야(숨은 진실 찾기). 나도 마땅히 그래야 해(실질적 접근).

**활력 얻기** 오랫동안 차분하게 내 자신을 돌아본 후 동료 몇 명을 모아놓고 프레젠테이션 연습을 해보기로 결심했다. 사실 그 도전에 마음이 설레기 시작했고 연습하면 할수록 그만큼 자신감도 커졌다. 그러다 보니 프레젠테이션을 일목요연하게 진행할 요령도 터득했다.

## 10 몰입(관여)

## 왜 몰입이 중요한가

몰입이 플로리시를 위한 중요한 요소임은 긍정심리학의 권위자인 헝가리 태생의 칙센트미하이의 연구에서도 증명됐다. 몰입할 때가 가장 만족도가 높고 행복하다는 것이다. 그는 '경험표집 방법'을 고안해 어떤 활동이 만족을 가져오는지 분석했다. 경험표집 방법은 일상생활의 경험을 무작위로 표집해 순간의 행동과 심리를 측정하는 것이다. 이 실험에 참여한 사람들은 하루에 몇 차례씩 울리는 호출기를 들고 다니며 그것이 울릴 때마다 공책을 꺼내 그 순간 자신이 하고 있는 일과 그것이 얼마나 즐거운지 기록했다. 칙센트미하이는 호출기 수천 개를 수만 번 울린 결과를 분석함으로써 사람들이 단지 과거에 즐거웠던 것으로 기억하는 것이 아니라 실제로 지금 즐겁게 하고 있는 일이 무엇인지 알아냈다.

그는 실험을 통해 의미 있는 즐거움에는 두 종류가 있음을 밝혀냈다. 하나는 육체적 즐거움이다. 평균적으로 사람들은 가장 행복한 시간으로 식사 시간을 꼽는다. 식사를 하는 동안에는 전화를 받는 것조차 싫어한다. 섹스도 식사 시간 못지않게 즐거워한다. 맛있는 음식을 먹거나 섹스를 하는 것은 모두 육체적인 즐거움에 속한다. 육체적인 즐거움을 느낄 때 사람들은 행복해하지만 그렇다고 하루 종일 거기에만 빠져 있을 수는 없다. 그렇게 할 수도 없을뿐더러 실제 가능하더라도 음식과 섹스는 많이 하면 곧 물리게 돼 있다. 일정 수준의 만족을 넘어 계속 먹거나 성행위를 하면 더 이상 즐거움이 아닌 역겨움으로 느껴지기 쉽다.

칙센트미하이는 육체적 즐거움보다 더 큰 즐거움을 주는 상태가 있음을 발견했다. 그것은 바로 힘은 들지만 자신의 능력으로 감당할 수 있는 임무에 전적으로 빠져든 상태다. 칙센트미하이는 그것을 '몰입(Flow)'이라 부르며 '몰입은 삶이 고조되는 순간에 물 흐르듯 행동이 자연스럽게 이루어지는 느낌을 표현하는 말이다'라고 정의했다. 즉 하늘을 나는 것 같다, 시간 가는 줄 몰랐다, 그 일에 완전히 빠져들었다, 전혀 자각하지 못했다 등의 반응이라 할 수 있다. 그것은 운동선수가 말하는 몰아일체, 신비주의자가 말하는 무아지경, 예술가가 말하는 미적 황홀경과 일치한다.

칙센트미하이 이복형의 말을 들으면 몰입의 상태를 좀 더 쉽게 이해할 수 있다. 이복형은 정년퇴임을 한 후 취미 삼아 광물을 수집하며 지내고 있었다. 그 형이 칙센트미하이에게 다음과 같은 말을 했다.

"며칠 전 아침을 먹고 수정을 꺼내 현미경으로 살펴보고 있었어. 그런데 내부 구조가 갈수록 어두워 보이기에 구름이 해를 가렸나 하며 하늘을 보니 벌써 날이 저물었더라고."

날이 저물었는지도 몰랐던 것은 칙센트미하이 형이 수정을 관찰하는 데 몰입해 있었기 때문이다.

이처럼 몰입은 어떤 활동에 깊이 빠져 시간이나 공간, 타인의 존재, 심지어 자신의 생각까지도 잊는 심리 상태로 현재 하는 일에 심취한 무아지경 상태를 말한다. 아무런 갈등과 고민 없이 정신력이 하나로 모아지는 순간이라 할 수 있다. 이런 몰입을 경험해본 적이 있는지. 아마 누구나 한두 번쯤은 경험해보았을 것이다. 만약 한 번도 몰입을 경험해본 적이 없다면 행복의 절정을 맛보지 못했다고 해도 과언이 아니다.

몰입은 스키를 타거나 굽은 시골길에서 여유롭게 운전하거나 단체 스포츠에 참여할 때처럼 몸을 움직일 때 발생하는 경우가 많다. 또한 그림 그리기, 글쓰기, 사진 찍기 같은 고독한 창조적 활동 중 발생할 수도 있다.

몰입을 즐기려면 몇 가지 특징을 아는 것이 중요하다. 먼저 자신의 주의를 완전히 잡아끄는 명백히 도전적인 일이 있어야 하며, 이 일을 감당할 만한 능력이 있고, 각 단계마다 자신이 어떻게 하고 있는지에 대한 즉각적인 반응을 받아야 한다. 음악가가 고음부를 잘 처리하거나 어려운 부분을 잘 넘기고 노래할 때, 화가가 매끄러운 붓놀림으로 채색할 때 그들은 순간순간 좋은 느낌을 받는다. 몰입을 경험할 때는 조너선 헤이트가『행복의 가설』에서 제시한 코끼리와 기수가 완벽한 조화를 이룬다. 코끼리(자동 처리)가 안정되게 숲 속을 달리며 대부분 일을 하는 동안 기수(의식적인 생각)는 문제와 기회를 찾는 일에 몰두하며 필요한 경우 코끼리에게 도움의 손길을 내민다.

## 만족의 핵심은 몰입이다

긍정심리학에서 칙센트미하이의 중요한 업적 가운데 하나는 몰입을 체계화시켰다는 것이다. 몰입이 탄생할 수 있었던 건 아주 사소한 질문 덕분이었다. 칙센트미하이는 전 세계 각계각층의 남녀노소 수천 명을 인터뷰하면서 이런 질문을 던졌다.

"당신의 삶에서 가장 큰 만족을 얻었을 때는 언제이고, 그때 기분은 어땠나요?"

일본 교토에 사는 한 10대 오토바이족은 다음과 같이 대답했다.

"우리가 처음 오토바이를 몰 때는 완전히 난장판이에요. 그러다 오토바이가 순조롭게 달리기 시작하면서 공감대가 형성돼요. 이것을 뭐라고 표현하면 좋을까. 마음이 하나 되는 것을 느껴요. 그러다 문득 깨닫죠. 우리는 일심동체라는 것을, 우리는 한몸이라는 것을. 그리고는 희열을 느껴요. 그때부터 속도를 최대한 높이기 시작하는데, 이때야말로 지상 최고의 황홀경에 빠지게 되죠."

발레리나의 대답도 비슷했다.

"일단 발레를 시작하면 둥둥 떠다니듯 즐기면서 내가 하는 몸짓을 느낀답니다. 그러면 몸이 한결 가벼워지죠. 모든 것이 내 뜻대로 잘되면 무아지경에 빠져 온몸이 땀범벅이 될 정도로 혼신의 힘을 다하게 돼요. 당신도 몸짓으로 자신을 표현해보세요. 그게 바로 발레의 목적이거든요. 몸짓 언어로 의사소통을 하는 것입니다. 나는 음악과 더불어 우아하게 발레를 함으로써 객석 관객에게 나 자신을 멋지게 표현하는 셈이에요."

10대 오토바이족이나 발레리나 외에도 명상가, 체스 선수, 공장 근로자, 암벽 등반가 할 것 없이 자신이 좋아하는 일을 열정적으로 할 때 가장 큰 만족을 얻었다고 대답했다. 신비주의자가 말하는 무아지경, 화가와 음악가가 말하는 미적 황홀경, 운동선수들이 말하는 물아일체 상태와 같은 심리 상태였다고 한다. 좋아하는 일에 몰입했을 때 느낌이 어떤 흐름에 자연스럽게 빠져드는 것 같았다는 것이다. 그래서 칙센트미하이는 삶을 훌륭하게 가꿔주는 건 행복감이 아니라 깊이 빠져드는 몰입이라고 결론 내렸다.

많은 사람이 행복을 순간의 기분이나 쾌락이라고 생각하지만 일시적인 쾌락과 몰입을 통해 느끼는 만족감은 차원이 다르다. 쇼핑을 할 때의 즐겁고 좋은 기분은 자신의 삶에 아무런 변화를 가져오지 못한다. 하지만 자신이 좋아하는 일을 하면서 몰입할 때 느끼는 만족감은 심리적으로 성장하게 해준다.

몰입은 자신이 좋아하는 일을 할 때 혹은 강점을 발휘할 때 자연스럽게 경험할 수 있다. 몰입을 했을 때 느낌은 마치 하늘을 자유롭게 날아가거나 물 흐르는 것처럼 편안하다. 의식이나 지각을 한곳에 집중하게 되고, 자의식을 잊게 되며, 명확한 목표와 피드백에만 반응하게 되고, 주위 환경에 대한 통제감을 경험하게 된다. 그 결과 자신이 집중하고 있는 일이나 활동과 무관한 사고나 지각을 하지 않게 된다. 사람들이 특정 활동을 수행하는 주된 이유는 바로 이러한 몰입 경험에 기인한다.

일상에서 자주 몰입을 경험하는 사람과 쾌락에 자주 빠지는 사람이 느끼는 행복감은 엄청나게 다르다. 이렇게 자신이 갖고 있는 모든 역량을 하나의 일에 집중해 쏟아부을 때 진정한 행복감을 느낄 수 있다.

몰입활동의 최우선 기능은 즐거움을 주는 것이다. 연극, 미술, 종교의식, 운동 등은 이 활동들의 구조화된 방식 때문에 구경하거나 참여하는 사람들은 즐거운 마음의 상태를 경험하고 의식의 질서를 찾는다.

여기서 한 걸음 더 나아가 몰입활동은 개인에게 발견의 느낌과 창의적 깨달음을 주며, 한층 더 높은 수준의 활동을 할 수 있도록 돕고 이전에 경험해본 적 없는 인식의 상태를 느끼게 해준다. 결국 몰입활동을 통해 즐거움을 얻고 창의성을 발전시키면서 자아를 성장시킬 수 있다. 몰입을 경험하고 만족하는 데서 끝나는 것이 아니라 자아를 더 긍정적 방향으로 성장하게 돕는 것이 몰입활동의 핵심이다.

## 몰입 경험의 조건

작곡, 암벽 등반, 춤, 체스 등을 할 때 몰입을 할 수 있는 이유는 이러한 활동이 규칙이 있고, 기술이 필요하며, 목표가 분명하고, 피드백을 제공하며, 통제가 가능하기 때문이다. 이 밖에도 몰입을 경험하려면 여러 가지 조건이 맞아떨어져야 한다. 칙센트미하이는 몰입을 경험하기 위한 조건으로 명확한 목표, 신속한 피드백, 과제와 능력 사이의 균형, 집중력 강화, 현재의 중요성, 통제, 시간 감각, 자의식 상실 등 8가지가 있다고 밝혔다.

첫째, 명확한 목표가 있어야 한다. 현재 하고 있는 일이 불분명하거나 오랜 기간이 소요되는 일이라면 몰입이 잘 이루어지지 않는다. 명확하고 짧은 시간 안에 결과를 만들어낼 수 있는 일을 할 때 몰입이 잘된다. 그래서 몰입을 경험하기 위해선 목표가 분명해야 한다. 즉 어떤 활동에 깊이 몰입하려면 매 순간 자신이 무엇을 해야 하는지 정확히 알고 있어야 한다. 여가 시간보다 직장에서 일할 때 몰입이 잘되는 이유는 업무 규정과 명확한 목표가 있기 때문이다.

둘째, 즉각적인 피드백도 중요하다. 내가 이 일을 왜 하는지, 어떠한 결과를 창출할 것인지 등 분명한 목표가 없고 그 일에 대한 즉각적이고 적절한 피드백이 없다면 그 일에 계속해서 몰입하기 어렵다. 스포츠나 오락게임에 몰입이 잘되는 것은 재미도 있지만 그때그때마다 즉각적인 피드백이 있기 때문이다.

셋째, 과제와 능력 사이의 균형도 필요하다. 어떤 과제가 주어졌을 때 너무 어렵거나 쉬우면 몰입 경험이 잘 일어나지 않는다. 수준 있는 과제와 높은 능력이 결합했을 때 최고의 몰입을 경험할 수 있다. 아무리 호기심이 생기는 일이라도 능력이 따라주지 못해 해낼 자신이 없다면 몰입은커녕 시작도 못 하거나 시작했다가도 금방 포기하게 된다. 공부를 잘하는 학생들은 공부할 때 대부분 몰입을 잘한다. 그만큼 실력을 갖췄기 때문이다. 반대로 학습 능력이 떨어지는 학생들은 몰입을 잘하지 못한다. 열심히 공부해도 실력이 부족하니 따라갈 수 없고 의욕도 떨어질 수밖에 없다. 하지만 누구나 열심히 노력해 능력과 실력을 키운다면 과제와 능력의 균형을 맞춰 몰입을 경험할 수 있다.

넷째, 집중력도 몰입하는 데 많은 영향을 미친다. 몰입을 경험하기 위해선 집중력을 강화해야 한다. 주의산만한 아이들은 호기심이 분산돼 공부에 몰입하기 어렵다. 어른들도 마찬가지다. 집중력이 약한 사람들은 한 가지 일을 진득하게 하지 못한다. 어떤 일을 하다가도 해야 할 다른 일이 생각나면 그 일을 한다. 어떤 일이든 집중을 못 하니 벌여놓은 일은 많지만 뒷수습을 하지 못해 문제가 생기는 경우도 상당수다. 물론 재미없는 일을 억지로 하다 보니 집중하지 못할 수도 있지만 설령 재미없는 일이라도 집중하다 보면 일에 흥미를 느끼고 몰입할 수 있다. 집중력을 키우기 위해선 자신의 대표 강점을 일상에서 발휘해 흥미를 유발시키고, 분명한 목표와 즉각적인 피드백이 가능한 기회를 자주 포착하도록 하자. 그렇게 하면 그 일에 흠뻑 매료돼 몰입을 경험하게 된다.

다섯째, 현재를 중요시해야 한다. 몰입을 경험하기 위해선 지금 이 순간 외에는 다 잊어버려야 한다. 일상의 고민과 걱정거리를 뒤로하고 미래의 불안감도 잊고 오직 지금에만 집중해야 몰입이 잘된다. 일단 몰입에 빠져들면 더 이상 잡생각이 머릿속에 파고들지 못한다. 그런데 말처럼 쉽지 않다. 공부하다가도 친구나 게임 생각이 나고 직장에서 업무를 보면서도 집에 있는 아내나 자녀들 생각이 불쑥불쑥 난다. 마치 컴퓨터 바탕화면에 어지럽게 깔려 있는 폴더처럼 우리 머릿속은 늘 복잡하다. 컴퓨터 바탕화면에 수없이 깔린 폴더를 모두 지워버리고 오직

'현재'라는 폴더만 남겨놓자.

여섯째, 자신을 장악할 수 있다는 통제감을 느끼게 한다. '내가 하는 일과 그 결과를 통제할 수 있다'는 느낌을 갖고 있는 것이다. 즉 실제 생활에서 흔히 고민하는 '내가 일을 잘못하면 어떻게 될까' 같은 걱정과 우려가 사라지고 집중력이 살아남에 따라 완전한 통제력을 갖고 있는 것처럼 느끼게 한다.

우리는 일상에서 갑작스러운 장마나 폭설로 인한 재해, 급격한 환율과 주가지수 변동처럼 자기 의지대로 통제할 수 없는 일에 너무 많이 노출돼 있다. 하지만 몰입을 경험하면 제한된 범위에서는 완전히 자신을 통제할 수 있다고 느낀다. 운동이나 게임을 하다 보면 그때마다 결과가 다른데, 최고의 성과를 내는 경우는 대부분 몰입이 잘돼 나의 의지대로 나 자신을 완벽하게 통제했을 때다. 강의할 때도 그렇다. 강의에 몰입할 때는 자유자재로 청중과 호흡할 수 있다.

일곱째, 시간 감각에 변화가 온다. 몰입 경험의 특징 가운데 한 가지는 시간에 대한 감각을 인지하지 못하는 것이다. 사랑하는 사람이나 친한 친구들과 만나 재미있는 이야기를 하다 보면 시간이 금방 지나간다. 1시간쯤 지났을 거라 생각했는데 몇 시간이 훌쩍 흘러 놀란 경험을 한 적이 있을 것이다. 또 자신이 좋아하는 일에 푹 빠질 때도 마찬가지다. 칙센트미하이 이복형의 몰입 상태 예에서 보듯 말이다.

나는 매일 아침 5시에 일어난다. 그래서 8시에 출근하는 아내의 아침을 꼭 챙겨준다. 그런데 가끔 중요한 강의 준비나 흥미 있는 주제의 글쓰기, 책읽기에 몰입하다 보면 아내의 출근 시간을 놓치곤 한다. 이처럼 몰입을 하면 시간이 빨리 흐르는 것처럼 느껴진다. 반면 몰입을 하지 못하면 하루가 한 달처럼 느껴지기도 한다.

마지막으로 자의식 상실을 경험하게 된다. 몰입 상태에 이르면 현재 하고 있는 일에 푹 빠져 그 활동을 관찰하거나 평가하는 의식이 존재하지 않는다. 한마디로 무아지경에 빠지는 것이다. 그래서 몰입을 하면 좋고 싫은 감정을 느끼기 어렵다. 행복한지도 모른다. 행복을 느끼는지 알려면 내면의 상태에 관심을 기울여야 하는데, 몰입은 완전히 심취해 내면의 소리는 물론 누가 옆에서 말을 걸어도 모른다. 자의식을 상실해서 그렇다. 대부분 사람은 몰입 경험을 하는 동안 자의식을 망각하지만 그 이후로는 자부심이 높아진다. 칙센트미하이는 하루 동안 자부심의 변화를 측정했는데 몰입 상태에 근접한 이후에는 개인의 자부심 수준이 상당히 올라간다는 사실을 발견했다

### 대표 강점은 몰입을 가능하게 만들어주는 열쇠

칙센트미하이는 자신이 좋아하고 만족하는 일을 할 때 몰입을 경험할 수 있다고 했다. 물론 근무 시간 내내 몰입 상태를 유지하는 것은 어렵다. 최적의 상태일 때 두세 차례 몇 분간 일어나는 정도지만 그것만으로도 충분히 근무 시간 전체가 즐겁고 행복할 수 있다.

업무 시간은 몰입을 경험하기에 가장 적절한 시간이기도 하다. 여가활동과 달리 직장에서 일하는 것 자체가 몰입할 수 있는 조건을 많이 형성하기 때문이다. 일반적으로 업무의 역할과 규칙이 정해져 있으며 대인관계에도 뚜렷한 목적과 원칙이 있다. 게다가 업무 능력에 대한 피드백이 수시로 이루어진다. 업무 시간에는 대개 자신이 맡은 일에 집

중해야 하기 때문에 산만해질 우려가 적다. 주의산만해지면 재능은 물론 강점까지도 제대로 발휘하기 힘들다. 따라서 사람들은 흔히 집보다 일터에서 일하고 싶어 한다.

이처럼 직장은 몰입하기에 적합한 기회를 제공하는데, 직장에서 하고 싶지 않은 일을 생계 때문에 억지로 한다면 그것만큼 불행한 일도 없다. 일하는 동안 누릴 수 있는 가장 큰 행복이 몰입이다. 몰입해 일하면 몸도 마음도 즐겁고 시간 가는 줄도 모른다. 마치 화살처럼 시간이 빨리 지나가 금방 점심시간이 되고 금방 퇴근 시간이 된다.

그렇다면 직장에서 몰입을 경험하려면 어떻게 해야 할까? 몰입은 자신이 해야 할 일과 그 일을 할 수 있는 능력이 완벽하게 맞물릴 때 일어난다. 따라서 자신의 대표 강점을 날마다 발휘할 수 있는 직업을 선택하면 몰입하는 행복을 누릴 수 있다.

자신의 대표 강점을 고려하지 않고 단지 사회에서 인정하는 직업을 가졌을 경우 몰입하기도 어렵고 당연히 행복해지기도 어렵다. 최근 여론조사에서 개업 변호사들을 대상으로 직업 만족도를 조사했는데, 약 52%가 자신의 직업에 불만을 느낀다고 답했다. 수입만 보면 경제적인 문제 때문이 아니라는 것은 두말할 필요도 없다. 변호사는 자기 직업에 환멸을 느끼는 것 말고도 일반 사무직에 종사하는 사람들에 비해 우울증에 걸릴 위험이 훨씬 높다. 미국에서 변호사는 우울증, 자살, 이혼율이 가장 높은 직업이기도 하다.

변호사의 사례는 직업을 구할 때 연봉을 비롯한 일반적인 조건보다 대표 강점을 고려해야 한다는 것을 말해준다. 대표 강점을 날마다 발휘할 수 있는 직업은 이른바 '천직'이라 할 수 있다. 천직을 갖고 있는 사람들은 당연히 행복할 수밖에 없다. 다만 행복을 더 발전시키려면 대표 강점을 발휘할 수 있는 직업을 가졌다는 데 만족해서는 안 된다. 수시로 재교육을 받아 대표 강점을 더욱 많이 활용할 수 있도록 노력해야 한다.

## 몰입과 관여

'관여(Engagement)'란 무엇일까? 우리나라에서는 관여를 몰입으로 인식하는 경향이 있지만 관여는 몰입보다 더 포괄적인 개념이다. 'Engagement'의 사전적 의미인 약속, 계약보다는 'Engage'라는 동사가 지닌 '관여하다, 참여하다, 관심을 끌다, 사로잡다'라는 뜻으로 이해하는 것이 바람직하다.

칙센트미하이를 비롯한 몇몇 학자의 관여에 대한 정의를 살펴보면 어떤 의미인지 좀 더 확실히 이해할 수 있다. 칙센트미하이와 나카무라는 '열정 관여(Vital Engagement)'에 대해 '즐거움의 몰두와 주관적 삶의 의미를 경험하며 세상에 적극적으로 임하는 태도'라고 정의했다. 한편 브리트와 그의 동료들은 '직원 관여'에 대해 '자신이 맡은 업무의 성과를 중요하게 여겨 그것에 책임감을 느끼고 헌신함으로써 탁월한 업무 성과를 내려는 것'이라고 정의했다.

직원들이 자기가 맡은 일에 적극적으로 관여하면 할수록 조직의 효율성, 수익성, 생산성은 크게 향상된다. 이를 입증하는 증거는 수도 없이 많다. 그중 스테어스와 길핀이 찾아낸 증거에 따르면 직원들의 관여가 행복, 출석률, 이직률, 노력, 성과, 업무의 질, 판매 성과, 수입, 이윤, 고객만족, 배당금, 비즈니스 성장, 성공과 관련 있음이 밝혀졌다.

하지만 안타깝게도 최근 평가에 따르면 직원들 가운데 일에 적극적으로 관여하는 사람은 19%에 불과하다고 한다. 흔히 20 대 80 법칙이 조직을 지배한다고 하는데, 이는 열심히 일하는 20%의 직원이 나머지 80%를 먹여 살린다는 것이다. 조직 대부분을 차지하는 80%의 직원이 적극적으로 일에 관여하게 만들 수 있다면 조직이 더 많은 성과를 내고 직원들이 행복해질 수 있음은 두말할 것도 없다.

직원이 적극적으로 일에 관여하면 조직에만 이익이 될 것이라 여기는 사람이 있는데 이는 잘못된 생각이다. 일에 관여하면 기분이 좋아지고 스스로를 유능하게 느끼며 소속감을 갖게 된다. 일에 관여하는 정도가 약해 몰입하지 못하면 일하는 게 고역스럽게 느껴져 스트레스가 더 쌓일 수밖에 없다. 일에 관여하지 않는 직원이 많으면 많을수록 조직은 큰 손해를 본다.

갤럽은 2003년 영국에서 직원들이 일에 관여하지 않고 주식이나 뉴스 서핑을 하거나 잡담을 하는 등 업무와 관련 없는 일을 하면서 낭비하는 비용이 얼마인지 조사한 적이 있다. 그 비용은 무려 연간 3700만~3900만 파운드에 달하는 것으로 나타났다. 일개 조직이든 국가경제든 이러한 손실을 감당할 만큼 여유로운 곳은 없음에도 아직까지 상황이 개선됐다는 지표는 없다.

그렇다면 어떻게 해야 직원들이 일에 적극적으로 관여할 수 있을까? 긍정심리학에서 제시한 방법은 직원들의 강점과 재능을 살려주는 것이다. 이 밖에도 긍정정서, 몰입, 의미, 목표 설정 4가지가 직원 관여에 큰 영향을 미치는 것으로 나타났다. 긍정정서는 자발적인 관여를 높여주고, 몰입 경험은 관여의 좋은 표시가 되며, 자신의 일이 의미가 있다고 믿는 것은 관여도가 건강하게 유지되고 있다는 증거다. 마지막으로 올바른 목표 설정은 직원들의 관여, 행복, 즐거움, 성과, 만족을 증가시켜준다. 직장인들의 관여도가 높을 때 행복도 증진된다. 어떻게 직원들의 강점과 재능을 살려주고, 긍정정서를 키우며, 몰입, 의미, 목표 설정을 하는지는 각 해당 장에서 소개했다. 여기서는 직원 관여가 조직에서 직원들이 일에 몰입하게 만들고, 그로 인해 행복한 직장생활을 할 수 있게 만드는 중요한 요소라는 것만 확실하게 기억해두길 바란다.

# 11 긍정관계

## 왜 긍정관계가 중요한가

셀리그만은 인간의 진화에 관한 대표적 2가지 최신 이론인 인간의 뇌와 집단 선택 이론 모두 긍정관계 자체와 자발적인 관계의 중요성을 지적했다.

약 50만 년 전에 600㎤였던 인류의 두개골은 현대에 이르러 1200㎤로 두 배로 늘었다. 인간의 뇌가 커진 이유는 무엇일까? 이렇게 뇌가 커진 이유에 대한 인기 있는 설명은 인간이 도구와 무기를 만들 수 있게 하기 위해서라는 것이다. 도구를 사용해 물리적 세계를 다루려면 정말로 똑똑해야 한다. 영국의 이론심리학자인 닉 험프리(Nick Humphrey)는 다른 이유를 내놓았다. 커다란 두뇌는 물리적 문제가 아닌 사회적 문제를 해결해준다는 것이다. 셀리그만은 "학생들과 토론할 때 나는 어떻게 하면 마지의 주장이 말도 안 된다는 것을 알려주고, 탐이 불쾌해하지 않게 지적하며, 데릭이 창피해하지 않으면서 자신의 오류를 인정하게끔 설득할 수 있을까 하고 고민한다. 이것은 극도로 복잡한 문제이며, 순식간에 무기와 도구를 설계할 수 있는 컴퓨터도 풀지 못한다"고 말했다. 하지만 인간은 매일 매 순간 사회적 문제를 해결해야 하고 해결해낸다. 진화는 조화로우면서도 효과적인 인간관계를 고안한 또 하나의 진화론적 관점은 집단 선택이다. 협동적인 집단은 살아남고 비협동적인 집단은 도태한다는 자연선택론이다.

집단 선택 이론의 '사회성 집단'과 '비사회성 집단' 두 인간 집단을 떠올려보자. 각 집단은 유전적으로 다양한 개인으로 이루어져 있다. '사회성 집단'은 사랑, 연민, 친절, 협동, 자기희생, 즉 '벌집 정서(사회성 곤충인 말벌, 꿀벌, 흰개미, 개미 등은 모두 공장과 요새, 통신체계를 갖추고 있으며, 인간이 척추동물 세계를 지배하듯 이들은 곤충 세계를 지배한다)'를 촉진하는 정서적 뇌 구조와 타인의 마음을 그대로 비춰주는 거울 뉴런과 같은 인지적 뇌 구조를 지닌다. '비사회성 집단'은 사회성 집단과 똑같이 물리적 세계에 대한 지식이 있고 강인하지만 상대 집단의 벌집 정서는 갖고 있지 않다.

이제 이 두 집단이 전쟁이나 기근 같은, 오직 한 집단만 살아남을 수 있는 죽음의 경쟁에 돌입한다. 결과는 뻔하다. 사회성 집단이 이길 것이다. 그들은 협동하고 무리 지어 사냥하고 농사를 지을 수 있기 때문이다. 사회성 집단 전체의 서로 다른 유전자 세트는 보존되고 복제된다. 그리고 이 유전자에는 벌집 정서와 타인에 대한 신뢰, 타인의 생각과 감정을 이해하는 능력에 필요한 두뇌 메커니즘이 포함돼 있다.

셀리그만은 커다란 사회적 뇌와 벌집 정서, 집단 선택을 근거로 긍정관계가 웰빙의 5가지 요소 중 하나라고 판단했다는 것이다.

셀리그만과 디너는 공동 연구를 하며 가장 행복한 사람으로 밝혀진 상위 10%의 학생들을 집중 연구했다. 그런데 이들 '가장 행복한' 사람들은 보통 사람들이나 불행한 사람들과 확연히 다른 점이 하나 있었다. 바로 폭넓은 인간관계였다.

가장 행복한 사람은 혼자 있는 시간이 가장 적고 사회활동을 하는 시간이 가장 많았으며 자타가 공인할 만큼 대인관계가 좋았다. 외향적이고 사교적인 성격으로 어떤 일이든 열정적으로 동참하면서 관계를 맺을 기회가 많고 사람들에게 긍정적 피드백을 받으면서 행복지수는 더 높아지는 것이다.

행복의 요소로 긍정관계를 말하는 학자는 그들뿐만이 아니다. 『행복의 가설』 저자인 헤이트도 행복은 사이(관계)에서 온다고 했다. 그만큼 복잡한 사회일수록 관계가 중요하다는 것이다.

긍정관계는 다이어트에도 효과적이다. 낸시 마킨(Nancy Makin)이란 여성은 몸무게가 무려 318kg이었다. 그녀는 먹으면 기분이 나빴다. 기분이 나쁠수록 더 먹었다. 오랜 기간 외출도 하지 않았고 집 안에서 가족하고 지내는 시간이 전부였다. 그러던 어느 날 여동생에게 컴퓨터를 선물 받았다. 다행히 그녀는 인터넷을 할 줄 알았다. 평소 정치에 관심이 많았던 그녀는 인터넷 채팅방에 들어가 친구를 사귀었고 수시로 정보를 교환하기도 했다. 그들은 마킨의 외모를 평가하지 않았고 늘 친절하고 따뜻하게 대했다. 그녀는 자신이 소중하다는 것을 깨닫고 자존감을 느끼기 시작했다. 그러다 보니 하루하루가 즐겁고 기대가 됐다. 그러자 살이 빠지기 시작했다. 별도로 운동도 하지 않고 약도 먹지 않았으며 수술도 하지 않았다. 오직 폭식만 하지 않았을 뿐이다. 그녀는 놀랍게도 3년 동안 240kg이 빠졌다. 그녀는 자신을 더 좋아하게 되면서 살이 빠졌다고 했다. 그리고 자기 자신을 더 좋아하게 된 이유로는 인터넷에서 만난 좋은 친구들과 긍정관계를 키웠기 때문이라고 말했다.

대한민국의 행복지수는 아주 낮다. 그 이유로는 여러 가지가 있겠지만 사람들과 더불어 사는 방법보다 서로를 밟고 경쟁하는 방법을 더 많이 배우고 강요당하는 사회적 분위기와도 관련 있다. 돈과 명예가 행복을 결정하는 중요한 요소라고 생각하니 남들보다 더 많이 벌고, 더 높이 올라가기 위해 친구나 동료를 마음을 나눌 대상이 아닌 경쟁자로 바라본다. 이런 환경에서 진실한 인간관계를 맺기란 상당히 어렵다.

덴마크는 우리나라와 달리 오래전부터 다른 사람을 인정하고 존중하도록 사회적 분위기가 형성돼 있다고 한다. 어릴 때 집과 학교에서 가장 먼저 배우는 것도 남을 존중하고 피해를 주지 말라는 것이다. 남과 서로 더불어 사는 법을 배우므로 사는 게 즐거울 수밖에 없다. 실제로도 덴마크 국민의 행복지수는 높은 편이다. 다른 나라 사람들은 단순히 덴마크가 사회복지제도가 잘돼 있기 때문에 행복하다고 생각하지만, 덴마크 국민이 꼽는 행복의 비결은 다른 사람을 존중하는 사회적 분위기다.

당신의 인간관계는 어떤지 돌아보자. 새벽 4시에 전화해 고민을 털어놓을 수 있는 사람이 한 명이라도 있는가? 무언가를 성취하고 이루었을 때 사심 없이 기뻐하고 축하해줄 가족이나 친구가 있다면 없는 사람보다 더 행복하고 오래 살 가능성이 크다. 반대로 당신이 사람들과의 관계에서 충분한 만족을 못 느끼거나 혼자 고립돼 있다면? 흡연이나 음주, 비만보다도 위험해 더 빨리 죽을 수도 있다. 그래서 긍정심리학자들이 가장 중요한 행복의 요소로 꼽는 것이 인간관계다.

로버츠 쿠민스(Roberts Cummins) 호주 데킨대 심리학과 교수가 연구한 결과도 긍정관계가 행복을 만드는 데 중요한 요소임을 말하고 있다. 쿠민스 교수는 2001년부터 시드니 시민 2만3000명을 대상으로 삶의 만족도를 인터뷰했는데, 조사결과 시드니에서 시민들이 가장 만족도가 높은 지역의 특징은 인구밀도가 적고 이웃관계가 돈독하며 수입격차가 작았던 것으로 나타났다. 이 조사결과를 바탕으로 쿠민스는 배우자, 가족, 친구와의 관계에서 경험하는 친밀감은 행복도를 예측하는 변인으로 물질적 풍요나 건강 및 여가활동보다 더 강력하다고 밝혔다.

## 긍정관계를 위한 8가지 방법

피터슨은 "긍정심리학이란 무엇인가?"라는 질문에 서슴없이 "타인이다"고 대답했다. 타인과의 관계가 그만큼 중요하다는 것이다. 이 8가지 방법은 피터슨이 생애 마지막 한국 방문에서 제시한 긍정관계를 위한 방법을 중심으로 내가 만든 것이다.

**첫째, 자기 자신을 먼저 알자.** 사람들은 자신을 잘 안다고 생각하지만 정작 자신을 잘 아는 사람은 많지 않다. 긍정관계를 위해선 자신을 정확히 아는 것이 중요하다. 성격적 특성은 무엇인지, 가치관은 무엇인지, 좋아하고 잘하는 것은 무엇인지, 리더십 스타일은 무엇인지 등 자신이 어떤 사람인지 모르면 갈등과 분열이 만연한 사회 환경에서 긍정관계를 유지하고 증진시키기 어렵다. 자신부터 알아보고 멋진 나를 만들어보자.

**둘째, 상대의 강점을 보자.** 우리는 대부분 상대의 긍정적 면보다 부정적 면에, 강점보다 약점에 초점을 맞추는 데 익숙하다. 특히 동성이든 이성이든 처음에 느꼈던 긍정적 모습과 강점도 시간이 지남에 따라 평범해지고 부정적으로 보이거나 약점으로 바뀌기도 한다. 이때쯤이면 벌써 관계에 심각한 틈이 생기고 있다고 보면 된다. 상대에 대한 긍정적 환상과 강점을 먼저 보고 찾으려고 노력하면 그만큼 인간관계가 긍정적으로 발전한다.

**셋째, 좋은 이야기나 칭찬을 하자.** 대부분 사람은 좋은 이야기보다 뒷담화나 험담을, 격려나 칭찬보다 질책이나 책임 추궁을 많이 한다. 뒷담화의 내용은 비판적인 것이 압도적으로 많고 다른 사람들의 비도덕적인 사회적 일탈에 대한 것도 큰 비중을 차지한다. 뒷담화를 할 때 남의 장점에 대해 말할 때도 있지만, 이런 이야기들은 단점에 관한 이야기의 10분의 1 수준밖에 안 된다. 형식적이고 남발하는 지나친 칭찬은 관계를 훼손시킬 수 있지만 진실되고 적절한 칭찬은 상대의 기분을 좋게 해줄 뿐만 아니라 좋은 행동을 유발시킨다.

**넷째, 감사를 표현하자.** 감사도 습관이다. 사소한 일상에서 중요한 비즈니스에 이르기까지 감사 표현을 자주해 습관으로 만들자. 감사는 생활만족도와 거기서 비롯되는 모든 요소와 가장 견고하게 연결된 강점이며 사람과 사람 사이에 강력한 정서적 유대를 형성해준다. 감사는 가장 저렴한 투자로 최상의 인간관계를 만들어주는 부담 없이 편안한 교류 수단이기도 하다.

**다섯째, 배려는 나를 위한 것이다.** 대부분 사람은 상대방을 배려하는 데 익숙하지 않다. 치열한 경쟁 속에서 어떻게든 살아남으려고 애쓰다 보니 이기적인 사람이 된 측면도 없잖아 있을 것이다. 가족의 생계를 위해 밖에서 이렇게 고생하는데 가족이 나를 위해 당연히 배려하고 희생을 감수해야 한다고 생각한 적이 없는가? 내가 힘들게 공무원 시험을 준비하면서 고생하는데 가족 모임이나 집안일은 신경 못 쓰는 게 당연하다고 생각한 적이 없는가? 남이 나를 배려해주길 바라면 끝이 없다. 내가 배려하는 게 결국 나를 위한 일이다.

**여섯째, 항상 용서와 이해하는 마음을 갖자.** 서로의 관계를 오래 지속시키고 긍정관계로 맺어줄 수 있는 유일한 방법이 용서와 이해다. 우리는 관계를 맺어가는 과정에서 본의든 타의든 실수를 하고 문제를 일으킨다. 이로 인해 상처를 입거나 피해를 당하기도 한다. 이때 상대에게 기회를 다시 주고 용서를 베푸는 것만이 이러한 문제를 해결하고 관계를 지속시킬 수 있게 해준다. 또한 상대가 자신의 견해에 반대하거나 비판하면 감정적으로 받아들이는 예가 많다. 이럴 때 상대의 입장과 견해를 이해하고 받아들일 수 있는 열린 마음을 갖는 것이 중요하다.

**일곱째, 시간의 선물을 하자.** 주변에 관계가 불편한 사람을 한번 떠올려보자. 대부분 인간관계의 균열이 생기는 이유 중 하나가 서로가 원할 때 함께하지 못하는 것이다. 특히 부부 관계에서 많이 발생한다. 여자는 사소한 것이라도 자신이 원할 때 함께 있어주고 자기 생각 혹은 이야기에 공감하고 공유해주길 바란다. 이러한 바람들을 채워주지 못하면 그 공간은 다른 부분으로 메우게 된다. 이때부터 관계에 균열이 생기는 것이다. 시간의 선물만큼 서로의 관계를 회복시켜주고 아름답게 만들어주는 것도 드물다. 시간의 선물에는 상대방에 대한 사랑, 배려, 공감, 관심, 소통이 포함돼 있기 때문이다.

**여덟째, 적극적이고 건설적으로 반응하자.** 인간관계에서 가장 중요한 것 중 하나는 상대를 기분 좋게 해주는 것이고 상대는 자신을 좋아해주는 것이다. 그래야 자신에 대한 믿음을 갖게 되고 마음의 문을 연다. 적극적이고 건설적인 반응 기술은 상대를 기분 좋게 해주고 자신을 좋아하게 만들어주는 행복 연습도구다. 상대가 긍정적 이야기를 했을 때 반응하는 방식은 4가지가 있다. 첫째, 적극적이며 건설적인 반응(진실하고 열광적인 지지), 둘째, 소극적이며 건설적인 반응(절제된 지지), 셋째, 적극적이며 파괴적인 반응(긍정적 사건의 부정적 측면 지적하기), 넷째, 소극적이며 파괴적인 반응(긍정적 사건 무시하기)이다.

## 서로의 강점을 찾자

신디 헤이잔(Cindy Hazan) 코넬대 심리학과 교수는 사랑에는 3가지가 있다고 말한다. 첫째는 인정하고 편안하게 해주고 도와주며 자신감을 심어주고 이끌어준 자식에 대한 부모의 사랑이고, 둘째는 물질적·정신적 양식을 제공해주고 의지할 수 있게 해준 부모에 대한 자식의 사랑이며, 마지막으로 남녀 간의 사랑이다. 남녀 간의 사랑은 셋 중 가장 이상적인 사랑으로, 상대방의 강점을 가장 이상적으로 여기며 약점과 단점에는 개의치 않는다. 결혼은 한 울타리 안에서 이 3가지 사랑 모두를 누리게 해주는 남녀의 결합이다. 이것이 바로 결혼을 커다란 행복의 요소로 꼽는 특성이기도 하다.

당신은 지금 누군가를 열렬히 사랑하고 있을 수도 있고, 결혼했을 수도 있다. 연인이나 배우자와 교감하는 안정적인 사랑은 그 자체로 커다란 행복이고, 인생의 고난과 역경을 헤쳐 나가는 버팀목이 된다. 특히 결혼은 앞의 행복 공식에서 살펴본 것처럼 당신이 더 행복해질 수 있는 외적 환경 가운데 하나다. 하지만 중요한 건 결혼의 질이다. 당신은 애인과의 관계나 결혼생활에 만족하고 있는가, 아니면 권태기를 겪고 있거나 상대방 얼굴조차 보기 싫어질 때가 있는가?

연인들은 사랑에 빠졌을 때 영원한 사랑을 맹세하지만 유감스럽게도 사랑의 열정은 식는다. "어떻게 사랑이 변하니?" 사랑은 끊임없이 변한다. 이유 없이 사랑하고 이유 없이 사랑이 식어버린다. 그래서 사랑에는 유효기간이 있다는 말도 한다. 그런데 당신은 정말 사랑에 빠졌을 때 아무 이유가 없었다고 생각하는가? 당신은 사랑하는 사람의 어떤 모습에 호감을 느꼈는가? 외모, 아니면 능력? 타임머신을 타고 사랑에 빠졌을 때로 돌아가보자. 아마 상대방의 약점이나 단점 같은 건 없다고 생각했고 설령 단점을 발견해도 대수롭게 여기지 않았을 것이다. 당신은 애인이나 배우자가 대단한 성공을 이루어서 좋아하는가,

아니면 바이올린을 잘 켜기 때문에? 아닐 것이다. 소매를 걷어붙이고 열정적으로 일에 몰두하는 모습, 다른 사람을 배려하고 포용하는 자세, 착실함, 한결같은 모습, 포기하지 않는 끈기…….

결국 강점에 끌렸다는 것이다. 반대로 누군가가 당신에게 호감을 느낀 것도 당신의 강점 때문이다. 이렇게 사랑의 본질은 상대가 지닌 강점과 잠재력을 알아봐주는 것이다. 그동안 당신은 본인의 강점을 모르고 살아왔겠지만 당신의 애인과 배우자는 이미 당신의 강점을 알아봐준 사람들이다. 얼마나 고마운가? 만약 당신이 애인이 없다면 강점을 더 적극적으로 계발해 한층 매력적인 사람이 될 수 있다는 뜻이기도 하다. 이렇게 처음에는 긍정적으로 작용하던 상대방의 강점이 시간이 지나면서 당연하게 생각되거나 보기 싫어지는 것뿐이다. 발랄한 말솜씨는 수다로 들리고, 끈기는 독기로 여겨지며, 지조는 고집불통으로 보인다. 상대방이 변한 게 아니라 당신의 관점이 변한 것이다.

그래서 더 원만한 연인관계나 결혼생활을 유지하고 싶다면 본인의 대표 강점을 찾아 적극적으로 발휘해야 한다. 대표 강점이 '유쾌함과 유머감각'이라면 매일 저녁식사 시간에 텔레비전을 틀어놓는 대신 하루 일과를 유머러스하게 이야기해볼 수 있을 것이다. 또 대표 강점이 '용서와 자비'라면 배우자가 실수를 했거나 잘못했을 때 너그럽게 자비를 베풀어 다시 기회를 줄 것이다. 둘 사이에 어떤 오해가 생겨도 강점을 발휘해 먼저 오해를 풀려고 노력할 것이다. 대표 강점이 '신명과 열정'이라면 청소나 빨래 등 집안일을 할 때 즐거운 놀이를 하듯 열정적으로 해보자. 지금보다 훨씬 즐겁고 행복한 일이 많아질 것이다.

하지만 당신이 아무리 강점을 발휘하면서 더 좋은 관계를 만들려고 노력해도 상대방이 달라지지 않는다면? 얼마 못 가 지쳐서 포기해 버릴 수도 있다. 사랑이 어려운 건 혼자 하는 게 아니기 때문일 것이다. 그럴 때 당신은 어떤 방법으로 상대방을 바꾸려고 노력하는가? 강요나 설교, 심지어 부탁? 그럴 땐 상대방의 강점을 활용해보자. 당신은 상대방의 강점에 대해 생각해본 적이 있는가? 당신의 애인과 배우자에게도 그들만의 독특한 성격적 특성이 있다. 그 강점을 찾아 자꾸 격려해주는 것이다.

그러려면 일단 상대방에 대해 진지하게 생각하는 시간이 필요하다. 지금 열렬히 사랑하고 있거나 신혼이라면 눈만 뜨면 상대방을 생각하고 또 생각하겠지만, 권태기이거나 결혼한 지 오래된 부부라면 상대방을 그리워하는 마음은 별로 없을 것이다. 진지하게 생각하는 시간도 거의 없을 것이다. 그러다 보면 마음도 멀어지고 사랑도 식는다. 시간을 갖고 상대방의 강점을 찾아보자. 그리고 강점 3가지 정도를 골라보자. 이제 상대방이 최근에 그 강점 3가지를 발휘한 사건을 찾아보자. 당신이 생각하는 배우자의 강점이 용기라면 용기를 발휘한 사건이 있을 것이다. 배우자의 강점이 용서라면 아내가 아끼는 그릇을 깨뜨렸다거나 실수를 저질렀을 때 아내가 너그럽게 용서해주었을 수도 있고, 학구열이 강점이라면 퇴근 후 자기계발을 위한 시간을 가졌거나 밤늦게까지 책을 읽었을 수도 있다.

그 사건과 강점을 글로 적은 후 상대방에게 보여주고 함께 이야기를 나눠보자. 그리고 상대방에게도 강점 검사를 받도록 권유해보자. 일단은 무척 고마워할 것이다. 그리고 당신이 자기 강점을 알고 있고 인정한다는 사실을 깨닫게 되면 어떻겠는가? 스스로의 행동에 자부심을 느끼고 앞으로 더 자주 강점을 발휘하려고 노력하게 될 것이다.

샌드라 머레이(Sandra Murray) 뉴욕주립대 교수는 만족하지 못한 부부는 서로에 대한 '일그러진 이미지'를 갖고 있다고 말했다. 이들은 친구들이 평가한 것보다 배우자의 강점을 훨씬 더 과소평가하고, 만족하는 부부는 친한 친구들은 전혀 강점으로 여기지 않는 것조차 서로 강점으로 본다. 이처럼 배우자의 약점도 호의적으로 보는 것이다. 가장 행복한 부부는 어떤 부부일까? 배우자를 긍정적으로 대하며, 약점보다 강점을 부각시키면서 불행한 일도 함께 극복할 수 있다고 믿는 부부다. 이들 부부는 일상의 피곤함을 다소 도발적으로 표출해도 서로가 너그러이 받아주는가 하면, 실수를 눈감아주고 약점을 강점으로 계발할 수 있도록 격려해주기 때문이다.

행복한 부부는 상대방의 강점을 찾고 의견을 존중해주는 '공감적 대화법'을 재치 있게 활용할 줄 안다. 의견충돌이 있을 때마다 사소한 것에 병적으로 집착하는 남편의 어이없는 단점을 가벼이 받아넘기는 아내는 이렇게 말했다.

"나는 이런 방법이 효과가 있다고 믿어요. 우린 이제껏 사소한 의견 충돌로 큰 싸움을 벌인 적이 없었으니까요."

자신감이 부족한 남편에 대해 이렇게 이야기하기도 한다.

"남편을 더욱 따뜻하게 대해야겠다는 생각이 들어요."

집요하고 완고한 배우자에 대해 이렇게 말하는 아내도 있다.

"난 남편의 굳은 신념을 존중해요. 그래야 부부 관계가 돈독해질 수 있다고 믿거든요."

그런가 하면 남편의 질투심을 '자기 존재를 소중하게 여기는' 징표라고 이해하는 아내도 있다. 너무 쉽게 결정하는 아내에 대해 이렇게 생각하는 남편도 있다.

"처음에는 아내가 경솔하게 보였는데, 만일 아내가 그런 태도를 고친다면 우리 부부 관계가 힘들어질 것 같아요."

또한 숫기가 없는 아내를 두고 "내가 밝히고 싶지 않은 나만의 비밀을 억지로 캐내려 하지 않아요. 외려 아내의 그런 점이 저는 좋습니다"고 말하는 남편도 있다.

이처럼 가장 행복한 부부는 부정을 긍정으로, 비관을 낙관으로, 약점을 강점으로 바라보며 긍정관계를 키워간다.

## 시간의 선물

당신은 현재 배우자나 자녀, 부모형제, 친구, 동료 등과의 관계가 어떤가? 혹시 그중에 관계가 불편한 사람은 없는가? 불편한 사람이 있다면 그 이유를 떠올려보자. 다른 이유도 있겠지만 대부분 상대가 원할 때 시간을 함께하지 못했거나 공감해주지 않아서일 것이다. 시간의 선물은 상대방에 대한 사랑, 배려, 공감, 관심, 소통력을 키워준다.

2013년 5월 8일 축구계 최고 명장으로 손꼽히던 알렉스 퍼거슨(Alex Ferguson) 맨체스터 유나이티드 감독이 돌연 은퇴를 선언했다. 무려 27년간 맨체스터 유나이티드를 성공적으로 이끌었던 그가 은퇴를 결심한 이유는 아내 때문이었다. "작년 크리스마스 때 은퇴를 결심했습니다. 처형이 세상을 떠나면서 아내가 홀로 보내는 시간이 많아졌습니다. 처형은 아내에게 최고의 친구였습니다. 하지만 이젠 내가 함께 있어줘야겠다는 생각이 들었습니다."

퍼거슨의 은퇴 이유는 많은 사람에게 깊은 울림을 주었다. 대부분 사람이 가족을 사랑하면서도 정작 가족과 많은 시간을 보내지 못한다. 물론 함께 있어주지는 못하지만 대부분 시간을 가족을 위해 쓰고 있다고 말할 수도 있다. 아침부터 밤늦게까지 열심히 일하고 때론 주말에도 회사에 나가 일하거나 거래처 사람들을 만나는 것은 결국 사랑하는 가족의 행복을 위한 것이니 말이다.

가족과의 관계뿐만 아니라 타인과의 관계에서도 '시간'은 서로의 관계를 긍정적으로 만들어줄 수 있는 가장 소중한 선물이다. 그 어떤 선물보다도 시간이라는 선물처럼 소중하지는 않다. 물질적인 선물은 언제든 여건이 허락되면 다시 할 수 있지만 시간은 결코 되돌릴 수 없기 때문이다.

TV 프로그램 〈남자의 자격〉에서 구성한 패밀리합창단이 환자들을 위로하기 위해 호스피스 병동을 찾은 적이 있다. 그때 말기 암을 진단받고 힘겹게 사투를 벌이는 환자들의 말이 가슴에 꽂혔다. 죽음을 눈앞에 둔 그들은 사랑하는 가족과 시간을 많이 보내지 못한 것을 가장 많이 후회했다. 식도암 말기 판정을 받은 한 50대 가장은 눈물로 아내에게 미안함을 전했다. 자신은 지난 30년 동안 사업을 한다는 이유로 혼자서 수없이 여행을 했지만 아내는 아직 여권도 없다고 했다. 이번 프로젝트만 끝나면 함께 여행도 다니고 봉사활동도 하자고 마음먹었는데, 덜컥 병이 들어 모든 것이 수포로 돌아갔다며 뜨거운 눈물을 흘렸다.

그분의 이야기를 들으면서 시간의 선물은 뒤로 미룰 수 있는 것이 아니라는 것을 실감했다. 이 프로그램에서 보듯 많은 사람이 사업을 위해, 승진을 위해, 출세를 위해 가족에게 소홀히 하는 경향이 있다. 삶에는 균형이 필요하다. 그 균형 가운데 하나가 시간의 선물이다. 아무리 돈을 많이 벌고 승진하고 출세한들 가족과의 관계가 깨지면 무슨 의미가 있겠는가? 밖에선 화려하고 거창하게 축하를 받지만 집에 돌아와 초라하게 된다면 무슨 의미가 있겠는가? 평생 가족을 위해 헌신했다 해도 관계를 소홀히 해 가정에서 자신의 자리가 없거나 불안정하면 무슨 의미가 있겠는가? 세상에 가정보다 가족보다 더 소중하고 가치 있는 것은 없다. 모든 것이 가정에서 가족과 함께 시작되고 마무리된다.

나도 늦은 나이에 공부하고 사업하면서 바쁘다는 핑계로 오랜 시간을 가족과 함께하지 못한 때가 있었다. 공부를 마치면, 사업이 잘되면 가족들과 함께하는 시간을 많이 만들어야지 하고 마음속으로만 다짐했다. 처음에는 가족들도 이해해줘서 관계에 큰 문제가 없었지만 1년, 2년 시간이 흐르면서 아내는 물론 아이들까지 관계에 균열이 생기기 시작했다. 설상가상으로 사업마저 어려워지다 보니 가족과의 관계는 최악의 상황에 이르게 됐다.

이때 선택한 것이 시간의 선물이었다. 그동안 물질적인 선물만을 고집해왔지만 사업은 계획대로 되지 않고 가족과의 관계는 더 이상 기다릴 수 없는 상황이 된 것이다. 시간의 선물, 말은 쉽지만 막상 최악의 상황에서 시도하기란 쉽지 않았다. 그동안 남편으로서의 공간, 아빠로서의 공간이 너무 미약했기 때문이다. 그래도 인내를 하며 아내가 원하는 것, 아이들이 원하는 것에 더 관심을 갖고 시간을 선물했다. 3개월, 6개월이 지나면서 조금씩 변화가 일기 시작했다. 2, 3년 포기하지 않고 지속적으로 시간의 선물을 한 결과 지금은 아내뿐만 아니라 아이들과의 관계도 놀라울 정도로 좋아졌다. 많은 남성이 나이가 들면 가정에서 가족과의 관계, 특히 자녀와의 관계 개선을 포기하려 한다. 어렵기 때문이다. 하지만 행복을 원한다면 진심 어린 마음으로 시간의 선물로 관계 개선을 시도해보길 바란다. 가족뿐만 아니라 친구나 직장 동료들에게도 시간의 선물을 해보자.

갤럽연구소의 조사에 따르면 가장 행복한 사람들은 보통 6시간을 인간관계에 투자한다고 한다. 24시간 중 잠자는 시간을 제외하고 6시간이면 결코 적은 시간이 아니다. 하지만 시간의 선물은 많이 하면 할수록 좋다. 함께 많은 시간을 보낼수록 관계는 더욱 돈독해지고 긍정적으로 변하기 때문이다. 헤이트는 행복은 사이에서 온다고 하지 않았는가? 시간의 선물에 대한 친구의 감사편지 하나를 소개한다.

'바쁜 와중에도 나에게 시간을 내어주고, 어려운 일이 있을 때도 우리의 우정이 깨지지 않은 것에 나는 고마워하고 있어. 같은 광경도 보는 사람에 따라 다르게 보이지. 너의 좋은 점은 눈으로는 확인할 수 없어. 다만 그것은 네 안에 있고, 네가 살아온 과정 안에 있고, 네가 나에게 해준 모든 것 안에 있어. 아주 멋진 너의 인생 속에 내가 있다는 사실에 정말 감사해.'

## 적극적이고 건설적인 반응 기술

긍정관계에서 가장 중요한 것이 무엇일까? 복잡하게 생각하지 말고 간단하게 생각해보자. 상대를 기분 좋게 해주고 상대가 나를 좋아하게 만드는 것이다. 적극적이고 건설적인 반응 기술이 상대방을 기분 좋게 해주고 나를 좋아하게 만드는 도구다. 인간관계는 상호적인 것이다. 손뼉도 마주 쳐야 소리가 나듯 인간관계도 어느 한쪽만 노력해서는 긍정관계를 형성하기 어렵다. 긍정관계를 만들기 위해선 상대방이 어떤 긍정적 이야기를 했을 때 잘 반응해주어야 한다. 어떻게 반응하느냐에 따라 그 사람과의 관계가 발전할 수도, 나빠질 수도 있다.

새 차를 뽑고 잔뜩 기대에 부풀어 친구에게 "이 차, 어때?"라고 질문했을 때 첫 번째 친구는 시큰둥하게 "응, 괜찮네"라고 하고, 두 번째 친구는 "정말 끝내주는데! 시승식은 누구와 했어? 제일 먼저 어디에 가보고 싶어?"라는 반응을 보인다. 당신은 어떤 대답을 듣고 싶은가? 대부분 두 번째 대답을 듣고 싶을 것이다.

그럼 당신은 어떻게 반응하는가?

예를 들어보자. 친구가 다이어트에 성공한 일을 들떠 이야기한다면 다음 중 어떤 반응을 보일 것인지 골라보자.

1번: "우리, 뭐 먹으러 갈까?"
2번: "얼마 못 가서 금방 다시 살이 찔걸?"
3번: "잘됐네."

4번: "한눈에도 날씬해진 걸 알겠어. 축하해! 주변에서는 뭐라고 그래? 날씬해졌다고 하지? 거울 보면 기분이 어때?"

만약 1, 2, 3번 가운데 하나를 골랐다면 친구는 이야기해놓고도 곧 후회하거나 만족스럽지 못했을 것이다. 하지만 4번을 골랐다면 친구와의 관계가 더욱 친밀해졌을 가능성이 높다.

사람들은 어떤 이야기를 했을 때 부정적 반응보다는 긍정적 반응을 기대한다. 사람들이 타인의 긍정적 경험을 듣고 난 후 반응하는 기술은 기본적으로 4가지가 있다. 첫째, 적극적이며 건설적인 반응 기술이다. 이 기술은 진실하고 열광적인 지지를 보내며, 진정한 미소와 신체 접촉, 미소 등의 태도로 감정을 표현하고, 눈 맞춤을 유지한다. 둘째, 소극적이며 건설적인 반응 기술이다. 절제된 지지를 보내며 적극적인 감정 표현이 거의 없다. 셋째, 적극적이며 파괴적인 반응 기술이다. 긍정적 사건의 부정적 측면을 지적한다. 눈썹을 찡그리거나 인상 쓰기 등 부정정서를 표현한다. 넷째, 소극적이며 파괴적인 반응 기술이다. 이 기술은 긍정적 사건을 무시한다. 눈 맞춤도 하지 않고 고개를 돌리며 방에서 나간다.

처음 질문에서 1번을 골랐다면 소극적이고 파괴적인 반응, 2번을 골랐다면 적극적이고 파괴적인 반응, 3번을 골랐다면 소극적이고 건설적인 반응, 4번을 골랐다면 적극적이고 건설적인 반응을 보인 것이다. 심리학자인 셜리 게이블 미국 캘리포니아대 박사는 연구 끝에 타인의 긍정적 경험을 듣고 적극적이고 건설적으로 반응할 때 애정과 우정이 더 돈독해진다는 사실을 알아냈다. 이제부터는 누군가가 자신이 겪은 좋은 일을 들려줄 때마다 세심하게 경청하고 적극적이며 건설적인 반응을 보여보자. 반응 기술은 상대방을 기분 좋게 하고, 당신을 좋아하게 만들어줄 것이다.

## 12 삶의 의미

### 의미의 추구가 가장 삶을 만족시킨다

홀로코스트(Holocaust) 당시 나치 수용소에서 살아남을 확률은 통계적으로 28명 가운데 한 명이 채 되지 않았다고 한다. 그런데 살아남은 사람들에게는 공통점이 있었는데 자기가 살아야 할 분명한 이유나 삶의 의미를 갖고 있었다는 것이다. 『죽음의 수용소에서』의 저자인 빅터 프랭클(Viktor Frankl) 박사 역시 그중 한 사람이다. 그는 성공한 정신과 의사로 학생들을 가르치고 학회에서 강연하던 사람이었지만, 수용소에서는 다음 끼니를 걱정하고 살아남는 게 삶의 전부였다. 프랭클 박사는 이 경험을 바탕으로 자기 존재의 의미와 가치를 깨닫게 하는 의미 치료를 개발하기도 했다. 삶의 의미가 없으면 희망을 포기한 죄수처럼 무기력하게 사라지고 말 것이다.

삶의 의미가 행복에 어떤 영향을 줄까? 셀리그만은 수천 명을 대상으로 15번이나 반복해 무엇을 추구했을 때 삶이 가장 만족스러웠는지 조사했다. 결과는 놀라웠다. 쾌락의 추구, 긍정감정의 추구, 즐거운 삶의 추구, 관여의 추구, 당신을 위한 시간의 멈춤도 아니었다. 의미의 추구가 가장 삶을 만족시키는 데 중요한 역할을 한 것으로 나타났다.

스티거는 초창기에는 개인의 삶에 의미를 부여하는 것을 연구했지만, 최근에는 관심 영역을 바꿔 직장인이 업무에서 의미를 창출하게 도와줌으로써 조직 리더와 구성원들의 행복에 어떤 영향을 미칠 수 있는지 연구하고 있다. 미국, 캐나다, 영국, 이스라엘에서 수행된 연구를 통해 스티거는 의미 있는 업무가 개인의 행복으로, 더 나아가 세상에 긍정적 변화를 일으키려는 친사회적 열망으로 이어지는 과정을 추적했다. 대학생, 의료기관 자원봉사자, 민간 치안단체 자원봉사자, 대학교수, 병원과 금융회사 직원, 글로벌 기업 직원 등 다양한 분야와 직위에 있는 사람들을 대상으로 한 연구 모두 동일한 결과를 제시했다. 자신의 일을 소명으로 여기고 그 일 속에서 삶의 의미를 찾아낸 사람들은 더욱 행복하고 자신의 일에 더욱 관여하며 자신의 삶이 전반적으로 더욱 의미가 있다고 여겼다.

스티거의 연구 결과는 조직은 '삶의 의미'를 충분히 갖고 있는 직원을 고용하거나 키워내는 데 관심을 기울여야 한다는 것을 암시한다. 그들은 조직에 더욱 헌신하고 의욕적으로 일하며 직업에 더욱 만족하기 때문이다. 또한 스티거는 의미 있는 업무는 개인의 '좋은 삶'에 꼭 필요하다고 강조한다. 삶의 의미를 갖고 있는 직원은 조퇴하거나 아파서 결근할 가능성이 더 적고 적대감과 우울 수준이 낮아 일반적으로 생산성이 높다.

스티거는 업무에 의미를 최대한 부여하기 위해 개인과 조직이 추구해야 할 주도적 행동에 관한 이론을 내놓았다. 그는 경영자와 조직들이 의미 있는 업무를 장려하게 도와준다. 의미 있는 업무가 좋은 업무이고 의미를 충분히 느끼는 직원이 좋은 직원이라면 사람들은 단순히 돈을 버는 수단 이상의 가치가 있는 일을 찾아내는 방법을 배워야 한다고 결론 내린다. 의미 있는 일은 가치 있는 삶을 이루는 아주 중요한 요소이기 때문이다.

이처럼 삶의 의미는 중요하다. 평소 어떤 고민을 하면서 살아가는가? 혹시 매일같이 하는 고민이 오늘은 무엇을 먹고, 어디를 가고 하는 것뿐인가? 매일 즐겁게 사는 데 모든 시간을 쏟는다면 지금부터라도 삶의 의미를 생각해보자.

## 나눔이 삶의 의미를 더한다

흔히 나눌수록 더 많은 것을 얻는다고 말한다. 맞는 말이다. 미시간 주에 사는 성인 남자들을 조사한 결과 자신의 시간과 돈, 에너지를 바쳐 자원봉사를 한 사람은 그런 이타적인 행동을 하지 않은 사람들에 비해 행복도가 높고 수명도 더 긴 것으로 나타났다. 지속적으로 나눔활동을 하지 않고 어쩌다 한 번씩 했어도 결과는 크게 다르지 않았다. 자연재해로 불시에 모든 것을 잃은 사람들을 위해 일주일 이상 자원봉사를 한 경우에도 생활만족도가 높아졌다. 심지어 로라 킹은 한 컨퍼런스에서 "행복과 이타적인 행동 사이에는 매우 뚜렷한 상관관계가 있으므로 보다 행복해지기 위해선 자기계발서를 내려놓고 다른 사람들을 돕기 시작해야 한다"고 말했다.

왜 나눔활동이 사람들의 행복에 그토록 큰 영향을 미치는 것일까? 연구자들은 자기가 속한 종족의 생존 가능성을 높이고 자신에게 도움이 필요할 때 상호 관용을 촉진하는 것이 우리의 타고난 천성이라고 생각한다. 또한 나눔은 생화학적으로 스트레스 호르몬을 줄이고 행복 호르몬을 증가시키는 데도 도움이 된다. 짧은 꼬리 원숭이들을 연구한 결과 다른 원숭이의 몸단장을 많이 해준 암컷 원숭이일수록 스트레스 호르몬이 많이 사라졌는데, 이는 다른 사람들을 도울수록 행복지수도 높아진다는 것을 보여주는 연구 결과이기도 하다.

나눔활동을 하면서 행복해졌다고 말하는 사람이 무척 많다. 멜리사도 그중 한 명이다. 멜리사는 20대 젊은이들에게 자원봉사 기회를 주는 조직에 가입하기로 했다. 그녀는 매주 웹사이트에 들러 자기 근무 시간이 아닌 때 할 수 있는 자원봉사 활동이 있는지 살펴보았다. 그리고 이후 몇 달 동안 맹인에게 책을 읽어주거나 공유지에 무성하게 자란 잡초를 뽑거나 거동이 불편한 노인을 병원에 데려다주는 등 다양한 자원봉사를 했다.

처음에는 다른 사람에게 도움을 준다고 생각했는데 자원봉사를 계속하면서 남들과의 나눔은 스스로에게 줄 수 있는 가장 큰 선물 가운데 하나임을 깨달았다. 멜리사가 자원봉사를 하면서 가장 기뻤던 일은 매주 주말마다 다른 사람의 삶을 변화시키면서 행복을 느끼고 또 자기가 받은 축복에 대해 더 감사하는 마음을 가질 수 있게 됐다는 점이다. 이처럼 나눔은 스스로의 삶을 더욱 풍요롭고 의미 있게 만들어주는 중요한 덕목이다.

## 주는 것이 더 복이 있나니

세상에서 가장 돈이 많은 사람은 누구일까? 개인을 기준으로 하면 역사상 가장 많은 부를 축적한 사람은 '석유왕'이라 불리는 존 D. 록펠러(John D. Rockefeller)다. 그의 재산은 300조 원으로 우리나라 1년 예산 400조여 원에 근접한 엄청난 돈이다.

일반 사람들은 상상하기도 어려울 정도로 많은 돈을 갖고 있던 그는 과연 행복했을까? 록펠러는 젊은 시절 오직 돈을 버는 데만 관심을 쏟았다. 돈만 많으면 무엇이든 이룰 수 있을 것으로 생각했다. 그러던 중 그의 나이 52세 때 알로피셔라는 병으로 6개월 시한부 판정을 받고 병원에 입원하게 된다. 그때 그는 삶의 회의를 느꼈다. 얼마 전까지만 해도 자신에게 잘 보이기 위해 온갖 아부를 하던 사람들이 그가 시한부 판정을 받고 병원에 입원하고부터는 어떻게 하면 재산을 조금이라도 받을지, 어떻게 하면 줄을 잘 설 것인지에만 신경 쓸 뿐 자신에게는 관심을 가져주지 않았기 때문이다.

하루는 병원 계단에서 한 중년 여성이 의사의 가운을 붙들고 사정하는 모습을 봤다.

"선생님, 우리 아이 오늘 꼭 수술해주세요. 오늘 수술받지 못하면

목숨을 잃을 수도 있습니다."

의사는 단호하게 거절한다.

"안 됩니다. 수술비를 완납해야 수술할 수 있습니다."

몇 번이고 그 여성이 사정했지만 소용이 없었다. 록펠러는 옆에 있는 비서에게 수술비를 대납하라고 조용히 지시했다. 록펠러는 수술을 마친 아이가 퇴원할 때까지 자신의 병실에서 함께 보내며 용기와 자신감을 북돋아주었다. 그 아이를 퇴원시키면서 록펠러는 자신을 되돌아보기 시작했다. 지금까지 수백조 원의 재산을 모은 것보다 아이의 병원비를 대신 지불해 건강한 아이로 퇴원시킨 것이 더 기쁘고 삶의 의미를 느낀 것이다. '받는 것보다 주는 것이 더 복이 있나니'를 직접 경험한 셈이다. 이후 록펠러는 록펠러재단을 설립해 죽는 날까지 자선활동을 벌였다. 6개월 시한부 판정을 받은 록펠러는 6개월 후에 죽었을까? 아니다. 그는 98세까지 삶의 의미를 찾으며 행복한 인생을 살았다.

## 수의에는 주머니가 없다

의미 있는 삶을 산다는 것은 어떤 것일까? 사실 사람뿐만 아니라 지구상에 존재하는 모든 생명체는 저마다 존재하는 의미가 있다. 무엇을 하든, 어떤 모습으로 있든 그 자체로 의미 있는 존재다. 하지만 스스로 의미를 느끼지 못한다면 행복해지기 어렵다. 왜 사는지, 왜 살아야 하는지도 모른 채 하루하루 시간을 소모하며 지루한 일상을 보내면 그만큼 행복은 멀어진다.

삶의 의미는 스스로 만드는 것이다. 자신의 정체성을 찾고 살아야 할 분명한 이유를 제공해주는 것이 삶의 의미다. 어떤 의미든 그로 인해 삶이 만족스럽고 행복하다면 그것으로 충분하다. 하지만 나 자신의 이익과 즐거움만을 추구한 것만으로는 충만한 삶의 의미를 찾기 어렵다. 삶의 의미는 자신뿐만 아니라 너와 우리 모두가 좋은 방향으로 나갈 수 있을 때 더 빛난다.

로이터통신은 '미국에서 가장 위대한 자선사업가는 빌 게이츠(Bill Gates) 마이크로소프트 창업자도, 전 재산의 85%를 기부한 전설적 투자자 워런 버핏(Warren Buffett)도 아닌 아일랜드계 자산사업가 척 피니(Chuck Feeney)에게 그 영광을 돌려야 한다'고 보도했다. 그는 25년간 40억 달러에 이르는 엄청난 돈을 남몰래 기부하면서도 '오른손이 한 일을 왼손이 모르게' 철저히 비밀로 했다. 그의 숭고한 행위는 우리 모두에게 감동을 준다. 더욱이 긍정심리학이 자리 잡을 수 있도록 수백만 달러를 셀리그만에게 후원했다는 사실에 가슴이 뛴다.

내가 간접적으로나마 척 피니를 처음 만난 것은 2008년 『아름다운 부자 척 피니』를 번역, 출간했을 때다. 나는 이 책을 읽으면서 삶의 의미란 무엇인가에 대해 많은 생각을 했다. 피니는 뉴저지 주 아일랜드계 육체노동자 가정에서 태어나 우산 장사, 카드 판매, 골프장 캐디 등 소년 시절부터 아르바이트를 전전하면서 자수성가한 인물이다. 군대에 자원입대해 6·25전쟁 당시 일본에서 통신병으로 참전하기도 한 피니는 코넬대를 졸업한 후 미국에 머물지 않고 프랑스로 건너가 대학을 다니면서 1950년대 지중해 항구에서 미국 선원들에게 면세 술을 파는 일을 시작했다. 그것을 계기로 세계적인 소매면세점 듀티프리쇼퍼스(DFS)를 창업해 '전 세계 면세점' 신화를 써가며 큰돈을 벌었다. 그의 기부는 지금도 진행 중이며, 아일랜드의 금언 '수의에는 주머니가 없다'를 인용하면서 남은 생애 동안 나머지 40억 달러가 넘는 재산도 모두 기부하겠다고 밝혔다.

피니는 현재 집도 차도 없고 이코노미 클래스로 여행을 하며 15달러짜리 플라스틱 시계를 차고 허름한 식당에서 식사를 하는 검소한 사람이다. 자녀들에게도 재산을 물려주지 않겠다고 했다. 지금까지도 그는 사람들 앞에 공개적으로 나서길 꺼린다. 그런 피니가 비밀로 간직했던 삶을 드러낸 단 하나의 이유는 그 자신이 열정적으로 믿는 무언가를 사람들에게 알리기 위해서였다. 그것은 바로 상당한 부를 축적한 사람은 살아 있는 동안 좋은 곳에 많이 써야 하는 도덕적 의무를 지닌다는 사실이다.

"내게는 절대 변하지 않는 생각이 하나 있었습니다. 그것은 바로 다른 사람들을 위해 부를 사용해야 한다는 겁니다. 나는 내가 자랄 때 그랬던 것처럼 평범한 삶을 살려고 합니다. 사람은 자신이 자라온 환경에 따라 삶의 모습이 어느 정도 형성된다고 생각합니다. 우리 부모님은 열심히 일했지만 부자가 아니었습니다. 그렇지만 주위에 도움이 필요한 사람이 있는지 늘 살피고 도와주셨습니다."

도전과 가능성의 아이콘이라고 할 수 있는 산악인 엄홍길 대장은 에베레스트 팡보체에 학교를 짓고 있다고 한다. 춥고 배고픈 아이들을 위해 옷이나 빵을 사 주는 것도 좋지만 그들의 미래를 생각하면 학교를 세우겠다는 더 낫다는 생각에서다. 히말라야 8000m급 봉우리 16좌 완등이라는 대기록을 달성할 수 있었던 건 히말라야가 자신을 받아주었기 때문이고, 그래서 이제는 자신이 히말라야 오지에 16개 학교를 짓는 걸 새로운 목표이자 꿈으로 잡았다고 한다. 그는 산에 있지 않을 때도 다양한 봉사활동을 하고 있다. 그의 삶은 자기만족만 생각하거나 삶의 의미를 찾지 못한 사람에 비하면 얼마나 적극적이고 열정적이며 행복하겠는가?

이처럼 행복한 사람들은 자원봉사나 헌신 같은 이타적 활동을 통해 자기 존재의 가치와 삶의 의미를 찾는다. 아니면 종교를 통해 삶의 의미를 찾을 수도 있다. 마이어스와 디너는 종교적 신념이 강하고, 삶에서 종교의 중요성이 크고 종교의식에 자주 참석하는 사람일수록 행복 수준이 높으며, 반드시 종교적 신념이 아닐지라도 자신에게 의미 있는 다양한 목표를 적극적으로 추구할수록 행복도가 증진한다고 밝혔다.

## 내 삶의 의미는 무엇인가

꼭 피니와 엄 대장처럼 남을 위해 헌신해야만 삶의 의미가 있는 것은 아니다. 현재 하는 일에서도 얼마든지 의미를 찾을 수 있다. 의미를 두고 일하는 것과 어쩔 수 없이 일하는 것은 천지 차이다. 예를 들어 식당 주방에서 음식 만드는 일을 한다고 할 때 먹고살기 위해 어쩔 수 없이 한다면 행복할 리 만무하다. 하지만 자신이 만든 음식을 누군가 맛있게 먹고 행복해하는 데 의미를 둔다면 일이 즐겁고 힘이 들지 않는다. 자신이 누군가의 머리를 손질해주거나 파마를 해줘서 손님을 즐겁고 행복하게 해준다고 생각하면 미용사로서의 일이 고되고 피곤하지 않으며 삶의 의미와 행복을 느낄 것이다. 실제로 의료기관 자원봉사자, 대학교수, 금융회사 직원 할 것 없이 자신의 직업을 소명으로 여기면서 의미를 느끼는 사람들은 일에 더 몰두하고 삶도 전반적으로 의미 있는 것으로 여긴다. 그만큼 삶에 의미가 있어야 더 풍요롭고 열정적으로 살아갈 수 있는 것이다.

그래서 '삶의 의미 검사'를 개발한 스티거는 의미를 느끼는 업무가 좋은 삶에 꼭 필요하다고 했다. 무엇보다 삶의 의미를 찾으면 자기 자신이 가치 있는 존재라고 느끼게 된다. 혹시 자신을 가치 없는 존재라고 생각하는가? 그 가치는 스스로 찾아야 한다. 길가에 무심히 놓인 돌멩이 하나도 그 가치와 존재 이유가 있기에 거기 있는 것이다.

우리나라의 직업 수는 현재 1만2000여 개다. 3만 개 수준의 미국에 비하면 절반이 채 안 되지만 앞으로 계속 증가할 것으로 예상된다. 이 많은 직업 중 우리를 가장 행복하게 만들어주는 직업은 무엇일까? 나는 정치가, 기업가, 의사 같은 전문 영역도 있겠지만 직접 삶의 현장에서, 일상에서 자연스럽게 자주 접할 수 있는 미용사, 요리사, 간호사라고 생각한다. 아직까지 많은 사람이 이들을 단순 기능직으로 보는 경향이 있지만 나는 이들의 직업이 앞으로 가장 창조적이고 소명감과 함께 삶의 의미를 가질 수 있는 분야라고 생각한다. 이들이 정성 들여 머리를 다듬어주고, 맛있게 음식을 만들어주고, 친절한 의료 서비스를 제공하면 사람들은 즐거워하고 편안함을 느끼기 때문이다. 사물을 상대하는 사람들보다 사람을 상대하는 사람들이 자신의 일을 훨씬 더 소명으로 생각한다. 자신의 직업을 재창조하는 핵심은 바로 소명으로 승화시키는 것이다. 자신의 대표 강점을 찾고 일터에서 발휘한다면 자신의 직업을 소명으로 삼을 수 있는 것이다.

미용사는 다른 사람의 머리를 손질해주는 미용 기술만 갖춘 사람들이 아니다. 고객의 기분까지도 즐겁게 해줄 수 있어야 한다. 미용사들은 인간관계의 벽을 허물고자 자기 신상도 이야기하는 등 고객들과 친밀한 인간관계를 맺기 위해 최선을 다한다. 그런데 쌀쌀맞은 고객들에게 사적인 질문을 하면 대답하지 않는 경우가 많다. 그래도 이런 고객들을 불쾌하게 만드는 미용사는 불이익을 당한다. 따라서 대인관계 기술이나 사교성을 개발하고 긍정정서를 높이기 위해 애쓰는 미용사는 훨씬 일에 대한 의미를 갖고 즐겁고 행복하게 일할 수 있다.

요리사는 고객이 주문하는 음식을 맛있게 만드는 것을 넘어 예술가가 되기를 원한다. 사람들은 먹는 것에서 많은 행복을 느낀다. 이들은 음식을 배불리 먹는 것이 아니라 즐기는 것에 초점을 둔다. 그래서 요리사들은 음식을 최대한 맛있게 보이도록 장식하기 위해 노력한다. 그들은 요리법을 익히는 기능사에서 시각적 아름다움을 더하는 예술가가 되기 위해 자기계발에 힘쓴다. 이것이 직업의 재창조이고 일에서 의미를 찾고 행복한 자신을 만드는 길이기 때문이다.

최근 병원들이 수익성에만 초점을 맞추다 보니 많은 간호사가 획일적이고 기계적으로 일을 처리해야 하는 처지에 놓여 있다. 이것은 전통적으로 볼 때 비난받아 마땅한 일이다. 하지만 어떤 간호사는 환자의 고충을 해결해주기 위해 애쓴다. 어찌 보면 하찮은 일까지 꼼꼼하게 살펴 동료 간호사나 의사들에게 알려주며 환자 진료에 도움을 준다. 환자 가족들에게 환자의 평소 생활에 대해 묻기도 하고, 환자가 빨리 회복하도록 여러모로 관심을 기울이며, 환자의 의욕을 북돋우기도 한다. 환자들을 간호사의 기계적인 행동보다 따뜻한 미소, 말 한마디에 힘을 얻고 편안함을 느낀다. 간호사는 자신이 하는 일에 환자들이 편안함을 느끼고 감사한 마음을 가질 때 자신의 일에 의미를 두게 되고 행복하다.

## 직업의 정체성: 생업, 경력, 소명

일을 어떻게 바라보는가에 따라 일을 통해 얻을 수 있는 즐거움과 행복이 달라진다. 심리학자인 에이미 우르제니에프스키(Amy Wrzesniewski)의 연구에 따르면 사람들이 일을 바라보는 관점은 생업, 경력, 소명 3가지 중 하나라고 한다. 어떤 관점으로 보느냐에 따라 일을 해서 얻고자 하는 것도 달라진다. 일을 생업으로 보는 사람들은 사는 데 필요한 돈을 벌기 위해 직업을 갖는다. 이 때문에 그 직업을 통해 다른 보상을 얻으려 하지 않는다. 생업은 여가활동이나 가족 부양 등을 위한 수단일 뿐이며 따라서 월급을 받지 못하면 당연히 일을 그만둔다. 경력으로 보는 사람들은 직업에 따른 개인적 투자를 많이 한다. 성공을 돈으로 평가하기도 하지만 출세도 중요하게 여긴다. 승진하면 승급은 물론 명예와 권력이 함께 따른다. 교수는 조교수에서 부교수, 정교수로, 직장인은 중간관리자에서 상무로, 부사장으로 출세하기를 꿈꾼다. 하지만 더 이상 올라갈 자리가 없을 때 상실감과 소외감이 밀려들기 시작하고 그때부터 만족과 의미를 얻을 수 있는 일을 찾아 나선다.

마지막으로 직업을 소명으로 여기는 사람은 일 자체에 모든 정열을 쏟는다. 이 같은 사람은 더 많은 사람들의 행복과 더 중요하고 큰 것을 추구하기 때문에 종교적인 의미가 함축돼 있다. 소명은 부와 명예를 얻지 않아도 그 일을 하는 것만으로도 자아를 실현하는 것이다. 그런 만큼 물질적 보상이나 명예가 보장되지 않아도 일을 계속한다. 전통적인 의미로서의 소명은 성직자, 법관, 의사, 과학자 등 전문성이 뛰어나고 사회적으로 인정받은 일을 하는 사람들의 영역이었다. 그러나 어떤 생업이든 소명이 될 수 있으며 아무리 존귀한 직업이라도 생업에 지나지 않는 경우도 있다. 자신이 하는 일을 생업으로 여기며 소득에만 관심을 기울이는 의사의 직업은 소명이 아니며, 쓰레기를 치우는 청소부일지라도 세상을 한결 깨끗하고 위생적인 곳으로 만드는 사람이라고 자부하면 그의 직업은 소명이다. 소명이란 전통적으로 신에 의해 도덕적·사회적으로 뜻 깊은 일을 하도록 부름 받는 것을 의미했지만 최근 들어서는 종교적 의미를 넘어 세상에 기여하는 것을 중요시한다.

어떤 관점으로 일을 바라보느냐에 따라 관여의 정도도 달라진다. 관여의 정도는 일에서 얼마만큼의 의미를 찾느냐에 의해 종종 좌우된다. 3가지 관점 중 일에 가장 큰 의미를 부여하는 것은 당연히 일을 소명으로 보는 것이다. 일을 소명으로 보면 일에 더 적극적으로 관여할 수 있고 생업이나 소명으로 볼 때보다 더 큰 만족감과 즐거움, 행복을 얻을 수 있다.

일을 소명으로 받아들이고 의미를 찾는 사람들은 어떤 일이든 즐겁고 열정적으로 잘한다. 한 병원 청소부의 예는 일에서 분명한 의미를 찾는 사람이 어떻게 감동적으로 일할 수 있는지를 잘 보여준다.

수십 년 동안 우정을 나눈 두 친구가 있다. 그런데 어느 날 이들 중 한 명이 트럭에 치여 혼수상태에 빠졌다. 상황은 절망적이었다. 산소호흡기를 떼면 생명을 유지할 수 없는 상황이었는데, 의사가 이것을 떼는 데 동의해줄 것을 요청했다. 친지에게 연락할 길이 없어 가장 절친한 친구에게 부탁하는 것이라고 했다.

의사가 눈 하나 깜짝하지 않고 무시무시한 말을 할 때 하얀 가운을 입은 한 남자가 병실을 정리하고 있었다. 그는 환자용 변기를 치우고 다른 사람들의 신경을 거슬릴까 봐 조심하며 약간 비딱하게 걸려 있는 액자를 바로잡기 시작했다. 그는 설경이 그려진 그림을 꼼꼼히 살피더니 액자를 똑바로 세워놓고는 몇 발짝 뒤로 물러나 살펴보면서 못마땅한 표정을 지었다. 그러더니 설경 그림 액자를 떼어내고 그 자리에 모네의 수련 그림을 걸었다. 이어서 반대편 벽에는 윈슬로 호머가 그린 멋진 바다 풍경화 두 점을, 침대 오른쪽 벽에는 화사한 장미 사진을 걸었다. 단순히 청소를 하는 사람이라고 생각하기에는 병실 구석구석 세심하게 관심을 갖고 정리해 어떤 사람인지 궁금해 조심스럽게 물었다.

"제 직업이요? 저는 이 층을 담당하고 있는 청소부입니다. 매주 새로운 그림과 사진도 가져오지요. 저는 이곳에 있는 모든 환자의 건강을 책임지고 있는 사람이니까요. 선생님 친구분은 병원에 온 후로 아직까지 깨어나지 못하고 있지만, 의식이 돌아오는 순간 이 아름다운 그림들을 볼 거라고 믿습니다."

그 청소부는 자신의 직업을 환자용 변기를 비우거나 바닥을 쓸고 닦는 일로만 여기지 않고 환자의 건강을 지키고, 병마와 다투고 있는 시간을 아름답게 채워줄 그림들을 가져오는 것이라고 믿었다. 다른 사람들이 보기엔 보잘것없는 청소부였을지 모르지만 그 스스로 자신의 직업을 숭고한 소명으로 바꾼 것이다. 이처럼 일을 소명으로 보면 일에 적극적으로 관여하게 된다. 반대로 아직 일을 소명으로 여기지 않는 사람도 높은 관여를 경험하면 일의 의미를 느낄 수도 있다. 소명은 주어지는 것이 아니라 스스로 만드는 것이기 때문이다.

## 일에서 의미 찾기

사람들은 의미 있는 일을 연봉과 직장의 안정성 이상으로 중요시 여긴다. 자신의 인생과 일에서 적극적으로 의미를 찾으려고 갈망하고 추구하기 때문이다. 최근 급성장하고 있는 긍정심리 기반의 긍정조직학에서는 일에서 의미를 찾는 것을 가장 중요시하고 있다. 의미 있는 일은 조직에서 동기와 성과뿐만 아니라 업무와 조직의 다양한 태도에 영향을 주고 있기 때문이다. 의미 있는 일이 줄 수 있는 가장 큰 혜택은 일에 대한 만족도다. 〈USA투데이〉 보도에 따르면 미국 직장인의 50%가 자신의 일에 만족하지 않는다고 한다. 앞에서도 이야기했지만 삼성경제연구소도 우리나라 직장인의 행복도는 55%, 정서 행복도는 48%라고 보고했다.

그렇다면 일에서 구성원들이 의미를 찾게 해주려면 어떻게 해야 할까? 몇 가지 예를 들어보자. 일에 대한 의미를 갖게 하는 조직들을 보면 그들만의 특징이 있다.

첫째, 조직의 목적이나 가치, 조직에 대한 신뢰를 바탕으로 공유하는 공동체 의식을 형성한다. 공동체 의식을 갖고 있는 사람들은 조직 내에서 가족과 같은 긍정관계를 만들고 단순한 이익보다 조직의 목적과 가치에 초점을 두고 있기 때문이다. 세계 굴지의 저비용 항공사인 사우스웨스트항공사의 핵심 가치는 고객과 직원들에게 즐거움을 주기 위한 '유머'다. 허브 켈러허(Herb Kelleher) 회장은 이미 백발이 성성함에도 종이봉투를 뒤집어쓴 우스꽝스러운 모습으로 광고에 출연한다. 스스로 기업의 핵심 가치를 실행하기 위해서다. 9·11테러 때 직원의 40%를 잃은 금융투자 전문은행인 샌들러 오닐(Sandler O'Neill)은 사망자 가족에게 월급 전액과 보너스를 계속 지불하고 충격을 받은 가족들이 심리 치료를 받게 했으며 지속적인 후원을 할 수 있는 가족센터를 설립했다.

둘째, 긍정정서를 높이고 강점 기반의 조직을 구축해 구성원 개인이 가장 재미있고 만족도를 높일 수 있으며 자아실현을 실천할 수 있는 직무를 재설계한다. 긍정정서는 자발성과 이타적 행동을 증가시키고 강점은 자신의 대표 강점을 발휘해 삶의 의미를 찾게 해준다.

미국 온라인 신발·의류 판매업체인 자포스(Zappos)는 긍정정서와 강점을 도입해 가장 행복한 회사로 만들었다. 이 회사에 대해 알 수 있는 유명 일화가 있다. 한 여성이 온라인 쇼핑몰에서 남편에게 줄 부츠를 주문했다. 그런데 주문한 신발이 도착하기 전 안타깝게도 남편이 교통사고로 세상을 떠났고, 부츠 반품을 문의하는 이 여성에게 남편의 사망 소식을 전해들은 온라인 쇼핑몰 고객 서비스 담당 직원은 다음 날 조화를 보냈다. 이 회사에서 이 정도 일은 상사에게 보고할 필요도 없고 결제가 필요한 일도 아니어서 신속하게 대응할 수 있었던 것이다. 조화 값은 당연히 회사가 지불했다.

셋째, 일 자체가 목적이고 사회적으로도 가치가 있다고 믿는 소명감을 키운다. 소명감을 가진 사람들은 자신들이 하는 일이 세상을 새롭고 더 나은 곳으로 만든다고 생각한다. 세계 최대 의료기기 업체인 메드트로닉(Medtronic)은 직원들이 만든 생명기기로 생명을 구한 환자들을 초청해 강연회를 연다. 리즈네스키 뉴욕대 경영학 교수가 이끄는 연구진은 정식으로 채용된 병원 청소부 28명을 대상으로 조사한 결과, 자신의 일을 소명으로 여기는 청소부는 자기 일을 의미 있는 직업으로 만들기 위해 애쓴다는 사실을 알게 됐다.

넷째, 지속적인 배움과 성장, 미래에 대한 가슴 벅찬 비전을 갖게 한다. 국내 대표 취업사이트의 조사에 따르면 우리나라 직장인의 70%가 이직을 생각한다고 한다. 가장 큰 이유는 조직이나 상사에게 배울 것이 없을뿐더러 미래에 대한 확신도 없기 때문이다. 조직에서 리더는 조직 구성원들의 모범이 돼야 하며 그들이 배울 수 있고 성장할 수 있도록 이끌어주어야 한다. 조직은 그들에게 미래에 대한 비전을 제시해 잡념과 갈등 없이 업무의 관여도를 높여 일터에서 기쁨과 만족, 삶의 의미를 키울 수 있게 해야 한다.

한 자포스 직원의 인터뷰 내용이다.

"자포스를 만난 것은 제 인생 최고의 행운입니다. 저는 매일 아침 눈을 뜨면 회사에 출근할 생각에 가슴이 뜁니다. 주말에는 월요일이 너무 멀게 느껴져 참을 수 없을 정도예요."

조직적 차원에서 일의 의미를 찾는 것도 중요하지만 조직적 노력과는 별도로 개인의 노력도 필요하다. 개인적 차원에서 일에 의미를 부여하는 방법은 다양하다. 지금까지 일하면서 특별한 의미를 느끼지 못했다면 일을 새롭게 바꿔보는 것도 좋다. 예를 들어 자신의 강점을 살려 업무를 처리하거나 일의 우선순위를 가장 즐겁게 할 수 있는 일부터 하는 것으로 다시 조정하면 일의 의미를 찾기가 좀 더 쉽다. 이런 방식으로 노력해도 일의 의미를 찾기가 어렵다면 다른 사람과 업무를 바꿀 수도 있다. 하고 싶었던 업무를 하면 일에 대한 관여의 정도가 높아진다. 다만 이때는 경영자에게 하고 싶은 일만 골라 하는 얌체 같은 인상을 줄 우려가 있기 때문에 주의가 필요하다.

일에 대한 의미와 관여는 고용주와 피고용인의 상호 헌신에 의해 강화된다. 리더는 직원들이 자발적으로 일에 관여하지 않는다는 불만을 종종 털어놓지만 직원들을 그렇게 만든 데는 리더의 잘못도 크다. 직원들이 일에 대한 열정, 열망, 갈망을 표현하거나 어떤 일에 시간과 에너지를 투자했을 때 칭찬은커녕 "쓸데없는 생각 하지 말고 시킨 일이나 제대로 하라" 혹은 "중요하지도 않은 일에 매달려 시간만 낭비한다"고 핀잔을 준 적이 있을 것이다. 직원들이 혹 그런 말을 듣지 않을까, 걱정하지 않고 심리적인 안정감을 느낄 수 있게 해주면 직원들은 자연스럽게 일에 대한 의미를 찾고 관여한다.

사람을 채용할 때 능력과 경험뿐만 아니라 강점을 확인하고 조직과 잘 맞는지 고려하는 것도 리더의 역할이다. 또한 채용하는 데서 끝나지 않고 지속적으로 직원 교육에 투자하고, 직원들이 책임감을 갖고 일할 수 있도록 권한을 부여해주며, 적절한 외적·내적 보상을 하고, 늘 소통하고자 노력한다면 직원들이 일에 대한 의미를 찾을 수 있을 것이다.

## 의미 있는 삶

종교가 있는 사람은 대부분 자신의 일을 경력 관점보다 소명감 관점에서 본다. 직장에서도 종교의 자유를 허용하는 것이 조직의 성과를 높이고 조직원들의 소명감을 키우는 데 도움이 된다. 그래서 조직원들을 위해 영적 지도자를 초청해 강연회를 열기도 하고 물질적 헌신을 통해 신을 섬기기도 한다.

의미 있는 삶이란 자신보다 더 높은 곳에 소속돼 기여하는 것을 말한다. 촛불이 세상을 훤히 밝히는 것으로 끝나는 것이 아닌 세상에 온기까지 불어넣어줄 때 촛불에 대한 의미가 커지듯 우리의 삶도 마찬가지다. 긍정심리학의 팔마스를 통해 자신의 플로리시한 삶을 만들었다면 이젠 자아보다 더 높은 곳에 소속돼 무언가 역할을 해보자.

셀리그만은 "진정한 행복이란 일상생활에서 자신의 대표 강점을 날마다 발휘해 행복을 만들어가는 것이다. 의미 있는 삶은 행복한 삶에 한 가지가 더해진다. 대표 강점을 발휘하되, 지식과 능력을 선을 촉진시키는 데 활용하는 것이다. 그렇게 하면 참으로 의미 있는 삶이 될 것이며, 신을 자기 삶의 궁극적인 목표로 삼는다면 숭고한 삶이 될 것이다"고 말했다. 행복한 삶이 안락한 삶 이상의 것이듯 의미 있는 삶은 행복한 삶 이상의 것이고 숭고한 삶은 의미 있는 삶 이상의 것이기 때문이다.

# 13 성취

## 왜 성취인가

 셀리그만이 2002년 발표한 긍정심리학의 '진정한 행복 이론'에서는 '성취'에 대해 크게 주목하지 않았다. 물론 어떤 목표를 세우고 이를 성취했을 때는 당연히 행복하다. 열심히 공부해 원하는 대학에 들어갔을 때, 결혼해 십수 년 동안 일하고 알뜰살뜰 절약해 오랫동안 꿈꾸었던 내 집을 마련했을 때, 직장에서 능력을 인정받고 그토록 소망하던 승진을 했을 때 행복하지 않은 사람은 아마도 없을 것이다. 그래서 사람들은 무언가를 성취하기 위해 기술을 쌓고 재능을 발휘하며 인내심을 갖고 노력한다.

 하지만 한 이론에서 기본 요소가 되려면 그 요소가 다른 요소의

하위 개념이 돼서는 안 된다. '성취'가 '진정한 행복'에서 행복을 만드는 기본 요소로 인정받지 못한 것도 이와 관련 있다. 그때까지만 해도 '성취'는 무언가를 열심히 했을 때 부수적으로 따라오는 하위 개념으로 인식됐기 때문이다.

성취가 행복을 만드는 다른 요소의 하위 개념이 아닌 기본 요소로 인정받는 데는 계기가 있었다. 셀리그만이 2005년 응용긍정심리학 석사과정 입문반을 위해 긍정심리학 개론을 강의할 때 한 제자가 당돌하게 반론을 제기했다.

"교수님이 2002년 발표한 진정한 행복 이론은 옳지 않습니다. 그 이론은 인간은 무엇을 선택하는가에 관한 것입니다. 하지만 거기엔 커다란 허점이 있어요. 바로 성공과 정복이 누락됐다는 거죠. 사람들은 그저 승리하기 위해 성취하려고 하기도 해요."

하버드대 수학과를 나온 세니아 메이민(Senia Maymin)이었다. 그는 수학과 우등생이자 러시아어와 일본어가 유창하고 자신의 헤지펀드를 운용하는 32세 수재였는데, 셀리그만은 그의 말을 듣는 순간부터 행복에 대해 다시 한 번 진지하게 숙고했다고 한다.

세니아의 말처럼 꼭 어떤 목표를 세우고 그것을 성취했을 때만 행복을 느끼는 것은 아니다. 많은 사람이 성취 그 자체가 좋아서 하기도 한다. 그것이 긍정정서나 의미, 긍정관계라고 할 만한 그 어떤 것도 제공하지 못할 때조차 그렇다.

셀리그만을 확신으로 이끈 것은 그가 진지한 브리지 게임을 아주 많이 한다는 사실이다. 그는 브리지 선수로서 최고 선수들과 함께 또는 그들을 상대로 게임을 해왔다. 전문 선수들 중에는 실력을 키우고 문제를 해결하고 몰입하기 위해 게임을 하는 사람들이 있었다. 그들은 게임에서 이기면 굉장한 희열감을 느꼈다. 그것을 '아름다운 승리'라고 부른다. 그러나 게임을 잘했다면 지더라도 기분이 좋다. 이 전문 선수들은 게임을 하면서 몰입 또는 긍정정서, 심지어 완전한 기쁨을 추구한다.

오직 승리를 위해서만 게임을 하는 프로 선수들도 있다. 패배할 경우, 게임을 아무리 잘했어도 그들은 극도의 슬픔에 빠진다. 그러나 승리한다면, 비록 '추악한 승리'라 해도 그 일은 굉장한 것이다. 어떤 사람들은 이기려고 속임수를 쓰기도 한다. 그들에게는 승리가 긍정정서를 일으키지도 않고 승리 추구가 몰입을 불러일으키지도 않는다. 패배가 승리의 경험을 너무 쉽게 무효로 만들기 때문이다. 그 경험은 의미를 부여하지도 못한다.

성취만을 위한 성취는 재산 축적에서도 찾아볼 수 있다. 일부 재벌은 부를 추구하고 깜짝 놀랄 만한 자선행위로 재산의 상당액을 기꺼이 나눠준다. 존 D. 록펠러와 앤드류 카네기(Andrew Carnegie)가 모범을 보였으며, 척 피니와 빌 게이츠, 워런 버핏은 자선행위에 관한 한 이 시대의 귀감이 된다. 록펠러와 카네기 모두 삶의 전반기에는 엄청난 돈을 벌어들였고, 그중 상당 부분을 과학, 의학, 문화, 교육 분야에 기부하면서 삶의 후반기를 보냈다. 전반기에는 오직 성취가 좋아서 성취하는 삶을 살았고, 후반기에는 그 삶에서 의미를 창조한 것이다.

이처럼 성취는 그 자체로 충분한 행복과 즐거움을 제공한다. 따라서 진정한 행복 이론에서 빠졌던 성취는 지금 긍정심리학 팔마스의 중요한 요소로 자리 잡았다.

## 지능과 성취 요소

지능을 성취의 요소로 연결시키기 어려울 수도 있다. 공부를 예로 들면 좀 더 쉽게 이해할 수 있을 것이다. 지능의 차이 외에 다른 조건이 똑같다면 아무래도 지능이 더 뛰어난 학생이 공부를 잘할 수밖에 없다. 사실 공부뿐만 아니라 요리를 하거나 직장에서 업무를 처리할 때도 지능이 좋은 사람이 더 성취하기가 수월한 것이 사실이다. 어떤 일을 하든 그 일을 제대로 이해하지 못하면 제대로 성취하기가 어려운데, 일을 정확히 이해하는 데 필요한 요소가 바로 지능이기 때문이다.

하지만 여기서 앤절라 더크워스(Angela Duckworth)가 말하는 지능은 단순히 IQ만을 의미하지 않는다. 성취 요소로서의 지능은 크게 속도, 느림, 학습 속도 3가지로 구성된다.

### 속도

공부를 잘하는 학생과 못하는 학생은 기본적으로 공부하는 속도가 다르다. 똑같이 공부를 시작했을 때 공부 잘하는 학생이 50페이지를 공부했다면 공부 못하는 학생은 똑같은 시간을 공부해도 20~30페이지밖에 진도가 안 나가는 경우가 비일비재하다.

속도 차이가 나는 이유는 분명하다. 공부 잘하는 학생은 이미 그

동안의 공부를 통해 충분한 배경지식을 쌓은 상태이기 때문에 공부할 때 별 막힘 없이 술술 속도를 낼 수 있다. 반면 공부를 열심히 하지 않았던 학생은 속도를 내려 해도 배경지식이 부족해 페이지마다 모르는 내용이 나와 자꾸 브레이크가 걸릴 수밖에 없다.

이처럼 속도는 그 과제의 얼마나 많은 부분이 자동으로 처리되느냐, 즉 한 개인이 그 과제에 대해 이미 갖고 있는 기술 혹은 지식의 양을 반영한다. 이미 축적한 기술 혹은 지식의 양이 많을수록 속도는 빨라진다.

## 느림

성취를 하려면 속도도 중요하지만 이것보다 더 중요한 것이 있다. 속도에만 지나치게 집중하면 놓칠 수 있는 것이 많다. 예를 들어 책을 읽을 때 지나치게 속도를 내면 빨리 읽을 수 있을지는 몰라도 세세한 내용은 놓치게 마련이다. 큰 줄기가 되는 내용은 대략 이해해도 세부 내용은 잘 기억이 나지 않는다. 책 내용을 완전하게 내 것으로 만들려면 '느림의 미덕'을 발휘해야 한다. 속도를 내다가도 가끔 멈추고 행간의 의미를 되새겨보기도 하고, 앞의 내용이 잘 기억나지 않을 경우에는 되돌아가 다시 보기도 해야 한다.

느림은 성취의 완성도를 높이는 데 꼭 필요한 요소다. 요리를 예로 들어보자. 빠른 시간 안에 요리를 뚝딱 끝내는 것보다 맛있는 요리를 만드는 게 더 중요하다. 그러려면 어떻게 요리를 할 것인지 순서도 정하고, 계획도 요리를 하는 중간중간 잘되고 있는지 확인도 해야 한다. 또한 좀 더 맛있는 요리를 만들기 위해선 기존 레시피를 그대로 따라 하는 대신 창의적인 시도를 해야 할 필요도 있다. 이런 일련의 과정은 모두 '느림'을 전제로 한다. 모두 시간을 필요로 하는 것인데, 속도가 **빠르면** 그만큼 느림을 실천할 시간도 더 많아지고 결과도 더 좋아진다.

예를 들어 요리를 할 때 요리에 필요한 기본 지식과 숙련도는 속도와 관련 있다. 요리를 어떻게 해야 하는지 기본 지식이 없거나 칼질이 서투르면 시간이 많이 걸린다. 창의적인 맛있는 요리를 연구할 시간은커녕 평균 정도의 요리를 만드는 데 시간이 다 소비된다. 반면 지식이 풍부하고 숙련도가 높으면 속도가 빨라 기본적인 과정에서 시간을 많이 단축할 수 있고 그 시간은 고스란히 느림을 실천하는 데 쓸 수 있다.

### 학습 속도: 속도의 첫 번째 파생물

어떤 과제가 주어졌을 때 그 과제와 관련된 지식을 많이 갖고 있으면 과제를 빨리 처리할 수 있다. 그뿐만이 아니다. 자동차를 운전할 때 시간이 지날수록 속도가 붙듯이 과제를 처리하는 것도 시간이 지날수록 속도가 붙어 더 빨라진다.

공부를 예로 들어보자. 아무런 지식이 없는 상태에서 처음 공부하려면 시간이 많이 걸릴 수밖에 없다. 하지만 지식이 축적될수록 공부하는 속도가 빨라진다. 기존에 쌓았던 지식을 처리하는 속도는 물론 새로운 지식을 습득하는 속도도 빨라진다. 이처럼 학습 속도는 새 정보를 자동적인 지식 계좌에 얼마나 빨리 저축할 수 있는지를 반영하며, 더 빠를수록 느림을 실천할 시간이 훨씬 더 많아진다.

## '성취=기술×노력', 하지만 노력이 더 중요하다

물리에서 '거리=속도×시간'이다. 물체가 움직인 거리는 속도와 시간이 결정한다는 공식으로, 이 공식에 따르면 속도가 빠르고 시간이 많을수록 움직인 거리가 길어진다. 이 공식은 그대로 성취에도 적용할 수 있다. 다만 성취를 결정하는 요소가 기술과 노력이라는 것만 다를 뿐이다. 거리는 속도와 시간이 결정하듯 성취는 기술과 노력이 결정한다. 기술이 풍부하고 노력을 많이 하면 할수록 성취도 많아진다는 이야기다.

인지 과정의 기본 공식인 '성취=기술×노력'에서 성취는 앞의 속도, 느림, 학습속도 같은 '기술'을 이루는 요소다. 그러나 더크워스의 핵심은 학문적 성취의 인지 과정이 아니라 성격의 역할과 그 공식에서 성격의 특성이 '노력'으로 들어가는 지점이었다. 성취의 비인지적 요소는 노력으로 요약되고, 노력은 '과제에 투입된 시간'으로 단순화된다.

노력이란 과제 연습에 소비한 시간의 양을 말하며, 과제에 소비하는 시간은 목표를 추구할 때 기술의 양을 가산적이지 않고 승법적으로 증가시킨다. 앤더스 에릭슨(Anders Ericsson) 플로리다주립대 교수는 고도의 전문 지식을 쌓는 초석은 신이 주신 천재성이 아니라 의도적인 연습에 소비한 시간과 에너지의 양이라고 주장했다. 기술보다는 노력의 중요성을 강조한 것이다.

모차르트는 신이 내린 천부적인 음악적 재능을 타고난 사람이라

알려져 있다. 하지만 에릭슨은 모차르트를 최고의 음악가로 만든 것은 타고난 재능이 아니라 어릴 적부터 재능을 활용하는 데 모든 시간을 쏟아부었기 때문이라고 말한다. 모차르트가 아무리 재능이 뛰어나도 노력하지 않았다면 오늘날의 모차르트는 없었을지도 모른다는 것이 에릭슨의 생각이다.

기술보다 노력이 더 중요하다는 증거는 많다. 세계 최고의 체스 플레이어들은 사고 속도가 더 빠르지도 않고 말의 움직임에 대한 유리한 기억을 저장하고 있지도 않다. 그럼에도 최고의 플레이어가 될 수 있었던 비결은 수없이 플레이를 되풀이했기 때문이다.

사람의 능력은 타고난 재능이 아니라 경험의 양에서 생겨난다. 세계적인 피아노 독주자들은 20세 무렵이면 연주 시간이 1만 시간에 달한다. 이와 대조적으로 그 아래 수준의 피아니스트들은 5000시간, 진지한 아마추어 피아니스트들은 2000시간이다.

의도적으로 연습을 많이 해 높은 성취를 달성한 사람으로 차오 루를 빼놓을 수 없다. 그는 에릭슨의 대학원생 중 한 명인데, 원주율 자릿수를 가장 많이 기억한 사람으로 『기네스북』에 기록돼 있다. 무려 6만7890자리까지 외운다. 역시 비결은 노력이다. 차오 루는 10년 동안 매주 60시간을 투자해 세계에서 가장 많은 원주율 자릿수를 기억하는 사람이 될 수 있었다.

이처럼 성취를 하는 데 '노력'의 역할은 아주 중요하다. 천재는 노력하는 사람을 이길 수 없다고 했다. 엄청난 기술을 가지고 있어도 노력하지 않으면 성취가 어려울 수 있다. 반대로 설령 기술이 조금 부족해도 열심히 노력하면 얼마든지 성취가 가능하다. 기술은 부족한 노력을 보완하는 데 한계가 있지만 많은 시간을 투자해 노력하면 기술 또한 발전할 수 있기 때문이다.

## 그릿(GRIT)

성취를 위해 노력도 중요하지만 성취 공식에서 노력으로 들어가는 지점에서 성격특성의 역할이 더 중요하다. 이것을 그릿(GRIT)이라고 한다. 그릿(집념)은 장기적인 목표를 성취하기 위한 '끈기'와 '열정'을 의미한다.

그릿은 긍정적 성격의 특성이며 긍정심리학의 성격 강점을 말한다. 처음으로 그릿의 역할에 관심을 가진 사람은 셀리그만의 제자인 더크워스다. 더크워스는 하버드대 수학과를 우등생으로 졸업했으면서도 공립고등학교 교사, 비영리 지도자, 차터스쿨(Charter School·자율성이 보장된 공립학교) 자문위원, 교육정책 저술가로서 6년을 보내면서 성취 수준의 최상층과 최하층에 있는 학생들과 오랜 시간을 보냈다.

그녀는 학교 개혁에 대해 완전히 상반된 관점을 갖게 됐다. 그녀가 생각하기엔 문제는 학교만이 아니라 학생 자신에게도 있었다. 이유는 바로 공부가 힘들다는 것이다. 사실 배우는 과정은 재미있고 흥미진진하며 흐뭇하다. 하지만 종종 두렵고 피곤하고 때로는 기가 꺾이기도 한다. 더 이상 배움을 원하지 않는 학생, 자신은 배울 수 없다고 믿는 학생, 공부할 때 요점을 보지 못하는 학생은 대체로 절대 공부를 하지 않는다. 학교나 선생님이 아무리 훌륭해도 마찬가지다. 그녀는 지능은 높지만 언제나 성취도가 낮은 학생을 돕기 위해 교육자와 부모들은 성격이 지능보다 중요하다는 것부터 인식해야 한다고 말한다.

그녀는 여러 공립학교에서 교사로 일하면서 지능이 높은 학생이 자신보다 지능이 낮은 학생에 비해 성적이 떨어지는 것을 보고 의문을 품고 성취와 그릿의 관계를 연구하기 시작했다. 이를 위해 하버드대 졸업생이었던 그녀는 일부러 셀리그만이 근무하는 펜실베이니아대에서 박사과정을 밟는 열정을 보였다. 이후 더크워스는 셀리그만의 지도를 받으면서 10년 이상 이 문제를 연구했다. 그릿을 알아보기 전에 셀리그만이 주장하는 긍정성격에 대해 알아보자.

"19세기에는 정치학, 도덕성, 심리학이 모두 성격에 관한 것이었다. '우리 본성의 더 착한 천사들'에게 호소한 링컨의 첫 번째 취임사는 미국인들이 좋은 행동과 나쁜 행동에 대해 설명하는 방식을 상징한다. 1886년 시카고에서 벌어진 헤이마켓 폭동(Haymarket Riot)이 전환점이었다. 일반적인 노동자 파업이 있었고, 지금까지 밝혀지지 않은 어떤 사람이 파이프 폭탄을 던지자 경찰이 발포했다. 5분 만에 그곳은 아수라장이 됐으며 경찰 8명과 수많은 시민이 사망했다. 이때 독일 이민자들에게 비난이 쏟아졌다. 언론은 그들을 '피에 물든 짐승' '악귀'라고 불렀다. 이민자들의 나쁜 도덕성 때문에 사망자가 생겼다는 것이 여론이었다. 그들에겐 무정부주의자라는 꼬리표가 붙었다. 그중 4명이 교수형을 당했고, 1명은 사형 집행 직전에 자살했다.

좌익 진영에서는 교수형 집행에 엄청나게 반발했다. 이 흐름에 편승해 터무니없는 주장이 하나 떠올랐다. 바로 나쁜 성격에 대한 기존의 통념을 대체하는 설명이었다. 유죄 판결을 받은 무정부주의자들은 모두 하층 노동자 출신이었다. 그들은 영어를 못했고 자포자기했으며 끼니도 잇기 힘든 임금에 공동주택의 단칸방에서 온 가족이 복작거리며 살았다. 새로 부각된 견해는 범죄를 양산하는 것은 나쁜 성격이 아니라 열악한 환경이라는 것이다. 신학자와 철학자들이 이 외침을 받아들였고, 그 결과 '사회과학'이 탄생했다. 사회과학은 성격이나 유전보다 환경이 사람들이 하는 짓을 더 잘 설명한다는 점을 입증하려 했다. 심리학과 사회학, 인류학, 정치학은 그 전제를 거행하는 일에 20세기를 거의 전부 소비했다.

인간의 나쁜 행동을 성격이 아닌 환경으로 설명하자 수많은 변화가 일어났다. 첫째, 개인은 자신의 행동에 더 이상 책임을 지지 않았다. 행동의 원인이 그 사람이 아닌 상황에 있기 때문이다. 이 말은 개입을 바꿔야 한다는 뜻이다. 즉 더 좋은 세상을 원한다면 성격을 바꾸려고 애쓰거나 나쁜 행동을 처벌하고 좋은 행동을 보상하는 일에 시간을 낭비하지 말고 나쁜 행동을 양산하는 환경을 개선해야 한다는 것이다. 둘째, 진보적인 과학은 범죄, 무지, 편견, 실패 그리고 인간에게 닥치는 그 밖의 모든 해악을 야기하는 상황을 따로 분리해야 했다. 그래야만 그 상황을 교정할 수 있었다. 돈을 이용해 사회 문제를 교정하는 것이 일차적 개입이 됐다. 셋째, 연구는 좋은 사건이 아닌 나쁜 사건에 초점을 맞춰야 했다. 사회과학에서는 새미가 학교 성적이 낮은 이유에 대해 배가 고파서, 학대당해서, 배움을 중시하지 않는 집안 때문이라고 변명하는 것이 얼마든지 가능해졌다. 넷째, 상황적 관점은 우리는 미래를 지향하지 않고 과거에 지배당한다는 전제를 제기했다.

통상적인 심리학, 즉 피해자, 부정정서, 정신이상, 질병, 비극에 대한 심리학은 헤이마켓 폭동의 의붓자식이다. 이 모든 것에 대한 긍정심리학의 입장은 통상적 심리학과 크게 다르다. 즉 때때로 사람들은 실제로 피해자다. 나는 끔찍한 아이티 지진이 일어난 다음 날 이 글을 쓰고 있다. 지금 고통을 받거나 사망한 수십만 명은 진짜 피해자다. 하지만 사람들은 자신의 행동 그리고 자신의 성격에서 나온 뜻밖의 선택에 종종 책임이 있다. 책임과 자유의지는 긍정심리학에 꼭 필요한 과정이다. 환경을 비난한다면 개인의 책임과 자유의지는 설령 사라지지는 않더라도 최소화된다. 이와 반대로 행동이 성격과 선택에서 나온다면 개인의 책임과 자유의지는 적어도 부분적으로는 원인이 된다.

이것은 개입하는 방법을 직접적으로 암시한다. 즉 긍정심리학의 관점에서 이 세상은 나쁜 상황을 교정함으로써 더 좋아질 뿐만 아니라 좋은 성격과 나쁜 성격을 모두 확인하고 형성함으로써 또한 더 좋아질 수 있다. 보상과 처벌은 단지 행동만이 아니라 성격에도 영향을 미친다. 불행한 사건과 실패, 비극, 부정정서가 과학 연구 대상이듯이 행복한 사건과 높은 성취, 긍정정서는 긍정심리학의 타당한 연구 대상이다. 긍정적 사건을 연구 대상으로 진지하게 받아들이면 우리는 새미의 탁월한 성취를 그 아이가 배불리 먹었거나 선생님이 훌륭하거나 부모가 배움을 중시하기 때문이라고 변명하거나 폄하하지 않는다. 새미의 성격, 재능, 강점에 관심을 갖는다."

이 내용은 『마틴 셀리그만의 플로리시』 원문 일부를 그대로 인용했다.

셀리그만과 더크워스는 작곡가, 운동선수, 투자은행 경영진 등 여러 분야에서 탁월한 성과(성취)를 올린 사람들을 대상으로 어떤 공통점이 있는지 조사했다. 그 결과 두 사람은 탁월한 성과를 올린 사람들은 지능이나 야망과는 별개로 끈질긴 성격 특성인 그릿을 갖고 있다는 것을 알아냈다.

성취하는 데 실패한 사람들은 종종 "상황이 어려워졌을 때 그 일을 꾸준히 하지 못하는 바람에 중요한 목표를 달성하지 못했다"고 한탄한다. 상황이 어려워져도 포기하지 않고 끈기 있게 할 수 있는 힘이 바로 그릿이다.

그릿은 끈기와 열정의 속성을 갖고 있다. 안타깝게도 요즘 젊은 사람들은 끈기와 열정을 배울 기회가 많지 않다. 대부분 어렸을 때부터 원하는 것을 크게 힘들이지 않고 손에 쥐면서 귀하게 자라다 보니 오랫동안 끈기 있게 노력해 무언가를 성취하는 것에 익숙지 않다. 그러면서도 목표는 원대하다. 꾸준히 공부하지 않으면서도 좋은 성적 받기를 꿈꾸고, 힘들게 일하지 않으면서도 최고의 연봉을 받기를 원한다.

능력보다는 끈기를, 그릿이 중요하다는 것을 가르쳐야 할 때다. 어린 시절 신동 소리를 듣고 자란 사람들 중 성인이 된 후 훌륭한 업적을 이룬 사람은 거의 없다. 어릴 때 거둔 성공 때문에 끈기를 배우지 못했기 때문이다. 모두들 "와, 너 정말 똑똑하구나"라는 말은 많이 해주지만 "네 분야에서 제대로 된 업적을 이루려면 주당 60시간씩 일하면서 노력해야 한다"라는 말은 해주지 않기 때문에 그릿이 필요하다는 것조차 알지 못한다. 그러다 경쟁자들이 바짝 추격해 추월하면 더 쉽게 절망하고 포기해 이렇다 할 성과를 내지 못하는 것이다.

축구선수 박지성은 어릴 적 왜소한 체구와 평발, 허약한 체력을 가졌지만 고된 훈련과 치열한 선수생활을 하면서 단 한 번도 축구를 그만두겠다는 말을 해본 적이 없다고 한다. 체력을 기르려고 단순하면서 지루한 기본기 훈련을 단 하루도 거르지 않았고, 특유의 그릿으로 세계적인 명문 팀에서 활약했다. 아무리 머리가 좋아도 공부하겠다는 마음이 없으면 무슨 소용이 있겠는가? 아무리 능력이 좋아도 끈기가 없으면 포기하고 싶을 때 어떻게 밀고 나가겠는가? 셀리그만과 더크워스의 연구에서도 그릿의 끈기와 열정, 자기통제력이라는 성격 특성이 더 많은 시간을 투자하고 노력을 기울이게 만드는 중요한 요소였다고 한다. 셀리그만에 따르면 그릿이란 목표에 대한 높은 열정과 아주 강한 끈기의 결합체다. 그릿이 강할수록 학생들은 성적이 좋았고 군인들은 혹독한 여름 훈련을 잘 완수했다. 실력은 노력이다. 그리고 더 많이 노력하게 만드는 게 그릿이라는 성격 특성이다. 이것이 가장 중요한 성공의 요소다.

나는 2011년 『마틴 셀리그만의 플로리시』를 번역, 출간하면서 그릿을 처음 접하고, 그릿이란 용어를 우리나라에 처음 소개했다. 그때 그릿의 의미를 깨닫고 흥분했던 감정이 지금도 뜨겁게 느껴진다. 내 삶이 그릿의 삶이고, 긍정심리학을 포기하지 않고 지속적으로 연구하며 확장시킬 수 있었던 원동력이 그릿의 힘이기 때문이다.

## 그릿을 기르는 방법

그릿을 기르는 방법은 다양하다. 그중 이 분야 최고 학자들이 이야기하는 아이디어 몇 가지를 소개하면 다음과 같다.

**겁쟁이가 되지 말자.** 중요한 목표를 향해 전진하다 지치거나 용기를 잃으면 그만 손을 떼고 싶다는 유혹이 든다. 하지만 끈기 있게 끝까지 밀고 나가지 못하면 자신이 원하는 일을 이룰 가능성을 모두 잃게 된다.

**그릿이 강한 사람들과 함께한다.** 웨스트포인트는 그릿이 넘치는 학생들을 입학시켜 그릿을 더욱 강화시킨다고 한다. 어떤 사람들과 함께하는가가 중요하다. 그릿이 강하고 용감한 사람들과 가까이 지내면 자연스럽게 그들로부터 그릿을 배우고 강화할 수 있다.

**그릿 넘치는 사람의 전기나 성공담을 읽는다.** 신문과 각종 매체는 거절을 받아들이지 않고 목표를 끝까지 추구해 달성한 이들의 실제 성공담으로 가득하다. 이런 사람들의 성공담을 읽고 성공을 위해 필요한 것이 무엇인지 계속 되새기도록 한다.

**정직이 그릿을 기른다.** 자신과 자신이 하는 일이 도덕적·윤리적 측면에서 결함이 있다면 지속적으로 그릿을 발휘하기가 쉽지 않다. 정직해야 끝없는 열정과 끈기를 발휘할 수 있다.

**낙관성을 기른다.** 낙관성이 반드시 그릿을 길러주는 것은 아니지만, 낙관성은 힘든 상황에서도 끝까지 포기하지 않으며 미래에 대한 기대와 희망을 갖고 스스로의 능력을 믿을 수 있게 해주는 학습 가능한 특성을 갖고 있다.

**열정을 가지고 추구한다.** 그릿이 강한 사람은 대부분 열정적이다. 너무 열정적이어서 일과 생활의 균형이 깨지는 경우도 많지만 열정이 어려운 목표를 이루는 데 큰 도움이 되는 것은 부인할 수 없는 사실이다.

**도전 앞에서 물러나지 않는다.** 살다 보면 도전해야 할 일을 계속 만난다. 이런 경우 피하지 말고 받아들이며 끝까지 하려고 노력하다 보면 그릿이 강화된다.

**실패나 비판이 자신을 규정하지 않게 한다.** 그릿이 강한 이들은 비판과 실패에서 교훈을 얻으려 하고 이에 대처하기 위한 감정적인 전략을 수립하며 실패를 딛고 다시 일어선다. 이런 회복력은 자기효능감이나 자신감이 강한 사람의 특징이기도 하므로 이런 일을 잘하는 사람을 찾아 도움을 구하자.

## 자기통제력과 성취

더크워스는 미국 청소년의 학습 부진은 주로 부적합한 교사, 지루한 교과서, 대규모 학급 탓으로 돌렸다.

그는 "우리는 학생들이 자신의 지적 잠재력에 부응하지 못하는 또 다른 이유를 제시한다. 즉 그들은 자기통제를 연습하지 못했다. …… 미국의 많은 아동이 장기적 이익을 위해 단기적 쾌락의 희생을 요하는 결정을 내리는 데 곤란을 겪는다. 따라서 자기통제력 구축 프로그램은 학문적 성취를 구축하는 왕도가 될 수도 있다"고 말했다.

성취를 하는 과정이 늘 즐거울 수만은 없다. 오히려 과정이 너무 힘들어 포기하고 싶었던 순간이 더 많을 것이다. 그런데도 포기하지 않고 끝까지 노력할 수 있게 만드는 힘이 바로 자기통제력이다. 흔들리는 자신을 스스로 통제할 수 있는 힘을 가진 사람이 성취를 잘할 수 있다.

월터 미셸(Walter Mischel) 스탠퍼드대 교수의 마시멜로 연구는 자기통제력과 성취와의 관계를 진솔하게 보여준다. 그는 1966년 네 살배기 아이 653명을 대상으로 "15분 동안 먹지 않으면 한 개 더 줄게"라고 말하고 아이들이 얼마나 참을 수 있는지 실험했다. 653명 중 참아낸 아이는 고작 30명에 불과했다. 실험은 여기서 끝나지 않았다. 미셸은 이 아이들을 추적 관찰했는데, 15년 후인 1981년 아이들의 SAT 점수를 조사한 결과 마시멜로를 먹지 않고 참았던 30명의 점수가 다른 아이들보다 무려 210점 높았다. 그로부터 또다시 15년이 지난 1996년에는 소득수준을 조사했는데 역시 마시멜로를 먹지 않은 30명의 소득수준이 다른 아이들에 비해 상대적으로 높았다.

마시멜로 실험에서도 알 수 있듯이 자기통제력은 성취를 하는 데 중요한 역할을 한다. 따라서 자기통제력이 약한 사람이라면 이를 키울 필요가 있다. 다행히 자제력은 환경의 변화를 주거나 의식을 변화시키는 방법으로 향상시킬 수 있다.

일단 자기통제력을 약화시키는 환경을 바꾸기만 해도 달라진다. 마시멜로 실험의 경우 아이들이 먹고 싶은 충동을 참지 못하고 마시멜로를 먹은 시간이 6분이었는데, 마시멜로에 뚜껑을 덮어놓았을 때는 11분 동안 참아냈다. 자제력이 무려 두 배 가까이 발휘된 셈이다.

생각을 달리하는 것도 효과적이다. 마시멜로 실험에서 아이들을 3개 집단으로 나눈 후 실험 전에 한 집단에는 재미있는 일을 생각하라고 지시하고, 다른 한 집단에는 아무런 지시도 하지 않았고, 마지막 한 집단에는 받게 될 2개의 마시멜로를 생각하라고 지시했다. 그 결과 아무런 지시를 받지 않은 아이들보다 재미난 일을 생각하거나 잘 참았을 때 받게 될 마시멜로를 생각하라고 지시받은 아이들이 더 잘 참았다.

사전 정보에 대한 신뢰도 자기통제력에 영향을 미친다. 마시멜로 실험에서 한 집단의 아이들은 약속을 잘 지키지 않는 어른을 실험 전에 만나게 하고, 다른 집단의 아이들은 약속을 잘 지키는 어른을 만나도록 했다. 그런 다음 똑같이 '15분 동안 참으면 마시멜로를 하나 더 주겠다'는 약속을 하고 실험을 한 결과 약속을 잘 지키는 어른을 만난 아이들은 14명 중 9명이 참아냈고, 그렇지 않은 집단에선 단 1명만이 참았을 뿐이다.

이처럼 자기통제력에 영향을 주는 요소는 많다. 자기통제력을 저하시키는 요소와 향상시키는 요소를 알아두고 일상생활에서 적용하면 도움이 될 것이다.

| 자기통제력을 저하시키는 5대 요소 | 자기통제력을 향상시키는 5가지 방법 |
|---|---|
| – 일상적인 충동 억제<br>– 자기통제력이 필요한 결정을 내리느라 정신적 에너지 소모<br>– 어떤 욕구나 생각을 하지 않으려고 애쓰는 것<br>– 서로 상충되는 2가지 목표가 있는 경우<br>– 자신과 관련된 일을 숨기려고 계속 애쓰는 것 | – 미소 짓기(긍정정서 많이 느끼기)<br>– 소량 설탕 섭취(세로토닌과 도파민 분비)<br>– 마음을 흔들리게 하는 물건이나 상황 바꾸기(청소, 정리, 정돈)<br>– 정기적인 운동<br>– 음주 자제 |

## 14 성격(인성) 강점

### 왜 강점인가

"당신의 강점은 무엇인가요?"라고 물었을 때 망설이지 않고 바로 대답할 수 있는 사람은 많지 않다. 반대로 "당신의 약점은 무엇인가요?"라는 질문에는 강점을 물었을 때보다 대답이 쉽게 나온다. 보통 사람들은 살아오면서 자신의 강점보다 약점을 많이 느끼고 의식하기 때문이다.

긍정심리학 창시자인 셀리그만은 이것을 '부정 편향' 때문이라고 했다. 우리가 부정성인 약점과 문제에 중점을 두는 것은 적응적 전략이라는 것이다. 무언가 잘못돼간다는 것은 불길한 결과를 암시하기 때문에 역사적으로 볼 때도 약점과 문제를 잘 알고 해결하는 사람이 생존

경쟁에서 유리했다. 하지만 지금은 다르다. 개인이나 조직 모두 약점보다 강점을 잘 활용할 때 어떤 일에서든 더 좋은 결과를 내고 그만큼 플로리시해질 수 있다는 것이 여러 연구 결과와 사례에서 입증됐다.

**성과를 낳는 것은 오직 강점이다.** 당신이 돛단배라고 상상해보자. 불행히도 돛단배에 구멍이 났다. 그 구멍을 약점이라고 하자. 상식이 있는 사람이라면 그 약점, 즉 구멍을 무시하지 않을 것이다. 그랬다가는 가라앉을 테니까. 구멍에 반드시 주의해야 한다. 사실 그 행동이 결정적이다. 현실에서는 그 구멍(약점)에 주의하지 않을 경우 우리 자신이 뒤집히거나 가라앉을 수 있다. 따라서 구멍을 막으려고 애써야 한다. 그리고 구멍을 막은 후 한 가지 중요한 사실을 깨닫게 된다. 구멍을 완벽하게 막아도 어디로든 가지 못한다! 돛단배를 앞으로 나아가게 하는 것은 바로 돛(당신의 강점)이다. 전진하려면 돛을 높이 올려야 한다.

세계적 경영학자 피터 드러커(Peter Drucker)는 "약점으로는 그 어떤 성과도 낳을 수 없다. 성과를 낳는 것은 오직 강점이다. 강점을 파악해야 한다"고 말했다. 실제로 보통 상사에게 약점을 지적받으면 그것을 보완하기 위해 짜증을 내며 지루하게 하루 일과를 마친다. 반면 강점을 칭찬받으면 강점을 살려 자신의 능력을 최대한 발휘하고 활기차고 즐겁게 하루를 마무리할 수 있다. 즐겁게 일했을 때 성과가 좋은 것은 두말할 나위도 없고 무엇보다 즐겁게 일하는 직원들은 행복하다. 긍정정서 그 자체보다 자신의 능력을 발휘해 스스로 긍정정서를 자아내는 것을 원하기 때문이다.

그럼에도 사람들은 마약, 초콜릿, 성기구, 사랑이 배제된 성행위,

자위행위, 쇼핑, 텔레비전 시청 등 순간의 쾌락을 위한 방법이나 도구를 무수히 개발해왔다. 이러한 손쉬운 방법으로 행복, 기쁨, 환희, 평안, 황홀경을 얻을 수 있다는 믿음대로 살다 큰 부와 성공을 쌓고도 심리적 허탈감에 빠져 괴로워하는 사람이 무수히 많다.

셀리그만은 이처럼 자신의 강점과 미덕을 발휘하지 않고 순간적이고 외적인 자극을 이용해 긍정정서를 경험하면 끝내는 공허함, 불확실성, 우울증에 빠지게 되고 결국 죽을 때까지 불안하고 고통스러운 현실 속에서 살아가게 된다고 말했다. 순간적인 쾌락이 아닌 자신의 강점과 미덕을 발휘해 얻은 진심 어린 긍정정서야말로 우리를 플로리시하게 만들어준다.

**사전에 강점을 찾아주고 확인하는 것이 중요하다.** 긍정심리학의 사명은 예방이다. 사전에 질병을 예방하고 강점을 찾아주며 확인해 개인과 조직이 더 플로리시하게 해주는 것이다. 다음 사례는 사전에 강점을 찾아주고 확인하는 것이 얼마나 중요한지를 알려준다.

유명 심리학자인 제인스 교수는 지인에게 아마존 도마뱀을 선물 받았다. 제인스는 자신의 연구실에서 아마존 도마뱀을 애완동물로 키웠다. 처음 며칠간 그 도마뱀은 아무것도 먹지 않고 버텼다. 그는 도마뱀이 굶어 죽을까 봐 걱정이 돼 갖은 방법을 다 써보았다. 상추, 망고, 다진 돼지고기도 주고, 파리도 잡아주었다. 살아 있는 곤충, 중국 요리, 과일 주스도 주었지만 도마뱀은 거들떠보지도 않았다. 어느 날은 햄샌드위치를 사다 도마뱀에게 주었는데도 별 반응이 없었다. 제인스의 고민은 이만저만이 아니었다. 만약에 이대로 가다 굶어 죽는다면 지인이

나중에 도마뱀에 대해 물어봤을 때 뭐라고 대답을 해야 할까를 생각하니 식은땀이 날 정도였다.

그는 매일 신문 읽기로 하루를 시작한다. 그날도 「뉴욕타임스」의 주요 면을 다 읽은 다음 던졌는데, 그게 마침 도마뱀 위로 떨어졌다. 그 순간 도마뱀은 살금살금 기어 신문지로 뛰어오르더니 그것을 갈가리 찢은 다음 눈 깜짝할 새 샌드위치를 먹어치웠다. 제인스는 너무 신기하고 기뻤다. 알고 보니 도마뱀은 무언가 갈가리 찢은 다음에야 먹도록 진화돼왔다는 것이다. 그러니까 도마뱀의 강점은 찢기와 사냥인 셈이었다. 도마뱀에게 플로리시에 이르는 길이란 강점을 발휘하는 것이다. 아직도 우리는 자녀나 구성원들의 강점을 모른 채 제인스가 도마뱀을 다루듯 자기 방식대로 대한다. 이런 방법으론 개인이나 조직 모두 플로리시하게 할 수 없다. 현명한 부모나 조직의 탁월한 리더라면 사전에 강점을 찾아 발휘할 수 있도록 도와주자.

**아이의 심각한 문제는 강점이 해결해준다.** 자녀가 성적표를 가지고 왔다. 영어가 '수', 사회가 '수', 과학이 '미', 수학이 '가'인 성적표다. 가장 먼저 시선이 가는 곳이 어디인가? 실제 갤럽에서 학부모들을 대상으로 조사한 적이 있다. 조사 결과 77%가 '수학 가'라고 답한 것으로 나타났다. 부모들이 자녀를 대할 때 강점보다는 약점을 먼저 본다는 것을 단적으로 드러낸 좋은 예다.

조직에서 문제와 단점을 찾을 때보다 강점과 성과에 주목할 때 더 결과가 좋았듯 아이를 키울 때도 약점보다는 강점을 찾아주고 발휘하게 해야 한다. 아이는 스스로 성장할 수 있는 잠재력을 갖고 있다. 다만 그 잠재력을 발휘할 동기부여를 찾지 못했을 뿐인데, 그 동기부여는 아이의 강점을 찾아주면 저절로 된다. 민혁이의 사례를 보면 강점을 찾아주는 것이 얼마나 중요한 것인지를 실감할 수 있다.

민혁이는 불만에 가득 찬 아홉 살짜리 소년이다. 학교에서 거의 공부를 하지 않았고 집에서는 곧잘 성질을 부리며 말이 별로 없었다. 하지만 민혁이가 항상 그런 건 아니었다. 얼마 전까지만 해도 아이는 학교에 가는 게 즐거운 듯 보였다. 선생님이 어떤 주제를 조사하거나 무언가 만드는 과제를 내줄 때 특히 그랬다. 그런데 아이가 달라져서, 학교 가는 길에 꾸물거리고 집으로 돌아와서는 그날 학교에서 있었던 일들에 대해 이야기하기를 꺼렸다. 민혁이 어머니는 아이의 이런 태도에 매우 당황하고 걱정스러웠다. 그래서 다른 취미가 도움이 됐으면 하는 바람에 아이에게 피아노를 가르쳤다. 처음 시작은 좋았지만 곧 싫증을 내 이번엔 기타를 가르쳤다. 기타 역시 금방 흥미를 잃어 중단했다.

담임 선생님과 어머니는 아이에게 동기부여가 안 돼 그렇다고 보았지만 이런 상황에서 어떻게 해야 할지 몰랐다. 민혁이 어머니는 전문 상담을 받기로 했다. 상담을 하러 와서 이렇게 물었다. "아이한테 어떻게 동기부여를 할 수 있을까요?"

상담 선생님이 민혁이를 처음 만났을 때 민혁이는 말하기를 꺼렸다. 하지만 좋아하는 게 뭔지 물어보자 표정이 밝아졌다. 민혁이는 자기가 쓴 괴물 이야기를 보여주면서 이야기를 쓰는 것보다 학교에서 '선생님이 써오라고 한' 숙제를 하는 게 더 어렵다고 했다. 좀 더 이야기를 나눈 결과 민혁이네 학교는 2학년부터 아이들의 학업 향상을 위해 정기적으로 시험을 보았고, 민혁이는 시험 보는 것을 힘들어한다는 것을 알게 됐다. 새로운 것에 적응하는 것도 조금 늦다는 것도 알게 됐다. 처음에는 시험을 잘 보기 위해 열심히 노력했지만 좋은 점수를 받지 못했고, 부모님이나 선생님이 실망하는 듯한 느낌을 받으면서 차츰 자신감을 잃었다.

무기력하고 자신감 없는 민혁이는 자신의 강점을 찾으면서 변하기 시작했다. 긍정심리학의 청소년용 성격강점 검사를 해보니 민혁이의 대표 강점은 끈기, 창의성, 친절, 희망, 감상력이었다. 민혁이 어머니는 민혁이와 대표 강점과 그 강점을 어떻게 활용할지에 대해 오랜 시간 이야기를 나누었다.

"민혁아, 공부 따라가기 힘들지? 무슨 일이든 처음엔 다 힘든 것 같아. 엄마도 직장에 처음 들어갔을 때 무척 힘들었단다. 하지만 엄마 강점을 찾고 발휘하면서 열심히 하다 보니 회사 일이 익숙해지고 재미있어졌어. 민혁이 강점이 끈기네. 창의성, 희망도 있고. 민혁아, 힘들어도 끈기 강점을 살려서 오늘부터 엄마랑 예습과 복습을 열심히 해보자. 민혁이는 할 수 있을 거야. 그래서 금방 다른 아이들을 따라갈 수 있을 거야."

민혁이 어머니는 민혁이가 글쓰기, 음악같이 창의성을 발휘할 수 있는 프로그램을 추천했다. 민혁이는 우선 학교에서 글쓰기반에 들어갔다. 글쓰기반 교사는 민혁이가 친절 강점을 발휘해 완성한 이야기를 1학년 아이들에게 읽어주게 했다. 민혁이는 사람들에게 들려주기 위한 글을 쓰는 데 유용한 방법을 배웠고, 자기보다 어린 아이들이 관심을 보이자 용기도 얻었다.

글쓰기와는 별도로 민혁이 어머니는 민혁이가 드럼을 배울 수 있게 해주었다. 에너지가 넘치는 민혁이에게는 피아노나 기타보다 그게 더 잘 맞았기 때문이다. 드럼은 아이의 리듬감과 집중력을 키워주었다. 또 매일 자유 시간을 주어 밖에서 친구들과 함께 놀거나 집에서 놀 수 있게 해주었다.

민혁이는 자신의 강점을 찾고 발휘하면서 잠재돼 있던 능력을 수면 위로 끌어올릴 수 있었다. 그러면서 자신감을 회복한 덕분에 지금은 공부에도 흥미를 붙여 열심히 하고 있다. 표정도 많이 밝아졌고, 예전보다 훨씬 더 쾌활해지면서 여유도 갖게 됐다.

**무기력과 우울증 수렁에서 빠져나오게 한다.** 셀리그만은 1년의 치료 중단 기간을 포함해 약 6년 동안 엠마라는 여성을 심리치료해오고 있다. 2년 전, 거의 유일한 친구의 죽음을 겪은 후 엠마는 다시 심리치료실을 찾았다. 최근 셀리그만은 엠마의 치료에 긍정심리학 행복 도구 두세 가지를 적용했다. 유아기부터 성장기, 심지어 최근까지 엠마는 가능한한 모든 방식으로 학대를 받았고 중증 우울증에 자살 시도 경력까지 있었다. 지난 몇 달 동안 셀리그만은 긍정심리학 요소를 사용하기로 결정했다.

가장 먼저 엠마를 성격강점 검사에 참여시켰다. 그녀는 자신을 '인간쓰레기'라고 믿고 있었는데, 그 모습이 아닌 깊이 감춰진 자신의 참모습을 보도록 도와주기 위해서였다. 그 검사는 명확한 자아상을 세울 토대였으며, 셀리그만이 들고 있는 깨끗한 거울에 비친 선명한 엠마의 모습을 상징하는 도구였다. 진전은 더뎠다. 하지만 곧 엠마는 강점에 대해 이야기하고, 자신의 진짜 강점을 찾아내고, 그중 몇 가지 강점 때문에 자신이 얼마나 곤란을 겪었는지 알아차리고 그 강점과 그 밖의 강점들을 유리하게 활용할 영역을 확인했다. 그리고 자신의 계발되지 않은 강점을 키우는 데 도움이 될 강점들이 무엇인지 알아냈다.

사흘 후 엠마는 종이 2장을 들고 나타났다. 거기에는 엠마가 시도하려고 마음먹은 7가지 항목과 단계적 목표가 적혀 있었다. 그 내용을 읽는 동안 셀리그만은 눈물을 흘렸고 엠마는 내내 웃는 얼굴이었다. 엠마는 여간해선 웃지 않았었다. 나중에 셀리그만은 참으로 기쁜 순간이었다고 말했다. 게다가 엠마는 무기력 학습과 연관된 가장 중요하고도 힘겨운 수렁에서 벗어나고 있었으며 심리치료 대상의 일부였던 그 밖의 모든 개인적인 문제를 떨쳐내고 있었다.

**강점은 조직 현장의 문제를 해결해준다.** 당신이 팀의 리더라면 조직을 이끌 때 문제와 약점을 보완하는 스타일인가, 아니면 성과와 강점을 찾는 스타일인가? 어떤 스타일의 리더가 더 유능한 리더일까? 조직 특성상 두 스타일의 리더가 모두 필요할 수 있다. 하지만 둘 중 더 중요한 리더는 탁월한 성과를 내고 조직원을 플로리시하게 만들어줄 수 있는 사람이다. 그런 관점에서 본다면 조직이 필요로 하는 리더는 성과와 강점을 찾는 리더임이 분명하다. 왜 그럴까? 리더는 조직의 성과를 높이고 조직원을 플로리시하게 해줘야 하기 때문이다.

서울의 한 대형병원의 사례다. 이 병원은 최근 약 5%였던 간호사 이직률이 20~30%까지 높아져 큰 고민에 빠졌다. 새로운 간호사가 들어왔다가도 일 년도 못 돼 그만두는 일이 반복되면서 가뜩이나 인력이 부족한 상황이라 고민에 빠질 수밖에 없었다. 그래서 경영진은 문제를 해결하기 위한 방안을 모색하기 시작했다.

병원에서는 워크숍을 개최해 토론을 거치면서 문제의 원인을 찾으려고 노력했다. 1차 워크숍 결과는 그동안 해왔던 것처럼 보고서를 내도록 하자는 것이었다. 설문조사, 인터뷰 등을 통해 데이터를 수집하고 인사 파일을 분석하며 외부에서 유능한 컨설턴트까지 고용해 문제의 원인을 심층적으로 분석해보자는 의도였다.

얼마 후 2차 워크숍에서 결과 보고를 하는 자리는 침울했다고 한다. 병원 측에서 다양한 시도와 노력을 기울였기에 좋을 결과가 나오리라 생각했지만 별다른 소득이 없었기 때문이다. 그런데 인사 문제를 담당하는 한 부장이 고민 끝에 제안을 하나 했다. 왜 매년 간호사들의 20~30%가 떠나는지 더 이상 묻지 말고, 왜 70~80%가 여전히 근무하고 있는지에 초점을 맞춰보자는 것이다. 즉 잘못된 과거나 약점에 매달리지 말고 새로운 시각에서 긍정적 측면과 강점에 접근해보자는 것이었다.

경영진 모두가 의아해하면서도 방법이 없기에 그 의견을 따라보기로 했다. 그 방법은 약 300명의 간호사에게 직장에서 겪은 최고의 경험과 강점을 이야기로 만들어 서로 나누게 하는 것이었다. 단, 과거의 나쁜 기억이나 부정적인 경험, 약점은 절대 말하지 말아야 한다는 규칙을 정했다. 뜻밖에도 간호사들은 병원에서 최상의 능력을 발휘하고 신바람 나게 일할 수 있는 최적의 조건이 무엇인지 스스로 찾아내기 시작했다. 그리고 경영진은 최적의 조건을 제공하기 위해 모든 에너지를 쏟았다. 다행히 결과는 성공적이어서 첫 해에 간호사 이직률이 30%p 이상 감소했고, 소통이 원활해지자 환자의 만족도도 올라갔다.

**강점은 불가능을 가능으로 바꾸어준다.** 2004년 7월 어느 날, 모 통신사 사장에게서 전화가 왔다. 빌 클린턴 전 미국 대통령이 9월에 한국에 오는데 상의할 일이 있다는 것이었다. 급히 약속 장소로 가보니 정부의 대내외 주요 행사를 전문적으로 진행하는 큰 회사 대표가 동석해 있었다. 그는 클린턴을 초청하는 일에 약 7억~8억 원 들어가는데, 도서출판 물푸레에서 7000만 원만 내고 클린턴의 『마이 라이프』 리셉션을 개최하면 어떻겠느냐고 제안했다. 그즈음 나는 클린턴의 자서전 『마이 라이프』를 출간했는데, 아마도 그 책을 보고 연락했던 것 같았다. 마다할 이유가 없었다. 즉석에서 흔쾌히 수락했다.

나는 『마이 라이프』를 출간하고 읽으면서 클린턴이 한국을 방문했으면 좋겠다는 생각을 많이 했었다. 왜냐하면 그 당시 북한의 유엔 주재 대사는 대한민국을 불바다로 만들겠다고 핵으로 위협하고 있었으며 그로 인해 우리 국민들은 불안해했다. 그는 재임 기간 북한의 김정일과 불편하지 않은 관계를 맺었기 때문에 한국을 방문한다면 우리 국민이 위로받을 수 있을 것이라고 생각했다. 그리고 김영삼, 김대중 전직 대통령들이 퇴임 후 한 번도 자리를 함께하지 않았고 악수도 나눈 적이 없었기에 클린턴이 한국을 방문한다면 두 분을 만나게 할 수 있는 기회를 제공할 수 있을 것 같았다. 초청 행사가 2개월도 채 남지 않았기 때문에 마음이 급했다.

그로부터 3주일 정도 지났을 즈음 또 전화가 왔다. 이번엔 행사를 담당했던 회사의 대표였다. 스폰서를 구하지 못해 포기하려고 하는데 물푸레에서 주관할 의사가 있으면 하라고 했다. 지금까지 책만 만들었지 큰 행사를 주관해본 적은 없었다. 생각조차 해본 적이 없던 일이라 금방 대답하지 못했다. 3~4초가량 흐르는데 번쩍 떠오르는 것이 있었다. 바로 내 대표 강점이었다. 창의성, 열정, 용감성, 희망, 끈기, 자기통제력, 감사 강점을 활용하면 해낼 수 있을 것 같다는 자신감이 생겼다. 승낙을 한 후 바로 창의성과 희망, 용감성 강점을 발휘해 클린턴 사무실로 이메일을 보냈다.

'한국에서 『마이 라이프』를 번역 출간한 도서출판 물푸레의 우문식입니다. 한국을 방문할 계획이 있습니까? 방문한다면 초청자는 있습니까?'

바로 답장이 왔다. 한국엔 가는데 아직 초청자는 없다고 했다. 세계 유명 인사들을 초청하는 데는 브로커가 개입하는 것 같았다. 모 통신사 사장과 처음 만날 때도 일본의 나카무라라는 사장이 클린턴과 친구여서 초청하게 됐고 비용이 들어간다고 했다. 초청자가 없다는 말을 듣고 그제야 클린턴 초청을 제안했던 이들에게 이용당했다는 것을 알아차렸다. 잠시 마음이 복잡했지만 곧 추스르고 다시 내가 초청하겠다는 이메일을 바로 보냈다.

'나를 믿고 오세요. 내가 한국에서 업무를 잘 볼 수 있게 돕겠습니다.'

당시 유엔 쓰나미 구호 대사로 임명받은 클린턴은 구호기금을 모으는 중이었다. 그렇지만 한국 정서는 클린턴에 대해 부정적이었다. 재임 기간 한 여성과의 스캔들로 구설에 올랐기 때문이다. 사실 스캔들을 제외하면 클린턴은 미국 역사상 국정 운영을 가장 잘한 대통령 중 한 명으로 평가받는다. 그럼에도 많은 한국인이 클린턴을 곱게 보지 않았다. 하지만 나는 클린턴을 좋아했다. 특히 그의 자서전 『마이 라이프』를 번역 출간하면서 그를 진심으로 존경하게 됐다. 그래서 한국에서 그를 진정으로 생각하는 사람은 나뿐인 것 같은 느낌까지 들 정도였다.

사흘 후 회신이 왔다. 초청장을 보내라는 것이다. 클린턴을 초청한다는 것에 가슴이 벅찼다. 이번 기회에 한국에서 그의 부정적 이미지를 불식시키고 싶었다. 그렇지만 기쁨도 잠시, 곧 걱정이 몰려왔다. 국내 대표적인 행사 전문 업체도 스폰서를 구하지 못해 포기한 것을 과연 내가 할 수 있을지 자신이 없었다. 하지만 곧 마음을 고쳐먹었다. 내 대표 강점을 믿고 적극적으로 활용해 꼭 행사를 성공적으로 치르겠다고 결심했다.

그러고는 창의성 강점을 발휘해 전반적인 아이디어를 냈다. 강점은 독립적으로 작용할 수도 있지만 서로 연결돼 있기에 시너지 효과를 낼 수 있다. 먼저 전문 업체에 대행을 맡기지 않고 지인들을 중심으로 직접 팀을 구성했다. 대략적인 행사 규모와 예산이 잡히면서 각자 역할을 분담했다. 나는 총괄하면서 스폰서와 귀빈을 초청하는 일을 맡았다. 이런 역할을 맡으려면 그만큼 사회적 경험과 인맥, 자금이 있어야 한다. 그런데 나에겐 어느 것 하나 충족되는 것이 없었다. 있다면 내 대표 강점과 세상과 타협하지 않고 원칙대로 성실하게 살아왔다는 것이 전부였다.

가장 먼저 스폰서 문제부터 해결해야 했다. 내 강점인 창의성을 발휘해 클린턴에게 관심을 가장 많이 갖는 곳, 필요로 하는 곳, 그리고 가장 짧은 시간에 의사결정이 가능한 곳을 물색했다. 방송과 신문사였다. 서너 곳을 선정하고 무조건 용감성을 발휘해 전화를 했다. 그 당시 퇴임 대통령임에도 현직 대통령과 버금가는 영향력을 갖고 있었기에 모두 긍정적인 반응을 보였다.

다음은 유명 인사 초청이었다. 이것 역시 쉬운 문제가 아니었다. 그 상황에서 내가 가장 의지하며 효율적으로 활용할 수 있는 것은 강점밖에 없었다. 시간과 돈을 투자해도 만족할 만한 결과를 기대하기 어렵다는 결론을 내렸기 때문이다. 그래서 내가 직접 하기로 했다. 먼저 클린턴과 친분이 있는 전직 대통령을 초청하기로 했다. 이분들은 퇴임 후 그때까지 한자리에 함께한 적도 없고 서로 악수 한 번 하지 않은 불편한 관계였다. 무조건 동교동 최 모 비서관, 상도동 김 모 실장한테 전화를 걸어 두 전직 대통령을 초청하고 싶다고 했다. 그분들 입장에서는 어이가 없을 정도로 당돌한 행동이었겠지만, 난 내 강점인 용감성, 끈기, 희망(낙관성)을 활용해 밀어붙이면 성사시킬 수 있겠다고 확신했다. 여러 차례 조율한 후 결국 두 분 모두 참석해 축사를 하기로 했다.

하나하나 문제를 풀어가며 행사를 준비하던 중 예상치 못한 변수가 생겼다. 클린턴이 방문 일주일을 남겨놓고 갑자기 심장 수술을 받게 된 것이다. 그 일로 행사는 다음 해인 2005년 2월로 연기됐다. 예산 계획에 다소 차질이 생겼지만 행사는 성공적으로 치러졌다. 정계, 재계, 학계, 예술계, 외교사절을 포함해 800여 명의 지도층 인사가 참석했다. 또한 외국 언론까지 극찬하는 성공적인 행사가 됐다. 다른 국가들은 대부분 정부 차원에서 초청했지만 한국은 개인이 초청해 가장 크게 행사를 치렀기 때문이다. 개인 자격으로 클린턴을 초청한 것은 내가 처음이라고 했다. 또한 개인이 전·현직 대통령 세 분을 한곳에 모시고 행사를 치른 것도 내가 유일하다고 했다.

지금도 그때의 일을 생각하면 뿌듯하다. 돈과 권력이 있다고 다 할 수 있는 일이 아니었다. 지식과 의지가 있다고 가능한 일도 아니었다. 악조건 속에서도 내 대표 강점을 찾고 그것을 믿고 활용할 방법을 찾아 발휘했기 때문에 가능했다고 생각한다.

## 성격(인성)강점이란

그렇다면 강점이란 구체적으로 어떤 것일까? 사람은 저마다 특성을 갖고 있다. 인도 콜카타에서 평생을 가난하고 병든 사람들을 위해 봉사하며 살았던 마더 테레사(Mother Teresa) 수녀와 제2차 세계대전을 승리로 이끌며 영국의 국민적 영웅이 된 윈스턴 처칠(Winston Churchill) 총리의 성격특성은 다르다. 테레사 수녀가 친절과 사랑, 영성, 정직 등의 성격특성이 강했다면, 처칠 총리는 리더십, 열정, 용감성 등의 성격특성이 강했다고 할 수 있다. 또 우리가 천재 발명가로 부르는 에디슨(Edison)이나 인류 최초로 비행기를 만들어 하늘을 날았던 라이트 형제(Wright Brothers), 애플 신화를 창조한 스티브 잡스(Steve Jobs)는 남다른 창의성과 호기심, 끈기, 학구열이 뛰어났다고 볼 수 있다. 우리나라의 반도체와 자동차 신화를 각각 이뤘던 이병철 회장은 예견력과 창의성이, 정주영 회장은 용감성과 열정이 남달랐다.

이렇게 사람마다 지닌 성격특성은 다 다르다. 하다못해 동일한 유전자를 물려받은 형제자매도 과연 한 배 속에서 나온 사람인지 의심스러울 정도로 판이하게 다른 경우도 많다. 이러한 특성은 꼭 좋은 것만 있는 것은 아니다. 긍정적 특성이 있는가 하면 부정적 특성도 있다. 또한 특성은 한 가지가 아니라 여러 가지일 수 있는데, 강점이란 다양한 성격적·심리적 특성 가운데 특히 두드러지는 긍정적 특성을 의미한다.

현재 전 세계적으로 가장 많이 사용되는 2개 강점이 있다. 하나는 셀리그만과 피터슨이 만든 24가지 성격(인성)강점(Character Strengths)이며, 다른 하나는 갤럽이 개발한 34가지 스트랭스 파인더(Strengths Finder) 재능강점이다. 성격강점이 삶의 전체 영역을 다룬다면, 스트랭스 파인더 재능강점은 직무 영역을 다루고 있다. 최근에 인성(Character)이 우리나라 교육의 키워드로 자리 잡으며 성격강점을 인성강점이라고도 한다. 성격강점에는 인성의 가치 덕목 목록이 모두 들어있기 때문이다. 최근엔 성격강점 360도 검사법이 개발돼 사용되고 있다. 검사 방법은 24가지 성격강점 내용을 20여 명의 가족이나 친지에게 보내 내 강점이 무엇인지 알려달라는 것이다.

성격강점은 셀리그만과 피터슨의 오랜 노력으로 만들어졌다. 이들은 강점을 만들 때 가치를 중요하게 생각했다. 그래서 제목도 가치행동(VIA·Value in Action) 성격강점이라고 했다. 하지만 성격강점이 사회 각 분야로 급속도로 확산되면서 VIA라는 개념도 바뀌었다. 가치행동이 아닌 길(VIA)이라는 의미로 쓰인다. VIA는 라틴어에서 유래했다. 미국의 거리를 애비뉴(Avenue)로 표기하듯 유럽에서는 VIA로 표기하기도 한다.

성격강점은 세계에 두루 퍼져 있는 6가지 미덕과 그 아래 24가지 실천도구를 말한다. '6가지 미덕'이란 시대와 문화를 막론하고 철학가와 종교사상가들이 인정한 중요한 핵심 가치인 지혜와 지식, 용기, 사랑과 인간애, 정의감, 절제력, 영성과 초월성을 말한다. 이 6가지는 저마다 그 미덕을 정의하고 함양하는 확실한 방법이 있다. 그 실천 방법으로 만들어진 것이 '24가지 강점'이다. 셀리그만은 이 강점을 성격(인성)강점이라고 한다.

예를 들어 절제력이라는 미덕은 자기통제력, 신중함, 겸손이라는 강점을 발휘해 함양시킬 수 있다. 자기통제력이 뛰어난 사람이 유혹을 참아내고 자신을 절제할 수 있지 않겠는가? 추상적인 미덕과 달리 강점은 과학적으로 측정하고 평가할 수 있다. 미덕은 3000년 동안 세계 도처에 퍼져 있는 미덕을 찾고 아리스토텔레스, 플라톤, 아퀴나스, 아우구스티누스 등 철학자들의 저술, 구약성서, 탈무드, 불경, 코란 같은 경전, 공자, 노자, 벤저민 프랭클린의 저술, 일본의 사무라이 정신, 고대 인도의 철학서인 『우파니샤드』 등 총 200가지 덕목 목록 작성을 통해 최종 6개로 정리됐으며, 강점은 1만8000개 목록 가운데 24개를 선정한 것이다.

하버드대 교육대학원 원장이며 다중지능 창시자인 하워드 가드너(Howard Gardner)는 "셀리그만과 피터슨의 성격강점 발견은 심리학 반세기 중 가장 위대한 업적이다"고 밝히고 성격강점의 유용성을 인정했다.

- 지혜와 지식(창의성, 호기심, 학구열, 판단력, 예견력)
- 용기(용감성, 끈기, 정직, 열정)
- 사랑과 인간애(사랑, 친절(배려), 사회성)
- 정의감(협동심(시민정신), 공정성, 리더십)
- 절제력(용서, 겸손(존중감), 신중함, 자기통제력)
- 영성과 초월성(감상력, 감사, 희망, 유머, 영성)

긍정심리학에서는 왜 24개의 강점을 선정했을까? 셀리그만과 피터슨은 다음의 4가지를 주목했다. 첫째, 대부분 문화권에서 중요하게 여기는가다. 예를 들어 철저한 시간 개념을 갖고 있는 시간 관리는 우리나라 같은 자본주의 국가에서는 무척 필요한 강점이다. 하지만 인도나 아프리카 같은 나라에서는 시간관리에 대한 필요성을 느끼지 못한다. 둘째, 목적을 위한 수단으로서가 아닌 그 자체로 가치가 있는가다. 지능과 시간관리가 강점이 되지 못하는 이유는 목적을 위한 수단으로 사용된다는 것 때문이다. 24가지 성격강점은 각자 모두 독립적이며 과학적인 검증을 마쳤다. 그래서 강점 하나하나 자체에 가치가 있는 것이다.

셋째, 학습에 의해 변화할 가능성이 있는가다. MBTI나 DISC 검사 같은 대부분 성격 검사는 유형별로 나눈다. 그리고 성격을 고정적으로 본다. 성격은 바뀌지 않는다는 것이다. 하지만 긍정심리학의 성격강점은 유형이 아니고 정도의 차이다. 세상에는 성자도 없지만 죄인도 없다. 더 성자 같고 더 죄인 같은 사람만 있을 뿐이다. 이는 유형이 아니고 정도의 차이다. 성격강점은 환경의 영향에 의해 바뀔 수 있으며, 자신이 원하는 강점은 노력으로 키울 수 있다.

프레드릭슨은 성격에 대한 전형적인 논의 중 한 가지 부정적 가정은, 심리적 강점은 확고히 고정돼 변경할 수 없다는 것이라고 했다. 끊임없이 변화하는 성격을 지닌 우리의 신체와 뇌를 돌아볼 때 심리적 강점 또한 습관으로 보는 것이 더 타당하며, 이 습관은 대부분 지속되지만 세월이 흐르면서 변하는 습관도 있다는 것이다. 그래서 24가지 성격강점은 일반적으로 안정적이지만 시간이 흐르면 변할 수도 있는 것이다.

## 성격(인성)강점과 재능은 다르다

많은 사람이 성격강점과 재능을 같은 뜻으로 받아들인다. 성격강점과 재능은 모두 긍정심리학의 주제이고 비슷한 점도 많지만 몇 가지 두드러진 차이가 있다. 첫째, 성격강점은 종교와 철학, 선한 성품을 기반으로 하는 도덕적 특성을 갖고 있지만, 재능에는 도덕적 개념이 없다는 사실이다. 예를 들어 정직, 용감성, 창의성, 친절은 강점의 한 종류로 이는 모두 도덕적 특성과 관련 있다. 반면 절대음감, 빨리 달리기, 연기 같은 재능은 도덕적 개념과 상관없이 개인이 남들보다 뛰어나게 잘하는 장기에 가깝다.

둘째, 재능은 타고나는 것이어서 후천적으로 발전시키기 어려운 반면 강점은 선천적인 특성은 약하더라도 후천적인 노력으로 얼마든지 개발할 수 있다는 점이다. 부모가 자녀에게 원하는 강점이 있다면 코칭을 통해 키워줄 수 있다. 예를 들어 아이가 산만하고 어수선하다면 신중성을, 사회성이 부족하다면 사회성 지능을 강점 연마법과 강점코칭으로 길러줄 수 있다는 것이다. 재능도 노력하면 발달시킬 수 있다고 생각하는 사람도 있겠지만 한계가 있다. 100m 달리기를 한다고 가정해보자. 시간을 단축시키기 위해 준비 자세에서 엉덩이를 높이 들고 상체를 앞으로 미는 연습을 하며 더 빨리 달릴 수 있는 주법을 익힌다 해도 타고난 재능을 조금 더 향상시키는 데 그칠 뿐이다. 하지만 강점은 다르다. 창의성, 신중함, 겸손, 같은 강점들은 노력하면 할수록 더 강화된다.

셋째, 성격강점은 사람들의 재능이나 능력을 밝혀내는 것이 아니다. 재능은 사람들이 어떤 일을 얼마나 잘하느냐 하는 것이다. 하지만 성격강점은 사람들이 자신이 어떤 사람이며 일할 때 무엇에 비중을 두느냐에 관한 것이다. 대체로 사람들은 자신을 드러낼 때 그리고 사람들이 자신의 진정한 가치를 알아주고 인정해줄 때 뿌듯함을 느낀다. 그런 상황에 있을 때 그들은 점점 더 성과를 높이며 그들의 재능은 최대화된다. 그와는 반대로 진정한 자아가 무시 혹은 오해받거나 커다란 기계장치에 부속된 하나의 톱니바퀴에 지나지 않는 취급을 당할 때 사람들은 의욕을 잃고 답답함을 느낀다.

넷째, 성격강점은 사람들을 자기가 하고 있는 일 그리고 그 일을 함께 진행하고 있는 사람들과 연결되도록 해준다. 재능은 일을 잘하게 해주지만 사람들이 일을 중요하게 느끼는 순간은 일이 그들의 대표 강점과 연결될 때다. 이것은 일에 '소명'이라는 특징이 생기는 과정이다. 그것은 또한 일이 사람에게서 가장 중요한 것을 이끌어내는 순간이다.

한 조직을 예로 들면 사람들이 가진 재능과 자원을 조직을 이루는 뼈와 근육으로 여긴다면 각 구성원의 성격강점은 모든 것을 잘 돌아가게 해주는 피와 같으며 결합조직이라 할 수 있다. 피가 원활하게 순환되고 결합조직이 잘 이루어질 때 궁극적으로 구성원 개인과 조직의 성과를 높일 수 있다.

성격강점은 장점과도 구분된다. 장점은 이미 내가 잘 아는 것이고 잘하는 것이다. 하지만 성격강점은 내가 좋아하는 것이고 아직 모르는 것이 있다. 성격강점은 내면의 성격적·심리적 특성이기 때문이다.

## 성격(인성)강점의 기준

그렇다면 강점의 기준은 무엇일까? 강점에는 3가지 기준이 있다. 첫째, 강점은 시간과 환경에 상관없이 계속 나타나려는 심리적 '특성'이다. 딱 한 번 어디에선가 친절을 베풀었다고 해서 인간애라는 강점을 발휘하는 건 아니다. 둘째, 강점은 '그 자체로서 가치'가 있다. 강점은 대개 좋은 결과를 낳는다. 예를 들어 조직에서 리더십을 발휘하면 신망을 얻고 승진을 하게 된다. 그러나 강점은 바람직한 결과를 낳지 않더라도 그 자체로 소중하다. 우리가 어떤 활동을 하는 것은 만족과 의미 그 자체를 얻기 위함이지, 꼭 긍정정서나 뛰어난 결과만을 만들어내기 위함이 아니듯이 말이다. 강점은 또한 부모가 이제 태어난 자식에게 거는 희망에서도 엿볼 수 있다. "내 아이는 창의적이고 용감하며 사회성이 뛰어난 사람이 됐으면 좋겠다"처럼 말이다.

셋째, 강점은 우리가 갖추고 싶은 정신 상태다. 한 사람이 강점을 발휘한다고 해서 주위 사람들이 자기 강점을 드러낼 기회가 줄어드는 것도 아니다. 도리어 강점을 발휘하는 것을 보면 감동하고 용기를 얻는다. 지켜보는 사람들의 마음에 질투가 아닌 부러움이 가득 차오른다. 즉 강점을 발휘하는 사람은 참된 긍정정서를 느끼게 되고, 이를 지켜보는 사람들도 자신의 강점을 발휘하고픈 욕구를 불러일으키므로 모두가 발전하고 성공하는 승자가 될 수 있다.

그렇다면 성격강점을 분류할 때 무엇을 기준으로 구분했을까? 24개 성격강점은 다음의 모든 것을 만족시키는 것들이다.

- 보편성: 문화와 시대를 초월해 어디에서나 흔히 볼 수 있다.
- 자아실현: 성취감을 준다.
- 도덕적 가치: 유익을 주는 결과가 명확하게 따라오지 않더라도 그 자체만으로 도덕적 가치가 있다.
- 타인의 영향: 타인의 강점을 본 사람들이 이를 질투하지 않고 감탄하게 만든다.
- 부정적 반의어: 마음에 당기지 않는 반대 요소가 담겨 있다(예: 친절, 불친절).
- 특질성: 행동, 사고, 감정 전체에 걸쳐 뚜렷하게 나타나는 식으로 고유의 속성을 가지고 있고, 어떤 상황에서든 일반적으로 충분히 나타나며, 시간이 흐르면서 점점 더 안정적으로 자리 잡는다.
- 차별성: 분류체계에 따라 분류해보면 다른 긍정적 특징들과 확연히 구분된다.
- 전형적 인물: 성격강점이 유난히 두드러지게 나타나는 사람이 있다.
- 신동: 의식하기도 전에 이러한 강점을 드러내는 어린이나 청소년이 있다.
- 선택적 결여: 어떤 개인에게는 특정 성격강점이 전혀 나타나지 않기도 한다.
- 촉진제도: 사회적 훈련이나 과정을 통해 이를 계획적으로 유지하고 개발하고자 한다.

## 24가지 성격(인성)강점 분류 및 특징 이해하기

성격강점은 6가지 미덕과 그 안에 호기심, 학구열, 리더십, 겸손, 친절, 사랑 등 인간의 강점이 24가지로 분류된다. 셀리그만은 이것을 '24가지 성격강점'이라 부른다. 24가지 외에도 연관된 강점을 포함하면 60여 가지가 된다. 함께 참고하면 도움이 될 것이다. 성격강점의 목표는 성격을 구성하는 기본적인 특성들을 분별해내는 것이고 그것은 전 세계 어디에서나 자아실현, 만족, 번영 등 개인과 조직의 플로리시로 나아가는 통로라고 할 수 있다.

성격강점의 특징은 다음과 같다. 첫째, 개인과 조직의 토양을 긍정적으로 바꾸어준다. 둘째, 인성을 함양시켜준다. 셋째, 가정과 직장에서 행복을 증진시켜준다. 넷째, 인간관계를 향상시켜준다. 다섯째, 건강에 균형을 찾게 해준다. 여섯째, 직장 혹은 학교에서 성과를 높여준다. 일곱째, 개인과 조직의 역량을 강화시켜준다. 여덟째, 개인과 조직의 문제해결 능력을 높여준다. 아홉째, 인생 목표 달성을 도와준다.

성격강점의 분류체계는 과학 공동체에 제공하려는 목적 아래 과학적으로 측정할 수 있는 것으로 구성됐다. 24가지 강점은 다음과 같다. 6가지 미덕과 24가지 성격강점 각각의 정의와 이론적 배경과 특성을 이해하고, 자신이 어떤 강점을 갖고 있는지 알아보자.

### 지혜와 지식(Wisdom and Knowledge)

더 나은 삶을 위해 지식을 습득하고 활용하는 것과 관련된 것으로, 인지적(Cognitive) 강점이라 한다.

**1. 창의성(Creativity·創意性: 재능, 독창성)** 모두에게 영향을 미치는 독창적인 아이디어나 해결책을 이끌어내는 강점.

**특징** 문제를 해결할 때 새로운 혹은 색다른 생각을 좋아하거나 미적인 이상향을 추구한다. 예술적으로 표현하거나 혹은 사물이나 사건에 접근하는 새로운 길을 찾음으로써 창의성을 드러낼 수 있다. 사람들은 당신을 좋은 상상력을 가진 독창적인 사람이라고 말한다.

**2. 호기심(Curiosity·好奇心: 흥미, 모험심)** 호기심과 흥미를 느끼고, 새로운 것을 추구하며, 새롭고 다양한 도전적인 경험을 추구하는 강점.

**특징** 모든 것에 관심과 호기심이 있다. 스스로를 새로운 경험에 항상 열려 있는 탐구자로 여길 때가 많다. 때론 이러저런 것에 대해 궁금하게 여기며 새로운 것, 색다른 것에 끌릴 때가 많다. 새로운 장소, 새로운 사람, 새로운 상황, 새로운 아이디어를 찾아내기를 좋아한다.

**3. 학구열(Love of Learning·學究熱)** 기술을 습득하고, 기존 지식을 넓혀나가며, 뭔가 완전히 새로운 것을 배우면서 기쁨을 느끼는 강점.

**특징** 학구열 강점을 가진 사람은 책을 읽거나, 박물관 혹은 도서관에 가거나, 강의를 듣거나, 교육방송을 보면서 지식을 쌓을 때 기분이 좋아진다. 때론 새로운 것을 배우면서 문이 활짝 열린 것 같은 기분을 느끼며 학습을 중단하고 싶은 마음이 전혀 생기지 않는다. 오래된 혹은 새로운 주제를 깊이 파고들어가기를 좋아하며 어떤 것에 대해 얕은 지식에 머무르는 것으로는 만족하지 않는다. 강의를 하거나 가르치는 것도 좋아한다.

**4. 판단력**(Judgement Open-mindedness · 判斷力: 개방성, 비판적 사고) 자신과 다른 사람들에게 도움이 될 만한 정보를 객관적이고 이성적으로 가릴 줄 아는 강점.

**특징** 판단력은 특정 주제, 사안 혹은 관점에 관한 정보를 얻게 하는 강점이다. 판단력은 열린 생각이나 혹은 비판적인 사고와 관련 있다. 이 강점을 가진 사람은 정보를 철저히 따져본다. 모든 가능성을 고려하고 무엇이든 다각적인 면에서 살펴보며 의사결정을 내리기 전에 관련 사실을 확보한다.

**5. 예견력**(Perspective · 豫見力: 통찰력, 지혜) 세상 이치를 깨닫고, 다른 사람의 말에 귀 기울이며, 그들의 이야기를 평가해 현명하게 조언해주는 강점.

**특징** 어떤 상황에 놓이면 그 상황에서 큰 그림을 볼 때가 많다. 따라서 조언이나 상담을 받으려고 찾아오는 사람이 많고, 그들에게 통찰력 있고 핵심 있는 관점을 제시해준다. 인생에서 일어나는 중대사에 관한 중요하고 힘든 질문을 집중적으로 다룰 수 있고, 다른 사람과 자신을 충분히 납득시킬 수 있으며, 의미 있는 세상을 바라보는 시각을 가지고 있다.

## 용기(Courage)

내적·외적 난관에 직면하더라도 추구하는 목표를 성취하고자 하는 의지를 실천하는 정서적 강점이 이에 속한다.

**6. 용감성(Bravery·勇敢性: 용맹, 용기)** 위협, 도전, 어려움, 고통을 당해도 물러서지 않고, 반대가 있더라도 옳은 것을 말하고 행동하는 강점.

**특징** 용감성은 옳다고 판단되면 하물며 다른 사람들이 반대할 때조차도 굽히지 않는 것과 관련 있는 강점이다. 용감성은 두려움, 개인적인 어려움과 당당히 마주하는 능력이며 어려움에 도전함으로써 용기를 보여줄 수 있다. 용감성은 싸움터에서 보여주는 용기나 신체적 용기가 확대된 개념이다. 요컨대 도덕적 용기와 정신적 용기까지 모두 포함된다.

**7. 끈기(Persistence·忍耐: 근면성 및 성실성)** 한번 시작한 일은 포기하지 않고 반드시 마무리하며, 어려움을 감수하고 하던 것을 지속해 완성하는 강점.

**특징** 어떤 장애물이 있더라도 자신이 시작한 것을 반드시 끝내는 인내를 보여줄 수 있는 사람이다. 이 강점은 목표를 설정하고 그 목표에 도달하기 위해 열심히 노력하는 것, 일에 관여하는 것, 자신이 하는 일을 즐기는 것과 깊은 관련이 있다. 끈기 강점을 활용하는 사람들은 성실하고 열심히 일한다.

**8. 정직(Honesty·正直: 신뢰, 진정성)** 자신을 거짓 없이 드러내고, 남을 속이지 않으며, 자신의 감정이나 행동을 수용하고 책임지는 강점.

**특징** 대부분 상황에서 진실하고 신실한 방식으로 행동한다. 사람들이 대개 "보이는 그대로다"고 묘사하는, 바로 그런 사람임에 틀림없다. 항상 진실하려고 노력하고 한번 뱉은 말이나 약속은 꼭 지키려고 노력한다. 한마디로 겉과 속이 같고 말과 행동이 일치하는 사람이다.

**9. 열정(Zest · 熱情: 열의, 열망, 활기)** 열의와 에너지를 갖고 뜨겁고 모험적으로 자신의 삶과 일에 임하는 강점.

**특징** 대개 인생에 적극적으로 다가가는 편이며 흥분과 에너지를 경험한다. 매일 기대를 갖고 삶을 맞이하며 멀찌감치 물러서서 관망하기보다 인생에 적극적으로 뛰어든다. 열정적이기 때문에 활동량도 많고 왕성하게 움직이는 만큼 건강도 좋은 편이다.

### 사랑과 인간애(Humanity)

다른 사람을 보살피고 친밀해지는 것과 관련된 대인관계(Interpersonal) 강점이다.

**10. 사랑(Love · 愛: 사랑하고 사랑받는 능력)** 사람과의 친밀한 관계를 소중하게 여기며 다른 사람을 사랑하고 사랑을 받아들일 수 있는 강점.

**특징** 다른 사람들과 가깝고 그들에게 깊은 관심을 둔다. 동시에 다른 사람들도 당신의 기분과 행복에 깊은 관심을 두고 있다. 때론 자신의 필요보다도 다른 사람의 필요를 더 앞세우기도 하며 거기서 기쁨을 느낀다. 자신에게 정말 중요한 사람들에게 따뜻함과 불쌍히 여기는 마음을 드러내기도 한다.

**11. 친절**(Kindness·親切: 배려, 관대함) 타인을 돕고 보살피거나 호의를 베풀고, 선한 행동을 하는 강점.

**특징** 친절은 좋은 인간관계에서 나타나는 강점이다. 다른 사람들에게 예의를 지키고 친절하게 대하려는 경향이 있으며 그들을 돕는 것이 쉽고 또 즐겁다. 뭔가 이득이 있어서가 아니라 친절을 베푸는 것 자체가 좋아서 친절하게 행동한다. 친절을 베푸는 부분적인 이유는 다른 사람들을 행복하게 해주는 것이 좋아서다.

**12. 사회성 지능**(Social Intelligence·社會性 知能: 정서적, 개인적) 자신과 다른 사람이 어떻게 행동하는 것이 적절한지, 그 동기와 감정을 간파하는 강점.

**특징** 사람들과 어울리기를 좋아하며 어떻게 하면 사람들을 움직일 수 있는지 안다. 상황을 잘 파악하며 자신의 동기유발 상태는 물론 다른 사람들의 동기유발 상태와 기분을 잘 읽어낸다. 주변 분위기에 잘 흡수되며 공식적인 분위기이든 비공식적인 분위기이든, 사전에 계획된 것이든 갑자기 발생한 것이든 다양한 사회적 상황에서 적절하게 처신하는 방법을 알고 있다.

## 정의감(Justice)

개인과 집단 간 상호작용을 건강하게 만드는 건강한 공동체생활과 관련된 사회적 강점이다.

**13. 협동심**(Teamwork·協同心: 팀워크, 시민정신, 충성심) 자신이 속한 집단이나 소그룹의 목적과 목표를 공유하고, 성공을 위해 열심히 일하는 강점.

**특징** 집단 구성원과 같은 자세를 가진 사람이며 혼자 일할 때보다 집단의 구성원으로서 일할 때 더 잘한다. 집단의 일원으로서 집단의 목적과 목표의 중요성을 인지하고 집단에 대한 책임감을 느끼며 자신의 개인적인 이익보다 집단의 이익을 더 중시한다. 또한 집단을 지지하며 리더들을 존경하고 더 큰 규모의 집단 혹은 공동체와의 조화를 즐긴다. 협동심은 건강한 공동체 혹은 고기능 그룹 조성에 기여하도록 해주는 구성원 모두의 강점이다.

**14. 공정성**(Fairness·公正性: 공평성, 정의) 편향된 개인적인 감정의 개입 없이 공정하고 정의롭게 모든 사람에게 공평한 기회를 주는 강점.

**특징** 모든 사람이 사적인 감정으로 다른 사람들에 대한 결정을 하지 않도록 똑같은 기회를 누리는 것이 당신에게는 항상 중요한 문제다. 모든 사람을 공정과 평등의 원칙에 따라 대하려고 노력한다. 도덕적 딜레마를 다른 관점에서 보는 것에 탁월할 때가 있다.

**15. 리더십**(Leadership·指導力) 집단 활동을 조직하고 좋은 관계를 맺게 해서 임무를 효율적으로 수행할 수 있도록 이끄는 강점

**특징** 그룹이라는 상황에 있으면 당신은 리더가 되며 다른 사람들이 행동을 취하도록 영향을 준다. 조직을 짜고 그룹활동을 계획하기를 좋아해 집단활동을 잘 조직하고 이끈다. 때론 사람들이 어떻게 할 것

인지 방향을 잡기 위해 찾아온다. 그룹의 성공과 도전에 대한 책임이 당신에게 있다고 볼 수 있다.

### 절제력(Temperance)

지나침으로부터 보호해주는 긍정적 특성으로 독단에 빠지지 않고 무절제를 막아주는 중용적 강점이라 할 수 있다.

**16. 용서**(Forgiveness·容恕: 자비) 잘못을 행한 사람을 용서하고, 다시 기회를 주며, 분노를 버리고 앙심을 품지 않는 강점.

**특징** 용서는 자비와 관련 있다. 상처를 마음에서 내보내고 원한을 품지 않는다. 용서가 미움과 분노로부터 자신을 보호해준다는 것을 알기 때문이다. 사람들에게 기회를 한 번 더 줘서 다시 상황을 바로잡을 수 있도록 해준다. '문제나 갈등을 쉽게 잊어버릴 수 있는 것이 당신에게는 상대적으로 쉽다. '과거는 과거일 뿐이다'는 격언처럼 사람들이 실수했더라도 다시 새롭게 출발을 하는 모습을 보고 싶어 한다.

**17. 겸손**(Modesty·謙遜: 존중감, 겸양) 과장된 허세를 부리거나 특권적인 존재로 생각하지 않으며, 다른 사람을 존중하고 조언을 잘 받아들이는 강점.

**특징** 겸손은 나보다 다른 사람들을 앞세우고 존중하는 것이며 내가 다른 사람들보다 특별하거나 더 중요한 사람인 것처럼 행세하지 않는 것이다. 겸손한 사람은 튀려고 하기보다 다른 사람들과 융화하는 사람이다. 뭔가를 이루어냈을 때 자신이 한 것을 떠벌리지 않으며 결과가 모든 것을 말해주도록 한다.

**18. 신중성**(Prudence·愼重性: 조심성, 분별력) 불필요한 위험에 빠지지 않게 하고, 나중에 후회할 말이나 행동을 하지 않는 강점.

**특징** 신중함이 묻어나는 사람들은 어떤 상황의 결과를 통해 생각하며 나중에 후회할 말이나 행동을 하지 않으려고 노력한다. 다시 돌이켜야 할 수도 있는 위험을 자초하지 않으며 적절한 것과 적절하지 않은 것의 차이를 안다. 신중성은 성실성, 자기주장, 따뜻한 대인관계, 통찰력과 관계가 있다.

**19. 자기통제력**(Self-regulation·自制力: 자기조절, 자제력) 자신의 다양한 감정, 욕구, 충동을 적절하게 잘 통제하는 강점.

**특징** 인생에서 균형감각, 질서, 진전을 이루도록 해준다. 거기에는 충동, 갈망, 감정을 절제하는 것도 관련 있다. 이 강점은 대인관계에서 신체적·심리적 증상을 덜 겪으며, 자기수용과 자신감을 더 많이 가지는 등 개인적 적응을 좀 더 잘하는 것과 연결돼 있다.

## 영성과 초월성(Transcendence)

현상과 행위에 대해 의미를 부여하고 커다란 세계인 우주와의 연결성을 추구하는 초월적 혹은 영성 강점이다.

**20. 감상력(Appreciation of Beauty and Excellence·鑑賞力: 심미안, 경의, 감탄, 고상함)** 다양한 삶의 영역에서 나타나는 아름다움, 탁월함을 인식하고 감상하는 강점.

**특징** 감상력은 아름다움과 탁월한 것을 인정하고 누리는 것이다. 매일 일상적으로 주변에 둘러싸인 아름다움을 느끼며, 일이 좋은 결과를 낳았을 때 그리고 행사가 탁월하게 수행됐을 때 그것을 인정하고 감사할 줄 안다. 사소한 것들이 가진 아름다움에도 주목하고 인정한다. 다른 사람들은 당연하게 여기는 것에도 감탄할 줄 안다. 그리고 숲이나 도심지를 걷거나, 책이나 신문을 읽거나, 사람들의 삶에 대해 배우거나, 스포츠나 영화를 보는 것과 같이 주변에서 경험하는 것으로 인해 경이로움과 감탄에 사로잡힐 때가 많다.

**21. 감사(Gratitude·感謝)** 누군가에게 선물이나 도움을 받았거나, 아름다운 자연에 대해 마음속으로부터 고마워하는 강점.

**특징** 건강, 운이 좋았던 것, 인간관계 등 자신이 가진 것에 감사할 때가 많다. 받은 축복을 세어보거나, 얼마나 복 받은 삶을 살았는지 혹은 복 받은 삶을 살고 있는지에 대해 생각해본다. 자신에게 그리고 사랑하는 사람들에게 일어난 좋은 일에 감사하다고 느낄 뿐만 아니라 자연에게도 감사한 마음을 갖는다.

**22. 희망(Hope·希望: 낙관성, 미래지향성)** 계획한 일이 잘될 것이라는 기대를 갖고, 그것을 위해 노력하며, 더좋아 질 것이라고 믿는 강점.

**특징** 희망이라는 강점이 있는 사람은 주로 인생의 밝은 면을 보고,

다른 사람들이 부정적 면만을 볼 때도 긍정적 면을 찾아낸다. 대부분 자신이 세운 목표를 달성해낼 수 있다고 믿으며 미래에 대해서도 가장 좋은 모습을 기대하며 미래의 계획도 세운다.

**23. 유머**(Humor·幽默: 유쾌함) 웃고 우스갯소리를 하는 것을 좋아하고, 역경 속에서도 밝은 면을 찾아내며, 다른 사람에게 웃음을 주는 강점.

**특징** 다른 사람들의 얼굴에 미소가 번지게 만드는 것을 좋아한다. 여기에는 장난기도 포함된다. 자신이 웃는 것뿐만 아니라 다른 사람들을 웃기는 것도 좋아해 다른 사람들이 함께 있으면 재미있다고 느끼는 사람이다. 어두운 상황에서도 그 상황에 담긴 밝은 면을 드러낼 수 있다. 유머는 힘든 상황을 좀 더 견딜 수 있게 해주고 평범한 것에는 생동감을 가져다준다. 어려움을 겪고 있는 사람들에게 쉼을 주고 스트레스를 받고 있는 사람들의 긴장을 풀어준다.

**24. 영성**(Sprituality·靈性: 삶의 목적의식, 종교성, 신앙심) 종교생활이나 인생의 궁극적 목적과 의미에 대한 일관성 있는 신념을 가지고 살아가는 강점.

**특징** 인생의 의미와 목적에 관한 나름의 신조가 있으며 그것은 평안을 가져다준다. 때론 이런저런 면에서 자신의 신조에 맞는 행동을 하는데 예를 들면 묵상, 기도, 자연만물과의 소통, 종교예식에 참석한다. 자신을 영적인 사람이나 종교적인 사람으로 보거나 혹은 둘 다에 해당한다고 본다.

## 내 성격(인성)강점 찾기

　그동안 약점이나 단점을 보완하려고 시간과 노력을 쏟은 적이 있는가? '나는 왜 이렇게 용기가 부족하고 매사에 소심할까?'라고 생각해본 적이 있는가? 그 생각에 골몰하다 보면 열등감을 느끼거나 자책하기도 하고 더러는 좌절하거나 그 약점을 숨기려고 용기 있는 척 일부러 허세를 부리기도 한다. 이젠 그럴 필요가 없다. 그동안 자신의 강점을 몰랐다고 해도 강점을 찾아 지금부터 얼마든지 발휘할 수 있기 때문이다.

　강점이 없는 사람은 없다. 강점은 자신을 파악하고 이해하도록 해주는 심리적 도구로, 누구나 강점을 찾아 곧바로 일상에 적용할 수 있다. 이게 강점과 재능의 중요한 차이다. 재능은 타고나는 경우가 많고 또한 오랜 시간 갈고닦아야 빛이 난다. 하지만 강점은 곧바로 발휘할 수 있고 특별하게 더 키우고 싶은 강점이 있다면 배우고 습득해 자기 것으로 만들어갈 수도 있다. 강점은 특별한 사람이 아닌 누구에게나 있다. '친절'이라는 강점을 지닌 사람이 자원봉사 활동이나 타인을 돕는 일에 강점을 발휘한다면 더 큰 만족을 느낄 것이다. 자신의 성격에 딱 들어맞는 일을 한다면 얼마나 의욕과 활기가 넘치겠는가? 일, 사랑, 자녀 양육, 여가 등 일상생활에서 강점을 발휘하면 열정과 환희, 몰입을 경험하면서 진정한 자아를 찾아서 살고 있다고 느낄 것이다.

　자신의 강점을 정확하게 찾는 방법은 인터넷에서 검사하는 방법과 책을 통해 약식으로 검사를 하는 방법이 있다. 셀리그만이 운영하는 홈페이지(www.authentichappiness.org)와 VIA 홈페이지(www.viastrengths.org)에서 찾을 수 있으며, 『마틴 셀리그만의 긍정심리학』(물푸레)에서 직접 검사해도 된다. VIA는 최근 문항을 240개에서 120개로 줄이고 한국어로도 번역돼 누구나 로그인만 하면 편리하게 강점을 무료로 검사할 수 있다(한국긍정심리연구소 홈페이지(www.kppsi.com)에서 자세하게 알려주고 있다).

```
1. 창의성 ___    2. 호기심 ___    3. 학구열 ___    4. 판단력 ___
5. 예견력 ___    6. 용감성 ___    7. 끈기 ___     8. 정직 ___
9. 열정 ___     10. 사랑 ___     11. 친절(배려) ___  12. 사회성 ___
13. 협동심(시민정신) ___  14. 공정성 ___   15. 리더십 ___   16. 용서 ___
17. 겸손(존중감) ___  18. 신중함 ___  19. 자기통제력 ___  20. 감상력 ___
21. 감사 ___    22. 희망 ___    23. 유머 ___    24. 영성 ___
```

책으로 강점 검사가 끝났으면 높게 나온 점수 순으로 번호를 매겨보자. 각 강점마다 10점이 만점이다. 책으로 강점 찾기를 했을 때 9~10점이 나오는 3~7개가 당신의 대표(상위) 강점이다. 인터넷으로 했을 때는 상위 7개 강점이 대표 강점이다. 그다음 12개가 중간 강점이고 나머지 5개가 하위 강점이다. 상위 7가지 강점은 평소에 가장 잘 나타나는 강점이다. 자신이 가장 좋아하고 잘 하는 특성이기 때문이다. 5가지 하위 강점은 자신에게 가장 잘 나타나지 않는 특성이다.

# 15 대표(상위) 강점 찾기

　강점을 찾았다면 이번에는 강점 중에서도 자신을 대표하는 '대표 강점'을 찾아보자. 상위 강점 7개를 자세히 살펴보자. 대부분 평소에 자신의 모습을 가장 잘 나타내는 것이지만 그중 한두 가지는 쉽게 공감하지 못하는 것도 있을 것이다. 그것은 당신에게 큰 선물이 될 수 있다. 왜냐하면 아직 자신에 대해 몰랐던 성격적·심리적 특성을 새롭게 발견했기 때문이다.
　일상에서 대표 강점을 발휘하려면 대표 강점의 특징을 아는 것이 중요하다. 특징을 알아야 동기부여가 되기 때문이다. 대표 강점은 24가지 성격강점 중 자신의 성격적·심리적 특성이 가장 잘 나타나는 강점을 말한다. 일반적으로 대표 강점은 사람을 이루는 중심이며 그 사람은 그것을 쉽게 표출할 때 자신에게 동기유발과 함께 에너지가 생기는 것을 느낀다. 대표 강점은 표출되려는 강한 힘을 가지고 있으며 거부할 수 없을 정도다. 그렇기 때문에 대표 강점을 아는 것은 매우 중요하다.

그렇다고 24가지 성격강점 중 대표 강점만 중요하다는 것은 아니다. 중위 강점과 하위 강점도 여전히 중요한데 그 이유는 조절하는 역할을 하기 때문이다. 대표 강점은 많은 성격강점 중 다른 사람들에게는 그렇지 않은데 자신에게만 유난히 더 자연스럽게 나타나는 것이다.

이렇게 찾은 대표 강점은 현재 자신의 모습이자 정체성이라 할 수 있다. 이제 이 대표 강점은 지금부터 당신의 소유물이다. 대표 강점을 소유하고 있다는 것만으로도 이미 부자다. 돈, 직업, 명예, 지식, 가족, 건강도 행복한 미래를 만드는 데 도움이 되지만 완벽하게 미래를 책임져주지는 못한다. 미래의 가장 소중한 자산은 심리적 자산이다. 아무리 많은 물질적·사회적·신체적 자원을 가졌어도 심리적 자원이 무너지면 의미가 없다. 사회적으로나 경제적으로 남부러울 것 없어 보이던 유명 인사가 무기력증에 빠지고 우울증에 시달리다 자살하는 일이 비일비재하다. 이런 안타까운 일들은 대부분 심리적 자산이 바닥이 났을 때 일어난다.

대표 강점을 찾았다면 미래에 대한 막연한 불안감을 떨쳐버려도 좋다. 비록 돈, 직업, 명예가 부족해도 죽을 때까지 함께할 대표 강점이 있다면 플로리시하는 데 중요한 심리적 자산을 갖춘 심리적 부자이기 때문이다.

## 대표 강점의 특징

대표 강점의 특징은 다음과 같다.

- 대표 강점은 '진정한 내 모습'이어야 하며 나의 진짜 모습과 일치해야 한다. 내 강점을 알았을 때 정체성을 찾고, 소유감을 갖게 하며, 자신감을 얻는다("이게 진짜 나야").
- 대표 강점을 드러낼 때 특히 처음으로 드러낼 때 큰 기쁨을 느낀다.
- 대표 강점을 활용해 주제를 배우거나 일할 때 학습과 일의 속도가 매우 빠르다.
- 대표 강점을 활용할 새로운 방법을 열심히 찾아낸다.
- 대표 강점에 따라 행동하기를 열망한다("나 좀 내버려둬").
- 대표 강점을 활용할 때 피곤하기는커녕 오히려 기운이 난다.
- 통찰과 직관으로 강점을 발견한다.
- 대표 강점을 주로 활용할 수 있는 개인적인 일(프로젝트, 창업)을 스스로 고안하고 추구한다.
- 대표 강점을 활용할 때 황홀경에 빠지기까지 한다.
- 대표 강점을 사용하고자 하는 내적 동기를 가진다.

자신의 강점 찾기에서 최상위 강점은 대부분 위의 조건을 충족시킨다. 그래서 이 강점들을 대표 강점이라고 한다. 셀리그만은 이 강점들을 되도록 많이 사용하라고 말했다. 만일 상위 강점 중 이 조건을 충족시키는 것이 하나도 없다면 일, 사랑, 여가활동, 자녀 양육에 활용한다고 해도 큰 효과를 얻기 힘들다는 것이다. 셀리그만이 착안한 플로리시한 삶은 자신의 대표 강점을 주요 일상활동 속에서 날마다 발휘해 큰 만족과 참된 행복을 자아내는 것이다. 그렇게 하기 위해선 대표 강점을 연마해야 한다. 왜냐하면 아무리 자신의 대표 강점을 찾았다고 해도 머리로만 이해하고 숙달시키지 않으면 일상에서 자연스럽게 발휘되지 않기 때문이다.

왜 연마가 필요한지 예를 들어보자. 새 가운데 비서새가 있다. 머리 뒤에 난 관모들이 비서가 귀에 펜을 꽂은 것 같다고 해 붙여진 이름이다. 비서새는 2m나 되는 큰 날개로 공중에 높이 날다 뱀이나 두더지를 발견하면 쏜살같이 내려가 낚아챈다.

하지만 땅에 있는 도중 맹수의 습격을 받으면 큰 날개로 재빠르게 나는 대신 있는 힘을 다해 달리기 시작한다. 너무나도 당황해 날 수 있다는 사실을 잊어버린 것이다. 결국 맹수에게 잡아먹히고 만다. 뜻하지 않는 위험 앞에 당황한 나머지 자신의 능력을, 강점을 잊어버린 것이다. 그래서 어떤 상황에서도 자연스럽게 발휘될 수 있도록 연마시키는 것이 중요하다. 이제 대표 강점을 구체적으로 어떻게 연마하고 활용하는지 방법을 알아보자.

## 대표 강점 연마하기

나의 대표 강점은 학구열과 창의성인데 이것은 내 삶을 지탱해주는 기둥과 같다. 나는 하루도 빠짐없이 나의 대표 강점을 연마하려고 노력한다. 학생들에게나 고객들에게 긍정심리학을 쉽고 재미있고 유익하게 강의하기 위해 새로운 책과 자료를 구매해 탐독하고 아이디어를 확장시키노라면 마음 깊은 곳에서 큰 기쁨이 솟아오른다. 내가 가장 기쁠 때는 책을 쓸 때와 강의를 잘할 때다. 이런 날은 힘이 솟고 신바람이 난다. 그것은 내 대표 강점인 학구열을 일상에서 발휘해서 얻는 진정한 행복이다.

그렇다면 강점들을 어떻게 연마할 수 있을까? 직장이나 집, 여가활동 중 대표 강점을 활용하기 위해선 연습이 필요하다. 성격강점 검사에서 대표 강점을 확인했다면 그중 어떤 강점이 실제 자신의 모습에서 가장 잘 드러날지 확인해보자. 그런 다음 한두 개를 선택하고 이 강점을 매일 새로운 방법으로 사용해보면 행복이 지속적으로 유지되는 효과를 경험할 수 있다.

이는 이미 셀리그만과 피터슨에 의해 체계적인 검사로 그 효과가 입증된 것이다. 대표 강점을 연습하면 자아실현에 기여하게 되고, 어떤 일에서 탁월한 결과와 성취를 이루게 하며, 의욕과 열정을 느끼도록 동기부여가 된다. 또한 자신의 대표 강점을 파악해 일주일 동안 일상에서 활용하면 더 행복해진다는 것이다.

대표 강점을 연마할 때는 가장 쉽게 할 수 있는 것부터 시작하고 가능한 한 새로운 방법으로 사용해보는 것이 좋다. 예를 들어 대표 강점이 창의성이라면 기존의 관습적인 방식 대신 본인만의 새로운 방식을 창조해내는 능력이 뛰어난 사람이다. 이런 사람은 도예, 사진, 조각, 그리기, 채색하기 수업에 참여할 수 있으며, 저녁에 한두 시간을 할애해 디자인 공모전을 준비하거나 시나리오를 쓸 수 있다.

대표 강점이 유머라면 친구들에게 재미있는 이메일을 보내길 권한다. 그리고 일주일에 세 번씩 새로운 조크를 배우고, 그것을 친구들에게 활용해보며, 시트콤, 재미있는 쇼 혹은 영화를 보거나 만화책을 매일 읽는 것도 좋다. 대표 강점이 자기통제력이라면 욕구나 충동을 자제하는 능력이 뛰어나기 때문에 저녁에 TV를 보는 대신 헬스클럽이나 공원에서 운동할 수 있다.

또 대표 강점이 감상력이라면 적어도 하루에 한 번은 멈춰 서서 일출이나 꽃, 새 소리와 같이 자연의 아름다움을 느껴보고 매일 보았던 가장 아름다운 것에 대해 일기를 써도 좋다. 매일 다니는 익숙한 길 대신 새로운 길을 따라 출퇴근하거나 매일 저녁 버스에서 한두 정거장 미리 내려 걸을 수도 있다. 가능한 한 당신의 창의성을 발휘해 다양한 방법을 찾아보자. 대표 강점이 리더십이라면 친구들을 위해 사교 모임을 만든다. 직장에서 즐겁지 않은 일을 도맡아 하고 그것을 완수한다. 그리고 처음 만난 사람이 편안하게 느끼도록 행동한다.

대표 강점을 연마하는 연습을 쉽게 할 수 있는 사람이 있는가 하면 힘들다고 느끼는 사람도 있을 것이다. 중요한 건 당신의 대표 강점을 믿고 일상생활에서 자주 활용할 수 있게 연마해야 한다는 것이다.

대표 강점의 연마로 일상에서 대표 강점을 적용하기가 익숙해졌다면 이제 나머지 강점을 연마하자. 중요도의 차이가 있을 뿐 나머지 모든 강점도 중요하다. 이 강점들도 1만8000개 강점에서 선발된 것이기 때문이다. 이들 강점으로 개인이나 조직에서 발생하는 문제를 해결할 수 있으며 인성도 함양시킬 수 있다.

## 대표 강점 계획하기

연마를 마쳤다면 대표 강점을 일, 사랑, 자녀 양육, 여가 등 일상생활에서 발휘할 수 있도록 계획을 세워보자. 다음은 뉴욕의 한 로펌 변호사들이 자신의 대표 강점을 업무에서 발휘하기 위해 계획한 예다.

- 사만다의 강점은 열정이다. 이 강점은 변호사 업무에서는 거의 발휘되지 않는다. 하지만 사만다는 법원 도서관에서 의료 사고에 관한 변론서를 작성하는 한편, 자신의 탁월한 언어 능력을 발휘해 홍보 담당 직원과 함께 회사 홍보자료도 작성한다.

- 마크의 대표 강점은 용감성이다. 이것은 법정 변호사에게 유리한 강점인데, 그간 신참 변호사의 변론 작성 업무를 도와주느라 이 강점을 제대로 살리지 못했다. 다가오는 재판에서는 꽤 유명한 상대편 변호사와 맞서기 위해 자신의 강점을 살려 동료 변호사와 함께 결정적으로 공박할 계획을 세웠다.

- 세라의 대표 강점은 창의성이다. 이 강점은 판례를 주도면밀하게 분석하는 데는 별 도움이 되지 않지만, 자신의 또 다른 강점인 끈기와 연계해 발휘된다. 창의성과 끈기가 결합되면 사정은 완전히 달라진다. 세라도 특정 판례에 대한 새로운 이론을 모색하는 업무를 할 수 있을 것이다. 판례를 꼼꼼히 분석한다는 것은 유전을 탐사하는 것과 같다. 유전을 발견할 확률은 희박하지만 찾

아낼 경우에는 대단한 업적을 세우게 될 것이다.

- 조슈아의 대표 강점은 사회성이다. 이 강점 또한 도서관에서 저작권법에 대한 판에 박힌 업무를 담당하는 변호사에게는 좀처럼 활용할 기회가 없는 강점이다. 그러나 조슈아의 대표 강점은 연예인이나 자신이 서명한 계약서 내용조차 제대로 모르는 골치 아픈 의뢰인을 상대할 때 빛을 발할 것이다. 고객을 관리하는 데는 소송 절차를 밟는 것보다 좋은 인간관계를 맺기 위한 노력이 필요하기 때문이다.

- 스테이시의 강점은 리더십이다. 그녀는 리더십이 탁월해 근무 환경 개선을 위한 신참 변호사 단체의 회장을 맡고 있다. 그녀는 익명으로 쓴 건의사항을 취합해 회사 대표에게 제출하고 동료들의 복지 향상을 위해 도움을 주고 있다.

위에 소개한 '직장에서 강점 발휘하는 방법'은 법조인에게만 적용되는 것이 아니다. 기본적으로 2가지 사실만 염두에 둔다면 이 책의 모든 사례와 함께 자신의 업무 환경에 응용할 수 있다는 것이다.

첫째, 대표 강점은 대부분 윈-윈 게임에서만 효과를 얻을 수 있다는 점이다. 스테이시가 건의사항을 취합하고 동료들의 불만을 해결하려고 노력할 때 동료들은 그녀를 더욱 존경한다. 또한 동료들의 건의사항을 회사 대표에게 제출하면 그 대표는 직원들의 사기를 진작시킬 수 있는 방법을 더욱 잘 알게 됐으며, 아울러 스테이시는 자신의 대표 강점을 발휘함으로써 긍정정서를 유발하게 됐다.

둘째, 직장에서 긍정정서가 많이 확장될수록 생산성이 증가하고, 이직률이 낮으며, 회사에 대한 충성도가 높다는 사실이다. 대표 강점을 발휘하면 긍정정서를 얻는다. 무엇보다 중요한 것은 스테이시와 동료들은 저마다 대표 강점을 인정받고 활용할 기회가 주어질 때 회사에 오래 근무할 가능성이 높다. 설령 그들이 주 5시간 동안 소송 절차와 무관한 일을 할지라도 마침내 소송 과정에 직접 참여할 날이 올 것이기 때문이다.

위에서 예로 든 법조인이라는 직업은 회사가 직원의 업무 능력을 계발하도록 독려하는 방법, 그리고 주어진 근무 환경에서 직원들이 저마다 만족을 얻기 위해 대표 강점을 발휘하는 방법을 알려주기 위한 한 가지 예다.

다음은 긍정심리학 전문가 과정에 참가했던 국내 대기업 김정훈 팀장의 대표 강점 기획하기 사례다. 김 팀장의 대표 강점은 사회성, 감상력, 감사, 호기심, 창의성, 희망이다.

**사회성** 4주 동안 매일 5가지 개인적인 감정을 기록하고 그 패턴을 살펴본다.

**감상력** 자연 경치, 사랑하는 사랑들의 사진에 담아 그것을 컴퓨터나 휴대전화 바탕화면에 깐다.

**감사** 자신을 도와주는 팀원들과 식사를 하고 감사하다는 인사를 한다.

**호기심** 우리 동네 새로운 곳을 발견하고 그곳에 대한 역사에 대해 알아본다.

**창의성** 일주일에 한 번 자신의 열정을 기사나 에세이, 짧은 글, 시, 그림에 담아본다.

**자기통제력** 주변의 유혹 요소를 제거한다. 다이어트를 할 때 주변에 간식거리를 두지 않고, 유혹을 이겨낸다.

**희망** 힘든 일이 생길 때마다 자신이나 가까운 누군가가 역경을 극복하고 성공했던 상황을 떠올린다.

## 대표 강점 실천하기

대표 강점을 계획했다면 이제 일, 사랑, 자녀 양육, 여가활동 등에 실천해보자. 김정훈 팀장의 사례다.

**사회성** 손해를 감수하면서까지 남을 기쁘게 해주려는 경향이 강했지만 먼저 자신에게 친절하고 자신을 위해 시간을 할애해야만 친구나 가족과 잘 지낼 수 있음을 깨달았다.

**감상력** 시간이 날 때마다 이곳저곳 다니며 감상하고 사진을 찍었다. 자신의 강점을 실천에 옮기는 순간 삶은 더욱 풍요로워졌다.

**감사** 감사하는 마음은 가졌지만 굳이 표현은 하지 않았다. 매일 직장에서 스트레스를 많이 받았기 때문에 그럴 여유도 없었다. 하지만 이탈리아 식당을 예약하고 직원 한 사람 한 사람에게 열심히 일해줘서 고맙다는 말을 전했다.

**호기심** 우리 동네 새로운 곳을 발견하고 그곳에 대한 역사에 대해 알아봤다.

**창의성** 시청하던 텔레비전을 끄고 글을 쓰기 시작했다. 뿌듯하다.

**자기통제력** 저녁에 아내가 맛있는 빵을 사 왔다. 가족들은 맛있게 먹었지만 나는 먹지 않았다.

**희망** 요즘 무척 회사가 어렵다. 하지만 곧 좋아질 것이라는 기대를 갖고 성과를 높이기 위해 오늘도 열심히 팀을 이끈다.

나의 대표 강점은 창의성, 용감성, 정직, 열정, 끈기, 자기통제력, 감사, 희망, 영성이다. 나는 늘 일상에서 대표 강점을 발휘해 계획을 세우고 실천하며 중요한 문제를 강점 중심으로 해결한다. 이미 대표 강점을 발휘해 2005년 우리나라에서 최초로 개인 자격으로 빌 클린턴 전 미국 대통령을 초청했고, 초등학교 졸업장이 전부였지만 2000년 45세에 13년 만에 박사학위를 받고, 교수가 되고, 베스트셀러 작가가 됐으며, 2006년 사람의 의지로 할 수 없는 질병으로 분류된 비만에서 탈출하고자 1년 만에 15kg 체중조절을 해 지금까지 유지하고 있다.

두 달 전부터는 대표 강점으로 새로운 계획을 세우고 실천하며 문제를 해결해나가고 있다. 나는 3년 전부터 척추관협착증에 따른 엉치통증으로 고통을 많이 겪고 있다. 이 척추관협착증을 강점을 적용해 자연 치료를 하기로 했다. 5년 전인 2012년, 박사학위 논문과 후에 베스트셀러가 된 『행복 4.0』을 동시에 준비했다. 토요일, 일요일은 매주 거의 모든 시간을 논문과 책 쓰는 일에 할애했는데 한번 앉아서 시작하면 대부분 10시간 이상 작업했다. 몰입도가 높아질 때는 자의식까지 상실한 채 20시간 가까이 한자리에서 작업하기도 했다. 그 당시는 몰랐는데 그것이 척추관협착증의 원인이 됐다. 한곳에 오래 앉아 있다

보니 골반이 휜 것이다. 척추에 가장 나쁜 것이 맨바닥에 오래 앉아 있는 것이란다. 박사학위를 받고 책이 베스트셀러가 되자 글쓰기와 강의가 늘어났다. 따라서 앉아 있는 시간과 서 있는 시간이 점점 많아졌다. 그때마다 엉치가 심하게 아파 고통을 겪어야만 했다. 병원에선 주사를 권했지만 쉽게 결정할 수 없었다. 전문의 처방에 따라 척추교정과 물리치료를 받았지만 시간적·경제적으로 지속하기가 부담이 됐다. 시간이 흐름에 따라 상태가 점점 심각해진다는 느낌을 받았다. 2~3일 연속으로 강의가 있는 날이면 약을 처방받고 마사지를 받았지만 임시방편일 뿐 근본적인 치료법은 아니었다.

그러던 지난 6월 어느 날, 한 조간신문 1면에 강남에 있는 모 병원의 '비수술적 척추관협착증 치료'에 대한 5단 광고가 실렸다. 재발 방지와 부작용도 없이 짧은 시간의 간단한 시술로 다음 날부터 정상적인 활동이 가능하다는 문구는 나를 유혹하기에 충분했다. 나는 그 광고를 앞에 둔 채 30분 이상 자리를 뜨지 않고 수많은 생각에 잠겼다. 강의를 하거나 글을 쓸 때 너무 통증이 심했기 때문에 하루속히 치료 방법을 찾아야 했기 때문이다. 의학적 시술을 받아야 할 것인 지, 아니면 자연적 치료를 선택할 것인지 혼란스러웠다. 그동안 몇 번의 상담을 했지만 내게 확신을 주는 답은 없었다. 나는 가능한 자연적 치료를 원했다.

그때 떠오른 것이 나의 대표 강점이었다. 쉽진 않겠지만 강점을 통해 문제를 해결해보고 싶었던 것이었다. 강점을 적용해 1년에 15kg을 감량해 다이어트에 성공한 경험이 있었기 때문이다. 먼저 내 대표 강점인 희망(낙관성)으로 자연치료법으로 완치될 수 있다는 희망을 가졌다.

창의성으로 어떤 방법으로 할 것인지 방법을 찾았다. 자기통제력으로 지금까지 아침마다 2시간씩 하던 공부를 운동으로 대체하기로 했다. 끈기로 어떤 어려움이 있더라도 참아내야 한다는 것이었다. 영성으로 자연 완치를 위해 기도를 하자는 것이었다. 이렇게 계획을 세우고 다음 날부터 실천에 들어갔다. 1차 방법은 매일 나영무 박사의 6가지 스트레칭과 3km 걷기, 2차 방법은 일주일에 한 번 이상 수영과 요가하기, 3차 방법은 기능성 신발 신기다. 현재 대표 강점을 발휘해 1, 2차 방법을 실천 중이다. 어떻게 됐을까? 힘들다. 매일 스트레칭하기도, 걷기도, 요가 하기도 힘들다. 요가를 처음 시작할 때는 엉치가 너무 아파 고통스러웠다. 200m를 걷는 것도 힘들었다. 하지만 이젠 중간에 스트레칭을 한 번 하고 5~6km를 걸어도 큰 통증이 없다. 이틀 16시간 연속적으로 강의해도 특별한 통증을 못 느낀다. 통증만 줄어든 것이 아니다. 스트레칭을 매일 하고 운동을 하니까 몸도 날씬해졌다. 신기하다. 아직 단정하긴 이르다. 하지만 나는 확신한다. 자연치료가 될 수 있다고. 내 대표 강점에 대한 믿음이 있기 때문이다.

## 조직에서 대표 강점 키우기

모든 24가지 성격 강점엔 반드시 반의어(친절 대 불친절, 사랑 대 미움)이 있고, 대표 강점엔 자신이 아직 모르고 있는 강점이 나올 수 있다. 긍정심리 교육을 하다 보면 가끔 곤란한 일을 겪기도 한다. 얼마 전 포스코 직원들을 대상으로 강점 찾기를 하는데 한 직원이 큰 소리로 외쳤다. "교수님, 이거 엉터리예요. 나하고 안 맞아요!" 그 소리를 듣는 순간 무척 당황했다. 그의 대표 강점은 창의성, 공정성, 열정, 정직, 친절, 사랑, 겸손이었다. 검사 결과에서 나온 자신의 대표 강점과 실제 성격이 일치하지 않았기 때문이었다. 그는 직장 동료들에게 친절하지도 않고 사랑을 베풀 줄도 모른다고 했다. 오히려 화를 자주 내고 다투기도 한다는 것이다. 그런데 화, 불친절, 미움 같은 약점은 없고 자신도 모르는 친절과 사랑이라는 강점이 대표 강점으로 나오니까 받아들이기 어려웠던 것이다. 긍정심리를 기업에서 교육하면서 가장 어려운 부분이 부정과 약점을 다룰 때다. 일반적으로 긍정심리 교육에서는 부정이나 약점을 최소화한다. 하지만 조직에서 교육은 특성상 부정과 약점을 먼저 다루어야 할 때가 자주 있다. 교육의 반전 효과도 있지만 대부분 조직이 아직도 부정 편향적이기 때문이다.

모든 24가지 강점엔 반드시 반의어가 있다. 사랑 강점은 미움이나 고독, 친절 강점은 불친절한 이기심이나 인색함이란 반의어가 있는 것이다.

우리는 인생을 살아가면서 각각 다른 영역에서 역할을 수행한다. 그 역할을 수행할 때마다 태도나 행동이 달라질 수 있다. 가정에서 남편(아내)이나 자녀들을 대하는 것과 직장에서 동료나 고객을 대하는 것이 다를 수 있다. 가정에서는 친절과 사랑이란 강점이 자연스럽게 가족들에게 발휘되지만 직장에선 조직의 환경에 따라 화나 이기심 등이 대상별로 자주 나타날 수 있다는 것이다. 이럴 때 혼란을 겪을 수 있지만 강점 검사 결과를 믿자. 긍정심리학의 성격강점 검사는 철저하고 방대한 연구와 측정에 의해 검증했기 때문에 신뢰할 수 있다.

강점 검사를 해보면 자신이 아직 모르고 있던 강점들이 나올 수 있다. 나 같은 경우 강점 검사 결과 대표 강점으로 전혀 뜻밖의 학구열과 용감성이 나왔다. 학구열은 45세까지 초등학교 학력이 전부다 보니 학구열이 있는지 없는지 확인할 기회가 없었고, 용감성은 난관에 처할 때 행동으로 나타내는 육체적 용감성만 알았지 도덕적 용감성, 정신적 용감성은 모르고 있었던 것이다. 이 대표 강점인 학구열과 용감성은 나를 45세에 독학으로 검정고시를 보게 해 13년 만에 박사학위, 대학교수, 베스트셀러 작가로 만들었고, 또한 우리나라에서 민간 자격으론 최초로 빌 클린턴 전 미국 대통령을 초청해 김영삼, 김대중 전 대통령과 정재계, 학계, 외교사절까지 800여 명의 리더와 함께 클린턴의 저서인 『마이 라이프』 출간 기념회를 갖게 했다. 지금까지도 이 강점들은 나를 플로리시하는 데 중요한 역할을 하고 있다.

대표 강점의 위력은 단순히 대표 강점을 파악하는 것이 아니라 찾은 그 후에 통합하고 변화할 때 나온다. 통합한다는 의미는 앞의 대표 강점 계획하기에서 세라의 예와 같다. 세라의 대표 강점인 창의성은 판례를 주도면밀하게 분석하는 데는 별 도움이 되지 않지만, 그녀의 또 다른 강점인 끈기와 연계해 통합하면 사정이 완전히 달라진다는 것이다.

다음은 나와 비슷한 경험을 한 이밍 탠이라는 국제적인 컨설턴트의 최근 사례다. 교육 참가자 첸의 대표 강점은 공정성, 정직, 친절, 사랑, 겸손이다.

**탠** 그러한 대표 강점을 얼마나 많이 지니고 있나요?

**첸** 제가 공정성과 정직, 겸손을 지니고 있다는 건 맞아요. 하지만 제가 친절하다고는 생각하지 않아요. 특히 제가 사랑을 주고받을 줄 안다는 건 터무니없는 소리죠.

**탠** 흥미롭군요. 이 조사 결과는 당신이 대답한 내용을 분석해서 나온 거예요. 그럼 좀 더 자세히 알아보죠. 어떤 상황에서 친절과 배려를 베푸나요? 누구에게 친절을 베푸나요? 우리는 인생에서 각각 다른 역할을 수행하고 있고, 그때마다 다르게 행동할 수 있거든요. 어쩌면 당신이 어떤 역할을 수행할 때는 보다 친절해지고, 또 다른 역할을 수행할 때는 그다지 친절하지 않을 수도 있지 않나요?

**첸** 그건 맞아요. 제 아내와 딸에게는 친절해요. 또한 친구들에게도 친절하게 대하고요. 하지만 직장에서는 친절한 사람이 아니에요. 어떻게 직장에서 친절하고 배려 있는 사람이 될 수 있겠어요? 우리 사업을 위해 싸워야 하는데 말이죠. 고객이 부당하게 행동할 때 전 수동적인 다른 동료와는 달리 맞서요.

**탠** 이제야 공정성과 정직이란 당신의 대표 강점이 어떻게 발휘되는지 알겠군요. 당신은 부당한 걸 감지하면 그 즉시 다른 사람들과 논쟁을 벌이는 겁니다. 그럼 방법을 한번 바꿔보죠. 당신이 친절하게 굴 때는 어떻게 행동하나요?

**첸** 인내하고 다른 사람들의 이야기를 기꺼이 들어주고 고려해요. 제 딸과 함께 있을 때도 그렇죠. 딸아이의 이야기를 끈기 있게 들어주고 많은 것을 주고받아요.

**탠** 훌륭하군요. 그렇다면 다음 단계로 넘어가보죠. 고객과 다투는 당신의 성향을 한번 살펴봅시다. 당신의 5가지 대표 강점을 모두 이용할 수 있다면 당신이 고객과 다투는 상황에 어떻게 적용할 수 있을까요?

**첸** 공정성을 발휘하면 고객의 요구와 회사의 요구를 언제나 균형 있게 맞출 수 있어요. 네, 이제 알겠어요. 관계를 해치는 논쟁을 벌이지 않고 그 대신 친절과 공감 능력을 발휘할 수 있어요. 제가 좀 더 인내하고 고객의 의견에 귀 기울일 수 있죠. 고객이 틀렸다 해도 제가 겸손하게 행동할 수 있어요. 과거에는 제가 부당하거나 불합리한 것을 감지했을 때 즉각 화를 냈죠.

**탠** 당신의 대표 강점을 이용해 실제 상황을 다루는 법을 알아낸 것 같군요. 직장으로 돌아가 그 방법을 사용해보고 나서 그 결과를 알려주세요.

사흘 후 첸의 이메일을 받았다. 첸은 한 고객과 다툴 뻔했다고 한다. 하지만 이성을 잃기 직전 친절과 공감 능력을 발휘해야 한다는 사실을 기억해낸 덕에 고객의 의견을 경청해 존중할 수 있었고 결국 그 문제 상황이 빠르게 종결됐다. 첸은 나중에 그 고객한테서 아주 크게 '감사'를 받았다.

첸은 자신의 분노 조절 문제를 알고 있었지만 단점을 지적하는 전통적인 방법으로는 좌절감만 더 깊어졌다. 인내하는 법과 다른 사람의 입장에서 상황을 바라보는 법을 배우고, 자신의 성질을 누르며, 진정 기법을 사용하는 등 많은 방법을 시도해봤지만 모두 헛수고였다. 마침내 자신의 대표 강점을 이용해 아주 적은 노력을 들여 혹은 자기통제력을 발휘함으로써 자신의 단점을 극복해냈다.

사람들은 자신이 어떤 사람인지 자신의 정체성을 알았을 때 가장 효과적인 방법을 찾을 수 있고 가장 효과적으로 변화시킬 수 있다. 첸은 자신의 대표 강점을 알아내 자기가 생각하는 자신의 모습과 통합해 행동을 바꿀 수 있었던 것이다.

얼마 후 탠은 교육 참가자였던 첸의 소식을 들었다. 첸은 자신의 대표 강점을 통합한 덕에 예전의 사업 파트너와 우정을 나누는 관계로 발전시키고 있으며, 고객과는 반대 팀이 아니라 같은 팀이 돼 보다 즐겁고 의미 있게 일하고 있다고 했다. 탠은 첸에게 대표 강점 접근법에 대해 얻은 통찰력이 있다면 말해달라고 했다. 그러자 첸은 이렇게 말했다.

"대표 강점을 찾았다면 사용하는 것이 좋습니다!"

지금까지 성격 강점과 대표 강점에 대해 알아봤다. 대표 강점은 개인뿐만 아니라 팀 단위, 조직 전체의 대표 강점을 찾아 조직활성화 및 조직성과를 위해 적용시킬 수 있다. 그리고 일반인뿐만 아니라 유치원부터 초·중·고·대학생도 강점을 찾고 발휘해 인성 함양과 자아실현은 물론 자신의 진로를 선택하는 데 도움을 받을 수 있다. 강점을 찾고, 키우고, 코칭해줄 수 있는 『긍정심리 팔마스 성격(인성)강점 카드북(물푸레, 한국긍정심리연구소)』을 활용하는 것도 도움이 될 것이다. 긍정심리학의 사명은 예방이라고 했다. 성격강점의 많은 사례에서 이를 증명해준다. 어릴 때 또는 사전에 강점을 찾고, 찾아주는 것이 개인과 조직의 플로리시에 중요하다는 것이다.

# 16 긍정심리학의 플로리시

최근 국가적으로 가장 활발하게 긍정심리학을 도입하는 나라 중 하나가 영국이다. 영국은 이미 2010년부터 GDP(국내총생산)의 대체 지수인 GNH(국민행복) 개발을 적극 추진하고 있다.

영국 케임브리지대 펠리시아 후퍼트와 티모시 소는 플로리시란 무엇인가를 정의하고 유럽 23개국의 성인 4만3000명을 대상으로 플로리시 수준을 측정했다. 그들이 정의한 플로리시는 긍정정서, 몰입, 의미에 6가지 요소, 즉 자존감, 낙관성, 회복력, 활력, 자기결정 능력, 긍정관계다. 개인은 플로리시하기 위해 다음의 핵심 요소와 6가지 추가 요소 중 3가지를 갖춰야 한다. 플로리시에 관한 그들의 정의는 웰빙 이론의 5가지 요소에 근접했다. 그들의 연구에 성취를 한 가지 요소로 추가한다면 바로 긍정심리학이 주장하는 플로리시의 기준이 된다.

### 영국 케임브리지대 플로리시 요소

| 핵심 요소 | 추가 요소 |
|---|---|
| – 긍정정서(Positive Emotions)<br>– 몰입, 흥미(Interest)<br>– 의미, 목적(Purpose) | – 자존감(Self-esteem)<br>– 낙관성(Optimism)<br>– 회복력(Resilience)<br>– 활력(Vitality)<br>– 자기결정 능력(Self-determination)<br>– 긍정관계(Positive Relationships) |

그들은 국가별로 성인 2000명 이상에게 다음의 웰빙 항목을 제시해 국민의 플로리시를 측정하고, 그것을 기준으로 해당 국가가 어떻게 하고 있는지를 알아냈다.

| | |
|---|---|
| 긍정정서 | 나는 모든 것을 고려할 때 대체로 행복하다. |
| 몰입, 흥미 | 나는 새로운 것을 배우길 좋아한다. |
| 의미, 목적 | 나는 대체로 소중하고 가치 있는 일을 하며 살아간다. |
| 자존감 | 나는 나 자신에 대해 대체로 매우 긍정적이다. |
| 낙관성 | 나는 나의 미래에 대해 언제나 낙관적이다. |
| 회복력 | 삶에서 문제가 생길 때 나는 예전 상태로 돌아오는 데 대체로 오랜 시간이 걸린다(반대로 대답할 경우 회복력이 더 높다). |
| 긍정관계 | 나에게 진심으로 관심을 기울이는 사람들이 있다. |

조사 결과, 덴마크가 1위였다. 덴마크는 플로리시하는 국민이 전체의 33%였다. 영국은 그 절반인 18%였고, 최하위는 러시아로 고작 6%였다.

이 연구는 긍정심리학의 '웅대한' 목표로 이어진다. 긍정정서, 몰입, 의미, 성취, 긍정관계를 측정하는 기술이 발달하면서 한 국가, 한 도시 혹은 한 기업에서 얼마나 많은 사람이 플로리시하고 있는지 정확하게 질문할 수 있다. 한 개인이 일생 중 어느 시점에 플로리시하는지도, 한 자선단체가 수혜자의 플로리시를 어느 만큼 증가시키고 있는지도 정확히 질문할 수 있다. 또한 학교 시스템이 아동의 플로리시를 도와주고 있는지도 정확히 물을 수 있다.

공공정책은 오직 우리가 측정한 것만을 추종한다. 그리고 최근까지 우리는 오로지 돈, 즉 국내총생산만 측정했다. 따라서 정부의 성공은 그 정부가 축적한 부의 양에 의해서만 수치로 나타낼 수 있었다. 하지만 무엇을 위한 부인가? 셀리그만은 부의 목적은 더 많은 부를 양산하는 것이 아니라 플로리시를 낳는 것이라고 했다.

그는 또 단순히 플로리시를 측정하는 것을 넘어 더 많은 플로리시 그 자체가 우리의 선물이 될 것이라고 했다. 개인이 플로리시할 때 건강과 생산성과 평화가 뒤따르기 때문이다.

이렇게 최근 긍정심리학이 다양한 분야로 확산되고 놀라운 연구 성과가 나오고 있음에도 아직 그 성과는 사회적으로 널리 알려져 있지 않다. 당장 긍정심리학이 필요해 보이는 정책입안자나 극심한 스트레스를 받는 경영자, 변호사, 의사, 일반 기업 직원도 최근 발표되고 있는 긍정심리학의 놀라운 성과를 외면하고 있고, 교사나 학부모도 긍정심리학을 통한 행복과 인성, 창의성 교육의 성과를 제대로 이해하지 못하고 있다. 대기업조차 긍정심리학이 제시하는 수많은 조직성과의 기회를 놓치고 있다. 지금 우리는 4차 산업혁명 시대를 맞고 있다. 사회, 문화, 경제, 교육 분야의 변화를 요구한다. 어떻게 대응할 것인가? 긍정심리학을 각 분야에서 어떻게 활용해 플로리시할 수 있는지 알아보자.

## 17 긍정심리학은 변형이 가능하다

 셀리그만은 긍정심리학은 변형 가능하다고 했다. 변형 가능하다는 것은 특정한 분야에 적용시켜 성과를 낼 수 있다는 것이다. 그것은 긍정심리학이 주는 기회다. 변형하기 위해선 먼저 이론이 필요하고 그다음으로 과학이, 마지막으로 응용이 필요하다. 긍정심리학은 이 3가지를 갖추고 있으며 제공할 수 있다.

 첫째, 이론이다. 긍정심리학은 긍정정서, 몰입, 긍정관계, 의미, 성취, 강점에 대한 연구다. 삶의 이 6가지 면을 측정하고 분류하며 구축하려고 시도한다. 측정, 분류, 구축, 시도 이 4가지를 정확히 실행함으로써 실행 범위를 정의하고 그것을 임상심리학, 정신의학, 사회사업, 결혼, 가족 상담과 구분함으로써 혼돈에서 질서를 끌어낼 것이다.

 둘째, 과학이다. 긍정심리학은 유효한 과학적 증거에 근거한다. 경험으로 검증된 방법을 이용해 측정하고 실험하고 연구하며 무작위 배정 및 위약 통제된 연구 결과를 분석해 어떤 개입이 실제로 효과적이고 어떤 것이 엉터리인지 평가한다. 긍정심리학은 이 황금 기준을 통과하지 못하는 개입은 비효과적이라고 판단해 폐기한다. 증거에 기초한 개입과 검증된 행복 척도는 책임감 있는 실행 범위를 설정할 것이다.

셋째, 응용이다. 긍정심리학자들은 초기부터 학문적 위험을 무릅쓰고 연구 내용을 개방했다. 셀리그만은 "반드시 심리학자가 돼야만 긍정심리학을 실천하거나 전문가가 될 수 있는 것은 아니다. 프로이트 추종자들이 저지른 중대한 실수는 오직 정신과 의사들만 정신분석을 할 수 있도록 제한한 것이다. 긍정심리학은 또 하나의 자기방어적인 협회를 보호하는 안전막이 될 마음이 없다. 긍정심리학 이론, 긍정상태 및 긍정특성의 타당한 측정, 효과적인 개입 부문에서 충분한 훈련을 받는다면 그리고 고객을 더욱 노련한 전문가에게 맡겨야 할 시점을 안다면 실제로 당신은 긍정심리학이라는 씨앗을 뿌리는 사람이 될 것이다"고 말하며 긍정심리학의 문을 활짝 열어놓았다.

## 변형이 가장 활발하게 이루어질 분야는 코칭

긍정심리학의 변형이 가장 활발하게 이루어질 분야는 코칭이다. 긍정심리학은 실용학문이다. 실용학문은 실행이 중요한데 우수한 실행을 위해서는 근간이 필요하다. 코칭은 근간을 찾는 실행이라 할 수 있다. 근간에는 2가지가 있다. 증거에 기초한 과학적 근간과 근거에 의한 이론적 근간이다. 긍정심리학은 2가지 모두 제공할 수 있으며 코칭에 일정 범위의 실행, 효과적인 개입과 척도, 코치가 되기 위한 적절한 자격증을 제공할 수 있다. 그 근거는 무엇일까?

첫째, 긍정심리학은 사람들의 좋은 면을 주시하고 그들이 최상의 상태에 이른 순간에 초점을 맞추며 개인과 집단의 행복에 관심을 갖는다. 둘째, 긍정심리학은 부정정서를 폄하하면서 긍정정서에 초점을 맞추지는 않는다. 긍정심리학은 인생의 중요하고도 자연스러운 면인 부정정서, 실패, 문제, 그 밖의 불쾌한 현상을 인정한다. 셋째, 무엇보다 긍정심리학은 과학이다. 따라서 증거, 척도, 검증에 치중한다. 긍정심리학은 또한 응용과학이다. 따라서 긍정심리학 연구 결과를 토대로 학교, 기업, 정부, 개인적 삶과 사회적 삶의 여러 가지 측면을 개선시킬 심리학 개입을 창안할 수 있다. 넷째, 긍정심리학자들이 창안한 개입은 주로 긍정개입이다. 긍정개입은 고통을 완화하거나 개인의 낮은 기능 수준을 정상 수준으로 회복시키는 것이 아니라 더 우수한 수준으로 높이는 것에 초점을 맞춘다. 긍정심리학자들은 그런 개입의 도움으로 고객이 +2에서 +6으로 올라갔다는 표현을 흔히 사용한다.

이와 같이 긍정심리학의 가장 큰 장점은 그것이 과학이라는 사실이다. 따라서 긍정심리학은 척도와 밀접한 관계가 있다. 코치는 낙관성, 자존감, 동기, 삶의 의미 같은 심리적 현상을 측정하는 검증된 긍정심리학 척도를 통해 이득을 얻을 수 있다. 수준 높은 척도를 이용해 자신이 관심을 갖고 있는 주제를 측정함으로써 그 측정 결과의 정확성을 장담할 수 있고, 게다가 자기 고객의 결과와 비교 집단의 결과를 대조할 수도 있다. 코치는 긍정심리학자들이 창안한 우수한 척도를 이용하고 그것을 테스트해 더 우수한 척도를 개발하는 데 일조할 수 있다.

척도 외에도 긍정심리학은 코칭에 지식을 제공하고 코칭 작업 기준을 높이며 코칭 개입을 개선하게 도와줄 만반의 준비를 갖추고 있다. 실제로 긍정심리학은 다양한 분야의 코치들이 관심을 갖고 유용하게 사용할 수 있는 도구를 개발해 개입에 제공하고 있다. 예를 들어 시카고대의 프레드 브라이언트(Fred Bryant)는 과거 긍정경험을 이용해 '음미하기'가 어떻게 긍정정서를 일으키는지 연구하고 있다. 이 도구는 코칭에서 얼마든지 다양하게 실용적으로 활용할 수 있다. '음미하기' 도구를 응용해 조직의 리더, 팀, 부부, 개인이 가정이나 일터에서 더 많은 의미와 행복을 얻게 도와줄 수 있다. 이 도구는 비전 창출이라는 코칭 기법의 한 가지 변형이지만 미래가 아닌 과거에 초점을 맞춘다. 긍정심리학은 이런 유형의 도구를 수없이 창안해왔다. 그 도구들을 한데 모으면 과학적인 도구 상자가 되는데, 코치는 기존의 코칭 도구에 그것을 추가할 수 있다(『긍정심리학의 행복 연습도구』 한국긍정심리연구소 발행).

최근 긍정심리학에 흥미가 있고 긍정심리학 교육을 받은 많은 사람이 긍정심리학을 응용하기 위해 자연스럽게 코칭을 선택한다. 그들은 일반 코치와 어떤 차이가 있으며 어떠한 삶을 사는지 알아보자. 긍정심리학 코칭은 고객과의 관계가 투명해야 하고 문제를 찾아내는 것보다 해결책에 초점을 맞춘다. 코치는 고객과 자연스럽고 개방적인 관계가 돼야 하고, 고객의 강점을 찾아주고 일상에서 발휘하게 한다는 것이다. 심리치료사 교육은 대부분 개인 정보나 속마음을 너무 드러내지 말라고 한다. 그저 고개만 끄덕이며 "아, 네, 으음" 식으로 반응하라는 것이다. 코칭은 코치와 고객이 서로 완벽한 정직을 바탕으로 진심으로 협력해 진실한 관계를 맺을 때 최선의 결과를 얻을 수 있다. 다음은 세계적 긍정심리학 코치인 로버트 B. 디너의 예다.

"나는 긍정심리학 이론과 과학적 연구에서 얻은 명쾌한 지식을 토대로 코칭 작업을 한다. 문제를 찾아내는 대신 주로 해결책을 추구한다는 뜻이다. 또한 강점에 관한 공식 용어를 사용하고, 경험적으로 입증된 개입과 척도를 활용하며, 고객과 상호작용할 때 긍정정서와 부정정서의 역할에 유의한다. 거의 모든 코치가 이것을 전부 또는 일부 실천하고 있을 것이다. 나의 코칭과 다른 코치들의 방식의 가장 명확하고도 가장 크게 차이 나는 부분은 나는 내가 직접 찾아낸 광범위한 전문 지식을 활용한다는 것이다. 따라서 나만의 코칭 스타일은 적절한 코칭(탐구하기, 지지하기, 도전하기)과 멘토 역할(전문가로서의 조언과 컨설팅)을 왔다 갔다 하는 것이다. 초보 코치에서 노련한 코치로 성장하면서 나는 고객들이 그 두 영역을 옮겨다니는 내 능력을 높이 평가할 뿐만 아니라 바로 그 능력 때문에 나를 찾아온다는 것을 발견했다. 이렇게 긍정심리학 코칭은 틈새 코칭으로서 코치의 경쟁력을 높여줄 수 있다. 긍정심리학 코칭은 기본적인 코칭 감각은 물론, 일정 수준의 코칭 스킬에 더해 행복과 희망 같은 흥미로운 주제에 관한 탐구도 보장하기 때문이다."

최초로 긍정심리학을 변형시켜 '긍정심리학과 목표설정 이론'을 결합시킨, 와튼스쿨 최고의 프로그램으로 선정된 『베스트 인생 목표 이루기』 저자이며 코치인 캐럴라인은 자신의 경험에 대해 이렇게 설명했다.

"긍정심리학은 내 직업을 소명으로 바꾸었다. 그리고 다른 사람들이 일상 속에서 의미 있는 목표를 추구하고 자신의 역할을 깨닫도록 도와줄 능력을 내게 주었다. 나는 전에는 결코 생각하지 못한 방식으로 큰 변화를 일으키고 있다. 아침에 일어날 때마다 내가 이 세상에서 가장 행복한 코치라고 생각한다."

긍정심리학 코칭의 미래는 밝다. 긍정심리학 분야 자체가 성장하고 있고, 더 많은 컨퍼런스가 열리며, 더 많은 서적과 논문이 출간되고, 더 많은 교육 프로그램이 생기고 있기 때문이다. 특히 그 어느 때보다 많은 사람이 긍정심리학에 관심을 보인다. 이 추세는 더욱 확산되고 있으며 이것은 긍정심리학 코칭에 좋은 영향을 준다. 앞으로 더 큰 규모의 연구가 행해지고, 이론적 지식이 늘어나며, 그것을 토대로 더 효과적인 개입과 검사가 고안될 것이다.

## 긍정심리학 팔마스로 플로리시할 수 있는 분야는

그렇다면 긍정심리학의 이론과 과학, 응용을 갖춘 팔마스로 플로리시할 수 있는 분야는 어디일까? 첫째, 행복이다. 누구나 행복을 원한다. 하지만 행복은 원한다고 얻어지는 것이 아니다. 또한 행복은 머리로 이해하고 가슴으로 느낀다고 얻어지는 것도 아니다. 배 고프면 밥을 먹어야 하고 목이 마르면 물을 마셔야 하듯 행복도 연습과 실천을 통해 만들어야 하는 것이다. 과학적으로 검증된 행복 만드는 방법을 알아볼 것이다. 둘째, 인성이다. 우리나라는 세계에서 유일하게 국가에서 인성교육진흥법을 만든 나라다. 그만큼 인성교육이 절실하다는 것이다. 인성교육 목표는 각자의 내면을 건전하고 바르게 가꾸어

타인과 공동체, 자연과 더불어 인간다운 성품과 역량을 키우는 것이다. 내면을 건전하고 바르게 가꾸려면 먼저 내면의 토양을 행복하게 구축해야 하고 그 위에 타인과 공동체, 자연과 더불어 인간답게 살아갈 수 있는 성품과 역량인 인성강점을 심어 키우고 실행해야 한다. 셋째, 교육이다. 오늘날 교육은 경쟁에서 이기고 성공하는 미래의 인재를 위해 지식과 기술 중심의 교육이 주를 이루고 있다. 자녀가 행복하길 바라지만 행복하라고 말을 못하는 것이 요즘 부모들의 가슴 아픈 현실이다. 행복하라고 하면 경쟁에서 뒤처지고 놀기만 할까 봐 두렵기 때문이다. 긍정심리학을 통해 행복하고 학업성적을 올릴 수 있는 방법을 알아본다.

넷째, 조직성과다. 2008년 세계적 금융위기가 닥쳤을 때 가장 바쁜 사람들이 긍정심리학자였다. 월가를 비롯한 세계 글로벌 기업은 이제 지금과 같은 방법으론 생존할 수 없다는 사실을 깨달았기 때문이다. 긍정심리학이 새로운 대안으로 선택된 것이다. 위기는 기회라고 한다. 그 기회를 만들어주는 것이 긍정심리학이다. 다섯째, 긍정심리 치료다. 건강에는 신체적 건강과 심리적 건강 2가지가 있다. 긍정심리학은 이 2가지 건강을 유지시켜주고 증진시켜준다. 긍정심리학은 더 열심히 운동을 할 수 있게 만들어주고 심장 질환이나 감염성 질환을 치료해주며 무기력, 우울증 등을 낮게 해주기 때문이다. 여섯째, 회복력(Resilience)이다. 회복력은 역경을 극복하는 힘이고 심리적 근육을 키워주는 도구다. 똑같은 역경을 겪고도 어떤 사람은 가볍게 털고 일어나고 어떤 사람은 무너진다. 왜 그럴까? 회복력의 힘이다. 회복력을 통해 역경을 극복하고 더 플로리시하는 방법을 알아볼 것이다.

# 18 행복 플로리시

사람들은 누구나 행복을 원한다. 하지만 각종 통계에서 보듯 우리나라의 많은 사람은 행복하지 않다고 한다. 왜 그럴까? 국내외 많은 전문가는 우리나라가 행복하지 않는 이유를 3가지로 꼽는다. 첫째, 지나친 물질주의, 둘째, 과도한 경쟁, 셋째, 과정과 결과에 대한 그릇된 인식이다. 하지만 나는 이러한 사회적 문제도 있지만 이보다 더 중요한 이유는 행복에 대한 인식의 오류 때문이라고 생각한다. 왜냐하면 행복을 원하면서도 왜 행복인지, 무엇이 행복인지, 어떻게 행복을 만드는지 등을 진지하게 생각하지 않고 그 행복에 대해 막연하게 기대하고 맹목적으로 집착하기 때문이다.

진정으로 행복을 원한다면 이젠 행복에 대한 올바른 인식과 인식의 전환이 필요하다. 행복에 대한 올바른 인식이 필요한 이유가 또 있다. 남에게 피해를 주고 부나 권력을 누리며 행복해하는 사람들이 있다. 이러한 행복은 진정한 행복이 아니다. 행복은 선한 것, 올바른 것, 좋은 것, 최상의 것이라야 한다.

셀리그만은 진정한 행복이란 참된(Authenticity) 삶이라고 했다. 참된 삶이란 긍정심리학의 미덕과 강점을 일상에서 발휘하는 것을 말하는데, 미덕과 강점에는 도덕성과 선한 품성의 개념이 포함돼 있다. 행복의 개념이 올바로 인식되지 않으면 쉽고 편한 것, 재미있는 것, 즉 쾌락에 빠지기 쉽다. 쾌락은 중독과 습관을 유발시키고 우울증의 원인이 되기도 한다.

1543년 폴란드 천문학자 코페르니쿠스가 우주의 중심은 태양이란 지동설을 발표했다. 하지만 사람들은 믿지 않았다. 오히려 핍박했다. 결국 지동설은 사실로 밝혀졌다. 지금까지 지구를 중심으로 태양이 도는 줄 알았는데 태양을 중심으로 지구가 돈다는 것이다. 이와 같은 일들이 심리학에서도 일어나고 있다. 행복하면 성공이 따라온다는 것이다. 에드 디너와 로라 킹 등 세계적인 심리학자들은 오랜 연구를 통해 행복하면 성공도 따라온다는 사실을 밝혀냈다. 행복하면 창의성이 향상되고, 직장에서 성과를 많이 내고 연봉도 많이 받으며, 학교에서 성적이 올라가고, 역경을 극복하는 회복력이 증진되며, 인간관계, 건강 등도 좋아진다는 것이다. 삼성경제연구소가 직장인들을 대상으로 조사한 결과 행복한 직장인이 불행한 직장인보다 더 높은 성과를 올리고 성공하는 것으로 밝혀졌다. 하지만 사람들은 아직도 이런 사실을 인정하지 않고 오직 성공과 부만을 위해 달려간다. 그러다 보니 많은 사람이 지치고 고통스러워한다. 지난해 갤럽에서 발표한 2014년 세계 웰빙지수 국가 순위를 보면 우리나라는 145개국 중 117위로 삶의 만족도가 9.4%였다. 90%가 삶에 고전하거나 고통을 겪고 있다는 것이다. 정말 우리나라가 이렇게 불행한 나라일까? 절대 그렇지 않다.

나는 이러한 발표를 보면 긍정심리학을 연구하고 행복을 연구하는 사람으로서 정말 마음이 아프다. 우리가 행복이 무엇인지 알고, 행복은 스스로가 만드는 것이고, 행복은 만들 수 있다는 인식만 가져도 우리의 행복지수를 아주 많이 높일 수 있기 때문이다.

지난해 여름방학 때 수도권 소재 모 대학 여교수가 내가 운영하는 긍정심리학 전문가 과정에 참가했다. 참가 이유는 삶에서 공허함을 느끼는데, 긍정심리학이 그 원인을 찾아줄 수 있을 것 같아서였다는 것이다. 남편은 공기업에서 임원으로 정년퇴직해 전문성을 살려 일하고 있고, 아들, 딸은 모두 명문대를 나와 전문직에 종사하고 있어 물질적으로 부족함을 모르고 산다고 했다. 이런 조건이라면 누구나 갖추고 싶어 한다. 그런데 가족 모두가 행복하지 않다는 것이다. 본인도 공허함을 자주 느낀다고 했다.

왜 그럴까? 남편도 본인도 자녀들도 열심히 노력해 부와 명예는 얻었지만 진정한 행복이 무엇인지, 자신의 핵심적 내적 가치는 무엇인지 찾지 못한 것이다. 이 가족은 지금까지 외적 가치에만 치중하고 내적 가치에는 소홀했다. 그래서 내면의 기쁨이 없고 행복이 없는 것이다. 먼저 왜 행복인지, 행복이란 무엇인지, 행복을 만들어가는 방법이 무엇인지, 긍정정서를 키우고 내면의 핵심 가치와 대표 강점을 찾고 의미 있게 살아가는 방법을 배우고 난 후에야 왜 행복하지 않는지 그 원인을 찾게 됐다. 자신의 진정한 행복이 무엇인지, 내면의 핵심 가치를 깨닫게 것이다. 그는 행복해 보였다. 태어나서 이렇게 행복을 느껴본 적이 없었다고 했다.

　나도 정말 성공하고 싶고 행복하게 살고 싶었다. 하지만 가난하고 못 배운 사람이 업그레이드된 삶, 행복한 삶을 만들기란 쉽지 않았다. 45세까지 초등학교 학력으로 사업하다 부도를 두 번씩이나 맞으며 몸부림쳤지만 행복은 점점 더 멀어져만 갔다.

　나는 이때 생각했다. 나같이 못 배우고 돈 없는 사람은 성공하기도 행복하게 살아가기도 힘든 사회이구나, 정치를 하자, 국회의원이 돼 나 같은 사람도 행복하게 살아갈 수 있는 사회를 만들자, 라고. 그래서 10여 년간 국회의원이 되려고 열심히 준비했다. 그러던 중 2003년 긍정심리학을 만났고 그로부터 3년 후인 2006년 우리나라를 방문한 긍정심리학 창시자인 마틴 셀리그만을 만나면서 행복에 대한 인식뿐만 아니라 내 삶도 완전히 바뀌게 됐다. 그날 인터뷰에서 첫 질문이 "행복하려면 어떻게 해야 합니까?"였다. 그는 "행복하려면 지금껏 갖고 있던 행복에 대한 시각부터 바꾸라"라고 답변했다. 그러면서 안락은 샴페인을 마실 때나 고급 승용차를 운전하며 느낄 수 있지만 진정한 행복은 자신의 강점과 미덕을 찾고 발휘하는 것이라고 했다. 물질적 풍요만으로는 행복해질 수 없다는 것이다. 나는 큰 충격을 받았다. 내가 생각했던 행복과는 너무 차이가 있었기 때문이다. 나는 행복이란 잘 먹고 잘 사는 것이라고 생각하고 있었던 것이다.

　셀리그만을 만난 후 정치를 계속할 것인가, 아니면 긍정심리학을 본격적으로 연구할 것인가, 하고 고민을 많이 했다. 10여 년 동안 준비해온 정치를 버리기도 쉽지 않았기 때문이다. 오랜 고민 끝에 정치를 포기하고 긍정심리학을 연구하기로 하고 그때부터 본격적으로 공부를 시작했다. 행복에 대한 올바른 인식과 인식의 전환이 오늘날의 나를 만든 것이다.

## 행복은 경쟁력이다

몇 년 전 숀 아처 하버드대 긍정심리학 교수가 한국의 대표 기업인 삼성의 초청으로 3시간 동안 임원들을 대상으로 긍정심리학의 행복에 대해 강의한 적이 있었다. 그는 행복이 업무 성과에 어떤 영향을 미치는지 설명하기에 앞서 "행복이 무엇이라고 생각합니까?"라는 질문을 했는데, 통역을 맡은 임원이 통역을 하지 않았다고 한다. 행복을 너무 쉽게 생각해 조직에 별로 중요하지 않은 질문이라고 판단해서다.

2013년 6월 삼성경제연구소에서 '대한민국 직장인의 행복을 말한다'라는 보고서를 펴냈다. 이 보고서에 따르면 직장인의 행복지수가 예상보다 낮게 나온 것은 물론 행복한 직장인이 불행한 직장인보다 훨씬 높은 업무성과를 올리는 것으로 나타났다. 우리나라 직장인의 행복지수는 100점 만점에 55점이다. 연봉과 행복은 비례하지 않는다는 것이다. 이 보고서는 직장인의 행복도를 증진시키고 조직경쟁력을 높이고자 다음과 같이 긍정심리학 중심의 6가지 방안을 제시했다.

첫째, 의식적으로 감성(정서)을 유지한다. 둘째, 에너지가 고갈되지 않도록 한다. 셋째, 지금하고 있는 일의 의미를 되새긴다. 넷째, 자신의 강점이 무엇인지 파악하고 개발한다. 다섯째, 타인에게 행복을 전염시킨다. 여섯째, 도움을 주고받는 인간관계를 확장한다. 또한 이 보고서는 직장인은 행복해질 수 있는 자신만의 전략을 모색하고, 조직은 행복한 직장을 만들기 위한 노력과 지원을 강화해야 한다고 결론 내렸다.

삼성경제연구소가 조사한 행복한 직장인과 불행한 직장인의 직장 내 업무 성취도를 비교해보면 행복한 직장인의 경우 업무 의미감 82점, 업무 자신감 80점, 부정감성(정서) 59점, 에너지 56점인 데 비해 불행한 직장인의 경우 업무 의미감 54점, 업무 자신감 69점, 부정감성(정서) 23점, 에너지 33점으로 행복한 사람보다 크게 낮았다.

이러한 긍정심리학의 놀라운 연구 결과가 발표되고 있지만 아직도 기업 경영자들은 더 열심히, 더 오래 일해 성공하면 행복이 따라온다는 고정관념을 버리지 못하고 있다. 글로벌 금융위기 때 전 세계 글로벌 기업이 왜 긍정심리학을 선택했을까? 얼마 전 삼성 경영자들이 왜 『마틴 셀리그만의 낙관성 학습』을 필독서로 정했을까? 이젠 조직에서도 행복이 경쟁력이기 때문이다.

최근 들어 인공지능, 사물인터넷, 빅데이터, 자율주행차, 3D 프린팅 등 첨단 정보통신기술(ICT)의 융합이 경제·사회·문화 전반에 가히 혁명적인 변화를 일으키고 있다. 이를 일컬어 4차 산업혁명이라고 한다. 4차 산업혁명이란 용어는 2016년 세계경제포럼(WEF·World Economic Forum)에서 이 포럼을 이끌어가는 클라우스 슈바프 회장이 선포했다. 1차 산업혁명인 증기기관 기반의 기계화혁명, 2차 산업혁명인 전기·에너지의 대량생산혁명, 3차 산업혁명인 컴퓨터와 인터넷 기반의 지식정보혁명에 이르기까지 인류는 놀라운 변화를 경험했다. 하지만 4차 산업혁명 시대는 지금까지 우리가 경험한 것보다 상상을 초월한 변화의 혁명이 다가오고 있다. 이러한 4차 산업혁명 시대의 도래는 우리 학교 교육과 기업 교육도 예외일 수 없다.

4차 산업혁명 시대를 대비하고 그에 적합한 인재를 양성하며 역량을 발휘하기 위한 교육은 어떻게 준비해야 하고, 실천해야 할까? 먼저 긍정심리를 기반으로 하는 행복교육과 인성교육, 창의성교육이 우선돼야 한다고 본다. 왜냐하면 인공지능 등 4차 산업혁명을 주도할 대부분 기술은 인간의 존엄성, 윤리의식, 인성적 요소가 소홀히 다뤄질 가능성이 있으며, 이러한 분야의 기술을 개발하고 경쟁력을 키우기 위해선 상상력, 창의력, 소통력, 실행력 등이 요구되기 때문이다. 긍정심리학의 행복은 이러한 시대적 문제의식과 요구 사항을 충족시켜줄 수 있기에 4차 산업혁명 시대는 행복이 경쟁력이 되는 것이다.

이제 행복은 자신이 지향할 궁극적인 목표가 아니라 다른 목표를 이루는 데 동원할 수 있는 자원이다.

나는 2015년부터 교육부가 후원하는 국회 포럼에 매년 논문을 기고하고 토론자나 발표자로 참가했다. 2015년엔 '학교 현장, 인성교육 어떻게 실천할 것인가?'란 주제의 포럼에서 '긍정심리학의 인성교육'이란 제목으로 논문을 기고하고 토론에 참여했다. 2016년엔 '학교 현장의 인성교육 실천방안'이란 주제의 포럼에서 '행복이 인성을 키운다'는 제목으로 논문을 기고하고 주제 발표와 종합토론을 했다. 한 사람이 한 포럼에서 2번 연속해 발표하기란 쉽지 않다. 영광스럽게도 올 7월에도 행복을 주제로 한 포럼에서 메인 발표자로 선정됐다. 그만큼 긍정심리학이 우리 교육의 미래에 중요한 역할을 할 것이라는 것이다. 메인 발표자이다 보니 나도 그렇지만 주최 측에서도 신경을 많이 썼다. 심혈을 기울여 논문과 발표 자료를 준비했다. 처음엔 '행복은 경쟁력이다란 제목으로 결정됐는데 주최 측에서 '4차 산업혁명'이 들어갔으면 좋겠다고 해서 최종 제목을 '4차 산업혁명시대는 행복이 경쟁력이다'로 정하고 논문과 발표 자료를 모두 바꾸었다. 그런데 포럼이 열리기 한 달 전 주최 측에서 연락이 왔다. 미안하지만 포럼이 취소됐다는 것이다. 정치적 이유 등 여러 가지 이유가 있었겠지만 아쉽고 마음이 아팠다. 교육은 지속성이 중요한데……. 

사람을 차에 비유하면 행복은 궂은 날씨에도 기어를 바꿔가며 가파르고 구불구불한 도로를 흔들림 없이 달릴 수 있는 잘 조율되고 관리된 엔진과 같은 것이라고 할 수 있다. 행복에 이르렀다고 해서 세상이 항상 자신의 뜻대로 되는 건 아니다. 하지만 행복하면 일이 잘 풀릴 때건 심하게 꼬일 때건 잘 대처할 수 있도록 준비할 수 있게 만들어준다. 사람은 항상 행복하게 살 수만은 없다. 하지만 자신의 행복을 잘 조절하는 기술을 배우면 무슨 일이 닥치든 플로리시한 삶에 이를 수 있다.

## 행복이란

그렇다면 행복이란 무엇일까? 행복은 어제오늘 행복에 대한 이야기가 아니다. 이미 2000년 전 아리스토텔레스부터 지금까지 수많은 사람이 이야기하고 책을 썼다. 하지만 긍정심리학이 나오기 전까지는 그 누구도 행복을 지속적으로 유지시키고 증진시킬 수 있는 과학적인 방법을 언급하는 사람이 없었다. 대부분 행복은 자신 안에 있다, 행복은 가까이 있다, 행복은 마음먹기에 달렸다 같은 추상적 개념이었다. 그리고 행복하려면 내려놓아라, 멈춰라, 버려라 같은 관조적이고, 좋은 대학, 좋은 직장, 좋은 차나 집을 가져야 한다 같은 조건적이며, 맛있는 아이스크림이나 초콜릿 먹을 때, 이성 간 짜릿한 접촉을 할 때 같은 감정적이고 감각적이었다.

이런 것이 행복에 도움은 되지만 대부분 일시적 감정이라는 것이다. 행복은 이러한 일시적 감정이 아니고 지속적 긍정정서이며 개인의 감정을 넘어 개인과 공동체의 성공까지 아우르는 광의적 개념이라는 것이다. 마음만 편안하고, 즐겁다고 행복의 전부가 아니다.

행복은 과학이며 진화한다. 최초로 행복을 과학적으로 연구한 사람은 에드 디너다. 그는 주관적 안녕감(Subjective Well-being)이란 이론에서 행복을 정서적 기쁨과 인지적 만족이라고 했다. 셀리그만은 "긍정심리학의 행복은 순간적이고 주관적으로 느끼는 마음 상태에 머무는 것이 아니다. 행복이란 개념에는 참되게 살아온 개인의 삶이 포함된다. 이것은 주관적으로 판단할 문제가 아니다. 참됨(Authenticity)은 자신의 미덕과 강점을 찾고 발휘함으로써 만족과 긍정정서를 자아내는 행위를 뜻하기 때문이다"라고 말했다. 긍정심리학의 강점엔 도덕적 개념과 선한 품성이 포함된다. 행복은 올바르고 선하게 사는 삶이라는 것이다.

최근 들어 행복에 영향을 많이 미치는 것이 역경을 극복해주는 회복력(resilience)이다. 우리는 살아가면서 의도하지 않는 크고 작은 역경을 겪는다. 하지만 똑같은 역경을 겪어도 어떤 사람은 무너지고 어떤 사람은 일어나 더 강해진다. 회복력에 의해서이다. 회복력이 약하면 행복을 지속적으로 유지하기가 어렵다. 이렇게 네 가지인 정서적 기쁨, 인지적 만족, 참된 삶, 역경을 이기는 회복력이 행복이며, 이 행복을 지속적으로 유지, 증진시켜서 행복을 만들어주는 것이 긍정심리학이다. 긍정심리학은 행복이 무엇인지에 대한 연구가 아니다. 어떻게 하면 더 행복해질 수 있을까에 대한 방법을 과학적으로 연구하는 학문이다. 긍정심리학에는 행복을 만들어주는 6가지 요소인 긍정정서, 몰입, 관계, 의미, 성취, 강점이 있다. 이 요소 안에는 행복을 만들어주는 연습도구들이 있는데 이 도구들을 통해 행복을 만드는 것이다. 행복은 자연적으로 오는 것이 아니라 노력과 연습을 통해 만드는 것이다. 그래야 지속가능하고 키울 수 있다. 그럼 어떻게 행복을 만들까? 먼저 행복을 만드는 방법을 알아보자.

긍정심리학에서 행복이 과학이라는 대표적 근거는 행복은 진보한다는 '행복 4.0'과 행복을 과학적으로 증명한 '행복 공식'이다.

## 행복 4.0

조너선 헤이트 전 버지니아대 심리학 교수이자 현 뉴욕대 스턴경영대학원 교수는 3000년 동안 이어온 10대 세계의 위대한 사상(지혜)을 통해 행복 가설을 세우고 세계의 문명이 빚어낸 사상 한 가지씩을 통해 행복을 증명해냈다. 최초의 행복 가설 '행복 1.0'은 '행복은 내가 원하는 것을 얻는 데서 온다'는 것이다. 자신이 원하는 것이 돈이든 명예든 권력이든 손에 넣으면 그것으로 행복해질 수 있다고 믿었다.

'나는 여러 가지 큰일을 성취했다. 궁전도 지어보고 여러 곳에 포도

원도 만들어보았다. 나는 정원과 과수원을 만들고 거기에 온갖 과일나무도 심어보았다. ……나는 또한 지금까지 예루살렘에 살던 어느 누구도 일찍이 그렇게 가져본 적이 없을 만큼 많은 소와 양 같은 가축을 가져보았다. 은과 금, 임금들이 가지고 있던 여러 나라의 보물도 모아보았으며, 남녀 가수들도 거느려보았고, 남자들이 좋아하는 처첩도 많이 거느려보았다. 드디어 나는 지금까지 예루살렘에 살던 어느 누구보다도 더 큰 세력을 가진 사람이 됐다. 지혜가 늘 내 곁에서 나를 깨우쳐주었다. 원하던 것을 나는 다 얻었다. 누리고 싶은 낙은 무엇이든 삼가지 않았다. …… 그러나 내 손으로 성취한 모든 일과 이루려고 애쓴 나의 수고를 돌이켜보니 참으로 세상 모든 것이 헛되고, 바람을 잡으려는 것과 같고, 아무런 보람도 없는 것이었다.'(『전도서』 2장 4~11절)

이 글은 『전도서』 저자인 솔로몬 왕이 자신의 삶과 함께 행복과 만족을 추구했던 그동안의 행적을 돌아보며 기록한 것으로 추정된다. 이 글을 보면 그는 원하는 것을 얻으면 행복할 수 있다고 믿고, 물질적 풍요 속에서 행복을 찾으려고 했다. 하지만 정작 원하는 것을 얻어도 행복한 기분은 잠깐일 뿐 이내 공허함과 허탈감을 느낀다는 것이다.

'행복 1.0'보다 진일보한 것이 '행복 2.0'으로 '행복은 안과 밖에 있다'는 것이다. 이 가설이 나오기 전까지는 행복은 마음속에 있다고 생각하는 사람이 많았다. 그 대표적 인물이 석가모니인데, 석가모니는 마음의 번뇌와 삶에 대한 집착을 버려 마음의 평화를 얻으면 그게 행복이라고 말했다. 그래서 '인생은 고해이며 이 고해의 바다에서 벗어날 수 있는 유일한 길은 우리를 쾌락, 성취, 명성, 그리고 생명에 매이게 하는 모든 집착으로부터 벗어나는 것'이라고 가르쳤다. 지금도 석가모니처럼 행복은 마음속에 있다고 말하는 사람이 적지 않다. 일명 '행복 마음론'으로 행복은 구체적인 실체 없이 마음속에만 존재하는 것이어서 마음을 편안하게 가지면 행복해질 수 있다는 논리다.

서양의 사상가들은 동양의 석가모니와는 다르게 생각했다. 그들은 자신이 처한 외부 환경을 변화시킬 때 행복이 온다고 믿었다. 사람을 사랑하고, 목표나 즐거움을 열정적으로 추구하며, 인생을 최대한 만끽해야 한다고 주장했다. 삶에 대한 열정과 집착은 때론 고통스러울 수도 있지만 행복의 동력이 되기도 한다는 것이다.

석가모니와 서양의 사상가들 중 어느 한쪽의 손을 들어주기에는 행복이 그리 단순하지 않다. 행복이란 안에서도, 밖에서도 올 수 있기 때문이다. 또한 안과 밖, 어느 한쪽만으로는 충분히 행복하지 않고 안과 밖이 조화를 이루었을 때 행복이 극대화된다고 보았다.

'행복 3.0'은 '행복은 사이에 있다'라는 새로운 가설을 제시했다. 다양화되고 복잡한 사회에서는 사이, 즉 관계가 중요하다는 것이다. 내 의식과 행동, 나와 너, 나와 가족, 나와 직장 동료들, 나와 신과의 사이까지 다양한 사이를 분열과 갈등 없이 잘 풀어갈 때 행복해질 수 있다는 것이다.

행복 3.0 가설은 앞의 두 가설에 비하면 상당히 과학적이며 행복의 실체에 많이 접근했지만 이 또한 행복을 완전하게 설명하는 데는 한계가 있는 듯하다.

마지막 '행복 4.0'은 '행복은 만들 수 있다'고 믿는다. 셀리그만과 피터슨, 류보머스키는 "행복은 만들 수 있다"고 말했다. 셀리그만은 행복이 좋은 유전자나 행운으로 얻어지는 것이 아니라 바이올린 연주나 자전거 타기 기술같이 부단한 연습과 노력으로 만들 수 있음을 과학적으로 증명했다. 셀리그만은 2011년 긍정심리학의 새로운 이론을 그의 저서 『플로리시』에서 발표하면서 "나는 이제 당신의 플로리시를 만들어줄 수 있다"고 말했다. 그만큼 긍정심리학에 대한 확신을 갖고 있다는 것이다.

긍정심리학과 함께 과학도 발달했다. 첨단기술 덕분에 행복 측정은 물론 온갖 정신장애를 측정하고 범주화하며 각 장애의 신경학적 토대를 조사할 수 있게 된 것이다. 이것은 행복을 지속적으로 증진시킬 수 있는 방법과 효과적인 긍정심리 치료법 개발로 이어졌다. 긍정심리학의 창시자 셀리그만은 바로 이 신기술을 이용해 긍정심리학의 팔마스와 인간의 즐기는 능력, 문제를 파악하는 능력 등을 측정하고 조사할 수 있는 방법을 찾아냈다. 그래서 이제, 행복은 만들 수 있다는 것이다.

나는 지금까지 15년 가까이 긍정심리학을 연구하고 있으며 그 속에 있는 실천도구를 내 삶 속에 적용해오고 있다. 세계적인 긍정심리학 석학들의 연구와 내 연구를 종합해볼 때 '행복은 만드는 것이다'라는 결론을 도출할 수 있었다. 그래서 2014년 11월 『행복 4.0』을 통해 새로운 긍정심리학의 '행복 4.0' 개념을 제시했다. '행복 1.0'은 '행복은 내가 원하는 것을 얻는 데서 온다', '행복 2.0'은 '행복은 안과 밖에 있다', '행복 3.0'은 '행복은 사이에 있다', '행복 4.0'은 '행복은 만드는 것이다'이다.

행복은 불행의 반대 개념이 아니다. 반대로 불행 역시 행복의 반대 개념이 아니다. 불행하지 않다고 행복한 것이 아니며 행복하지 못하다고 불행한 것이 아니다. 행복은 자신이 만드는 것이다. 불행하지 않다고 생각하는 사람, 행복하지 않다고 생각하는 사람, 불행하다고 생각하는 사람, 행복하지만 더 큰 행복을 원하는 사람들에게 적극적으로 행복을 만드는 방법을 과학적으로 알려주는 것이 '행복 4.0'이다.

## 행복 공식

류보머스키, 리켄, 셀리그만은 행복을 과학적으로 증명할 수 있는 '행복 공식'을 발표했다. '행복 공식'은 상당히 과학적이다. 다양한 환경과 조건에 처한 사람 누구든지 행복 공식을 이해하고 따르면 행복을 만들 수 있다.

행복을 만드는 공식은 'H=S+C+V'이다. 여기에서 H(Happiness)는 실제로 자신이 경험하는 지속적인 행복 수준이다. S(Setpoint)는 이미 설정된 행복의 범위이자 설정값이고, C(Circumstances)는 삶의 상황(조건)이며, V(Voluntary Activities)는 개인이 스스로 통제할 수 있는 자발적 행동을 의미한다. 이 중 우리가 주목해야 할 것은 C와 V다. S는 행복에 미치는 영향이 50%로 이미 유전의 영향과 자동조절기 같은 설정된 값으로 바꾸기 어렵기 때문에 행복을 만들려면 결국 C와 V에 집중해야 한다. 이는 바로 자신의 삶의 상황과 자신이 할 수 있는 자발적 활동이다. 이 공식에서 특이한 것은 삶의 상황이 행복에 미치는 영향은 10%로 그렇게 크지 않다는 것이다. 이는 지금까지 많은 사람이 행복을 조건으로 생각했기 때문이다. 피터슨의 행복과의 상관관계에 대한 연구에서도 일반적으로 중요한 조건이 행복과의 상관관계가 낮게 나왔다.

상황은 자신이 바꿀 수 있는 것과 바꿀 수 없는 것 2가지가 있다. 인종, 성, 나이, 자신이 내가 바꿀 수 없는 상황이고, 재산, 결혼 상태, 사는 장소는 자신이 노력하면 바꿀 수 있는 상황이다. 최소한 삶의 일정 시기 동안 상황은 일정한 상태를 유지하기 때문에 이들은 자신이 적응할 가능성이 높은 종류의 것들이다. 반면 자발적인 활동은 행복에 미치는 영향이 40%로 강점, 긍정정서, 몰입을 활용한 명상, 운동, 신기술 습득 혹은 여가를 즐기는 것처럼 자신이 선택하는 것들이다. 이런 활동들은 대부분 노력과 주의를 필요로 한다. 그만큼 자발적 활동을 하기가 쉽지는 않지만 일단 적극적으로 참여해 실천하면 행복을 만들 수 있다.

긍정심리학의 과학이 진보함에 따라 최근엔 행복 공식 중 S가 변화될 수 있다는 연구 결과가 나오고 있다. 설정값의 핵심은 쌍둥이에 대한 유전자 연구인데 우울, 공포, 분노, 수치, 후회 등으로 후천적으로 영향을 받을 수 있다는 것이다. 행복과 소득의 관계에 대한 연구도 마찬가지다. UCLA의 경제학자 리처드 이스털린(Richard Easterlin)은 국가적 차원에서 시간이 흐르면서 소득이 증가해도 행복은 제자리걸음이라는 연구 결과를 발표했다. 한 예로 미국의 경우 지난 수십 년 동안 가계소득은 크게 증가했지만 평균 행복 수준은 변하지 않았다는 것이다. 이 결론은 국가의 부, 소비, 사회기반시설이 증가하면 실제로 삶의 질이 높아질 거라는 믿음에 의문을 제기하는 것이다. 하지만 2002년 이후 많은 경제학자, 사회학자, 심리학자가 충분한 자료와 정교한 분석을 토대로 이에 반박하는 논문을 내놓았다. 그 논문에 따르면 행복과 소득의 관계는 그렇게 단순하지 않다. 어떤 사람이나 국가에는 해당되지만 다른 사람이나 국가에는 해당되지 않을 수도 있다는 것이다. 그렇다면 어떻게 해야 할까? 이제 긍정심리학이 해야 할 일은 행복 수준을 지속적으로 유지시키는 요소와 그 수준을 증진시키는 요소가 무엇인지 밝혀내는 것이다.

# 19 인성 플로리시

## 긍정심리학의 인성 요소

오늘날 우리 교육의 최대 화두는 단연 인성(Character)이다. 이미 세계 최초로 정부 차원의 인성교육진흥법이 만들어져 시행되고 있다. 지금까지 암기와 입시 위주의 경쟁교육 방식에서 벗어나 앞으로는 인성과 창의성, 자존감, 사회성을 기르는 행복교육 방식으로 바꾸기 위한 조치라 할 수 있다.

그렇다면 인성이란 무엇이고 인성교육은 어떻게 시켜야 할까? 인성이란 사전적 의미로는 개인이 가지는 사고, 태도, 행동의 특성이다. 이 특성의 핵심은 선한 품성이다. 인성이 좋고 나쁨은 이 특성을 평가하는 것이다. 사람은 본래 선한 인성을 갖고 태어났다. 기본적인 인성교육은 사람이 타고난 내면의 선한 인성을 발현하도록 하고 외면의 비뚤어진 인성을 회복하고 함양시켜주는 것이다. 이 인성은 개인의 도덕적·윤리적 개념을 기반으로 하며 때로는 지나치게 규제와 절제를 강요하기도 한다. 그러다 보니 다양한 환경에 적응할 수 있는 인성이 요구되는 오늘날, 너무 경직된 인성으로 인해 긴박한 상황에 유연하게 대처하지 못해 불행한 결과를 초래하기도 한다. 최근 빈번한 고위 공직자의 자살 사건이 한 단면일 수 있다.

우리나라 인성교육의 목적은 자신의 내면을 바르고 건전하게 가꾸고 타인·공동체·자연과 더불어 살아가는 데 필요한 인간다운 성품과 역량을 기르는 것이다. 이 목적이 실현되기 위해선 도덕적·윤리적 개념과 규제, 절제를 강요하는 지식전달형의 훈육적 교육으로는 한계가 있다. 타인과 공동체, 자연과 더불어 살아가는 데 필요한 교육이 되려면 도덕적 규범과 정서적 감정, 사회적 관계, 인지적 판단 능력과 문제해결 능력에 대한 실천 중심의 교육이 이루어져야 한다.

또한 오늘날과 같이 다양하고 경쟁적이고 속도화되고 상호교류가 빈번한 사회 구조 속에서 인간다운 성품과 역량을 기르기 위해선 개인 중심에서 나와 너, 나와 우리, 나와 사회까지, 학교, 가정, 지역사회, 국가까지 연계된 인성교육이 이루어져야 한다. 이러한 교육이 되려면 기존의 전통적·문화적 가치와 규범, 행위도 중요하지만 현대 심리학의 과학적 연구, 검증된 실천 사례도 포함돼야 한다.

그것이 바로 긍정심리학이다. 긍정심리학은 영아부터 노년기에 이르기까지 생애주기 어느 곳에도 적용시킬 수 있는 실천 학문이기 때문이다. 긍정심리학의 목표는 힐링과 행복, 웰빙 모두를 포함시킨 최상의 상태에 도달하고자 하는 플로리시다. 플로리시를 위한 5가지 요소인 긍정정서, 몰입, 의미, 관계, 성취와 이들 모두의 기반이 되는 성격(인성)강점에는 인성교육이 요구하는 도덕적(성격강점), 정서적(긍정정서), 사회적(관계), 인지적(지혜와 판단 능력) 개념과 이들을 실천할 수 있는 과학적으로 검증된 행복 연습도구가 들어 있다. 이 도구는 규제와 절제를 강요하는 지식전달형의 훈육적 방법이 아닌 자율적 참여와 흥미를 유발시킬 수 있는 방법이다.

## 긍정심리학의 인성교육 모델

긍정심리학의 인성교육 모델은 '행복이 인성을 키운다'는 주제 아래 4단계로 구성돼 있다. 1단계는 행복의 토양을 구축해주는 것이다. 긍정심리학의 행복은 4가지 특성이 있다. 첫째, 즐거움, 쾌락, 희열, 자부심, 희망 같은 정서적 기쁨이다. 둘째, 삶의 과정 속에서의 중요한 것들, 즉 일, 사랑, 자녀 양육, 여가활동에서 느끼는 인지적 만족이다. 셋째, 지나온 삶에 대한 도덕적인 참된 삶의 모습이다. 넷째, 어려운 역경을 겪었을 때 극복하는 힘인 회복력이다. 이러한 행복의 특징들은 긍정심리학의 팔마스를 실천함으로써 지속적으로 유발되고 확장된다. 내면을 바르고 건전하게 가꾸기 위해선 내면을 행복의 토양으로 구축하는 것이 중요하다. 내면의 토양이 제대로 가꾸어지지 않으면 아무리 우수한 프로그램과 훌륭한 교사나 강사가 교육시킨다고 해도 기대한 효과를 얻기 힘들다. 억지로 시켜 효과가 있더라도 일시적이다.

아직도 대부분 인성교육이 덕목 중심으로 이루어지고 있다. 토양을 먼저 가꾸고 그 위에 덕목을 키워야 지속적으로 인성을 함양시킬 수 있고 인성교육의 목표를 이룰 수 있다. 토양이 가꾸어지지 않은 상태에선 인성의 덕목이 제대로 뿌리 내리고 자랄 수 없기 때문이다. 그래서 행복은 인성의 다른 이름이라고 한다. 행복하면 인성이 길러지기 때문이다.

2단계는 인성강점을 찾아주는 것이다. 누구나 자신만의 인성 특성이 있다. 이것이 인성강점이다. 판단력, 정직, 끈기, 친절, 사랑, 겸손, 공정성, 협동심, 회복력, 감사 등 25가지 인성강점 중 어떤 강점이 자신의 인성을 가장 잘 나타내는지 찾는 것이다. 인성지수 검사를 통해 확인된 상위 7개 인성강점이 자신의 인성 특성을 가장 잘 나타내주는 강점이고, 하위 5개 강점이 자신의 특성을 가장 나타내지 않는 강점이다.

3단계는 인성강점을 키워주는 것이다. 상위 강점뿐만 아니라 25가지 강점 모두 키울 수 있는 10가지 방법이 있다. 이 방법들을 통해 상위 강점을 중심으로 필요한 강점을 키워나가는 것이다. 긍정심리학의 인성강점은 연습과 훈련을 통해 키울 수 있기 때문이다.

마지막 4단계는 인성강점을 학교, 가정, 직장, 사회에서 적용해 실천하게 하는 것이다. 인성강점을 어디에 어떻게 적용시킬 것인지 계획을 세우고, 인성적으로 경험한 중요한 일에서 자신의 상위 강점 중 어떤 강점을 발휘했는지 이야기하고, 매일 또는 일주일에 한두 가지 강점을 적용하고, 인성 강점 일기를 쓰게 하는 것이다.

긍정심리학의 인성강점은 인성교육진흥법의 인성교육 목표와 인성덕목을 선정하는 데 도덕심리학과 함께 핵심적인 이론의 바탕이 됐다.

우리나라 인성교육의 기틀을 마련한 정창우 서울대 교수는 "긍정심리학의 인성강점은 고전적인 지혜, 정의, 절제를 덕목에 포함시키면서도 현대 인성교육과 배려, 윤리적인 인간적 성격과 심리학 특유의 감성지능(EQ), 사회지능(SQ) 등의 개념까지 아우르고 있다"고 극찬했다.

나는 2015년, 2016년 2년 연속 국회 인성포럼에 참가해 긍정심리학의 인성 교육에 대한 논문도 기고하고 발표도 하고 토론도 하면서 교육 현장 전문가들의 많은 호평을 받았다. 이렇게 긍정심리학의 긍정정서, 인성(성격)강점 등이 인성교육과 행복교육에 중요한 역할을 함에도 정치적·제도적·환경적으로 활성화되지 못하고 있는 것 같아 안타깝다.

## 검증된 인성교육 프로그램

2015년 교육부의 위탁을 받아 한국교원단체총연합회에서 우수 인성교육 프로그램을 공모한 적이 있었다. 나는 2012년부터 강사, 코치, 교사, 학부모, 교육전문가, 상담사 등 다양한 분야의 그룹에 과학적으로 검증된 긍정심리학의 행복, 인성교육 프로그램을 운영해왔기 때문에 확신을 갖고 추진 본부의 안내를 받아 응모 준비를 했다. 처음엔 초등학교와 사회일반(교사, 학부모) 두 분야에 응모하기 위해 준비했으나 한 기관에서 한 분야에만 응모할 수 있다는 규정에 따라 사회일반 분야에 응시를 했다. 인성교육은 학생들보다 교사와 학부모들이 먼저 받아야 된다고 생각했기 때문이다. 한국긍정심리연구소가 응모한 긍정심리학 인성교육 프로그램이 예선을 통과하고 2차 결선까지 올라갔다. 2차는 프레젠테이션도 하고 토론도 함께 진행했다. 나는 공모 프로그램 기획부터, 운영, 프레젠테이션까지 직접 이끌었다. 마지막 프레젠테이션을 마친 후 우리가 응모한 긍정심리학 인성교육 프로그램이 다른 프로그램과 비교했을 때 인증받을 것이라는 확신을 가졌다. 기대 속에 발표날을 기다렸다. 드디어 발표날. 하지만 인증기관과 프로그램에 한국긍정심리연구소와 긍정심리학 인성교육 프로그램은 없었다. 사회일반 분야 자체를 인증하지 않은 것이다. 너무 황당했다. 추진본부 팀장에게 전화를 걸어 왜 사회일반 분야는 인증하지 않았느냐고 항의했다. 팀장은 미안하단 말과 함께 이번엔 경험이라고 생각하고 내년에 다시 한 번 다시 응모하라고 이야기했다.

이번엔 교육부 인성교육 담당자에게 전화해 따져 물었더니 사회일반 분야는 교육부 담당 영역이 아니어서 인증을 안 했다는 것이다. 그럼 왜 공모를 해 예선과 2차 결선까지 심사를 봤느냐고 했더니 한국교원단체총연합회측에서 실수를 했다고 했다. 어이가 없었다. 프로그램은 우수한 프로그램으로 인정받았지만 행정적 문제로 인증받지 못한 것이다. 마음 같아선 행정적 책임을 묻고 싶었지만 씁쓸한 마음으로 마무리를 했다.

지금도 사회 중요한 분야에서 검증되지 않은 인성교육 프로그램이 운영되는 것을 보면 아쉬움이 남는다.

# 20 교육 플로리시

## 왜 긍정심리(행복) 교육인가

"여러분, 아이를 어떻게 키우고 싶으세요?" 학부모들을 대상으로 긍정심리학 강연이나 교육 시간에 내가 자주 던지는 질문이다. 어떤 답이 가장 많이 나올까? "행복하게요!"이다. "아, 그러시군요? 그럼, 지금 아이를 행복하게 키우고 계시나요?" 자신 있게 대답하는 학부모들이 없다. 왜 그럴까? 행복에 대한 잘못된 인식과 선입견을 갖고 있기 때문이다. 행복하라고 하면 공부에 집중 못 하고 경쟁에서 뒤처질까 봐 그렇다. 아직도 행복을 과거의 추상적이고 조건적이며, 감각적이고 감정적인 것으로 생각하고 있기 때문이다. 아이들에게도 행복은 만드는 것이고, 만들 수 있다는 인식의 전환이 필요하다. 학교에서 행복교육도 마찬가지다.

아이들을 위한 행복교육이 되려면 어떻게 해야 할까? 긍정교육과 회복력 훈련이 필요하다. 긍정심리학의 행복 만들기 도구는 재미가 있다. 그래서 강요가 아닌 아이들 스스로 좋아서 참여한다. 현재 우리나라 학교에는 대부분 심리상담사가 배치돼 있다. 하지만 일반 심리상담만으로는 한계가 있다. 미국과 유럽에서는 이미 초·중·고교와 대학, 군대에까지 긍정교육을 실시하고 있다. 영국에서는 유치원부터 시키고 있다. 왜 이렇게 조기에 행복교육을 시킬까? 어릴 때부터 스스로 역경을 극복하는 방법을 배우고 행복을 만들어가는 것이 도움이 되기 때문이다.

우리나라에서도 학교에서의 긍정교육이 필요하다. 현재 우리나라 청소년들의 자살률은 세계 1위이고 행복지수는 꼴찌 수준이다. 어떻게 하면 학생들이 우울하고 고통스러운 상황에서 벗어나 행복한 삶을 살 수 있을까? 그러려면 교육부터 바뀌어야 한다. 지금까지 교육은 사고하는 기술, 성공, 성취, 순응, 읽고 쓰기, 수학, 일, 시험 보기, 규율 등 직장과 사회에서 성공하기 위해 필요한 지식과 기술을 가르치는 데 머물렀다. 100년 넘게 이 같은 교육을 하면서 사회에서 필요한 일을 수행할 수 있는 일꾼은 양성했을지언정 아이들은 행복하지 않았다. 그래서 학교에서도 긍정교육이 필요하다는 것이다.

셀리그만을 중심으로 펜실베이니아대 긍정심리학응용센터 연구팀이 미국 스트래스헤이븐스쿨과 호주 질롱그래머스쿨 등에서 긍정교육과 회복력 교육을 실시했는데 결과는 놀라웠다. 긍정교육은 우울증과 불안증의 해독제 역할을 톡톡히 해냈고 삶의 만족도를 높여주는 데도 크게 기여했다. 이뿐만 아니라 학습 성취도까지 향상시켰다.

긍정교육의 내용은 긍정심리학의 5가지 요소와 성격강점인 팔마스의 연습도구로 구성된다. 부정적 면보다는 긍정적 면을 강조하는 긍정심리학은 긍정교육에도 그대로 이어진다. 대표 강점을 찾고 긍정정서와 긍정관계, 회복력, 감사, 의미, 몰입 등 행복을 만들기 위한 도구를 가르치는 것으로 긍정교육은 진행된다.

긍정교육은 별도로 긍정교육만을 위한 시간을 내지 않고도 얼마든지 할 수 있다. 긍정교육을 선구적으로 실시했던 질롱그래머스쿨 교사들은 학과목 수업, 스포츠 활동, 목회 상담, 음악, 예배 시간에 긍정교육을 적용했다. 예를 들어 영어 교사는 셰익스피어의 『리어왕』을 읽고 토론할 때 소설 자체는 우울한 내용이지만 학생들에게 주인공의 강점과 그 강점들이 어떻게 좋은 면과 어두운 면을 모두 갖고 있는지 확인하도록 한다. 또한 회복력을 이용해 아서 밀러의 『세일즈맨의 죽음』과 프란츠 카프카의 『변신』에 나오는 등장인물의 파국적 사고방식을 설명하기도 한다.

수사학 교사는 말하기 숙제를 '망신을 당한 순간에 대해 발표하라' 같은 부정적 주제를 '타인에게 소중한 사람이었던 순간에 대해 발표하라'로 바꾸었다. 실습 교사는 '감사일기'의 감사한 일을 묻는 것으로 하루를 시작하고, 학생들은 '이번 주의 강점'을 잘 보여준 학생을 지명한다. 음악 교사는 회복력 기술을 이용해 망쳐버린 연주에서 낙관성을 이끌어낸다. 모든 학년의 미술 교사는 아름다움을 감상하는 음미하기를 가르친다.

이처럼 질롱그래머스쿨은 따로 시간을 할애해 독립적으로 긍정교육을 하는 한편 기존 수업에 긍정교육을 적용하는 방식으로도 실시했다. 이 교육을 총괄했던 셀리그만은 긍정교육을 실시한 후 질롱그래머스쿨은 크게 변했다고 말했다. 학생들은 물론 교사들까지 모두 밝고 행복하고 의욕에 넘쳤다. 행복한 학교에 오고 싶어 하는 지원자도 대폭 늘고, 학교의 긍정적 변화를 보고 기부금도 크게 증가했다고 한다.

## 긍정심리(행복)교육이 인성과 성적을 높인다

필라델피아 외곽에 있는 스트래스헤이븐스쿨에서는 14세에서 15세인 9학년 학생, 347명을 언어학 수업 두 집단에 무작위 배정했다. 그리고 한 집단에는 언어학 수업에 긍정심리학 교육과정을 포함시키고 다른 집단에는 포함시키지 않았다. 참여 학생, 학부모, 교사들은 프로그램 시행 전, 시행 직후, 2년 후 각각 표준 설문지를 작성했다. 학생들의 강점, 사회적 기술, 행동 문제, 학교생활을 즐기는 정도를 조사했다. 덧붙여 그들의 성적도 확인했다. 이 종합적인 프로그램의 주요 목표는 첫째, 학생들이 자신의 대표 성격강점을 확인하게 도와주고, 둘째, 일상생활에서 이 강점의 활용을 증가시키는 것이다. 이 목표에 더해 회복력, 긍정정서, 의미, 목적, 긍정관계를 향상시키기 위해 긍정심리학 개입을 시도했다. 교육과정은 80분 수업, 20회 이상으로 9학년 내내 시행됐다. 여기에는 성격강점과 그 밖의 긍정심리학 개념 및 기술 토론, 수업 중 활동 주 1회, 긍정심리학 기술을 자신의 삶에 적용하는 실생활 숙제, 성찰 일기가 포함됐다. 스트래스헤이븐스쿨에서 이 같은 긍정심리학 프로그램을 시행한 후 다음과 같은 결과를 얻었다.

이 프로그램은 호기심, 학구열, 창의성의 3가지 강점을 향상시켰다. 이 결과는 해당 학생이 긍정심리학 집단과 통제 집단 중 어디에 배정됐는지 모르는 교사들의 보고서를 통해 얻은 것이다. 이 프로그램은 또한 학교에서 학생들의 몰입과 즐거움을 증가시켰다. 이 효과는 일반 수업에서 특히 두드러졌다. 긍정심리학 프로그램 참여 학생들은 11학년 내내 일반 언어학 점수와 작문 기술이 향상됐다. 우등반에서는 학점 부풀리기가 만연해 대부분 학생이 A학점을 받기 때문에 점수가 높아질 여지가 거의 없다. 중요한 점은 행복이 교실 학습의 전통적 목표인 학습을 약화시키지 않았다는 것이다. 오히려 강화시켰다.

긍정심리학 프로그램은 사회적 기술, 즉 연민, 협동심, 자기주장, 자기통제를 향상시켰다. 학부모와 교사 양측의 보고서에 기초한 결과다. 학부모들의 보고서에 따르면 나쁜 행동 역시 감소했다. 행복과 인성이 함양된 것이다. 따라서 결론은 이렇다. 모든 교실에서 행복을 가르쳐야 하며 가르칠 수 있다는 것이다. 그렇게 하기 위해선 교사와 학부모들이 먼저 행복을 배워야 한다. 다음은 호주의 질롱그래머스쿨의 사례다.

호주의 질롱그래머스쿨은 1학년부터 12학년까지 있으며 교사가 200명, 학생은 1200명이다. 2008년 셀리그만과 회복력의 대가 레이비치 캐런은 긍정심리학 교육자 15명과 함께 호주로 날아가 2주 동안 질롱그래머스쿨 교사 200명을 훈련시켰다. 훈련 과정에서 그들은 먼저 교사들에게 그들의 삶에서 긍정심리학 기술을 사용하는 법을 가르쳤다. 그다음 다양한 사례를 제시하고 그 기술을 학생들에게 가르치는 법에 관한 교육 과정을 자세히 설명했다. 교사들은 2주 여름휴가를 보수 없이 반납했다.

교사들은 수업시간에 긍정심리학 기술을 적용해 가르쳤다. 교육을 받은 아이들은 어떻게 변했을까? 질롱그래머스쿨의 모든 여섯 살배기처럼 케빈은 교복을 갖춰 입은 1학년 급우들과 함께 하루를 시작한다. 선생님을 쳐다보며 질문이 들릴 때마다 케빈은 손을 번쩍 든다. "여러분, 어제 저녁에 잘됐던 일(감사한 일)이 뭐였어요?" 서로 대답하려 조바심치며 몇몇 1학년생이 짧은 일화를 털어놓는다. "어제 제가 제일 좋아하는 거 먹었어요, 스파게티요." "형하고 체스를 했는데 이겼어요." 케빈이 말한다. "저녁 먹고 나서 누나랑 같이 현관을 청소했어요. 다 하니까 엄마가 저희를 껴안아주었어요."

선생님은 케빈의 말을 잇는다. "잘됐던 일을 이야기하는 게 왜 중요하지요?" 그는 머뭇거리지 않는다. "기분이 좋아지니까요?" "케빈, 더 할 이야기가 있어요?" "네, 있어요. 엄마는 매일 제가 집에 가면 잘됐던 일을 물어보세요. 이야기하면 엄마가 행복해해요. 엄마가 행복하면 모두 다 행복해요."

엘리즈는 양로원에서 이제 막 돌아왔다. 그곳은 그녀와 5학년 학생들이 '제빵학' 프로젝트를 완수한 곳이다. 그 프로젝트에서 요리사인 존 애시튼이 자기 외할머니의 빵 만드는 법을 5학년 학생들에게 가르쳤다. 그런 다음 아이들은 양로원을 방문해 노인들에게 직접 만든 빵을 나눠드렸다.

"맨 먼저 저희는 우수한 영양섭취에 대해 배웠어요." 엘리즈가 말했다. "그러고 나서 건강한 음식을 요리하는 법을 배우고요. 하지만 그것을 먹지 않고 다른 분들께 드렸어요."

"네가 그렇게 오랜 시간을 들여 준비한 음식을 먹지 않는 일이 힘들었지? 냄새가 정말 좋았는데."

"아뇨, 정반대예요." 그녀는 활짝 웃으며 단언했다. "처음에 저는 할아버지들을 무서워했어요. 하지만 제 마음속에서 작은 등불 하나가 켜지는 것 같은 느낌이 들었어요. 그 일을 또 하고 싶어요."

엘리즈의 대표 강점은 호기심, 학구열, 끈기, 친절, 사랑이다. 엘리즈는 자신의 대표 강점을 발휘해 이 프로젝트를 훌륭하게 마쳤으며 더 행복해졌고 인성도 길러졌다. 엘리즈의 절친한 친구가 재빨리 끼어들었다. "다른 사람을 위해 어떤 일을 하는 건 비디오게임을 하는 것보다 기분이 더 좋아요."

## 긍정심리(행복)교육은 일반화 가능성이 높다

2016년 제60회 현장교육연구발표대회에서 대통령상은 긍정심리학의 대표 강점을 기반으로 한 '나너울 강점 찾기 활동'으로 '오방빛 인성 나래 만들기'라는 주제를 연구한 서울율현초등학교 이윤정 교사가 수상했다. 이 연구는 강점 찾기 및 기르기 활동을 통해 학생들의 통합적 인성을 함양하기 위해 수행됐고, 연구 대상은 서울 율현초등학교 5학년 1개 학급 학생 16명이었으며, 연구 기간은 2015년 3월부터 12월까지 10개월간이었다. 연구의 목적을 달성하기 위한 연구 문제는 첫째,

'강점 찾기 및 기르기 활동을 어떻게 전개할 것인가?', 둘째, '강점 찾기 및 기르기 활동은 학생의 통합적 인성함양에 효과가 있는가?'이다. 연구의 문제를 규명하기 위한 실행 목표는 첫째, 강점 이해 활동을 통해 강점의 의미와 특성을 이해하고, 둘째, 강점 인식 활동을 통해 강점을 탐색하고 발견하며, 셋째, 강점 계발 활동을 통해 강점을 활용하고 계발하는 것이었다.

이 연구는 학생들의 자존감과 인성을 길러주는 프로그램으로 평가받았다. 심사위원들은 "강점을 찾아 스스로의 자존감을 높이는 활동이 우수하고 강점을 찾는 방법 또한 구체적으로 제시해 일반화 가능성이 높다"며 "다양한 교과목을 연계해 교육과정 재구성의 모범을 보인 연구"라고 평가했다. 이 연구는 긍정심리학의 대표 강점을 통해 통합적 인성함양뿐만 아니라 진로탐색도 가능하다는 것을 보여주고 있다.

긍정심리학을 주제로 한 현장교육 연구 보고서가 교육계의 노벨상이라 할 수 있는 대통령상을 수상한 것은 고무적인 일이다. 특히 "일반화 가능성이 높다" "교과목을 연계해 교육과정 재구성의 모범을 보인 연구"라는 심사 평가는 앞의 스트래스헤이븐스쿨이나 질롱그래머스쿨의 사례에서도 살펴봤듯 긍정심리학이 모든 학교에서 가르칠 수 있다는 것을 증명한 것이다.

# 21 긍정조직 플로리시

## 긍정심리 기반의 새 긍정조직 이론 속속 탄생

긍정심리학이 급속도로 발전하면서 긍정심리학 이론과 과학을 기반으로 하는 긍정조직 이론이 속속 탄생하고 있다. 긍정탐구(AI·Appreciative Inquiry), 긍정조직학(POS·Positive Organizational Scholarship), 긍정조직행동(POB·Positive Organizational Behavior), 심리자본(PsyCapital·Positive Psychological Capital), 진정 리더십(Authentic Leadership) 등이 지금까지 모습을 드러낸 대표적 긍정조직 이론이다. 데이비드 쿠퍼라이더(David Cooperrider)가 창시한 AI는 조직을 긍정조직으로 키우기 위한 긍정 변화의 방법론으로 조직이 성공의 근본 원인을 알고 조직과 그 과정의 긍정적 잠재력을 발산시켜 긍정 변화를 만들어내도록 돕는 것이다. 그래서 AI는 조직이 좀 더 자원을 갖춘 미래를 상상하고 만들어낼 수 있도록 그 조직 내 감춰진 자원을 분명히 밝히는 데 집중한다. AI는 공감, 탐구, 이야기, 상상력, 긍정정서와 집단 역학관계의 힘을 통해 작용하며 4D 방법론으로는 발견(Discovery), 꿈(Dream), 설계(Design), 실현하기(Destiny)가 있다.

심리자본 이론은 프레드 루선스(Fred Luthans)가 만들었는데 긍정심리학의 확산에 영향을 받아 최근에는 긍정심리자본(Positive PsyCapital)이라고 부르기도 한다. 심리자본은 자기효능감(자신감), 희망, 낙관성, 회복력이다.

긍정조직학과 긍정조직행동은 긍정심리학의 과학에 기초한 긍정적 접근법을 조직행동적 차원으로 확대시킨 것이다. 루선스는 "긍정조직학과 긍정조직행동은 긍정심리학의 개념과 이론에 바탕을 두며 조직 구성원 개개인의 긍정경험 및 특정 관심을 공유한다"고 밝혔다.

긍정조직학은 미시간대 긍정조직학센터의 연구에 의해 제안됐다. 킴 캐머런(Kim Cameron)에 따르면 긍정조직학은 조직과 구성원들에게 나타나는 긍정적 성과물이나 긍정성이 전개되는 과정 및 긍정 특징을 연구하는 학문으로, 단일 이론이 아니며 우수성, 번영, 성장, 풍요, 회복력, 미덕에 초점을 맞춘다고 했다.

긍정조직행동은 네브래스카 갤럽리더십연구소가 모태가 돼 발전하는 학문으로 낙관성 개발에 많은 과학적 근거를 제시하고 있다. 루선스는 2000년대 초반 부정에 편향된 전통적 조직행동 연구의 문제점을 지적하고, 이를 벗어나 조직 구성원의 긍정강점과 역량 같은 긍정조직행동에 대한 개발을 통해 조직성과를 높이고자 하는 긍정조직행동 연구를 제안했다.

긍정조직행동의 4가지 핵심 요소는 심리자본인 자기효능감(자신감), 희망, 낙관성, 회복력이다. 루선스는 "긍정심리학의 과학적 기초는 심리학 분야에서 중요한 성례가 돼 공헌할 뿐만 아니라 심리자본을 형성할 때 긍정정서는 다양한 영역에 적용할 수 있는 선행조건이 된다"고 말했다. 진정 리더십의 핵심 이론도 자기효능감(자신감), 희망, 낙관성, 회복력이다. 이들 요소 모두 긍정심리학의 핵심 요소인 긍정정서에서 다루는 주제다. 이처럼 긍정조직 이론이 발달하는 것은 이제 긍정심리학이 개인의 영역을 넘어 조직으로 빠르게 확산되고 있음을 시사한다. 실제로 긍정심리학 교육을 통해 조직이 변화하는 과정은 놀랍기도 하다.

## 긍정심리 교육 9개월의 결과

긍정심리학자인 프레드릭슨과 로사다는 기업의 긍정정서를 높이면 업무의 효율성이 증가하고 그만큼 조직성과가 향상된다는 사실을 입증했다. 그들은 장기적으로 매년 10% 이상의 손실을 지속적으로 겪고 있는 한 글로벌 광업 기업의 긍정성을 변화 학습 프로그램 모형에 따라 조사했다. 모형은 첫째, 사람들이 얼마나 질문했는지 혹은 변호했는지, 둘째, 사람들이 얼마나 긍정적이었는지 혹은 부정적이었는지, 셋째, 사람들이 얼마나 타인중심적이었는지 혹은 자기중심적이었는지, 넷째, 환경의 변화에 얼마나 저항했는지, 다섯째, 부정적 사건들 때문에 해를 입지 않으려고 얼마나 빨리 반응했는지다. 교육 전 결과는 긍정정서와 부정정서 비율이 1.15 대 1에 불과했다. 거의 1대 1 수준이다. 성공적인 기업의 긍정정서와 부정정서 비율은 2.90 대 1로 이를 '로사다 라인'이라고 한다. 로사다 라인에는 긍정·부정 비율뿐만 아니라 다음과 같은 측정치가 있다. 로사다 라인에 따르면 높은 성과를 이루는 성공적인 기업의 경우 정서 영역이 기본적으로 48.36% 이상이다.

카트맨(Cartman)에 따르면 행복한 결혼생활을 유지하는 부부는 최고의 업무팀과 마찬가지로 정서 영역을 85%까지 확장하며, 반대로 이혼을 선택한 부부는 고작 15%까지 확장하는 데 그친다고 한다. 성과가 높은 기업은 연계성도 25.04를 넘지 않는다. 연계성이란 일종의 팀워크를 측정하는 수치로 전체 팀원 중 동조하지 않거나 반응하지 않는 팀원의 비율을 말한다. 즉 연계성이 25.04라는 것은 전체 팀원이 20명일 때 나머지 팀원과 단절된 사람이 5명을 넘지 않는다는 의미다.

마지막으로 수익성은 팀으로 일했을 때 개별적으로 일했을 때보다 프로세스 이익이 얼마나 향상되는지를 보여주는 수치다. 적어도 수익성이 14.56% 이상이어야 성공적인 기업이라 할 수 있다. 오랜 기간 적자에 시달리는 광업 기업의 수치는 성공적인 기업에 비해 상당히 낮았다. 이들은 기업 관리자를 대상으로 긍정심리교육을 실시했다. 9개월에 걸쳐 긍정적 피드백과 긍정관계를 통한 긍정정서의 중요성을 강조하는 교육을 집중적으로 한 후 다시 측정한 수치는 놀라웠다. 긍정심리교육 이후 4개 팀의 프로세스 이익은 평균 42.15% 증가했고, 정서 영역은 교육 전 평균 19.05%에서 59.29%까지 확장됐다. 연계성 수준도 39.19%에서 19.71%로 거의 절반 수준으로 감소했다. 긍정·부정정서 비율도 평균 1.15에서 3.56으로 크게 증가했다.

이 같은 결과가 나타나자 처음에는 긍정심리 교육에 대해 회의적이었던 최고경영자(CEO)도 조직에 주목할 만한 변화가 일어났음을 인정했다. "여러분은 그동안 우리를 구속하던 매듭을 풀었다. 서로를 바라보는 우리의 시각은 예전에 비해 달라졌다. 서로에 대한 신뢰가 더욱 돈독해졌고, 상대방을 불쾌하게 만들지 않고 의견을 제시하는 법을 배웠다. 자신의 성공은 물론 다른 사람들의 성공에 관심을 기울인다. 무엇보다 우리는 명백한 결과를 얻었다. 인생에는 몇 가지 지표가 있다. 이 변화 학습 훈련이 그 가운데 하나였다."

## 긍정심리의 긍정정서와 성격강점은 조직성과에 영향을 미친다

나는 우리나라에서 처음으로 긍정심리학의 주요 요소가 조직성과에 미치는 영향에 대해 박사학위 논문을 썼다. 경영학 박사학위 논문의 주제를 긍정심리학으로 쓰는 것이 쉽지 않았지만 경영은 사람이 하는 것이고, 사람이 행복해야 조직성과를 높이며, 그 행복을 만들어주는 것은 긍정심리학이라는 확신을 갖고 설득해 천신만고 끝에 2013년 학위를 받았다. 제목은 '긍정심리의 긍정정서와 성격강점이 조직성과에 미치는 영향'이다.

긍정심리학의 요소 중 긍정정서와 성격강점을 독립변수로 채택하고 조직시민행동을 중재변수로, 조직몰입과 직무만족을 조직성과에 영향을 미치는 종속변수로 채택했다. 개인의 긍정심리가 조직 발전을 위한 행위 의도에 어떤 영향을 미치며, 이런 결과는 긍정심리가 조직성과 증진에 영향을 미칠 뿐만 아니라 행위 의도를 통해서도 조직성과 증진을 위한 조직몰입도와 직무만족도가 향상될 것이라 기대한 것이다. 분석을 통해 다음과 같은 결과를 확인했다.

긍정정서는 조직몰입, 직무만족 및 조직시민행동에 각각 긍정적 영향이 있는 것으로 확인됐다. 또한 성격강점도 조직몰입, 직무만족 및 조직시민행동에 대해 각각 긍정적 영향을 미치는 것으로 확인됐다. 이 연구 결과가 시사하는 바는 이 연구는 국내 최초로 긍정심리학의 주요 변수인 긍정정서와 성격강점이 개인 차원을 넘어 조직의 조직성과 증진을 위한 주요 변수인 조직시민행동과 조직몰입, 직무만족에 어떤 영향을 미치는가를 검증했다는 것이다. 그 결과 긍정심리학에서 제시된 긍정정서와 성격강점은 모두 조직성과 향상에 기여하는 변수들인 조직몰입, 직무만족 및 조직시민행동을 증진시킬 수 있는 중요한 요소임을 확인할 수 있었다.

# 긍정심리 조직문화 플로리시

## 긍정심리 조직문화를 만들어주는 팔마스

긍정심리 조직이란 무엇일까? 구성원들이 행복하고 동시에 탁월한 조직성과를 내는 조직일 것이다. 가능할까? 가능하다면 그 비결은 무엇일까? 사라 루이스의 의욕 넘치는 『긍정심리 조직 만들기』를 참고해 알아보도록 하자. 일반적으로 가장 바람직한 조직은 탁월한 성과를 내는 조직이라고 정의할 수 있을 것이다. 다시 말하면 일반적인 수준을 훌쩍 뛰어넘을 정도로 성과를 달성한 곳이다. 이런 조직은 사람들이 겨우 살아남거나 또는 억지로 붙어 있거나 시간만 때우려고 앉아 있는 조직과는 완전히 다르다.

기텔, 캐머런, 림은 조직의 구조조정을 하면서 놀라우리만큼 급속한 회복을 보이거나 또는 부정적 결과를 완전히 이겨낸 조직들을 연구해보았다. 이 비범한 조직들은 질적인 면에서 경쟁 기업들과는 다른 방식으로 행동한다는 것을 발견했다. 특히 사회자본 구축, 금융자본 저축, 조직의 회복력, 긍정정서의 선순환, 조직의 선의지 창출 같은 습관적인 행동 덕에 그 비범한 조직들에 그런 현상이 발생했다는 것이다. 이미 긍정심리 조직문화가 구축돼 있기 때문이다.

이러한 긍정조직 문화를 어떻게 만들 수 있을까? 긍정심리 조직문화를 만들기 위해 앞에서 이야기한 긍정의 진화 과정과 긍정심리학의 팔마스를 다시 알아보자. 긍정의 1단계는 긍정적 사고, 2단계는 긍정 마인드, 3단계는 긍정심리로 진화했다. 이 긍정의 진화는 사회, 경제, 정치, 교육, 문화 등 다양한 분야에 큰 영향을 주고 있다. 조직도 예외는 아니다. 오늘날 조직은 변화와 창조, 생존과 경쟁을 위해 다양한 주제의 긍정교육을 실시하고 있다. 어떤 조직이든 탁월한 성과를 통해 지속적으로 성장하는, 즉 플로리시하는 조직을 원하기 때문이다. 하지만 대부분 교육은 기대에 미치지 못한다. 왜 그럴까? 아직도 교육이 긍정적 사고와 긍정 마인드를 뛰어넘어 긍정심리에 이르지 못하기 때문이다. 플로리시한 조직을 위해선 긍정에 대한 인식이 바뀌어야 한다.

긍정심리 조직을 만들어주는 요소는 긍정심리학의 팔마스다. 이 팔마스는 일시적이고 개인적 사고인 긍정적 사고나 마음가짐의 의지인 긍정 마인드가 아니다. 철저하고 엄격한 과학적 실험과 실천적 검증을 통해 과학적으로 긍정심리를 체계화시킨 것이다. 그렇기 때문에 팔마스는 신뢰할 수 있고 일관성이 있으며 지속성이 있다. 한 번 구축해놓으면 언제라도 자신이 필요할 때 사용할 수 있다는 것이다.

P 긍정정서(Positive Emotion): 행복, 창의성, 수용성, 문제해결 능력, 회복력

E 몰입(관여)(Engagement): 몰입, 충성심, 활력, 만족

R 관계(Relationship): 신뢰, 소통, 배려, 협업, 사랑

M 의미와 목적(Meaning and Purpose): 일의 의미, 일의 가치, 목적의식

A 성취(Accomplishment): 목표설정, 그릿(집념), 성취하기

S 강점(Strengths): 미덕행동, 잠재력 계발, 역량 강화, 인성함양, 미래의 낙관성

오늘날 조직은 조직성과에 대해 "그만하면 됐어"가 아닌 더 치열한 경쟁과 더 높은 성과를 원한다. 하지만 조직이 처한 환경에는 많은 불확실성이 존재한다. 이러한 상황에서 어떻게 더 높은 성과를 낼 수 있을까? 그것이 바로 긍정심리 조직으로의 전환이다.

긍정심리 팔마스에는 플로리시를 만들어주는 연습도구들이 있다. 이 도구들은 언제나 의욕 넘치고 발전적이며 품격 있는 조직으로 만들어준다. 더 중요한 것은 긍정심리학은 자신이 좋아서 자발적으로 선택하고 참여한다는 것이다.

## 긍정심리 조직문화를 만들어주는 3가지 키워드

캐머런은 긍정심리 조직문화를 만들기 위해 긍정일탈, 미덕행동, 긍정편향 3가지를 다음과 같이 제시한다.

**첫째, 긍정일탈이다.** 긍정일탈을 하는 조직은 플로리시하고, 자비로우며, 너그럽고, 사람들과 그들의 공헌을 치하하는 조직이다. 그런 조직은 조직에 선하고 긍정적인 것을 풍성하게 만들어내는 데 힘을 기울인다. 이와는 대조적으로 대부분 조직은 풍성함의 다리를 우선적으로 만들기보다 특정 상황을 방지하는 것과 손실의 갭을 최대한 줄이는 것에 힘을 쏟는다. 이러한 차이는 피부로 못 느낄 만큼 미미하지만 사실은 매우 중요하다. 모든 조직은 탁월성을 원한다. 그러나 중요한 문제는 탁월해지기 위해 어떻게 해야 하는가 하는 것이다. 일탈 중심의 조직은 오류를 없애거나 비효율성을 해결 또는 방지함으로써 일관성을 유지하는 데 집중한다. 그런 조직들은 최소의 기준을 유지하며, 문제를 무시하지 않으면서도 탁월성과 놀라운 성과를 목표로 성장하는 것에 집중한다. 그런 조직들은 또한 기준을 초과달성하는 것을 타깃으로 삼는다.

**둘째, 미덕행동이다.** 미덕행동이란 다른 사람들에게 긍정적 영향을 주는 것이며, 자신에게 돌아오는 것이 있건 없건 또는 상호 유익이 있건 없건 실천하는 것이다. 그것은 미덕행동이 가진 본질적인 특징이다. 미덕행동이란 낯선 사람이라도 어려움에 처한 것을 보면 돕는 것이고, 자신에게 잘못한 사람을 용서하는 것이며, 자신에게 아무런 이익이 없어도 지혜로운 상담을 해주는 것이다. 연구를 진행할수록 다른 사람들에게 이런 식으로 행동하는 것이 얼마나 좋은 것인지 드러났다. 너그러운 마음을 가져라. 너그럽게 용서를 베푸는 능력은 폭넓고 풍성한 인간관계, 권한위임을 해주려는 강한 의식, 건강, 질병으로부터의 빠른 회복, 우울감이나 염려 저하와 관련이 있다. 연민을 느끼는 마음을 가지면 희망과 긍정이 커지며 고결한 행동도 이와 비슷한 유익을 가져온다.

풍요의 틈 사이에 다리를 놓는 데 필요한 핵심 요소는 서로 돕고, 너그럽게 대하며, 정보를 나누고, 실수를 용서하는 것 등 미덕행동이 많이 일어나는 조직에서 흔히 볼 수 있는 것들이다. 강점을 바탕으로 조직 차원에서의 미덕이 개인의 미덕도 함양해줄 수 있다.

캐머런은 조직 내에서 구성원들이 느끼는 미덕(신뢰, 낙관, 배려, 고결, 용서)의 정도가 조직 내에서 구성원들이 느끼는 성과(혁신, 품질, 총매출, 고객유지율)와 서로 연관이 있다는 것을 발견했다. 그 밖에 조직이 내부적으로 느끼는 성과는 이윤의 폭 같은 조직성과의 객관적 측정치와도 관련이 있다. 이것은 조직의 미덕과 조직성과가 긍정적으로 서로 관계가 있다는 것을 잘 보여준다. 최근에 금융서비스 부문을 대상으로 조사해본 결과 여섯 번에 걸친 금융성과 측정에서 변화량의 45%는 긍정적 행동 때문인 것으로 나타났다. 이것은 미덕행동과 비즈니스의 성공 간 긴밀한 관계가 있다는 것을 다시 한 번 입증한 것이다.

특히 조직의 미덕행동은 3가지의 긍정적 결과와 관련이 있었다. 조직의 미덕은 긍정정서를 생성했고, 사람들을 서로 돕도록 했으며, 사회자본을 창출해냈다. 그리고 결과적으로 거기에는 미덕과 긍정 중심에서 성과 중심으로 전환되게 하는 2가지 핵심 과정이 있는 것으로 나타났다. 이 두 핵심 과정은 그룹들 간 긍정정서의 순환 생성과 조직 내 사회자본의 생성과 구축이었다.

**셋째, 긍정편향이다.** 긍정편향을 갖는다는 것은 최악의 것이 아니라 최고의 것에 관심을 집중하는 것을 의미한다. 긍정편향을 가진 조직은 위협, 문제, 취약점보다 강점, 역량, 가능성을 강조한다. 캐머런은 리더십, 관계, 의사소통, 가치, 에너지, 조직정서 등 조직생활의 모든 면에 편향성이 반영될 수 있다고 한다. 긍정편향이란 부정 사건을 무시하거나 배제하는 것이 아니다. 긍정심리학은 부정 사건과 부정정서가 인생경험이라는 면에서 인간에게 중요하다는 사실을 인정한다. 오히려 긍정심리학은 조직을 융통성 없이 단순하게 반응하게 만드는 전형적 형태의 위협에 굴하지 않고 부정 사건을 흡수해 융화시키는 방법을 추구한다. 예를 들면 오래전 정 모 팀장이 주거지역에서 사회복지사로 일했을 때처럼 트라우마적인 사건이 발생하면 전형적인 형태의 융통성 없는 단순한 반응이 놀라우리만큼 빨리 일어날 수 있다.

정 팀장이 비번이던 어느 날 저녁 정 팀장이 근무하던 청소년 담당 부서는 최악의 밤을 보냈다. 사람들은 폭동이라고들 했다. 전하는 바에 따르면, 누군가가 가구를 들어올려 위협했다고 했다. 다음 날 아침 출근한 정 팀장은 문제가 심각하다는 사실을 알았다. 휴게실 가구가 웬일인지 바닥에 모두 고정돼 있었던 것이다. 이는 부정 사건에 대해 사람들이 전형적으로 보이는 지나치게 단순화하는 태도와 융통성 없는 반응이다. 부정정서에 직면하면 사람들의 행동 선택권이 아주 좁아진다는 사실을 우리는 알고 있다. 복잡한 생각을 처리하는 능력이 현저히 떨어지는 것이다. 전날 밤의 사건으로 충격을 받고 겁을 먹은 사람들에게는 가구를 바닥에 고정시키는 것만이 올바른 반응인 듯했다. 조직을 긍정심리 문화로 변화시키기 위해선 직접적으로 영향을 받은 직원과 그 직원의 부정정서에 휩쓸린 사람들로 하여금 부정정서에 내몰린 단기적인 반응이 어째서 문제를 더 악화시키는지, 그리고 그것을 처리하는 다른 효과적인 방법이 있다는 사실을 알게 하는 데 많은 노력이 필요하다.

### 긍정심리 조직문화를 만드는 10계명

1. 기분 좋은 조직을 만들어라.
2. 모든 사람이 강점을 발휘하게 하라.
3. 사람을 뽑을 때는 태도를 보라.
4. 긍정일탈을 격려하라.
5. 사회적 자본을 쌓아라.
6. 공감대를 형성하라.
7. 믿을 만한 리더가 돼라.
8. 변화를 위한 조건을 조성하라.
9. 보상이 풍부한 환경을 만들어라.
10. 감사하라.

## 23 긍정심리 치료 플로리시

### 65% 장벽을 넘자

20세기 치료자가 하는 일은 부정정서를 최소화하는 것이었다. 사람들을 덜 불안하고 덜 분노하고 덜 우울하게 해주는 약물이나 심리학적 의료 개입을 제공한 것이다. 지금도 치료자의 일은 불안, 분노, 슬픔을 최소화하는 것이다.

하지만 셀리그만은 그 어떤 약품이나 치료도 65% 벽을 넘지 못한다고 했다. 지금까지 대부분 약품과 심리치료가 그저 경감제일 뿐이며 그것이 할 수 있는 최선의 치료는 65% 고통 완화에 다가가는 것이라고 주장했다. 셀리그만은 65% 이상 호전될 한 가지 방법은 환자에게 질병을 다루는 법을 가르치는 것이라고 했다. 그리고 더 중요한 점은 긍정 심리치료 개입이 65% 장벽을 돌파하고 표면적인 증세 완화를 뛰어넘어 치료에 이르게 해줄 수 있다는 것이다. 우리의 심리체계는 원래의 상태로 복귀하려는 성향이 있기 때문이다.

셀리그만은 긍정심리학 연구를 통해 긍정심리학의 도구를 연습하는 것을 체계화시켰다. 그가 연구한 내용은 다음과 같다. 첫째, 긍정심리학을 통해 많은 학생이 심리질환(스트레스, 무기력, 우울증 등)에 대처할 수 있게 됐고, 미래에 대해 낙관적인 의지를 가지게 됐다. 둘째, 긍정심리학을 통해 학생들의 학업 성적과 사회활동, 일반인의 업무수행 능력에도 많은 영향을 받았다. 셋째, 긍정심리학을 통해 희망과 창의성, 자발성, 수용력이 증가됐다. 넷째, 긍정심리학을 통해 분노, 화, 불안 등 부정정서를 감소시켰다. 다섯째, 정직도와 일반적인 예견력이 증가했으며 역경을 극복하는 회복력이 높아졌다. 긍정심리학을 배움으로써 어른들과 아이들 모두 '우울'과 '화'의 상태를 막고 앞으로 일어날 수 있는 사고를 감소시키는 효과가 있다는 것을 밝혀냈다.

셀리그만은 "이웃 젊은이들의 약물 복용이나 우울감, 무기력을 줄일 수 있도록 도와주고 싶다면 그들에게 긍정심리학을 가르쳐줄 필요가 있다"고 말했다. 긍정심리학은 10대의 심리를 강화시킴으로써 최근 인터넷 등 미디어로 인한 피해와 약물 복용으로 인한 위험을 감소시키는 데 기여할 수 있다. 그들이 긍정심리학 교육을 통해 이미 자신이 가지고 있는 것을 소중히 여기게 해주고 강점을 찾아주기 때문이다. 이것의 핵심은 긍정적인 것에 초점을 맞추고 보다 나은 상태를 추구하는 것이다.

효과가 없는 긍정심리란 없다. 이는 개인의 삶과 조직과 모두에 적용되는 것이다. 이렇게 함으로써 심리적·신체적 면역체계를 강화시킬 수 있다. 면역체계를 강화시킨다는 것은 우리가 전혀 아파하지 않는다는 것이 아니다. 때론 아픈 경험을 할지라도 그 상태에서 보다 신속하게 회복될 수 있는 훈련이다. 긍정심리학 훈련은 낙관성, 희망, 대인관계, 자기정체성, 자신감, 회복력을 강화시키는 것이기 때문이다. 셀리그만은 "긍정심리학은 가장 나쁜 상태를 복구하는 것에 불과했던 것을 가장 최고의 삶을 구축하게 하는 방향으로 변화를 촉진시키는 것이다"고 말했다.

현대인의 우울증은 상당히 심각하다. 최근 미국에서는 우울증이 1960년대보다 10배나 증가했고, 우울증 초발 연령도 30세에서 15세 이하로 낮아졌다. 대학생들도 40%가 우울증이 심해 자신이 갖고 있는 능력을 제대로 발휘하지 못하고 있다고 대답했다.

우리나라는 더 심각하다. 2012년 보건복지부 발표에 따르면 우리나라의 우울증 환자는 270만 명에 달한다고 한다. 10년 새 67%나 증가한 수치다. 정신질환자는 더욱 많아 530만 명에 육박하고, 100명당 3.7명이 자살을 생각했다고 한다.

우울증과 함께 분노도 많아졌다. 현대 사회는 분노의 사회라 해도 과언이 아닐 정도로 분노를 참지 못하고 폭력과 살인을 서슴지 않는 사람이 날로 증가하는 추세다. 이런 심리적 문제를 해결하고 사람들이 행복한 삶을 살 수 있도록 도와주는 것이 긍정심리학이다. 긍정심리학은 단순히 심리적 불안감을 해소하고 안정을 찾는 것을 넘어 인간의 도덕성과 미덕, 행복을 실천하는 과학적인 도구를 갖추고 행복을 만들 수 있도록 돕는다. 그 효과 또한 매우 뛰어나다는 것이 입증되면서 세계적으로 각광받고 있는 것이다.

# 낙관적인 사람이 병에 덜 걸리는 이유

셀리그만은 낙관성은 사람들을 심장혈관질환에 덜 취약하게 만들고, 비관성은 더 취약하게 만든다고 했다. 어떻게 그럴 수 있는 것일까? 셀리그만의 3가지 범주를 알아보자.

### 1. 낙관적인 사람은 행동을 취하고 더 건강한 라이프스타일을 갖고 있다.

낙관적인 사람은 자신의 행동이 중요하다고 믿는 반면, 비관적인 사람은 자신은 무기력하고 자신의 어떤 행동도 중요하지 않다고 믿는다. 낙관적인 사람은 시도하는 데 반해, 비관적인 사람은 수동적인 무기력 상태에 빠진다. 그러므로 낙관적인 사람은 의학적 조언에 따라 기꺼이 행동한다. 1964년 흡연과 건강에 관한 미국 공중위생국의 보고서가 발표됐을 때 조지 베일런트가 발견한 것이 바로 그것이다. 금연한 사람은 비관적인 사람이 아닌 낙관적인 사람이었던 것이다. 낙관적인 사람은 자신을 더 잘 보살핀다는 것이다.

낙관적인 사람은 의학적 조언에 기꺼이 따를 뿐 아니라 미리 조치해 부정적 사건을 피하는 반면, 비관적인 사람은 수동적이다. 즉 토네이도 경보가 발효될 때 비관적인 사람보다 낙관적인 사람이 위험을 피하고자 토네이도 대피소로 달려갈 가능성이 더 높다. 비관적인 사람은 토네이도가 신의 뜻이라고 믿는다. 부정적 사건을 많이 겪을수록 병에 더 자주 걸린다.

## 2. 사회적 지지

친구가 더 많고 삶에 사랑이 더 풍부할수록 병에 덜 걸린다. 베일런트는 새벽 3시에 거리낌 없이 전화해 자신의 고민을 털어놓을 수 있는 한 사람을 갖고 있는 이들이 더 건강하고 행복하다는 것을 발견했다. 존 카치오포는 외로운 사람은 사교적인 사람보다 건강이 현저히 더 나쁘다는 것을 발견했다. 한 실험에서 피험자들은 낯선 사람에게 전화해 주어진 원고를 우울한 목소리 또는 명랑한 목소리로 읽었다. 낯선 사람은 낙관적인 사람보다 비관적인 사람이 전화를 더 빨리 끊었다. 행복한 사람의 인적 네트워크는 불행한 사람의 것보다 더욱 광범위하고, 나이가 들면서 친교 범위와 친밀도가 신체 건강과 정신 건강에 기여한다. 불행은 친구를 동반하지만, 친구는 불행을 동반하지 않는다. 비관성에서 비롯된 고독은 질병으로 이어진다.

## 3. 생물학적 메커니즘

낙관성 효과를 가능케 하는 것은 다양한 생물학적 경로가 존재한다. 그 하나가 면역 체계다. 1991년 셀리그만은 주디 로딘(Judy Rodin), 레슬리 케이먼(Leslie Kamen), 찰스 드와이어(Charles Dwyer)와 함께 낙관적인 노인과 비관적인 노인들의 혈액을 채취해 면역 반응을 테스트했다. 낙관적인 사람의 혈액은 비관적인 사람의 혈액보다 위협에 더욱 공격적으로 반응했다. 다시 말해 침입한 이물질과 싸우는 백혈구 세포인 T 림프구(T Lymphocyte)가 더 많이 증식했다. 우리는 우울증과 건강 수준은 혼입 변수로 여겨 배제했다.

또 다른 메커니즘은 통속적인 유전학이다. 즉 행복하고 낙관적인 사람은 심장혈관질환이나 암을 물리치는 유전자를 갖고 있을지도 모른다.

또 하나의 생물학적 경로는 반복적인 스트레스에 대한 순환계의 병적인 반응이다. 비관적인 사람은 대응을 포기하고 스트레스를 더 많이 겪는 반면, 낙관적인 사람은 스트레스에 더 잘 대응한다. 반복적인 스트레스는 스트레스 호르몬인 코르티솔을 분비하며 동맥경화증을 촉진하고 혈관벽을 손상시키거나 기존 손상을 악화시키는 등 다양한 순환계 반응을 활성화시킨다. 이러한 반응은 당사자가 무기력할 때 특히 활발하다.

코헨은 불행한 사람들은 염증 유발 물질인 인터류킨-6를 더 많이 분비하고 그로 인해 감기 환자가 더 많다는 것을 발견했다. 반복적인 스트레스와 무기력은 일련의 과정을 촉발해 코르티솔 수준을 높이고 카테콜아민(Catecholamines)류의 신경전달물질(아드레날린, 노르아드레날린, 도파민)의 수준을 낮춤으로써 염증을 오래 지속시킨다. 심각한 염증은 동맥경화의 원인이다. 지배감 수준이 낮고 우울증 수준이 높은 여성들은 대동맥경화증이 더 심하다는 것이 확인됐다.

간의 피브리노겐(Fibrinogen) 과다 생산 역시 또 하나의 유력한 메커니즘이다. 피브리노겐은 혈액 응고에 사용되는 단백질이다. 피브리노겐이 많이 생산되면 혈액이 많이 응고돼 걸쭉해진다. 스트레스에 직면할 때 긍정정서 수준이 낮은 사람은 그 수준이 높은 사람보다 피브리노겐을 더 많이 생산한다.

셀리그만의 결론은 이렇다. "낙관성은 건강한 심장혈관과, 비관성은 병약한 심장혈관과 밀접한 관계가 있다. 긍정정서는 감기 및 독감 예방과 관계가 있고, 부정정서는 감기 및 독감에 대한 취약성과 관계가 있다. 매우 낙관적인 사람은 암에 걸릴 위험이 더 낮은 것 같다. 심리적 웰빙 수준이 높은 건강한 사람은 어떤 원인으로든 사망할 위험이 더 적다."

실제로 낙관적인 사람이 더 오래 산다. 미네소타 로체스터에 있는 메이요클리닉에 근무하는 심리학자들은 40년 동안 진료를 받아온 환자 839명을 대상으로 '낙관성으로 인간의 수명을 예측할 수 있는지'에 대해 연구했다. 이 환자들 중 2000년까지 200명이 사망했는데, 그들의 예상 수명을 기준으로 볼 때 낙관적인 사람이 비관적인 사람보다 19% 더 오래 산 것으로 나타났다. 셀리그만은 낙관적인 사람이 비관적인 사람보다 평균 7년을 더 산다고 했다.

## 긍정심리 치료

긍정심리학이 현대인을 괴롭히는 우울증을 치료하는 데 탁월한 효과가 있을 뿐만 아니라 면역력을 강화시켜 질병을 예방하고 치료하는 데 큰 도움이 된다는 것은 이미 여러 연구 결과를 통해 입증됐다. 셀리그만과 테이얍 라시드(Tayyab Rashid)는 펜실베이니아대 심리상담센터를 찾은 우울증 및 심리장애를 가진 내담자를 위해 14회기의 긍정심리치료법(PPT)을 개발했다. 긍정심리학을 바탕으로 개발한 이 치료법은 기존의 심리 치료법이나 항우울제보다 훨씬 효과적으로 우울 증상을 완화시켰다.

긍정심리 치료의 효과를 검증하기 위해 환자를 크게 세 부류로 나누었다. 중증 우울증을 앓고 있는 환자들을 대상으로 긍정심리 치료 그룹, 기존의 개인 심리 치료 그룹, 개인 심리 치료와 항우울제를 병행하는 그룹으로 나눈 후 효과를 비교해보았다.

긍정심리 치료의 효과는 압도적이었다. 기존 개인 심리 치료를 받은 그룹의 경우 20%의 환자가 우울 증세가 호전됐고, 개인 심리 치료와 항우울제를 병행한 그룹의 경우 8%의 환자만이 우울증이 호전된 것으로 나타났다. 반면 긍정심리 치료를 받은 그룹은 무려 55%가 호전됐다. 긍정심리 치료는 긍정심리학의 요소 안에 있는 행복을 만드는 연습도구를 사용한다. 이 행복 연습도구는 재미가 있다. 그리고 한번 터득하고 나면 자기강화적이다. 스스로 만들어간다는 것이다.

긍정심리 치료는 14회기를 모두 하지 않았을 때조차 효과가 있다. 2005년 『타임』지에서 긍정심리학을 커버스토리로 다루었을 때 셀리그만은 성격 검사 요청이 쇄도할 것을 대비해 우울증과 행복 검사를 한 후 한 가지 연습을 무료로 제공하는 웹 사이트를 개설했다.

한 가지 연습은 바로 '감사일기(Blessing Journal)를 쓰는 일'이었다. 수천 명이 접속했는데, 그중에는 심각한 우울증 환자가 50명 있었다. 이들의 평균 우울증 점수는 34점이었다. 34점이면 '극단적' 우울증 범주에 속하는데, 그런 중증 우울증 환자들이 일주일 동안 사이트에 접속해 감사한 일 3가지와 왜 감사한지 그 이유를 매일 적었다. 불과 일주일간의 긍정심리학 연습 효과는 즉각적으로 나타났다. 그들의 평균 우울증 점수는 34점에서 17점으로, 즉 극단적 우울증에서 경미한 우울증으로 크게 내려갔고 행복 백분위 점수는 15점에서 50점으로 올라갔다. 간단한 긍정심리 치료만으로도 50명 중 47명이 덜 우울하고 더 행복해진 것이다.

### 긍정심리 치료 프로그램(14회기)

**회기 1** 긍정자원, 즉 팔마(긍정정서, 성격강점, 의미, 관계, 성취) 부족 혹은 결여는 우울증을 유발하고 삶을 공허하게 만들 수 있다. 팔마에 대해 이야기하고 팔마 검사를 한다.

**숙제** 고객은 300단어 정도로 1페이지 분량의 '긍정 자기소개서'를 작성한다. 가장 좋은 상태의 자기 자신과 자신의 성격강점을 어떻게 활용했는지 구체적으로 묘사한다.

**회기 2** 고객은 긍정 자기소개서를 보며 자신의 성격강점을 확인하고 그것들이 예전에 자신에게 도움이 됐던 상황을 이야기한다.

**숙제** 고객은 온라인 VIA(Value in Action) 성격강점 검사나 책 『마틴 셀리그만의 긍정심리학』의 강점 검사에 참여해 자신의 성격강점을 찾는다.

**회기 3** 성격강점을 활용해 정서, 몰입, 의미, 관계, 성취를 쉽게 배양할 수 있는 구체적인 상황에 초점을 맞춘다.

**숙제** 고객은 감사일기를 쓰기 시작한다. 매일 밤 그날 있었던 3가지 좋은 일에 대해 쓰고 왜 잘됐는지 그 이유를 쓴다. 작고 사소한 일이어도 좋다.

**회기 4** 우울증이 지속될 때 좋은 기억과 나쁜 기억의 역할에 대해 토론한다. 분노와 비통을 고수하는 것은 우울증을 지속시키고 웰빙을 약화시킨다는 사실을 확인한다.

**숙제** 고객은 분노와 비통에 대해 그리고 그 두 감정이 자신의 우울증을 어떻게 지속시키는지 적는다.

**회기 5** 우리는 분노와 비통을 가라앉히고 긍정정서로까지 바꿀 수 있는 강력한 도구로 용서를 도입한다.

**숙제** 고객은 한 가지 범죄와 그에 관련된 감정을 묘사하는 용서편지를 쓰고 그 범죄자를 용서하기로 맹세하지만 그 편지를 보내지는 않는다.

**회기 6** 고마운 마음을 지속하기 위해 감사에 대해 토론한다.

**숙제** 고객은 충분히 감사하지 못했던 누군가에게 감사편지를 쓰고 반드시 직접 방문해 읽어준다.

**회기 7** 감사일기를 쓰고 성격강점을 활용함으로써 긍정정서를 배양하는 것의 중요성에 관해 검토한다.

**숙제** 고객은 감사일기(잘됐던 일 3가지와 그 이유)를 쓴다.

**회기 8** 주어진 현실에 만족하는 '만족자(이 정도면 충분해 등)'가 만족의 극대화를 추구하는 '최대주의자(완벽한 아내, 완벽한 식기세척기, 완벽한 휴양지를 꼭 찾아내야 해 등)'보다 행복 수준이 더 높다는 사실에 대해 토론한다. 극대화 추구보다 만족 추구를 더 권장한다.

**숙제** 고객은 만족 추구를 증가시킬 방법을 검토하고 개인적으로 만족 추구 계획을 세운다.

**회기 9** 설명양식(특정 사건에 대해 평소에 습관적으로 이야기하는 방식)을 사용해 낙관성과 비관성에 대해 토론한다. 즉 낙관성의 설명양식은 나쁜 사건을 일시적이고, 바꿀 수 있으며, 일부 사건으로 보는 방식이며, 비관성은 나쁜 사건을 지속적이고, 바꿀 수 없으며, 전체적으로 보는 방식이다.

**숙제** 고객은 자신에게 닫혀 있는 내재성 차원, 영구성 차원, 만연성 차원의 문에 대해 생각한다. 어떤 문이 열릴까?

**회기 10** 고객은 배우자나 연인의 성격강점을 찾도록 돕는다(이상적 자아 참조).

**숙제** 고객에게 타인이 보고한 긍적 사건에 적극적이고 건설적인 반응 기술을 하게 지도하고, 고객은 자신의 성격강점과 배우자의 성격강점을 축하하는 데이트를 마련한다.

**회기 11** 가족의 성격강점을 찾는 방법과 고객의 성격강점의 근원(상위 강점, 중위 강점, 하위 강점)에 대해 토론한다.

**숙제** 고객은 가족을 온라인 VIA 검사에 참여시킨 뒤 모든 가족의 성격강점을 표시한 가계도를 그린다.

**회기 12** 긍정정서를 지속적으로 증진시키는 기법으로 '음미하기(Savoring)'를 도입한다.

**숙제** 고객은 즐거움을 주는 활동을 계획하고 그대로 실천한다. 고객에게 구체적인 음미 기법 리스트를 제공한다.

**회기 13** 고객은 가장 훌륭한 선물 중 하나인 시간의 선물을 할 능력이 있음을 안다.

**숙제** 고객은 많은 시간이 소요되는 어떤 일을 함으로써 자신의 성격강점을 적용하고 발휘한다.

**회기 14** 팔마스(긍정정서, 몰입, 의미, 긍정관계, 성취, 강점)를 통합하는 플로리시한 삶에 대해 토론한다.

셀리그만은 가장 훌륭한 치료사는 환자의 상처를 치유하는 데 그치는 것이 아니라, 긍정적 측면과 강점과 미덕을 발견하고 발휘할 수 있도록 이끌어주는 사람이라고 했다.

나는 개인이나 집단 상담 및 코칭에 위 프로그램을 적용한다. 지난봄 대기업에 다니는 40대 중반의 김 차장이 직장에서 자신감 문제로 어려움을 겪고 있다며 상담(코칭)을 받으러 왔다. 최근 무력감을 자주 느끼고, 회의에서 발표를 할 때나 중요한 프레젠테이션을 할 때도 자신감이 떨어져 제대로 하지 못한다는 것이다. 그러다 보니 경력에 부정적 영향을 줄 것 같다는 생각을 하게 되면서 괜히 불안해지고 우울해진다는 것이다.

코칭 과정에서 그는 자신의 직업에 불만을 토로하기도 했다. 현재 자신이 잠재적으로 경제적으로 보상을 받을 만한 경력을 갖고 있음에도 삶의 즐거움이나 목적의식을 느끼지 못한다는 것이다. 자신이 하는 일을 즐기지 못하고 행복하지 않다는 것이다.

그는 경영학을 전공했다. 하지만 전공을 자신이 원해서가 아닌 부모의 강요에 의해 선택했다. 김 차장은 글쓰기를 좋아해서 작가가 되고 싶었다. 직장생활을 하면서도 국문학을 전공했으면 좋았을 텐데 하고 후회도 하고, 그랬으면 지금쯤 어떻게 됐을까? 궁금하기도 했다는 것이다. 한편으론 부모에 대한 원망도 있었다.

먼저 팔마 검사를 해보니 5가지 모두 지수가 낮았다. 낙관성 검사를 해보니 낙관성 지수가 무척 낮았으며 비관적인 설명양식을 갖고 있었다. 긍정정서 자기 진단도 4.0 만점에 1.5였다. 김 차장은 대부분 부정적이고 비관적이었다. 이러한 결과를 보면서 처음엔 부정편향으로 기울어 있는 자신의 삶에 대해 충격을 받은 것 같았다. 자신은 긍정적이고 낙관적인 사람인 줄 알았다는 것이다. 강점 검사에선 창의성, 호기심, 학구열, 정직, 감상력이 대표 강점으로 나타났다.

내면을 긍정토양으로 바꾸어주는 것이 중요했다. 김 차장은 긍정정서를 키워주는 행복 연습도구를 활용해 긍정정서를 키우고, 비관성 설명양식을 낙관적 설명양식으로 바꾸는 연습을 했다. 그리고 대표 강점을 연마하고 개인의 일상과 직장의 업무를 위해 새롭게 강점 발휘 계획을 세우고 실천했다. 3개월 후 김 차장은 자신감을 되찾게 됐고 자신이 가장 좋아하는 글쓰기도 지역 평생교육원의 야간 글쓰기 과정에 등록해 글을 쓰기 시작했으며, 공모전 출품도 준비하게 됐다. 김 차장의 직장생활은 더욱 활력이 솟았고 행복해졌다. 긍정심리 치료 프로그램은 무기력이나 우울증 치료에서 놀라운 효과를 내지만 개인과 조직의 성장, 즉 플로리시에도 초점을 맞춘다.

## 24 회복력 플로리시

누구나 플로리시를 원하지만 많은 사람이 삶의 여정에서 크고 작은 트라우마를 겪는다. 하지만 트라우마를 대하는 자세와 결과는 사람마다 다르다. 어떤 사람들은 트라우마를 이겨내지 못하고 절망과 우울증에 시달리거나 최악의 경우 스스로 목숨을 끊기도 한다. 반면 어떤 사람은 감당할 수 없을 것 같은 큰 트라우마를 겪었는데도 더 강해지고 성공적이며 행복한 삶을 산다. 스트레스에 대응하는 방법도 다르다. 어떤 사람은 스트레스를 처리하기 위해 과식이나 음주 같은 건강하지 못한 습관에 빠져드는 반면, 또 어떤 사람은 운동이나 심리적 강화 같은 건강한 접근법을 취한다.

왜 이런 차이가 생기는 것일까? 바로 '회복력(Resilience)' 때문이다. 회복력을 용수철에 비유하기도 한다. 트라우마 후 되돌아오는 기능과 용수철처럼 움츠렸다 솟아오르는 탄력성이 있기 때문이다. 회복력은 트라우마를 극복하는 내면의 힘이면서 내면의 심리적 근육을 단련시켜주는 도구다. 회복력은 우리를 소진시키는 힘겨운 문제를 해결하고 질병을 이겨내고 원만한 결혼생활을 유지하고 국가적 재난을 겪은 후에도 꿋꿋하게 살아가게 해주는 요소이기도 하다.

## 트라우마를 극복한 사람들

그렇다면 회복력을 통해 트라우마를 극복한 사람들은 누구일까? 그들의 사례를 알아보자. 어렸을 때 사생아로 태어나 9세 때 성폭행을 당하고, 14세 때 미혼모가 되고, 태어난 지 2주 후 아들이 죽는 등 수없이 아픔을 겪으면서도 〈오프라 윈프리 쇼〉 등 토크쇼의 여왕으로 우뚝 선 오프라 윈프리, 연구활동 중 교통사고로 전신마비가 됐음에도 포기하지 않고 더 왕성한 활동을 하고 있는 이상묵 서울대 교수, 루게릭병으로 1~2년 시한부 진단을 받았으나 세계적 물리학자로 명성을 높이고 있는 스티븐 호킹 박사, 이라크전쟁 중 군의관으로 참전했다 헬기가 격추되며 포로가 돼 성폭행과 모진 고문을 당한 후에도 외상 후 성장(PTG)을 통해 현재 미 육군의 회복력 교육을 총괄하는 론다 코넘 준장. 이들의 공통점은 무엇일까? 바로 회복력으로, 트라우마나 외상 후 스트레스 장애(PTSD)를 극복하게 해주는 힘이다.

두 엄마, 신디 램브와 캔디스 리트너의 이야기는 PTSD 같은 역경을 회복력을 통해 극복할 수 있다는 것을 보여주는 좋은 사례다. 두 사람 모두 상습적인 음주운전자 때문에 사랑하는 아이들이 크게 다치거나 죽는 엄청난 역경을 겪었다. 신디 램브는 1979년 5세짜리 딸을 태우고 운전을 하다 시속 190km로 달리던 차와 충돌했다. 그 사고로 어린 딸은 전신마비가 됐다. 그 사건이 일어난 지 1년도 채 안 된 어느 날 캘리포니아 주의 한 시골에서 소프트볼 게임을 끝내고 학교 축제장으로 걸어가던 13세짜리 캐리 리트너가 차에 치여 숨지는 사고가 발생했다. 놀랍게도 캐리를 친 운전자는 1년 전 음주 운전으로 신디 램브의 딸 로라를 친 그 사람이었다. 음주운전으로 두 번이나 유죄선고를 받은 사람이 버젓이 유효한 운전면허증을 소지하고 또다시 음주운전을 했던 것이다.

자식의 죽음 앞에서, 자식이 전신마비가 된 것을 지켜보면서 오열하지 않을 부모는 없다. 너무나 큰 슬픔을 안은 채 자식을 죽인 범죄자가 솜방망이 처벌을 받는 세상을 원망하며 우울증에 시달릴 수도 있었다. 하지만 두 엄마는 슬픔과 절망, 우울감에 빠져 있는 대신 1981년 음주운전에 반대하는 어머니 모임(MADD·Mothers Against Drunk Driving)을 만들었다. 또한 미국 연방정부 고속도로 안전기금을 지원받아 음주운전 예방 캠페인을 벌이기 시작했다. 두 엄마가 시작한 모임은 현재 미국뿐만 아니라 세계 도처에 수많은 지부를 두고 활발한 활동을 하고 있다.

두 엄마가 트라우마를 극복할 수 있었던 것은 역시 회복력 덕분이다. 회복력은 두 엄마처럼 트라우마를 겪은 사람에게만 필요한 것이 아니다. 부모가 이혼해 가족이 해체되는 아픔을 겪거나 신체적인 학대를 받는 등 불행한 어린 시절을 보낸 사람이 성인이 돼 예전의 암울한 기억을 딛고 행복하게 살기 위해서도 회복력이 필요하다.

또한 어린 시절에 이렇다 할 어려움을 겪지 않은 사람들에게도 회복력은 중요하다. 누구나 일상에서 끊임없이 크고 작은 문제로 스트레스를 받기 때문이다. 우리 삶에는 늘 역경이 함께한다. 퇴근 시간을 몇 분 앞두고 쌓여 있는 서류뭉치를 보면서 스트레스를 받는 일상적인 역경부터 사업 실패, 실연, 사랑하는 사람의 죽음까지 큰 역경을 겪으며 고통스러워하고 좌절한다. 그때마다 우리를 불행의 구렁텅이에서 건져 올리는 것이 회복력이다.

## 회복력의 특성

회복력의 특성에 대한 탐구는 50여 년 전에 시작됐다. 열악한 환경에서 사는 아동들의 삶을 35년 동안 추적한 획기적인 연구가 그 시발점이다. 1955년 하와이제도 북서쪽 끝에 위치한 카우아이섬에서 833명의 아기가 태어났다. 저명한 발달 심리학자 에미 워너(Emmy Werner)와 루스 스미스(Ruth Smith)는 그중 698명을 임신기부터 30세 생일 이후까지 추적 조사했다. 연구 목표는 비슷한 아동기를 경험하고도 어째서 어떤 아이는 성공하고 또 어떤 아이는 심각한 문제를 겪는지 그 이유를 알아내는 것이었다.

마이클은 미숙아로 태어나 생후 첫 3주 동안 10대인 엄마와 떨어져 병원에서 지냈다. 군대에 간 아빠는 마이클이 2세가 됐을 때 돌아왔다. 8세 무렵에는 동생이 셋이나 있었고 부모는 이혼했다. 엄마는 카우아이섬을 떠난 후 가족에게 한 번도 연락하지 않았다. 메리는 가난한 집에서 태어났다. 아빠는 미숙련 농장 노동자였고, 엄마는 정신장애가 있었다. 5세부터 10세 때까지 메리는 육체적·정서적 학대에 시달렸다. 엄마는 정신장애로 몇 번이나 입원하는 바람에 잠깐씩 메리를 돌봐줄 뿐이었다. 두 아이는 온갖 역경에 직면했다. 하지만 18세 무렵 마이클과 메리는 학교에서 인기가 있었고 공부도 잘했으며 건강한 도덕관을 갖춘 데다 미래를 낙관했다. 이 두 아이는 어떻게 불우한 어린 시절에서 벗어나 그렇게 높은 수준의 회복력을 갖춘 걸까?

두 아이뿐만 아니다. 워너와 스미스에 따르면, 세 아이 중 한 명은 마이클이나 메리처럼 자신만만하고 크게 성취하고 사교적인 어른으로 성장했다. 이 아이들의 회복력은 손상되지 않았고, 회복력은 아동기의 열악한 환경을 이겨낼 수 있게 도와주었다. 사실 가난, 양육 소홀, 유전성 정신질환 등 심각한 위험 요소에 노출된 아동 중 환경에 굴복하는 수는 불과 절반 정도다. 나머지 절반의 아이는 발전한다. 열악한 환경에서 자란 아동들의 상당수가 꾸준히 탁월하게 성취한다는 것이다.

그들은 연구에서 성인의 회복력 수준을 결정하는 과정은 역동적이라는 사실을 발견했다. 즉 회복력은 한 아동의 내적 요인과 외적 요인 간 복잡한 상호작용의 결과라는 것이다. 생의 초기에 회복력을 손상시키는 외적인 스트레스(산모의 불충분한 섭생으로 인한 출생 시 저체중, 아동기의 가난, 부모의 이혼, 신체적 학대 등)는 결코 돌이킬 수 없다. 이 요인들은 과거의 것이다. 하지만 회복력을 약화시키는 내적 요인 중 일부, 즉 설명양식 같은 것은 수정하고 심지어 상쇄할 수도 있다. 더욱 중요한 것은 일단 설명양식을 바꾸면 그것을 이용해 자신이 통제할 수 없었던 아동기의 사건이 초래해 지금까지 이어지고 있는 부정적 결과를 제거할 수 있다는 것이다.

## 회복력 활용하기

레이비치와 샤테의 연구에 따르면 인간은 보통 4가지 차원에서 회복력을 활용한다. 첫째, 이겨내기다. 회복력을 발휘해 가족 해체, 가난, 정서적 방임, 신체적 학대 등 아동기에 겪은 역경을 뒤늦게 극복해야 하는 사람이 있다. 청소년기에 겪은 좌절을 이겨내고 자신이 원하는 성인기를 만들어가려면 회복력이 꼭 필요하다.

둘째, 헤쳐 나가기다. 친구나 가족과의 말다툼, 직장 상사와의 갈등, 예기치 못한 지출 등 매일 닥치는 역경을 헤쳐 나가는 데도 회복력이 필요하다. 인생에는 스트레스와 짜증스러운 사건이 끊이지 않는다. 하지만 회복력을 지닌 사람은 일상적인 역경에 굴해 생산성과 행복을 훼손하지 않는다.

셋째, 딛고 일어서기다. 성인기에 들어서면 어느 시점에서든 거의 모든 사람이 커다란 좌절을 경험한다. 삶을 뒤흔드는 혼란스럽고 충격적인 사건을 겪게 마련이다. 어떤 사람에게는 그것이 실직이나 이혼이다. 또 어떤 사람에게는 부모나 자녀의 죽음이다. 이런 사건은 회복력을 강타하는 엄청난 위기다. 그리고 우리는 각자의 회복력 수준에 따라 무기력하게 포기하거나 아니면 활력을 되찾아 앞으로 나아갈 방법을 찾아낸다. 이렇듯 우리는 회복력을 활용해 아동기의 곤경을 이겨내고, 일상적인 역경을 헤쳐 나가고, 성인기의 충격적인 사건을 딛고 일어선다. 회복력을 이 3가지 차원에서 활용하는 것은 사실상 일종의 반응으로 회복력 수준은 역경에 대응하는 개인의 방식을 결정한다.

마지막 넷째는 뻗어나가기(적극적 도전하기)다. 이 뻗어나가기는 자신을 보호하고 방어하려는 욕구를 초월해 보다 높은 차원에서 회복력을 이용하는 것이다. 인생의 의미와 목적을 찾아내고 새로운 경험과 도전을 흔쾌히 받아들이는 것을 목표로 삼은 사람들이 있다. 그들은 회복력을 활용해 더 멀리 뻗어나가 자신이 성취할 수 있는 모든 것을 성취한다.

회복력을 활용하기 위해선 회복력을 키우는 방법을 이해하는 것이 중요하다. 회복력을 키우는 방법에는 정서적(Emotion) 방법과 인지적(Cognitive) 방법 2가지가 있다. 정서적 방법은 긍정정서이며, 인지적 방법은 정확한 사고다. 정서적 방법은 긍정정서의 창시자라 할 수 있는 프레드릭슨이, 인지적 방법은 회복력의 권위자 레이비치가 주도하고 있다.

## 정서적 회복력

역경에 대한 대응 방식은 기본적으로 2가지가 있다. 그것은 바로 절망과 희망이다. 이순신 장군이 가장 열악한 조건에서 치열하게 싸워 승리했던 명량해전을 앞두고 "우리에겐 열두 척밖에 없습니다"가 아닌 "우리에겐 아직 열두 척이 남아 있습니다"라고 대응한 것처럼 말이다. 절망 속에서는 부정정서가 배가된다. 두려움과 불안은 스트레스로, 다시 스트레스는 가망성 없는 슬픔으로 변이될 수 있다. 이렇게 부정정서가 자라나게 되는데 부정정서보다 더 나쁜 것이 절망이다. 절망은 모든 형태의 긍정정서를 질식시키고 차단하며 긍정정서가 소멸되면 타인과 진정으로 연결될 모든 가능성이 사라진다. 절망은 우리를 나락으로 인도할 내리막길로 가는 문을 연다.

희망은 절망과 다르다. 그렇다고 희망이 절망의 반대라는 뜻은 아니다. 희망은 사실 부정정서를 또렷하게 인식한다. 하지만 중요한 것은 희망이 우리 안에 있는 긍정정서를 더 많이 배양한다는 점이다. 아무리 작은 희망의 불씨라도 우리에게 사랑과 감사, 영감 등의 정서를 느끼도록 해주는 발판이 될 수 있다. 그리고 이 따뜻하고 부드러운 느낌은 우리의 생각과 마음을 열어주고 다른 사람과 연결될 수 있도록 해준다. 이처럼 희망은 우리가 역경을 딛고 일어나 전보다 더욱 강하고 유능한 모습으로 변화할 힘을 불어넣어줄 오르막길로 가는 문을 열어준다.

긍정정서가 유전적으로든, 직관적으로든, 실천에 의해서든 다른 사람들에 비해 더 높은 사람이 있다. 그런 사람들은 회복력이 강하다. 그들은 역경 앞에서도 인내할 줄 알고, 웃을 줄 알며, 불행한 사건을 기회로 바꾸고, 미래의 위협에 대해서는 관망하는 태도를 취하기 때문이다. 그렇다고 그들이 부정정서를 전혀 느끼지 않는다는 것은 아니다. 그들도 누구나처럼 고통을 느낀다. 그러나 한편으로 위기 속에서도 긍정정서를 배양하는 방법을 찾기 때문에 그들의 부정정서는 그리 오래 지속되지 않는다. 그들은 금세 다시 일어선다.

트라우마는 어김없이 부정정서를 유발한다. 이를 방치해두었다간 언제 그 손아귀에 이끌려 나락으로 떨어지게 될지 모른다. 그러나 보이지 않는 힘에 끌려가는 와중에도 우리는 다른 길을 선택할 수 있다.

부정정서의 내리막길에서 긍정정서로 제동을 걸고 위쪽으로 방향을 틀 수 있는 것이다. 그러기 위해서는 내면에 있는 긍정정서의 샘을 팔 필요가 있다. 긍정정서는 심리적 시야를 가리고 있던 부정정서의 장막을 제거하고 보다 폭넓은 가능성을 향해 우리의 마음과 생각을 열어준다. 그리고 그와 동시에 우리를 긍정정서의 강한 상승효과에 태워 어둠을 뚫고 보다 높은 곳으로 올라가게 한다.

우리는 놀라울 정도로 강한 회복력을 지니고 있다. 이는 인간이면 누구나 타고난 능력인지도 모른다. 대나무처럼 휘어질지언정 부러지지는 않을 수 있다. 휘청거리다가도 다시 일어설 수 있다는 것이다. 회복력에 필요한, 즉 내면의 샘에 막대한 긍정정서의 창고를 지니고 있기 때문이다. 이 긍정정서 창고에 있는 기쁨과 사랑, 감사, 영감의 순간은 부정정서의 눈가리개를 제거하고 시야를 회복하도록 도움으로써 더 이상 우리가 부정정서의 내리막길로 미끄러지지 않게 해준다. 이처럼 긍정정서는 인간의 회복력에 중추적인 역할을 한다. 프레드릭슨은 "긍정정서 없는 회복력이란 상상할 수 없다"고 말했다. 긍정정서가 회복력을 키워주기 때문이다.

### 인지적 회복력

당신은 회복력은 어느 정도일까? 연구 결과에 따르면 대부분의 사람은 자신의 회복력이 매우 높다고 평가한다고 한다. 하지만 진실은 다르다. 트라우마를 헤쳐 나갈 감정적·사고적·육체적 준비가 돼 있는 사람은 극히 드물다. 이는 트라우마에 용감하게 확신을 갖고 맞서는 것이 아니라 포기하고 무기력하게 대응한다는 말이다. 특정한 분야에서 회복력을 발휘하는 사람일지라도 다른 사람의 도움이 필요하다는 것이다. 레이비치와 샤테가 연구한 바에 따르면 회복력은 7가지의 확실한 기술로 이루어져 있고 그 기술을 모두 갖춘 사람은 거의 없었다. 그렇다면 회복력을 높일 수 있을까? 물론이다. 트라우마에 대해 생각하는 방법을 바꾸면 된다.

30년이 넘는 기간 동안 심리학자들은 사람들의 사고 과정이 회복력에 어떻게 영향을 미치는지, 행복과 성공을 얻는 데 회복력이 어떤 역할을 하는지 연구해왔다. 레이비치와 샤테는 사람들의 생각이 어떻게 바뀌어 더 큰 회복력을 만들어내는지에 초점을 두고 연구했다. 그 결과 부모, 연인, 직장인의 회복력을 높이고, 좌절의 위험에 빠진 어린이와 의욕 상실로 능력 이하의 성적을 내는 대학생을 돕는 데 성공했다. 우리를 소진시키는 힘겨운 문제를 해결하고 질병을 이겨내고 원만한 결혼생활을 유지하고 국가적 재난을 겪은 후에도 꿋꿋하게 살아가게 해주는 요소는 바로 회복력이라는 것이다.

인지 치료 창시자인 벡이 설립한 펜실베이니아대 인지치료센터에 조가 찾아왔다. 그는 불안증과 우울증에 시달리는 환자로 프로이트학파의 정신분석을 8년 동안 받고도 효과가 없자 인지치료센터를 찾은 것이다. 8년이나 치료를 받았는데도 차도가 없어서 그런지 그는 회의적이고 매사 시큰둥하며 비관적이었다. 인지치료센터를 방문해 그가 처음 한 말은 잊히지 않을 정도로 암울했다.

"이 인지 치료도 효과가 없을 겁니다. 치료비가 계속 들어가니까 선생님은 지난 번 의사보다 더 빨리 포기했으면 좋겠어요."

조는 까다로운 환자였다. 자주 좌절감을 토로하고 무기력했다. 언제 어디서 폭발할지 모르는 시한폭탄과도 같았다. 심리 치료 중에 걸핏하면 펜 따위의 물건을 집어던졌고 큰 덩치를 이용해 치료실 벽에 세워둔 책꽂이를 쓰러뜨린 적도 있었다. 그랬던 그가 회복력 키우기에 필요한 기술을 배우고 나자 놀라우리만치 빠른 속도로 자신의 삶을 다시 정상 궤도에 올려놓고 유능한 사람으로 되돌아갔다.

조는 인지 치료가 이전에 받은 정신분석 치료와는 다르기를 간절히 원했다면서 그 다른 점을 아주 정확하게 설명했다.

"정신분석 치료를 받을 때는 제가 교통사고 피해자라는 느낌이 들었어요. 불안증과 우울증이 트럭처럼 저를 들이받았고, 저는 다친 몸으로 배수로에 쓰러져 있는 듯한 기분이었죠. 담당 의사는 8년 동안 저를 철저히 조사했어요. 그러는 동안 저는 그 배수로에 그대로 방치됐죠. 그는 어떤 뼈가 부러지고 어떤 장기가 손상되고 어디에 멍이 들었는지 자세히 말해주었어요. 하지만 어떤 것도 바꾸지 않았어요. 부러진 뼈를 고쳐주지도 않았고 고통을 줄여주지도 않았어요. 저를 배수로에서 꺼내주지도 않았고요. 저는 제가 어디를 얼마나 다쳤는지는 더 이상 알고 싶지 않았어요. 제 상처를 낫게 도와줄 사람을 찾고 있었지요."

## 회복력의 7가지 기술

회복력 기술은 두 범주로 나뉜다. '자신을 알기' 기술과 '변화하기' 기술이다. 자신을 알기 기술은 자기 마음의 작동 방식을 더 잘 파악하게 이끌어주고 자기 인식을 도와준다. 자신을 알기 기술에는 'ABC 확인하기' '사고의 함정 피하기' '빙산 찾아내기'가 있다. 이 3가지 기술은 자기 믿음, 감정, 행동을 자세히 탐구하고 어떻게 서로 연결되는지 보여준다. 이 기술을 마스터하면 자기 자신과 세상에 대한 관점과 어떤 사건에 특정 방식으로 대응하는 이유를 더 정확하게 통찰할 수 있다. 자신을 알기 기술을 배운 후 회복력을 키우기 위해 4가지 변화 기술인 '믿음에 반박하기' '진상 파악하기' '진정하기 및 집중하기' '실시간 회복력'을 더 배워야 한다. 이 4가지 기술에는 문제의 진짜 원인을 찾아내고 자기가 수정하거나 만회할 수 있는 영역을 정확히 판단하는 방법이 있기 때문이다. 문제가 초래할 결과를 올바로 예측하는 법과 비합리적인 믿음에 실시간 반박하는 법도 포함돼 있다. 회복력 7가지 기술의 자세한 내용은 『회복력의 7가지 기술』(물푸레)을 참조하자.

## 회복력 키우기 사례

군대는 겉으로 보면 상당히 강인한 조직처럼 보인다. 하지만 내면으로 들어가면 군대는 생각만큼 강인하지 않다. 그도 그럴 것이 조직의 특성상 개인의 자유보다는 명령과 질서를 더 중요시하기 때문에 그만큼 심리적으로 상처를 받을 일도 많다. 이를 간파하고 처음으로 군대에 회복력 훈련을 실시한 사람이 바로 조지 케이시 전 미국 육군 참모총장이다. 그는 "신체적으로 단련된 만큼 심리적으로도 단련된 군대를 만들고 싶다"고 말하며 2008년 셀리그만에게 회복력 훈련을 부탁했다.

훈련 내용은 강인한 정신 구축, 강점 구축, 강력한 관계 구축 3가지로 구분된다. 군인 전체를 대상으로 회복력 훈련을 하기 어려워 군인들을 지도하는 부사관을 대상으로 교육을 실시했다. 이 사례는 셀리그만과 프레드릭슨, 레이비치가 미 육군을 대상으로 실시한 훈련 사례이며, 인지적·정서적 방법의 혼용 결과다. 이 회복력 키우기 사례는 군대뿐만 아니라 개인이나 조직에서도 유용하게 활용할 수 있게 재편집했다.

## 강인한 심리 구축

강인한 심리를 구축하려면 ABC 확인하기 모델을 이해하고, 사고의 함정을 깨닫고, 빙산믿음을 확인하고, 재앙적 사고를 최소화하며, 감사한 일을 찾아내는 훈련을 해야 한다. ABC 확인하기를 통해 부사관들은 역경이 직접 감정을 유발하지 않는다는 것을 깨닫고, 역경(A)을 울화가 치밀 때 드는 믿음(B)과 그 믿음이 일으킨 감정 혹은 행동(C)과 구분하는 연습을 시작했다. 또한 부사관들은 특정 정서를 부추기는 특정 믿음을 확인했다. 예를 들어 침범당한다는 믿음은 분노를, 상실에 대한 믿음은 슬픔을, 위험하다는 믿음은 불안을 부추긴다.

ABC 확인하기를 한 다음에는 사고의 함정을 이해할 차례다. 셀리그만은 다음과 같은 사례를 제시하고 부사관들의 생각을 물었다.

"당신 부대에 소속된 한 군인이 신체 단련 시간에 뒤처지지 않으려고 기를 쓰더니 남은 하루 내내 기진맥진하고 게다가 군복은 후줄근해 보이고 포격 훈련 중에 두어 번 실수를 저질렀다고 가정합시다.

이럴 때 혹 '덜 떨어진 녀석! 군인으로서 자질이 없어'라고 생각하진 않나요?"

부사관들 중에는 실제로 사례와 똑같이 생각하는 사람도 있었다. 그들은 군인의 한 가지 실수를 지나치게 일반화하는 사고의 함정에 빠져 있음을 깨닫고 부하 대원의 전반적인 가치가 아닌 그의 행동에 초점을 맞추는 법을 배워나갔다.

빙산을 확인하는 과정도 중요하다. 빙산이란 종종 부적절한 정서 반응으로 이어지는 등의 뿌리 깊은 믿음을 일컫는다. 부사관들은 빙산이 부적절한 정서를 부추길 때 그것을 확인하는 기술을 배운다. 군대에서 자주 등장하는 빙산믿음 중 하나가 '도움을 요청하는 것은 나약함을 의미한다'라는 것이다. 보통 군인들은 어려울 때 도움을 요청하면 스스로 자기 문제를 해결하지 못하는 나약한 놈으로 낙인이 찍힐까 봐 힘들어도 쉽게 도움을 요청하지 못한다. 이 밖에도 건강한 군대생활을 방해하는 빙산믿음을 찾고 첫째, 그 빙산이 그들에게 지속적인 의미가 있는지 여부, 둘째, 그 빙산이 주어진 상황에 정확히 들어맞는지 여부, 셋째, 그 빙산이 지나치게 엄격한지 여부, 넷째, 그 빙산이 유용한지 여부를 자문해 빙산믿음을 떨쳐버리는 것이 중요하다.

빙산믿음을 확인한 다음에는 재앙적 사고를 최소화하는 법은 배워야 한다. 사람들은 종종 최악의 상황을 상상하고 기정사실화한다. 군인들도 마찬가지다. 애인이나 아내에게서 이메일이나 편지가 오지 않으면 '애인이나 아내가 배신을 했다'고 생각했다. 재앙적 사고의 전형적인 패턴이다.

이 같은 재앙적 사고를 최소화하려면 믿음에 반박하기, 낙관성 활용하기, 진상 파악하기 3가지가 있다. 그중 진상 파악하기 기술을 활용하는 예를 소개하면 다음과 같다.

우선 3단계 모델로 최악의 상황, 최선의 상황, 가능성이 제일 큰 상황을 고려한다. 몇 번이나 집에 전화를 걸었는데 아내가 전화를 받지 않았을 때 "아내가 나를 배신한 거야"라고 생각한다면 최악의 상황이다. 그렇다면 최선의 상황은 무엇일까? 아내는 인내심이 많고 강인해 절대 배신하지 않는다는 것이다.

마지막으로 가능성이 가장 큰 상황을 생각해보자. 아내가 친구와 외출해 전화를 받지 못 했을 수도 있고, 혼자 있기 외로워 잠시 다른 집에 놀러 갔을 수도 있다. 이처럼 최악의 상황뿐만 아니라 최선의 상황과 가능성이 가장 큰 상황을 생각하다 보면 재앙적 사고를 최소화할 수 있다.

감사일기를 쓰는 것도 강인한 정신을 구축하는 데 도움이 된다. 좋은 일을 찾아내 감사일기를 쓰면 긍정정서를 높일 수 있다. 훈련을 받는 동안 매일 아침 부사관들은 그 전날 자신이 찾아낸 좋은 일과 긍정적 사건이 자신에게 어떤 의미가 있는지 서로 이야기했다. 이야기의 내용은 "저는 어젯밤에 아내와 정말 만족스럽게 대화했습니다. 수업 중에 배운 기술을 이용했는데 아내는 우리가 지금까지 나눈 대화 중 최고의 대화였다고 했습니다" "저는 길을 가다 노숙자에게 말을 걸었습니다. 그 사람에게서 많은 것을 배웠습니다" "식당 주인이 군인들에게 감사하다는 뜻에서 우리의 저녁 식사 값을 받지 않았습니다"까지 그 범위가 다양했다.

## 성격강점 구축

강인한 심리 구축 기술을 배운 후에는 성격강점을 확인한다. 지도자의 핵심 성격강점은 충성심, 의무감, 존경심, 이타적 봉사, 명예, 정직, 개인적 용기다. 셀리그만은 부사관들이 온라인이나 책 『마틴 셀리그만의 긍정심리학』에서 강점 검사를 통해 자신의 대표 강점을 찾을 수 있도록 도와주었다. 그런 다음 부사관 집단이 주로 어떤 강점을 갖고 있는지 확인하고, 그 집단 강점이 지도자인 그들에게 어떤 것을 알려주는지 토론한 후 다음 질문을 통해 자신의 강점에 대해 좀 더 깊이 생각해볼 수 있는 시간을 가졌다.

"강점 검사를 통해 당신은 자신에 대해 무엇을 알아냈습니까? 군대에 복무하는 동안 당신이 계발한 강점은 무엇입니까? 당신의 강점은 임무 완수와 목표 달성에 어떻게 기여합니까? 견고한 인간관계를 구축하기 위해 당신의 강점을 어떻게 활용하고 있습니까? 당신이 지닌 강점의 부정적 면은 무엇이며, 그것을 어떻게 최소화할 수 있습니까?"

자신의 대표 강점을 이해했으면 강점을 활용해 난제를 해결해보는 연습이 필요하다. 셀리그만은 부사관들을 소집단으로 나누어 각 집단이 완수해야 할 임무를 부여했고, 부사관들은 소속 집단이 주로 갖춘 성격강점을 활용해 주어진 임무를 완수한 뒤 자신이 경험한 '난제와 강점 활용' 사례를 작성했다. 사례는 다양했다. 한 부사관은 갈등을 표출하고 분란을 조장하는 군기 빠진 대원을 도와주기 위해 자신의 강점인 사랑, 지혜, 감사를 활용했다. 다른 군인들은 그 대원이 너무 적대적이라며 가까이하려 들지 않았지만 그 부사관은 자신의 강점을 발휘해 감싸 안았다. 그 결과 골칫덩어리였던 대원이 아내에 대한 분노를 동료 부대원에게 풀어냈던 것을 알게 됐고, 부사관은 그의 또 다른 강점인 지혜를 활용해 그 대원이 아내의 입장을 이해하고 편지를 쓰게 도와주었다. 이처럼 강점을 활용하면 해결 불가능해 보이는 난제를 현명하게 풀 수 있는 방법이 열린다.

## 견고한 관계 구축

군인들의 회복력 강화를 위해 필요한 마지막 훈련은 다른 군인들과의 관계와 가족과의 관계를 각각 강화하는 방법을 익히는 것이다. 좋은 관계를 유지하려면 반응 기술이 중요하다. 반응 기술은 크게 적극적이며 건설적인 반응(진실하고 열광적인 지지), 소극적이며 건설적인 반응(절제된 지지), 적극적이며 파괴적인 반응(긍정적 사건의 부정적 측면 지적하기), 소극적이며 파괴적인 반응(긍정적 사건 무시하기) 등 4가지가 있는데, 타인의 긍정적 경험에 적극적이며 건설적으로 반응할 때 애정과 우정이 증가하는 것으로 나타났다. 4가지 반응의 예는 다음과 같다.

부사관 A가 부사관 B에게 말한다. "아내한테서 전화가 왔어. 좋은 회사에 취직했대."
**적극적이며 건설적인 반응** "야, 진짜 잘됐네. 언제부터 출근한대? 요즘 취직하기가 쉽지 않다던데. 네 아내 정말 대단해."
**소극적이며 건설적인 반응** "잘됐군."
**적극적이며 파괴적인 반응** "그럼 애는 누가 봐? 요즘 유치원도 믿을 수 없고 보모는 더 무서워. 안심하고 애를 맡길 데가 없어."

**소극적이며 파괴적인 반응** "우리 아들이 재밌는 이메일을 보내왔어. 뭐라고 그러냐면……." 긍정적 사건을 완전히 무시하는 것이다.

4가지 반응 기술 중 자신이 주로 적극적이며 건설적인 반응을 하는 유형이라면 다행이지만 그렇지 않다면 그 이유를 확인하고 언제나 적극적이며 건설적으로 반응하기 위해 자신의 대표 강점을 활용하는 방법을 알아내야 한다. 예를 들면 강점으로서 호기심을 발휘해 질문하기, 강점으로서 열정을 발휘해 반응하기, 강점으로서 지혜를 발휘해 그 사건으로 배울 수 있는 소중한 교훈 지적하기 등이다.

효과적인 칭찬도 좋은 관계를 형성하는 데 도움이 된다. 칭찬을 할 때는 "잘했군" 혹은 "대단해"같이 형식적인 칭찬이 아니라 구체적으로 칭찬하는 것이 중요하다. 예를 들어 군인이 "체력 검사에서 우수한 점수를 받았습니다"고 말했을 때 "그동안 열심히 체력 훈련을 하더니 고생한 보람이 있네. 자네가 자랑스럽네"라고 구체적으로 칭찬해야 효과가 좋다. 세부 사항을 칭찬하는 것은 첫째, 상관이 정말 지켜보고 있었다는 것, 둘째, 상관이 일부러 시간을 내 해당 군인이 수행하는 것을 정확히 보았다는 것, 셋째, 형식적인 "잘했군"과는 반대로 칭찬이 진실하다는 것을 부하 대원에게 입증하는 것을 의미한다.

마지막으로 수동적인 소통 방식, 공격적인 소통 방식, 확신에 찬 소통 방식의 차이를 이해할 필요가 있다. 각 방식의 단어, 어투, 속도, 몸짓은 어떤지, 어떤 메시지를 전달하는지 이해해야 한다. 예를 들어 수동적인 소통 방식은 "어쨌든 당신은 내 말에 절대 귀 기울이지 않을 거야"라는 메시지를 전달한다.

긍정심리 교육 연구 결과에 따르면 한 가지 소통 방식을 지향하며 나머지 두 방식을 억제하는 빙산믿음이 있는데, 그것이 무엇인지 찾아내는 것이 중요하다. 일반적으로 '사람들은 약점이 조금만 보여도 이용할 것이다'는 빙산믿음을 지닌 사람은 대체로 공격적인 소통 방식을 지향한다. '불평하는 것은 나쁘다'라고 믿는 사람은 수동적인 소통 방식을 갖고 있으며, '세상에는 신뢰할 만한 사람이 많아'라는 믿음은 확신에 찬 소통 방식을 끌어낸다. 소통 방식 이면에 깔려 있는 빙산믿음만 봐도 알 수 있듯이 좋은 관계를 만드는 데는 당연히 '확신에 찬 방식'이 가장 도움이 된다. 확신에 찬 방식으로 소통하기 위해선 소통을 할 때 다음 다섯 단계를 염두에 두고 소통하는 연습을 해야 한다.

1. 상황을 확인하고 이해하려고 노력한다.
2. 그 상황을 주관적으로 정확하게 묘사한다.
3. 관심을 표현한다.
4. 상대방의 견해를 묻고 그것을 받아들이려고 노력한다.
5. 그의 견해를 받아들일 때 얻게 될 이점을 나열한다.

습관화된 소통 방식을 바꾸기란 쉽지 않다. 하지만 자신이 어떤 방식으로 말하고 있는지 알아보고 확신에 찬 방식으로 소통하는 연습을 하다 보면 자연스럽게 바꿀 수 있다. 긍정교육에 참여했던 군대 부사관들의 경우 아내에게는 공격적으로, 자녀에게는 강압적으로 말한다고 고백한 사람이 많았다.

매사 신속하고 명령을 지향하는 군대에서 일하다 가정에서 훨씬 더 효과적인 민주적인 소통 방식으로 전환하기 어렵기 때문이다. 하지만 이 훈련을 마친 부사관들은 많이 바뀌었다. 이 수업이 끝난 후 한 부사관이 복도에서 셀리그만에게 고맙다면서 이렇게 말했다. "3년 전에 이걸 배웠더라면 전 이혼하지 않았을 겁니다."

**참고문헌**

⟨국내 문헌⟩

- 김인자, 우문식(2014), 『마틴 셀리그만의 긍정심리학』, 서울: 물푸레.
- 문용린, 김인자(2009), 『긍정심리학의 입장에서 본 성격강점과 덕목의 분류』, 서울: 한국심리상담연구소.
- 문용린, 김인자, 백수연(2010), 『크리스토퍼 피터슨의 긍정심리학 프라이머』, 서울: 한국심리상담연구소, 물푸레.
- 박권홍(2011), "긍정심리자본과 리더십 성과", 숭실대 대학원 박사학위 논문.
- 박래효, 조영만(2009), 『긍정조직학』, 서울, POS북스.
- 송준호, 우문식(2013), "조직구성원의 성격 특성이 행복에 미치는 영향: M. Seligman의 행복공식 관점의 접근", 한국기업경영학회(in press).
- 심현식(2006), 『칙센트미하이 몰입의 경영』, 서울: 황금가지.
- 우문식(2010), "긍정심리가 리더십에 미치는 영향", 안양대 대학원 석사학위 논문.
- 우문식(2012), 『긍정심리학의 행복』, 서울: 물푸레.
- 우문식(2013), "긍정심리가 조직성과에 미치는 영향", 안양대 대학원 박사학위 논문.

- 우문식(2013), "행복의 관점과 인구통계적 차이에 관한 연구", 사회복지 연구(in press).
- 우문식(2014), 『만 3세부터 행복을 가르쳐라』, 서울: 물푸레.
- 우문식(2014), 『행복4.0』, 서울: 물푸레.
- 우문식(2017), 『긍정심리학은 기회다』, 서울: 물푸레.
- 우문식, 윤상운(2011), 『마틴 셀리그만의 플로리시』, 서울: 물푸레.
- 우문식, 윤상운(2012), 『긍정심리학의 코칭 기술』, 서울: 물푸레.
- 우문식, 윤상운(2014), 『회복력의 7가지 기술』, 서울: 물푸레.
- 우문식, 이미정(2017), 『긍정심리학의 강점 혁명』, 서울: 물푸레.
- 우문식, 최호영(2012), 『마틴 셀리그만의 낙관성 학습』, 서울: 물푸레.
- 윤성민(2011), "행복증진 긍정심리 개입 활동들의 효과: 개인-초점적 활동과 관계-초점적 활동의 비교", 아주대 대학원 박사학위 논문.
- 이훈진,김환, 박세란(2010), 『긍정심리치료』, 서울, 학지사.
- 임창희(2015), 『조직행동』, 서울: 비앤엠북스.
- 정지현(2013), 『행복은 어디에서 오는가』, 서울: 비즈니스 북.
- 한미영(2013), 『용서의 기술』, 서울: 알마.

〈외국 문헌〉

- Alderfer, C. P.(1972), Existence, Relatedness, and Growth, New York: Free Press.
- Allport, G. W.(1921), "Personality and Character", Psychological Bulletin, 18, 441-455.
- Allport, G. W.(1927), "Concepts of Trait and Personality", Psychological Bulletin, 24, 284-293.
- Arakawa,D.,& Greenburg,M.(2007). Optimistic managers and their influence on productivity and employee engagement in a technology

organization: Implications for coaching psychologists. International Coaching Psychology Review, 2, 78-89.

- Argyle, M.(2001), The Psychology of Happiness (2nd ed.), London: Rouledge.
- Avey, J. B., Luthans, F., & Jensen, S. M.(2009), "Psychological Capital: A Positive Resource for Combating Employee Stress and Turnover", Human Resource Management, 48(5), 677-693.
- Avey, J. B., Luthans, F., & Jensen, S. M. & Youssef, C. M.(2010), "The Additive Value of Positive Psychological Capital in Predicting Work Attitudes and Behaviors", Journal of Management, 36, 430-452.
- Avey, J. B., Luthans, F., & Jensen, S. M., Patera, J. L., West, B. J.(2006), "The Implication of Positive Psychological Capital on Employee Absenteeism", Journal of Leadership and Organizational Studies, 13(1), 42-60.
- Avey, J. B., Luthans, F., & Jensen, S. M.(., Rechard, R., Luthans, F., & Mhatre, K.(2008),Biswas-Diener,R., & Garcea,N.(2009). Strengths-based performance management. Human Capital Review. Johannesburg,South Africa: Knowledge Resources.
- Barrett & Ollendick, 2004; Evans et al., 2005; Hibbs & Jensen, 1996; Kazdin & Weisz, 2003; Nathan & Gorman, 1998, 2002; Seligman, 1994
- Bryant, F.(2005). Using the past to enhance the present: Boosting happiness through positive reminiscence. Journal of Happiness Studies, 6(3), 227-260.
- Buckingham, M., & Clifton, D. (2001). Now discover your strengths. New York: Simon & Schuster Adult Publishing Group.
- Cameron, K.S., Dutton, J.E., & Quinn, R.E (Eds.). (2003). Positive organizational scholarship: Foundations of a new discipline. San Francisco: Berrett-Koehler.
- Carver, C., & Scheier, M.(2002), Optimism. In C. R. Snyder & S. Lopez (Eds.), Handbook of positive psychology, 231-243, Oxford, UK: Oxford University Press.

- Centre for Applied Positive Psychology (CAPP). Internal data.
- Chen, P. Y., & Spector, P. E.(1992), "Relationship of work stressors with aggression, withdrawal, theft, and substance use: A explanatory study", Journal of Occupational and Organizational Psychology, 65, 177-184.
- Compton, W. C.(2005), Introduction to positive psychology, Belmont, CA: Thomas Wadsworth.
- Csikszentmihalyi, M.(1990) Flow: the psychology of optimal experience, New York, Harper Row.
- Diener, B. R., & Garcea, N.(2009), "Strengths-based performance management". Human Capital Review. Johannesburg, South Africa: Knowledge Resources.
- Culture Matters When Designing a Successful Happiness-Increasing Activity: A Comparison of the United States and South Korea.
- Diener, E.(1984), "Subjective Well-being", Psychological Bulletin, 95, 542-575.
- Diener, E, Lyubomirsky, S., & King, L.(2005), "The Benefits of Frequent Positive Affect: Does Happiness Lead to Success?", Psychological Bulletin, 131(6), 803-855.
- Duckworth, A. L., Steen, T. A., & Seligman, M. E. P.(2005),"Positive Psychology in Clinical Practice", Annual Review of Clinical Psychology, 1, 629-651.
- Easterlin, R.A.(1974). Does economic growth improve the human lot In Paul A. David & Melvin W. Reder(Eds.), Nations and households in Economic growth: Essays in honor of Moses Abramovitz. New York: Academic Press.
- Fredrickson, B.(2001), "The Role of Positive Emotions in Positive Psychology: The Broaden-and Build Theory of Positive Emotions", American Psychologist, 56(3), 218-226.
- Fredrickson, B., & Joiner, T.(2002). "Positive emotions trigger upward spirals toward emotional well-being", Psychological Science, 13, 172-175.

- Fredrickson, B. L., & Losada, M. F.(2005), "Positive Affect and the Complex Dynamics of Human Flourishing", American Psychologist, 60, 678-6.
- Gable, S. L., & Haodt, J.(2005), "What (and Why) Is Positive Psychology?", Review of General Psychology, 9, 102-110.
- Hayes, S. C., Strosahl, K. D., & Wilson, K. G. (1999). Acceptance and commitment therapy: An experiential approach to behavior change, New York: Guilford Press.
- Huppert, F. A., & So, T. T. C.(2009), "What Percentage of People inEurope are Flourishing and What Characterises Them", FAH TS OECD Briefing Document, Well-being Institute, University of Cambridge, 1-7.
- Jeffrey J. Froh, Acacia C. Parks(2012), Activities for Teaching Positive Psychology: A Guide for InstructorsPaperback New York, American Psychological Association(APA).
- Judge, T. A.(1993), "Does affective disposition moderate the relationship between job satisfaction and voluntary turnover", Journal of Applied Psychology, 78(3), 395-401.
- Kashdan,T.B., Julian, T., Merritt, K., & Uswatte, G.(2006), Social anxiety and possttraumatic.
- stress in combat veterans: Relations to well-being and character strengths, Behaviour Research and Therapy, 44, 561-583.
- Kasser, T., & Sheldon, K. M.(2002), "What Makes for a Merry Christmas?", Journal of Happiness Studies, 3, 313-329.
- Lason, M., & Luthans, F.(2006), "Potential Added value of Psychological Capital in Predicting Work Attitudes", Journal of Leadership and Organizational Studies, 13, 75-92.
- Lazarus, R. S.(1982), "Thoughts on the Relations between Emotion and Cognition", American Psychologist, 37, 1019-1024.
- Loewenstein, G.(1994), "The Psychology of Curiosity: A Review and Reinterpretation", Psychological Bulletin, 116(1), 75-98.

- Luthans, F.(2002a), "The Need for and Meaning of Positive Organizational Behavior", Journal of Organizational Behavior, 23(6), 695-706.

- Luthans, (2002b), "Positive Organizational Behavior: Developing and Managing Psychological Strengths", Academy of Management Executive, 16(1), 57-72.

- Luthans,., & Avey, J. B., & Patera, J. L.(2008a), "Experimental Analysis of a Web-based Intervention to Develop Positive Psychological Capital", Academy of Management Learning and Education, 7, 209-221.

- Luthans., & Avolio, B.(2009), "The 'point' of Positive Organizational Behavior", Journal of Organizational Behavior, 30, 291-307.

- Luthans., & Luthans, K. W., & Luthans, B. C.(2004), "Psychological Capital: Beyond human and social capital", Business Horizons 47(1) (January-February), 45-50.

- Lyubomirsky, S., & Ross. L.(1999), "Hedonic Consequences of Social Comparison: A Contrast of Happy and Unhappy People", Journal of Personality and Social Psychology, 73. 1141-1157.

- Lyubomirsky, S, & Sheldon, K. M., & Schkade, D.(2005), "Pursuing Happiness: The Architecture of Sustainable Change", Review of General Psychology, 9, 111-131.

- Lyubomirsky, S, & King, L., & Diener E.(2005), "The benefits of frequent positive affect: Does happiness lead to success?" Psychological Bulletin, 131, 803-855.

- Margaret L. Kern, (2014), The Workplace PERMA Profiler of University Pennsylvania.

- McCullough, M.(2000), "Forgiveness as Human Strength: Theory, Measurement, and Links to Well-being", Journal of Social and Clinical Psychology, 19(1), 43-55.

- McCullough, M., & Snyder, C. R.(2000), "Classical sources of human strength: Revisiting an old home and building a new one", Journal of Social and Clinical Psychology, 19, 1-10.

- Organ, D. W., & Seligman, M. E. P.(2004), "Character Strengths and Well-being", Journal of Social and Clinical Psychology, 23, 603-619.
- Peterson, C.(2006), A primer in positive psychology, New York: Oxford University Press.
- Peterson, C. & Seligman, M. E. P.(2004), Character Strengths and Virtues: A Handbook and Classification, New York: Oxford University Press/ Washington, DC: American Psychological Association.
- Peterson, C. & Steen, T.(2002), Optimistic Explanatory Style in Handbook of Positive Psychology, New York: Oxford University Press.
- Peterson, C., & Park, N., & Seligman, M. (2006), Journal of Positive Psychology, 1(1), 17-26.
- Peterson, C., Park, N., & Seligman, M. (2006), Greater strengths of character and recovery from illness. Journal of Positive Psychology, 1(1), 17-26.
- Ryan M. Niemiec, (2013), Mindfulness and Character Strengths A Practical Guide to Flourishing, New York, Hogrefe Publishing.
- Seligman, M. E. P.(2011), Flourish, New York, Free Press.
- Seligman, M. E. P. & Csikszntmihalyi, M.(2000), "Positive Psychology: An Introduction", American Psychologist, 55(1), 5-14.
- Seligman, M. E. P. & Peterson. C.(2004), Character Strengths and Virtues: A Handbook and Classification, New York: Oxford University Press/ Washington, DC: American Psychological Association.
- Seligman, M. E. P. & M.,Steen, T., Park,N., & Peterson, C.(2005). Positive psychology progress: Empirical validation of interventions, American Psychologist, 60(5), 410-421.
- Seligman, M. E. P., & Peterson, C., "Character Strengths and Well-being", Journal of Social and Clinical Psychology, 23, 603-619.
- Seligman, M. E. P., & Rashid, T., & Parks, A.(2006). "Positive psychotherapy", American Psychologist, 61(8), 774-788.

- Seligman, M., Steen, T., Park,N., & Peterson, C.(2005). Positive psychology progress: Empirical validation of interventions, American Psychologist, 60(5), 410-421.
- Shannon Polly(2015), Character Strengths Matter: How to Live a Full Life, New York, Positive Psychology News.
- Shaw, J. D., Duffy, M. K., Abdulla, M. H. A., & Singh, R.(2000), "The moderating role of positive affectivity: empirical evidence for bank employees in the United Arab Emirates", Journal of Management, 26(1), 139-155.
- Sheldon, K. M., & King, L (2001), "Why Positive Psychology Is Necessary", American Psychologist, 56(3), 216-217.
- Smith, H. C.(1955), Psychology of Industrial Behavior, New York: McGraw-Hill.
- Stevenson, B.,& Wolfers, J.(2008). Economic growth and subjective well-being: reassessing the Easterlin paradox(NBER Working Papers 14282), Cambridge, MA:National Bureau of Economic Research, Inc.
- Stotland, E.(1969), The Psychology of Hope, San Francisco: Jossey-Bass.
- Youssef, C. M., Luthans, F.(2007), "Positive Organizational Behavior in the Workplace: The Impact of Hope, Optimism and Resiliency", Journal of Management, 33, 774-800.
- Updegraff, J. A., & Suh, E. M.(2007), "Happiness is a Warm Abstract Thought: Self-contractual Abstractness and Subjective Well-being", Journal of Positive Psychology.(in press)
- Veenhoven, R.,& Hagerty,M.(2006). Rising happiness in nations 1946-2004: A reply to Easterlin. Social Indicators Research, 79(3), 421-436.
- Walumbwa, F. O., Luthans, F., Avey, J. B., Oke, A.(2011), "Authentically leading groups: The Mediating Role of Positivity and Trust", Journal of Organizational Behavior, 32, 4-24.
- Wood, A.M., Maltby, J., Gillett, R., Linley, A., & Joseph, S. (2008). The role of gratitude in the development of social support, stress, and

depression: Twolongitudinal studies. Journal of Research in Personality, 4, 854-871.

- Wright, T. A., Cropanzano, R., & Bonett, D. G.(2007), "TheModerating Role of Employee Positive Well-being on the Relation between Job Satisfaction and Job Performance", Journal of Occupational Health Psychology, 12(2), 93-104.

- Witvliet, C.V.O., Ludwig, T.E., & *Vander Laan, K.L. (2001). Granting forgiveness or harboring grudges: Implications for emotions, physiology, and health, Psychological Science, 12, 117-123.

## 한국긍정심리연구소(KPPI) 교육과정 안내

한국긍정심리연구소(Korea Positive Psychology Institute, KPPI)는 『마틴 셀리그만의 긍정심리 학』을 통해 개인과, 조직, 사회의 '플로리시(번성·지속적 성장)'를 지원하고 있습니다. 특히 긍정심리학의 연구와 프로그램 개발, 교육과 강의, 코칭, 컨설팅을 통해 개인의 행복과 성장, 조직의 긍정문화 확산과 강점 기반 구축으로 조직의 생존과 경쟁력 강화, 성과를 창출할 수 있도록 심혈을 기울이고 있습니다. 모든 프로그램은 고객의 니즈에 따라 맞춤형으로 이루어지며, 해당 과정을 이수한 분들에게는 한국직업능력개발원에서 인증한 '긍정심리사' '긍정심리 코칭' '긍정심리 인성 코칭' '긍정심리학 강사' 등의 자격증이 수여됩니다.

| 과정 명 | 기간 및 시간 | |
|---|---|---|
| 행복은 경쟁력이다(특강) | 1~3시간 | 1~3시간 |
| 긍정심리학 플로리시 과정 | 16주(48시간) | 매주 3시간 |
| 긍정심리 상담 및 코칭 과정 | 16주(48시간) | 매주 3시간 |
| 긍점심리학 전문가 과정 | 3주(24시간) | 매주 8시간 |
| 긍정심리학 팔마스(PERMAS) 과정(초급: 기초) | 2일(16시간) | 매주 8시간 |
| 긍정심리학 팔마스(PERMAS) 과정(중급: 심화) | 2일(16시간) | 매주 8시간 |
| 긍정심리학 팔마스(PERMAS) 과정(고급: 강사) | 4주(32시간) | 매주 8시간 |
| 긍정심리 인성 과정 | 2일(16시간) | 매주 8시간 |
| 긍정심리 리더십 과정 | 2일(16시간) | 매주 8시간 |
| 긍정심리 성취, 그릿(GRIT) 과정 | 2일(16시간) | 매주 8시간 |
| 긍정심리 소통 과정 | 1일(8시간) | 8시간 |
| 긍정심리 강점 리더십 과정 | 1일(8시간) | 8시간 |
| 행복한 일터 만들기 과정 | 1~3일(24시간) | 매주 8시간 |
| 낙관성 학습 과정 | 2일(16시간) | 매주 8시간 |
| 회복력(Resilience) 키우기 과정 | 2일(16시간) | 매주 8시간 |
| 엄마와 아이의 행복 학교 과정 | 2일(16시간) | 매주 8시간 |
| 엄마의 코칭 과정 | 2일(16시간) | 매주 8시간 |
| 베스트 인생 목표 이루기 | 2일(16시간) | 매주 8시간 |

[ 모든 프로그램은 맞춤형 교육이나 강의, 특강도 가능합니다. ]

※ 인용 자료: 『긍정심리 팔마스 성격(인성)강점 카드북』 『긍정심리학은 기회다』 『행복 4.0』 『마틴 셀리그만의 긍정심리학』 『마틴 셀리그만의 플로리시』 『긍정심리학 코칭 기술』 『낙관성 학습』 『내 안의 긍정을 춤추게 하라』 『행복의 가설』 『회복력의 7가지 기술』 『긍정심리학 프라이머』 『아이의 행복 플로리시』 『만 3세부터 행복을 가르쳐라』 『베스트 인생 목표 이루기』

※ 마틴 셀리그만의 모든 국내 저작권과 위 프로그램에 활용한 인용도서의 저작권, 상표권은 물푸레와 한국긍정심리연구소에 있습니다. 무단 인용은 저작권법에 저촉되니 사전 승인을 받으시길 바랍니다.

강의 및 교육, 저작권 문의: 한국긍정심리연구소(평생교육원) 전화: 031-457-7434 | 팩스: 031-458-0097
휴대전화: 010-6350-5160 | 이메일: ceo@kppsi.com | 홈페이지: www.kppsi.com

## 긍정심리 상담 및 코칭 과정(16회기)  매주 월요일 10 ~ 13시
대상: 의사, 심리상담사, 직업상담사, 코치, 교사, 성직자, 상담 및 코치를 원하는 분

| 회기 | 내 용 | 시간 |
|---|---|---|
| 1 | 심리상담의 이해 | 3h |
| 2 | 심리코칭의 이해 | 3h |
| 3 | 긍정심리학 팔마스(PERMAS) | 3h |
| 4 | 긍정정서의 이해 | 3h |
| 5 | 자부심 키우기 | 3h |
| 6 | 감사하기 | 3h |
| 7 | 분노/ 용서 | 3h |
| 8 | 만족/ 자신감/ 자존감 | 3h |
| 9 | 낙관성 키우기 | 3h |
| 10 | 회복력 키우기 | 3h |
| 11 | 성격(인성)강점 발견 및 적용, 강점 카드북 적용법 | 3h |
| 12 | 몰입/ 관여 | 3h |
| 13 | 성취 | 3h |
| 14 | 긍정관계 | 3h |
| 15 | 삶의 의미와 가치 | 3h |
| 16 | 상담, 코칭 적용 사례/ 수료식 | 3h |

## 긍정심리학 플로리시 과정(16회기)  매주 목요일 10 ~ 13시
대상: 강사, 코치, 교사, 경영자, 내적치료 원하는 분, 플로리시한 삶을 원하는 분

| 회기 | 내 용 | 시간 |
|---|---|---|
| 1 | 긍정심리학의 이해 | 3h |
| 2 | 긍정심리학 팔마스(PERMAS) | 3h |
| 3 | 긍정정서의 이해 | 3h |
| 4 | 자부심 키우기 | 3h |
| 5 | 감사하기 | 3h |
| 6 | 분노/ 용서 | 3h |
| 7 | 만족/ 자신감/ 자존감 | 3h |
| 8 | 낙관성 키우기 | 3h |
| 9 | 긍정정서 포트폴리오 만들기 | 3h |
| 10 | 성격(인성)강점 발견 및 연마하기 | 3h |
| 11 | 성격(인성)강점 계획 및 적용하기 | 3h |
| 12 | 몰입/ 관여/ 성취(GRIT) | 3h |
| 13 | 긍정관계 | 3h |
| 14 | 회복력 키우기 | 3h |
| 15 | 삶의 의미와 가치 | 3h |
| 16 | 플로리시된 나/ 수료식 | 3h |

## 긍정심리학 전문가 과정(3주)   매주 토요일 09 ~ 18시
대상: 학위(박사 · 석사) 논문 준비생, 강사, 코치 외 전문가, 역량 강화 원하는 분

| | | |
|---|---|---|
| 1일 차 | 오리엔테이션/ 긍정심리학의 이해/ 긍정심리학 팔마스/ 긍정심리학의 플로리시/ 긍정정서의 이해, 연습도구 활용법 | 8h |
| 2일 차 | 과거의 긍정정서, 현대의 긍정정서, 낙관성 학습, 회복력 기술/ 몰입(관여), 연습도구 활용법 | 8h |
| 3일 차 | 성격(인성)강점/ 강점 카드북 활용법/ 긍정관계/ 성취/ 의미/연습도구 활용법/ 수료식 | 8h |

## 긍정심리학 팔마스(PERMAS) 과정(각 2주)   매주 금 · 토요일 09 ~ 18시
대상: 긍정심리학에 관심 있는 분/ 새로운 직업을 찾는 분/ 행복을 원하는 분

| | | |
|---|---|---|
| 초급(기초) | 오리엔테이션/ 행복의 이해/ 긍정심리학의 이해/ 긍정심리학 팔마스/ 긍정정서/ 몰입/ 관계/ 의미/ 성취/ 성격강점/ 성격강점 찾기 | 16h |
| 중급(심화) | 긍정심리학 플로리시(행복, 인성, 긍정조직, 건강, 교육)/ 긍정정서 실습/ 몰입 실습/ 관계 실습/ 의미 실습/ 성취 실습/ 강점 실습/ 강점 카드북 실습 | 8h |

## 긍정심리학 강사 과정(4주)   매주 금 · 토요일 09 ~ 18시
대상: 긍정심리 상담 및 코칭, 긍정심리학 플로리시, 긍정심리학 전문가, 긍정심리 팔마스(초급 · 중급) 과정 수료자

마틴 셀리그만의 이론/ 긍정심리학과 나의 정체성 찾기/ 긍정심리학 강사란?/ 인성교육의 이해/ 인성교육 실천 방안/ 긍정심리학 팔마스 중심 이론과 실습/ 실습도구 활용/ 프로그램 운영 실습/ 특강 실습/ 16시간 교육 실습/ 강의 발표/ 자격시험

## 긍정심리학이란 무엇인가

**초판 1쇄 인쇄** | 2017년 12월 10일
**초판 1쇄 발행** | 2017년 12월 11일

지 은 이  **한국긍정심리연구소 소장 우문식**
펴 낸 이  **우문식**
펴 낸 곳  **물푸레**

등록번호  **제1072호**
등록일자  **1994년 11월 11일**
주    소  **경기도 안양시 동안구 시민대로 230 대림아크로 타워 D동 1251호**
전    화  **031-453-3211**
팩    스  **031-458-0097**
홈페이지  **www.mulpure.com**
이 메 일  **mpr@mulpure.com**

저작권자 ⓒ 2017, 우문식

이 책의 저작권은 저자에게 있습니다. 저자의 허락 없이 내용의 일부를 인용하거나 발췌하는 것을 금합니다.

값 16,800원
ISBN 978-89-8110-332-3  13180